诚信为本 操守为重

坚持准则 不做假账

——与学习会计的同学共勉

本教材第三版曾获首届全国教材建设奖全国优秀教材二等奖

"十四五"职业教育国家规划教材

icve
智慧职教

高等职业教育在线开放课程新形态一体化教材

国家职业教育大数据与会计（会计）专业教学资源库升级改进配套教材

出纳业务操作

（第五版）

主　编　高翠莲

副主编　李　妍　董京原

中国教育出版传媒集团

高等教育出版社·北京

内容提要

本教材第三版曾获首届全国教材建设奖全国优秀教材二等奖。本教材是"十四五"职业教育国家规划教材，也是国家职业教育大数据与会计（会计）专业教学资源库升级改进配套教材。

本教材编者在第四版的基础上，结合国家税务总局《关于深化增值税改革有关事项的公告》等最新财税法规，以及近两年教材在教学使用过程中的经验和心得精心对其进行了修订。

本教材按照工作过程系统化的课程开发理念和思路，以出纳岗位工作所需的知识和技能组织教材内容，将教材内容分为库存现金结算业务办理和银行存款结算业务办理2个学习情境及对应的11个学习子情境。本教材以典型工作任务为载体，将出纳工作应具备的基础知识、基本理论、操作技能、业务流程等融入每一项具体任务的办理过程中，引导学习者有针对性地学习知识、训练技能，充分体现职业教育的职业性和实践性。本教材按照最新的法律法规和票证账表全面准确地呈现了出纳岗位典型工作任务的办理流程和业务手续，着重体现了出纳工作内部控制的严密性和各项手续的规范性。本教材提供丰富的教学资源，如微课、操作视频、教学课件、习题答案等，并配有在线开放课程，教师如需获取本书授课用PPT、电子教案、习题答案等配套资源，请登录"高等教育出版社产品信息检索系统"（xuanshu.hep.com.cn）免费下载。

本教材既可以作为高等职业本科、专科院校财务会计类专业和相关专业的教学用教材，也可供五年制中高职贯通培养学生使用，同时也是在职会计人员学习和参考的最佳选择。

图书在版编目（CIP）数据

出纳业务操作 / 高翠莲主编. -- 5版. -- 北京：高等教育出版社，2025.2. -- ISBN 978-7-04-063436-5

Ⅰ. F231.7

中国国家版本馆CIP数据核字第2024KT3287号

出纳业务操作（第五版）
CHUNA YEWU CAOZUO

策划编辑	马 一	责任编辑 马 一	封面设计 张 志	版式设计 曹鑫怡
责任绘图	李沛蓉	责任校对 刘娟娟	责任印制 赵义民	

出版发行	高等教育出版社	网　址	http://www.hep.edu.cn
社　址	北京市西城区德外大街4号		http://www.hep.com.cn
邮政编码	100120	网上订购	http://www.hepmall.com.cn
印　刷	三河市春园印刷有限公司		http://www.hepmall.com
开　本	787 mm×1092 mm　1/16		http://www.hepmall.cn
印　张	18.5	版　次	2011年8月第1版
字　数	360千字		2025年2月第5版
购书热线	010-58581118	印　次	2025年2月第1次印刷
咨询电话	400-810-0598	定　价	49.80元

本书如有缺页、倒页、脱页等质量问题，请到所购图书销售部门联系调换

版权所有　侵权必究

物 料 号　63436-00

总　序

国家职业教育大数据与会计（会计）专业教学资源库项目（以下简称会计专业资源库）于 2008 年筹建，2010 年获教育部正式立项，2013 年顺利通过验收。2014 年会计专业资源库建设成果获国家级教学成果一等奖。2016 年会计专业资源库升级改进项目获教育部立项，并于 2019 年验收。2008 年至 2024 年，是会计专业资源库建设与会计行业发展不断融合的 16 年，经历了与全国高职会计专业改革和建设相互借鉴、相互促进的 16 年，见证并参与了"互联网 +"职业教育、数字化职业教育的高速发展，并将继续与这个变革的时代同步前进。随着《职业教育专业目录（2021年）》《职业教育专业简介》（2022 年修订）的发布，会计专业更名为大数据与会计专业，专业数字化转型的要求对资源库的持续建设和更新提出了更高的要求。

会计专业资源库建设主要分为基本建设和升级改进两个阶段。基本建设阶段为2008 年至 2016 年，建成了由"专业中心""课程中心"（含 12 门核心课程）、"应用中心"（含能力测试系统、虚拟仿真实训系统）、"素材中心"四个中心组成的一整套普适与特色相结合、元素资源与成型资源相配套的高职会计专业标志性教学资源，为"教学做一体化"教学模式的开展提供了互动、开放、可持续的平台，为会计专业人才培养、培训及自主成长提供了解决方案。升级改进阶段为 2016 年至2019 年，以会计行业由财务会计向管理会计转型、国家"营改增"等财税政策和会计政策重大变化、"互联网 + 教育"模式变革为背景，按照"一体化设计、结构化课程、颗粒化资源"的建设思路，在原已验收的会计专业资源库的基础上开展了下列建设工作：一是进行资源库一体化设计，明确了"大智移云"时代会计职业岗位能力要求及其所需的知识点和技能点，建立了"会计职业岗位知识技能树"。二是重构课程体系。按照管理会计转型要求，新增了"管理会计基础"等课程，并对成本核算、税费计算与申报等传统课程进行了"管理会计方向"的改建，形成了"以财务会计为基础、以管理会计为重心"的全新课程体系。三是完善颗粒化资源建设。会计专业资源库项目以各课程的"知识点、技能点"为载体，并以最新财税政策和会计准则为依据进行了颗粒化资源建设，使颗粒化资源由原来的 3 300 余条增加为 10 000 余条。四是注重贯彻立德树人根本任务，德技并修，新增了"中国会计文化"课程，并通过制订课程标准、制作微课、开展会计职业岗位测评等多种渠道进行会计文化、会计职业道德培育。五是开展"数智化＋教育"模式的探索实践和推广应用，形成了适合我国高职会计专业应用的"线上线下混合教学""翻转课堂""自主学习""在线实训"等在线教学模式的典型经验。经过升级改进后的会计专业资源库由"专业中心""课程中心""素材中心""微课中心""培训中心"和"典型应用中心"组成，用户数量已达到了 5 万余人，为全国高职会计专业教育教学、社会学习者自主学习以及员工培训提供了全面的资源支持。

大数据技术与会计专业的结合，不仅体现了会计行业信息化、智能化、数字化的变迁，更推动了课程体系的改变和课程内涵的改革。为此，会计专业资源库将新增大数据技术基础、财务大数据分析、财务机器人开发与应用、大数据技术在财务中的应用等大数据及其在财务工作中应用的课程，并将传统的财务会计、成本会计、税费计算与申报等课程与财务信息系统、云财务平台、智慧税务系统等结合起来，升级为智能化、信息化、数字化课程。本套教材是会计专业资源库建设项目的重要成果之一，也是资源库课程开发成果和资源整合应用的重要载体。十余年来，它伴随着资源库的建设和会计行业的变迁而几经修订，汲取着高职会计专业建设和课程改革的成果而不断完善，更依托现代信息化技术而日益丰满，形成了以下几点鲜明特色。

第一，课程体系内容创新。2021 年，项目组在持续进行调研分析的基础上，重新定位了高职会计专业的就业领域、就业岗位，将"财务共享中心""财税服务企业"等新型财务组织的相关岗位任务纳入教学体系，根据会计行业的信息化、智能化、数字化发展特点重新开发一系列基于"大智移云"时代会计岗位群变化的创新教材。本套教材根据高等职业教育大数据与会计专业最新的专业教学标准设计，无论是课程体系还是教学内容，均体现了专业升级所带来的创新。同时，各课程之间按照会计工作总体过程关联化、顺序化，做到逻辑一致，内容相谐，实现了顶层设计下会计职业能力培养的递进衔接。

第二，教材内容相对独立。2011 年第一版教材出版时，项目组在顶层设计上要求各课程组"尽量避免不同课程内容之间的重复"，以保证专业教学的体系化。然而在十余年的教材编写和应用实践中，我们发现由于各学校专业人才培养方案不同，其课程内容组合也有所不同。为此，资源库构建了以会计岗位任务为载体，以各"知识点、技能点"为内容的"会计职业知识树"，倡议和鼓励各资源库应用院校根据各自人才培养的需要构建内容不尽相同的"个性化课程"，实现了资源库"一体化设计、结构化课程"的建设思路。为此，教材在编写中采用了"结构化课程"的编写思路，每门课程的教学内容相对独立，允许一些边界重叠的课程内容有所重复，如"管理会计基础"课程中的"预算管理""投融资管理""风险管理"等内容与"企业财务管理"课程中的相关内容有一定的重复。从教材使用者的角度来看，教材内容的独立性更有利于组织"个性化"教学。同时，我们也在进一步设想从教材形式创新上来解决这些问题，如探索开发以"知识点、技能点"命名的活页式教材等。

第三，教材体系针对性强。本套教材立足高职"教学做"一体化教学特色，设计三位一体的教材组成。从"教什么，怎么教""学什么，怎么学""做什么，怎么做"三个问题出发，每门课程均编写了"主体教材""教师手册"（放入资源库平台）、"习题与实训用书"。其中，"主体教材"以"学习者用书"为主要定位，立足"学什么，怎么学"进行编写，是课程教学内容的载体；"教师手册"以"教师用书"为主要定位，立足"教什么，怎么教"进行编写，既是教师进行教学组织实施的载体，也是学生参与课堂活动设计的载体；"习题与实训用书"以"能力训练与测试"为主要定位，立足"做什么，怎么做"，通过职业判断能力训练、职业实践能力训练、职业拓展能力训练三部分训练全面提高学生的职业能力。

第四，配套资源立体化。资源库升级改进配套教材的最大竞争力在于其丰富、立体的配套资源。按照资源库建设的顶层设计要求，在教材编写的同时，各门课程开发了涵盖课程标准、教学实施方案、电子课件、岗位介绍、操作演示、虚拟互动、典型案例、习题试题、票证账表、图片素材、法规政策、教学视频等在内的丰富的教学资源。这些教学资源的建设与教材编写同步而行，相携而成。为了引导学习者充分使用配套资源，打造真正的融媒体教材，本套教材通过在正文中标注二维码的形式，将各项典型资源与教学内容紧密地结合起来，使之浑然一体。学习者还可通过登录"智慧职教"平台，加入相应资源库课程进行学习。如果说资源库数以万计的教学资源是一颗颗散落的明珠，那么本套教材就是将它们有序串接的珠链。我们有理由相信，这套嵌合着数以万计的优质资源的教材将会成为高职大数据与会计专业教学真正意义的数字化、自主学习型的创新教材。

第五，教材教改一体化。作为资源库项目的配套教材，本套教材的编写理念、

Y

编写体例、内容框架等均来源于资源库的顶层设计，并与资源库"标准化课程"的建设相配套，因而，本套教材不仅是传统意义上的"教材"，更是以教材为载体，反映了资源库课程建设和教学改革的内涵，教材与教改的一体化设计使本套教材发挥了更大的教学价值。

第六，教材体例职业化。遵循工作过程系统化课程开发理论，教材中的大部分课程采用学习情境式教学单元，体现高职教育职业化、实践化特色。本套教材不再使用传统的章节式体例，而是采用职业含义更加丰富的"学习情境"或"项目任务"搭建教学单元。与传统的章节式体例相比，学习情境式或项目任务式教学单元融合了岗位任务完成所需的"职业环境、岗位要求、典型任务、职业工具和职业资料"，立体化地描述了完成一项典型工作任务的工作过程和工作情境，再现了大量真实的会计职业的票、账、证、表，满足了高等职业教育职业性、实践性要求。

第七，教材装帧精美。本套教材大多数采用四色、双色印刷，并以不同的色块，突出重点概念与技能，通过视觉搭建知识技能结构，给人耳目一新的感觉。同时，还原了会计凭证、账簿、报表的本来面目，增强了教材的真实感、职业感。

本套教材的编写团队即为大数据与会计专业资源库项目建设团队。大数据与会计专业资源库项目原由山西省财政税务专科学校原校长赵丽生教授、山东商业职业技术学院原校长钱乃余教授担任项目负责人，2023年由山西省财政税务专科学校校长李赟鹏教授担任项目负责人。山西省财政税务专科学校赵丽生教授、高翠莲教授、董京原教授、蒋小芸副教授，江苏财经职业技术学院程淮中教授、浙江金融职业学院孔德兰教授、无锡商业职业技术学院马元兴、薛春燕教授、丽水职业技术学院梁伟样教授、北京财贸职业学院孙万军教授、广东农工商职业技术学院张洪波教授、江苏经贸职业技术学院王生根教授、淄博职业学院高丽萍教授、天津职业大学曹军教授、长沙民政职业技术学院张流柱教授等分别担任"中国会计文化""出纳业务操作""管理会计基础""成本核算与管理""会计职业基础""企业财务会计""企业财务管理""税费计算与申报""会计综合实训""会计信息化""审计实务""企业会计制度设计""财务报表分析""行业会计比较"等课程配套教材主编，并不断修订再版，使其与时俱进，日臻完善。更加可贵的是，十余年的磨砺，培育了这支全国高职大数据与会计专业教育的核心团队，他们是本套教材质量的最重要的保障。在这支团队中，走出了3名高职财经名校的校长、2位国家"万人计划"教学名师，产生了一批高职大数据与会计专业教学改革的行家能手。他们活跃在全国高职院校中，以爱岗敬业的情操、为人师表的修养、创新进取的精神、严谨治学的风格取得了一系列的国家级、省级教学成果，引领并推动着高职大数据与会计专业教育教学改革。

千锤百炼出真知。本套教材的编写伴随着资源库建设历程，历时16年已再版至第六版，本套教材中多部教材相继入选"十二五""十三五""十四五"职业教育国家规划教材。依据《国家教材委员会关于首届全国教材建设奖奖励的决定》（国教材〔2021〕6号），《中国会计文化》《会计综合实训（第四版）》《出纳业务操作（第三版）》《会计职业基础（第四版）》《企业财务会计（第四版）》《企业财务管理（第三版）》《审计实务（第三版）》共七部教材被评为首届全国教材建设奖全国优秀教材，是教材建设服务为党育人、为国育才的典范。它是资源库建设者的心血与智慧的结晶，也是资源库建设成果的集中体现，既具积累之深厚，又具改革之创新。我们衷心地希望它的出版能够为中国高职大数据与会计专业教学改革探索出一条特色之路，一条成功之路，一条未来之路！

国家职业教育大数据与会计（会计）专业教学资源库项目组
2024年11月

本教材第三版曾获首届全国教材建设奖全国优秀教材二等奖。本教材是"十四五"职业教育国家规划教材，也是国家职业教育大数据与会计（会计）专业教学资源库升级改进配套教材。

本教材贯彻党的二十大报告中"我们要坚持教育优先发展、科技自立自强、人才引领驱动，加快建设教育强国、科技强国、人才强国，坚持为党育人、为国育才，全面提高人才自主培养质量，着力造就拔尖创新人才，聚天下英才而用之"的精神，落实立德树人根本任务，强化课程思政内容，注重强化学生的诚信意识、廉洁意识、法治意识、内控意识等职业素养与职业道德，着力展示现代智能技术在出纳业务中的应用，培养学生智能出纳业务的处理能力。

在上一版的基础上，本教材对基于出纳岗位工作应具备的知识点和技能点进行了优化和改进，补充了第三方支付平台收付款业务办理的内容，更新了案例和票据。力图通过两个学习情境的学习，使学生明确出纳岗位业务办理流程，掌握相关的知识与技能。与之相呼应，本次修订更新了书中的仿真原始票据和出纳机具图片，使其能够更好地呈现出纳工作的真实场景、工具和资料。

本教材在"智慧职教"平台配有"出纳业务操作"资源库课程，并开发了与其相配套的教学资源，还在相关知识点旁边新增了二维码资源，进一步提高了本教材的使用效果和教学效率。可供教师、学生、会计工作者、社会学习者在使用本教材的同时利用资源更好地开展教学、学习和实训。

本教材由首批国家高层次人才特殊支持计划（亦称国家"万人计划"）教学名师、山西省财政税务专科学校会计学院院长高翠莲教授担任主编，由具有扎实专业知识的一线教师和具有丰富实践经验的企业专家组成的国家优秀教学团队编写。全书由高翠莲教授整体设计与总纂定稿。山西省财政税务专科学校董京原教授编写学习情境1，高慧云教授、潘宏霞副教授和宇亚南讲师编写学习情境2，李妍副教授编写能力训练与素质拓展部分。

　　作为第五版教材，全书的修订倾注了编写团队的大量心血和智慧。我们相信，选用本教材一定会对您的学习和工作提供更好的帮助，同时，也恳请您对书中存在的不足批评指正，我们将不断对其进行修订和完善，使其真正成为会计专业师生和会计人员的良师益友。

编　者

二〇二四年十一月

第一版前言

　　本书是高等职业教育专业教学资源库建设项目规划教材。出纳岗位是管理现金、银行存款及有价证券，办理本单位现金收付、银行结算等货币资金收付业务并进行序时核算与监督的专门岗位。每个单位都必须根据单位规模大小和货币资金管理的要求，设置出纳机构或出纳岗位，这将有利于货币资金的准确核算，保证货币资金合理流动。因此，出纳工作是会计工作的重要组成部分，其工作质量直接关系到企业资金的安全完整和会计业务办理的效率。那么，从事出纳工作应明确哪些知识，掌握哪些技能？怎样设计收付款业务的办理流程才可以提高工作效率，防止错弊？

　　本书是按照工作过程系统化的教材设计思路，以出纳岗位资金收付典型工作任务为载体编写的一本会计专业基础课程教材。本书以资金结算方式为标准划分为库存现金结算业务办理、银行存款结算业务办理两个学习情境，并在此基础上细分了11个学习子情境。通过两个学习情境的学习，可使学生明确出纳岗位业务办理流程，掌握相关的知识与技能。

　　作为一本旨在培养高素质、技能型会计人员的教材，本书针对"学什么？怎么学？怎么教？"三个问题编写学习情境内容、能力训练与素质拓展题，并突出了下列几个特点：

　　第一，以综合职业能力培养为目标。出纳人员不仅要面对企业内部部门和人员，而且需要与外部的银行、工商、税务等部门进行沟通和协调，因此不仅需要具备精湛的专业能力，更要具备良好的社会能力和方法能力。为此，本教材兼顾三种能力的培养和训练进行了任务设计与内容安排。

　　第二，以典型任务承载岗位知识与技能。本书以出纳工作典型任务为载体，介绍基础知识与基本理论，设计业务办理流程，规范业务办理手续，培养业务操作技能，使学习者通过学习可以胜任出纳岗位各项典型工作任务的要求。

　　第三，以理实一体为特色。本书在编写的过程中，根据出纳岗位典型业务办理的需要，或将理论揉碎了放在实践中，或将实践内容揉进理论知识的传授中，使理论与实践浑然一体，使学习者在实践中更好地认知理论，在理论学习中增长实践的才干。

　　第四，仿真形象化。出纳工作涉及大量的银行票据和原始凭证，为了使学习者能够直观认知出纳工作所涉及的各种票据，本书提供了大量仿真的原始票据、出纳机具的图片，形象生动地呈现了出纳工作的环境、工具和资料。

　　本书是教育部高等职业教育会计专业教学资源库开发与建设的重点课程"出纳业务操作"的配套教材，其最大的特色是在编写教材的同时开发了与其相配套的教学资源，可供教师、学生、会计工作者、社会学习者在使用教材的同时利用资源进行更好的教学、学习和实训。本书的配套资源主要包括：课程标准、课程实施方案、教师手册、教学课件、法规政策、岗位介绍、操作演示、虚拟动画、典型案例、习题试题、票证账表、图片素材、教学视频和其他资源。配套的教学资源一方面注重对出纳岗位所需知识、技能、典型工作任务办理流程的全面覆盖，提供了大量的与出纳岗位相关的账表、图片、案例、习题和法规，另一方面注重通过多手段、多方法建设富有特色的优质教学资源，为此开发了11个学习子情境的互动式教学动画，录制了出纳岗位介绍的录像及教学视频，不仅对典型工作任务的工作过程进行操作演示，而且通过互动式交流引导学生思考、学习、实训。配套教学资源的开发与使用将会大大提高本书的使用效果和教学效率，不仅是教师组织教学的资源，也是学生、会计工作者、社会学习者自我学习的帮手。

　　本书由山西省财政税务专科学校会计系主任高翠莲教授担任主编，组织具有丰富专业知识的教师和具有实践经验的企业专家共同编写，并对全书进行整体设计与总纂定稿。山西省财政税务专科学校董京原副教授执笔编写学习情境一，高慧云副教授、潘宏霞副教授和方敏副教授执笔编写学习情境二；江苏财经职业技术学院赵燕副教授、山西省财政税务专科学校李妍老师编写学习情境后的能力训练与素质拓展题；中国工商银行太原市万柏林支行营业室副主任曹粉玲参与了本教材的编写，为本教材编写提供了银行结算的流程、票据的票样等实务工作资源。

　　本书的出版是编写人员长期教学经验的积累与总结，倾注了编写者的心血和智慧，相信选用本书一定会对您的学习和工作提供较大的帮助。同时，也恳请您对书中存在的不足予以包涵并指正，我们将不断对其进行修订和完善，使其真正成为会计专业学生和会计人员的良师益友。

编　者

二〇一一年三月

目 录

出纳岗位认知

一、设置出纳岗位的目的

出纳岗位是单位财会部门管理现金、银行存款及有价证券，办理本单位现金收付、银行结算等货币资金收付业务并进行序时核算与监督的专门岗位。各单位可根据其规模大小和货币资金管理的要求，结合出纳工作的繁简程度来设置出纳机构或出纳岗位。以制造企业为例，大型企业可在财会部门下设出纳科，中型企业可在财会部门下设出纳室，小型企业可在财会部门下配备专职出纳人员。有些集团公司，为了资金的有效管理和总体利用效益，把若干分公司的出纳业务（或部分出纳业务）集中起来办理，成立专门的内部"结算中心"，其实质也是出纳机构。出纳岗位设置的必要性体现在以下三个方面。

（一）有利于保证货币资金准确核算

出纳岗位是进行货币资金收付业务记录的专门岗位。通过对货币资金收付业务进行序时登记和定期盘点，可以真实、全面、准确地反映单位某一时期货币资金增减变动情况，从而为单位经营决策和会计核算提供基础数据。

（二）有利于保证货币资金安全完整

单位购买材料、固定资产，支付薪酬和各种费用的主要手段是货币资金，货币资金收付是单位发生最频繁的业务之一，因而也最容易发生错弊。出纳工作通过对货币资金的序时核算，可监督货币资金的收付、存取活动，保证货币资金的安全完整。

（三）有利于保证货币资金合理流动

货币资金的周转速度是企业经营目标实现的重要因素，货币资金周转越快，单位经济效益就越高。出纳岗位设置有利于企业管理层根据国家有关财经法规和单位的货币资金状况，合理调度和安排资金，保证企业经营活动正常运行。

二、如何选配出纳人员

单位出纳人员的配备需根据该单位规模的大小、业务量的多少决定。一般来

出纳岗位的
主要职责

说，一个单位至少应配备一名出纳人员负责出纳工作，如果单位出纳岗位工作量大，也可以配备多名出纳人员。出纳人员要选择工作作风严谨，职业道德高尚，经过会计专业训练的人员。

三、出纳岗位的工作任务

（1）根据《现金管理暂行条例》和《人民币银行结算账户管理办法》，管理现金、银行存款及有价证券（如债券、股票等）。

（2）根据会计法规与会计制度的规定，审核货币资金收付业务所附的原始凭证和会计人员编制的记账凭证，审核无误后，在原始凭证上加盖"收讫"或"付讫"章，在记账凭证上加盖出纳人员名章，并办理现金收付和银行存款结算业务。

（3）设置"现金日记账""银行存款日记账"，根据审核无误的记账凭证，逐笔顺序登记库存现金日记账和银行存款日记账，并结出余额。

（4）每日进行现金自查，编制"现金日报表"；定期与指定清查人员一起进行现金盘点和银行对账，编制"现金盘点表""银行存款余额调节表"，发现账实不符，应及时查找并更正错账，做到日清月结。

（5）按照国家外汇管理和结购汇制度的规定及有关批件，办理外汇出纳业务。

（6）掌握银行存款余额，根据银行存款账面余额签发银行票据，不签发空头支票，不出租、出借银行账户为其他单位办理结算。

（7）按照内部控制的要求，经授权后保管使用有关印章、空白收据和空白支票。

根据《中华人民共和国会计法》的规定，出纳人员不得负责会计档案的管理、会计稽核工作、收入费用账簿的登记、往来账簿的登记等。

四、出纳工作需设计的内部控制制度

出纳工作的主要对象是货币资金，因此出纳工作中必须遵守以下有关货币资金内部控制制度。

出纳岗位的
内部控制
制度

（一）职责分工和职权分离制度

货币资金收支应由出纳人员和会计人员分工负责、分别办理，不得由一人兼任会计与出纳。具体要求包括：货币资金收付业务的经办人员、审批人员、记录人员和出纳人员应相分离；登记现金日记账、银行存款日记账的出纳人员与登记总账及收入支出、债权债务明细账的人员应相分离；出纳人员与货币资金清查人员相分离，货币资金清查必须指定其他的专门人员与出纳人员共同完成，不能由出纳人员一人完成。

------ 【想一想】 ------

为什么会计与出纳必须由不同的人担任？如果由一个人全程办理收付款业务，存在哪些弊端？

（二）授权和审批制度

所有货币资金收支业务必须按权限进行审批。单位应明确规定各类业务授权批准的范围、权限、程序、责任等内容，单位内部的各级管理层必须在授权范围内行使职权和承担责任，经办人员也必须在授权范围内办理业务。对于重要的货币资金支付业务，应当实行集体决策和审批，并建立责任追究制度，有效防范货币资金被贪污、侵占和挪用。出纳人员应了解上述授权审批的制度规定，并按照审批人的批准意见办理货币资金业务，对于审批人超越授权范围、违反审批程序或以不当的方式进行审批的货币资金业务，出纳人员有权拒绝办理。

（三）内部记录和核对制度

所有货币资金的收付业务必须按会计制度规定进行记录。货币资金收付款业务应集中到财会部门办理，任何部门和个人不得擅自出具收款或付款凭证。货币资金业务记录采用会计人员制证、出纳人员序时记录及会计人员总分类记录相结合的办法，以相互核对，相互牵制。在货币资金记录过程中，货币资金的收支事项均应有一定的收支凭证和传递手续，使各项业务按正常渠道运行。每笔收款都要开具收款证明（如收据、发票等），每笔支出都应由单位负责人审批、会计主管审核、会计人员复核，出纳人员收妥每笔款项后应在收款凭证所附的原始凭证上加盖"收讫"章，付款后须在付款凭证所附的原始凭证上加盖"付讫"章。

货币资金的核对制度包括审核原始凭证、记账凭证，以及账账核对、账实核对。出纳人员要自觉进行经常性的对账工作，包括月末进行总账与日记账核对，每日进行现金清查，定期与指定的清查人员进行现金盘点，月末与指定清查人员一起核对银行存款日记账和银行对账单，并由指定的出纳以外的人员编制银行存款余额调节表，调节未达账项。对账实不符的现金及银行存款，应及时查明原因，必要时向会计机构负责人或单位负责人汇报。

（四）货币资金安全管理制度

货币资金管理必须建立健全保护措施，由专人负责保管和内部监督。货币资金安全管理制度包括以下几项内容。

1. 建立现金保管及有价证券保管制度

现金的保管，主要是指对每日收取的现金和库存现金的保管。现金保管的责任人是出纳人员，应选聘诚实可靠、工作责任心强、业务熟练的人员担任并保持相对稳定。现金保管的地点是出纳办公室和保险柜，出纳办公室应该选择坚固实用的房间，能防洪、防火、防盗、通风，墙壁、房顶要牢固，窗户要有铁栏杆和护窗金属板。出纳工作应配备专用保险柜，保险柜应靠出纳办公室的内墙放置，保险柜钥匙由出纳人员专人保管，不得交由其他人员代管保险柜钥匙及密码。保险柜应由出纳人员开启，并做好开启记录。出纳人员工作变动时，应及时更换密码。保险柜的钥匙或密码丢失或发生故障，要立即报请领导处理，不得随意找人修理或配钥匙。必须更换保险柜时，要办理以旧换新的批准手续，注明更换情况备查。

有价证券是一种具有储蓄性质的、可以最终兑换成人民币的票据。有价证券种类较多，目前我国发行的有价证券有国库券、国家重点建设债券、地方债券、金融债券、企业债券和股票等。有价证券是企业资产的一部分，具有与现金相同的性质和价值。有价证券的保管措施同现金基本一样，须注意的是出纳人员要对各种有价证券的票面金额和号码保守秘密，并建立"认购有价证券登记簿"，掌握各种债券到期时间。

> 【想一想】
>
> 你在生活中见过哪些有价证券？

2. 建立空白票据管理制度

空白票据主要包括空白支票和空白收据。支票是一种支付凭证，一旦填写了有关要素，并加盖银行预留印鉴后，即可成为直接从银行提取现金或与其他单位进行结算的凭据。收据是办理收付款业务的证明，一旦填制，并加盖有关印鉴，即可成为办理转账结算和现金收付的一种书面证明。空白票据直接关系到资金结算的准确、及时和安全，因此，单位应加强空白票据的管理，建立各种票据的购买、保管、领用、背书转让、注销等环节的管理制度，明确有关人员的职责权限和程序。具体包括：第一，应由专人管理空白票据，做到职责明确。管理空白票据的人员可以是出纳人员，也可以是其他会计人员，但无论由谁管理空白票据都应贯彻"空白票据与相关印鉴分别保管"的原则，即不得由一人保管空白票据及所有的银行预留印鉴，也不得由一人保管空白票据与财务专用章，以防止舞弊行为。第二，票据保管和使用人员不得将空白票据带出工作单位使用，不得转借、赠送或买卖。第三，票据领用时应进行一定的审核并设立登记簿进行记录，填写领用日期、单位、起讫号码等并签字，确保职责分明。第四，票据使用过程中，不得弄虚作假、开具实收金额与票面金额不相符的收据，更不能开具存根联与其他联不符的收据，出纳人员应每日对票据的使用情况进行核对，防止票据被盗和遗失，对于错开的票据应加盖"作废"戳记并与存根等一同保存。第五，整本票据使用完后，应及时办理注销手续。对于空白支票，应核对入账存根联与作废支票号码，保证不会发生空白支票的遗失和误用；对于空白收据，应逐一核对存根联和作废联的号码，保证没有缺号。

3. 建立银行预留印鉴管理制度

单位银行预留印鉴一般为财务专用章和法人名章，是单位委托银行办理业务的凭证。银行预留印鉴应由专人保管，一般可由会计机构负责人（会计主管人员）管理财务专用章，其他人员管理法人名章，但不得由一人保管全部银行预留印鉴。保管人员应将银行预留印鉴妥善放置和管理，不得随意放置或带出工作单位。

4. 建立保密制度与限制接近制度

出纳人员应保守保险柜密码、银行账号及密码等秘密，坚决抵制一切未经授权接触货币资金、印鉴、票据的行为。

（五）资金预算控制制度

编制资金预算控制，旨在对单位一定时期货币资金的流入和流出进行统筹安排。资金预算编制是否准确，直接影响单位货币资金流转是否畅通，影响货币资金的利用效益，乃至影响单位的生产经营。因此，要加强货币资金预算的可靠性控制，避免或减少预算编制的主观性和随意性。货币资金预算的编制应与处理、记录相分离。单位管理层应认真监督资金预算的执行，定期比较经营过程中实际收支与预算的差异，对重大差异进行仔细分析。

■　【相关知识】　■

查阅《企业内部控制应用指引第 6 号——资金活动》，了解货币资金管理的内部控制要求。

学习情境 1

库存现金结算业务办理

【学习目标】

素养目标

○ 培养良好的职业道德和诚信意识，严格遵守财务纪律和相关法律法规，确保库存现金核算的准确性和合法性

○ 提高沟通能力和团队协作能力，与同事保持良好的沟通协作关系，共同维护企业财务活动的正常运行

○ 培养细心、耐心和责任心等职业素养，确保在库存现金核算工作中能够认真负责、严谨细致

○ 具备持续学习和自我提升的能力，关注行业动态和最新技术，不断提升自身的专业素养和技能水平

知识目标

○ 掌握库存现金（数字人民币）的基本概念、原则和方法，理解库存现金在企业财务活动中的地位和作用

○ 熟悉库存现金管理制度和相关法律法规，了解企业内部控制要求及其在库存现金管理中的应用

○ 了解出纳业务操作流程和规范，掌握库存现金收付、登记、核对等环节的基本要求

○ 掌握企业收入与费用的分类及核算要求，理解现金收入与支出的合规性标准

○ 掌握库存现金存取业务的会计处理方法，如现金存取凭证的填制、现金日记账的登记等

技能目标

○ 能够准确、快速地进行库存现金的收付操作，熟练掌握现金支票、汇票等票据的填写和审核技巧，熟练应用第三方支付平台进行现金收付

○ 能够及时、准确地登记库存现金存取业务，保持现金日记账的清晰与准确

○ 能够熟练使用现金日记账、库存现金盘点表等工具进行库存现金的日常管理和核算

○ 能够根据企业实际情况，制订合理的库存现金限额和保管措施，确保库存现金的安全和完整

○ 能够独立进行库存现金的核对和清查工作，及时发现并处理现金差异和异常情况

■■■学习子情境一　收入费用现金收支业务办理

■【情境引例】■

海蓝公司是一家销售学生桌椅的公司，销售对象多为个体工商户或个人消费者。2024 年 11 月 16 日，该公司销售部门出售学生桌 10 张，含税单价为 56.5 元，应收取款项 565 元，作为零星收入以现金收取货款。会计部门应如何办理该项业务？由于经营的需要，海蓝公司租赁了一个销售柜台，每月需要用现金支付租金 860 元。作为出纳人员应如何与其他部门人员协调完成上述收入费用现金收支业务办理？

■【工作过程与岗位对照图】■

现金收取收入业务和现金报销费用业务工作过程及岗位对照图如图 1-1、图 1-2 所示。

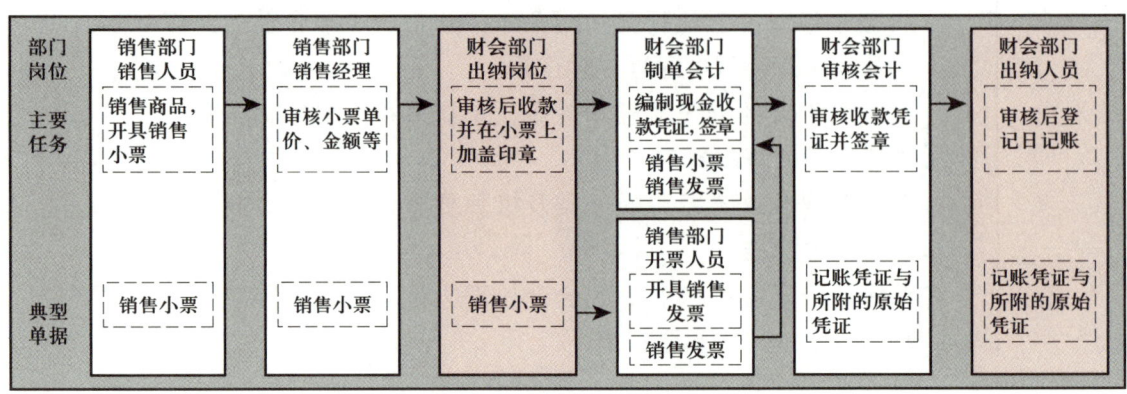

图 1-1　现金收取收入业务工作过程及岗位对照图

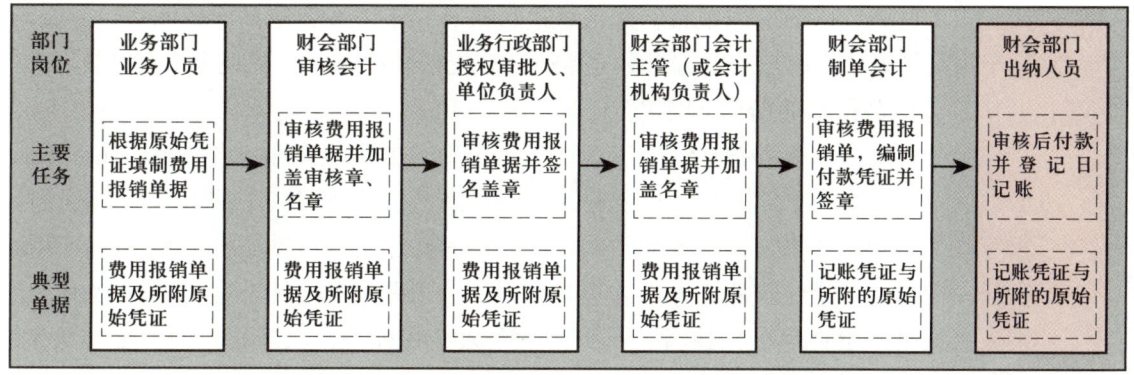

图 1-2　现金报销费用业务工作过程及岗位对照图

【知识准备】

现金收付款业务管理的相关制度

现金收支业务必须严格执行国务院颁布的《现金管理暂行条例》，按国家规定的用途使用现金，在允许的现金开支范围内进行现金支付。

一、现金收款业务管理制度

为了加强现金收支管理，出纳人员与会计人员必须分清责任，严格执行账、钱、物分管的原则，相互制约，规范办理现金收付业务。现金收款业务在办理过程中应遵循下列制度。

（一）现金专人保管制度

现金必须由出纳人员专人管理，非出纳人员不得经管现金。每日终了，出纳人员应将当天收入现金及时送存开户银行。确有困难的，应由开户银行确定送存时间。单位收入的现金不准作为储蓄存款存储。企业留存的现金应由出纳人员按面额整理好后存放在保险柜中，不得随意放置在抽屉内或办公桌上，更不得将现金私自出借、挪用或带出单位。

（二）现金收款业务内部控制制度

现金收款业务必须按照不相容职务相分离的原则进行岗位划分和流程设计。现金收款业务包括开票、收钱、制证、审核等工作过程，为了防止发生错弊，上述工作过程不允许由一个人全程办理，通常需要由业务部门人员或交款人员、出纳人员、会计制证人员、会计审核人员配合完成，以相互牵制，防止错弊。

（三）现金收款原始记录制度

一切现金收款业务的办理都应开具收款单据，即使有些现金收入已有对方付款凭证，也应开出收据交付款人，以明确经济职责。

（四）现金收入范围

按照《现金管理暂行条例》的规定，单位因销售商品、提供劳务、出租资产等所产生的收入，一般应以银行转账形式进行结算，不以现金结算。但如果结算金额低于银行转账结算起点或对方未开立银行账户无法转账的，可用现金进行结算。

二、现金付款业务管理制度

由于现金付款业务存在支付流动性强、多为与个人结算等特点，因此在办理时必须注意完善各项手续及实施内部牵制。在办理付款业务时，必须由收款方提供收据等收款手续，如果是向个人付款的，必须由其在相关的付款票据上签字，以明确责任。同时，现金付款业务办理的审核、付款、记账等工作环节应由审核会计、出纳人员、制单会计等分别执行，不可由一个人全程办理，以防止人为的错弊发生。现金支付管理制度主要包括：

（一）现金开支范围

按照国务院发布的《现金管理暂行条例》规定，开户单位可以在下列范围内使用现金：

（1）职工工资、津贴；

（2）个人劳务报酬；

（3）根据国家规定颁发给个人的科学技术、文化艺术、体育等各种奖金；

（4）各种劳保、福利费用以及国家规定的对个人的其他支出；

（5）向个人收购农副产品和其他物资的价款；

（6）出差人员必须随身携带的差旅费；

（7）结算起点以下的零星支出；

（8）中国人民银行确定需要支付现金的其他支出。

（二）现金支付手续

各单位一切现金支出都要有原始凭证，由经办人签名，经主管和有关人员审核并由制单人员编制付款凭证后，出纳人员才能据以付款。在付款后，应在原始凭证上加盖"现金付讫"戳记，妥善保管。

（三）现金支付纪律

为了强化开户银行对现金的监督与管理，现金支付必须遵守下列规定和纪律。

（1）不准坐支现金。坐支现金是指单位将收入的现金直接用于支付的行为。坐支现金容易打乱现金收支渠道，不利于开户银行对单位的现金进行有效的监督和管理。因此，《现金管理暂行条例》明确规定任何单位不准擅自坐支现金，如有特殊情况确需坐支现金的，需经过开户银行批准。

（2）单位之间不得相互借用现金。现金是流动性很强的资产，单位之间相互借用现金容易为不法分子创造贪污舞弊的机会，同时也违反现金限额管理制度，不利于开户银行对现金的监督与管理。

（3）单位不准利用银行存款账户代其他单位、个人存入或支取现金。

【技能准备】

出纳人员专业基本技能

出纳人员应具备正确的会计书写、点钞验钞、小键盘录入、计算机办公应用、填制审核会计凭证、建立并登记会计账簿、编制资金日报表等专业基本技能。其中，计算机办公应用、填制审核会计凭证、建立并登记会计账簿、编制资金日报表等相关技能已在相关课程中予以介绍，现主要就会计书写、点钞验钞技能要求进行介绍。

一、会计书写技能

出纳人员应掌握会计书写的基本技能，正确规范地在会计凭证、账簿、报表中书写文字、大小写数字。会计书写规范主要包括以下几个方面。

（一）数字书写要求

1. 阿拉伯数字书写要求

（1）阿拉伯数字要大小匀称，笔画流畅。一个一个地书写数字，独立有形，使人一目了然，不能连笔写，特别是要连着写几个"0"时，一定要单个地写，不能将几个"0"连在一起一笔写完。数字的排列要整齐，数字之间的空隙应均匀，不宜过大。

（2）阿拉伯数字书写时应有一定的斜度，排列有序且字体要自右上方向左下方倾斜地写，倾斜角度的大小以笔顺书写方便、好看易认为准，不宜过大也不宜过小，一般可掌握在60°左右，即数字的中心线与底平线通常成60°的夹角。

（3）阿拉伯数字书写还应有高度标准，一般要求数字的高度占横格高度的1/2（或2/3）为宜，书写时还要注意紧靠横格底线，以便需要更正时可以再次书写。

（4）阿拉伯数字书写时，笔画顺序是自上而下，先左后右，防止写倒笔字。

（5）阿拉伯数字书写时，同行的相邻数字之间要空出半个阿拉伯数字的位置，但也不可预留间隔（以不能增加数字为好）。

（6）阿拉伯数字书写时，除"4""5"以外数字，必须一笔写成，不能人为地增加数字的笔画；"6"字要比一般数字向右上方长出1/4，"7"和"9"字要向左下方（过底线）长出1/4。

（7）阿拉伯数字书写时，为了防止涂改，对有竖画数字的写法应有明显区别，如"6"的竖画应偏左，"4""7""9"的应偏右，"1"应写在中间；对于易混淆且笔顺相近的数字，在书写时，尽可能地按标准字体书写，区分笔顺，避免混同，以防涂改。例如："1"不可写得过短，要保持倾斜度，将格子占满，这样可防止改写为"4""6""7""9"；书写"6"时要顶满格子，下圆要明显，以防止改写为"8"；"7""9"两字的落笔可延伸到底线下面；"6""8""9""0"的圆必须封口。

数字书写
要求

【想一想】

小写数字规范的写法对防范数字篡改的作用有哪些？

2. 大写数字书写要求

（1）汉字大写数字书写，要以正楷或行书字体书写，不得连笔书写。

（2）汉字大写数字书写，不允许使用未经国务院公布的简化字或谐音字。汉字大写数字一律用"壹、贰、叁、肆、伍、陆、柒、捌、玖、拾、佰、仟、万、亿、元、角、分、零、整"等易于辨认、不易涂改的字样，不得用〇、一、二（两）、三、四、五、六、七、八、九、十等简化字代替，不能任意自造简化字，不能用"毛"代替"角"，"另"代替"零"。

（3）汉字大写数字书写，字体要各自成形，大小匀称，排列整齐；字迹要工整、清晰。

（二）金额书写要求

1. 小写金额书写要求

（1）没有位数分割线的凭证、账、表上的书写标准。

① 阿拉伯金额数字前面应当书写货币币种符号或者货币名称简写，币种符号和阿拉伯数字之间不得留有空白。凡阿拉伯数字前写出币种符号的，数字后面不再写货币单位。

② 以元为单位的阿拉伯数字，除表示单价等情况外，一律写到角分；没有角分的角位和分位可写出"00"或者"—"；有角无分的，分位应当写出"0"，不得用"—"代替。

③ 只有分位金额的，在元和角位上各写一个"0"字并在元与角之间点一个小数点，如"￥0.06"。

④ 元以上每三位要空出半个阿拉伯数字的位置书写，如：￥5 647 108.92，也可以三位一节用"分位号"分开，如：￥6, 647, 108.92。

（2）有数位分割线的凭证、账、表上的书写标准。

① 对应固定的位数填写，不得错位。

② 只有分位金额的，在元和角位上均不得写"0"字。

③ 只有角位或角分位金额的，在元位上不写"0"字。

④ 分位是"0"的，在分位上写"0"，角分位都是"0"的，在角分位上各写一个"0"字。

【想一想】

小写金额前面加"￥"及角分位的写法对于防范小写金额被篡改有哪些作用？

2. 大写金额书写要求

（1）大写金额要紧靠货币名称（如"人民币"三字）书写，不得留有空白，如果大写金额数字前未印有货币名称，应加填货币名称（如"人民币"字样）。

（2）大写金额到"元"或"角"，在"元"或"角"后写"整"或"正"字，大写金额有"分"的，"分"后面不写"整"字。如：¥12 000.00 应写为人民币壹万贰仟元整，¥48 651.80 应写为人民币肆万捌仟陆佰伍拾壹元捌角整，而¥486.56 应写为人民币肆佰捌拾陆元伍角陆分。

大写数字
书写要求

（3）分位是"0"可不写"零分"字样，如：¥4.60 应写为人民币肆元陆角整。

（4）阿拉伯金额数字中间有"0"的，汉字大写金额要写"零"字。如：¥1 409.50 应写为人民币壹仟肆佰零玖元伍角整。阿拉伯金额数字中间连续有几个"0"的，汉字大写金额中可以只写一个"零"字，如：¥1 004.56，汉字大写金额应写成人民币壹仟零肆元伍角陆分。

（5）阿拉伯金额数字元位是"0"的，或者数字中间连续有几个"0"，元位也是"0"，但角位不是"0"时，汉字大写金额可以只写一个"零"字，也可以不写"零"字。如：¥1 680.32，汉字大写金额应写为人民币壹仟陆佰捌拾元零叁角贰分，或者写为人民币壹仟陆佰捌拾元叁角贰分，又如：¥97 000.53，汉字大写金额应写为人民币玖万柒仟元伍角叁分。

（6）阿拉伯金额数字角位是"0"，而分位不是"0"时，汉字大写金额"元"后面应写"零"字。如：¥6 409.02，汉字大写金额应写成人民币陆仟肆佰零玖元零贰分，又如：¥325.04，汉字大写金额应写成人民币叁佰贰拾伍元零肆分。

（7）阿拉伯金额数字最高位是"1"的，汉字大写金额加写"壹"字，如：¥15.80，汉字大写金额应写成人民币壹拾伍元捌角整，又如：¥135 800.00，汉字大写金额应写成人民币壹拾叁万伍仟捌佰元整。

（8）在印有大写金额万、仟、佰、拾、元、角、分位置的凭证上书写大写金额时，金额前面如有空位，可划"⊗"注销，阿拉伯数字中间有几个"0"（含分位），汉字大写金额就可以写几个零。如：¥100.50，汉字大写金额应写成人民币⊗仟壹佰零拾零元伍角零分。

【想一想】

大写金额的规范写法中哪些要求可以防范金额被篡改？

二、点钞验钞技能

（一）点钞技能

1. 点钞的基本程序

点钞的基本程序：拆把 ⟶ 点数 ⟶ 扎把 ⟶ 盖章。拆把，即把待点的成把钞票的封条拆掉；点数，即手点钞，脑记数，点准一百张；扎把，即把点准的一百张钞票蹾齐，用腰条扎紧；盖章，即在扎好的钞票的腰条上加盖经办人名章，以明确责任。

2. 点钞的基本要求

在人民币的收付和整点中，应把混乱不齐、折损不一的钞票进行整理，使之整齐美观。 整理的具体要求包括：平铺整齐，边角无折；同券一起，不能混淆；券面同向，不能颠倒；验查真伪，去伪存真；剔除残币，完残分放；百张一把，十把一捆；扎把捆紧，经办盖章；清点结账，复核入库。

3. 点钞的基本要领

出纳人员在办理现金的收付与整点时，要做到准、快、好。"准"，就是钞券清点不错不乱，准确无误。"快"，是指在准的前提下，加快点钞速度，提高工作效率。"好"，就是清点的钞券要符合"五好钱捆"的要求，即要点准、挑净、蹾齐、扎紧、盖章清楚。"准"是做好现金收付和整点工作的基础和前提，"快"和"好"是加速货币流通、提高服务质量的必要条件。点钞的基本要领包括以下几点：第一，坐姿端正，即直腰挺胸，身体自然，肌肉放松，双肘自然放在桌上，持票的左手腕部接触桌面，右手腕部稍抬起，整点货币轻松持久，活动自如。第二，操作定型，用品定位。点钞时使用的印泥、图章、水盒、腰条等要按使用顺序固定位置放好，以便点钞时使用顺手。第三，点数准确。第四，钞票蹾齐，即钞票点好后必须蹾齐（四条边水平，不露头，卷角拉平）才能扎把。第五，扎把捆紧。扎小把，以提起把中第一张钞票不被抽出为准。按"#"字形捆扎的大捆，以用力推不变形、抽不出票把为准。第六，盖章清晰。腰条上的名章，是分清责任的标志，每个人整点后都要盖章，图章要清晰可辨。第七，动作连贯。点钞过程的各个环节（拆把、清点、蹾齐、扎把、盖章）必须密切配合，环环相扣。清点中双手动作要协调，速度要均匀，要注意减少不必要的小动作。

4. 点钞方法

点钞方法主要有手工点钞和机器点钞两种。为防止差错，实务中出纳人员采用手点一遍、机过一遍的方式，将手工点钞和机器点钞配合使用。下面我们介绍最常见的手工点钞方法——单指单张点钞法。

单指单张点钞法，即用一个手指一次点一张的方法。单指单张点钞法是点钞中使用范围较广、频率较高的一种方法，适用于收款、付款和整点各种新旧大小钞票。这种点钞方法由于持票面小，能看到票面的3/4，容易发现假钞票及残破票；其缺点是点一张记一个数，比较费力。具体操作方法：

（1）持票。左手横执钞票，下面朝向身体，左手拇指在钞票正面左端约1/4处，食指与中指在钞票背面与拇指同时捏住钞票，无名指与小指自然弯曲并伸向票前左下方，与中指夹紧钞票，食指伸直，拇指向上移动，按住钞票侧面，将钞票压成瓦形，左手将钞票从桌面上擦过，拇指顺势将钞票向上翻成微开的扇形，同时，右手拇指、食指作点钞准备。

（2）清点。左手持钞并形成瓦形后，右手食指托住钞票背面右上角，用拇指尖逐张向下捻动钞票右上角，捻动幅度要小，不要抬得过高。要轻捻，食指在钞票背面的右端配合拇指捻动，左手拇指按捏钞票不要过紧，要配合右手起自然助推的作用。右手的无名指将捻起的钞票向怀里弹，要注意轻点快弹。

（3）记数。与清点同时进行。在点数速度快的情况下，往往由于记数迟缓而影响点钞的效率，因此记数应该采用分组记数法。把 10 作 1 记，即 1、2、3、4、5、6、7、8、9、1（即 10），1、2、3、4、5、6、7、8、9、2（即 20），依此类推，数到 1、2、3、4、5、6、7、8、9、10（即 100）。采用这种记数法记数既简单又快捷，既省力又好记。但记数时要默记，不要念出声，做到脑、眼、手密切配合，既准又快。

5. 扎把方法

点钞完毕后需要对所点钞票进行扎把，通常是 100 张捆扎成一把，分为缠绕式和扭结式两种方法。

缠绕式方法：临柜收款采用缠绕式方法，需使用牛皮纸腰条。其具体操作方法如下：第一，将点过的钞票 100 张蹾齐；第二，左手从长边拦腰握着钞票，使之呈瓦状（瓦状的幅度影响扎钞的松紧，在捆扎中幅度不能变）；第三，右手握着腰条头将其从钞票的长边夹入钞票的中间（离一端 1/4～1/3 处），从凹面开始绕钞票两圈；第四，在翻到钞票原转角处将腰条向右折叠 90°，将腰条头绕捆在钞票的腰条上，转两圈打结；第五，整理钞票。

扭结式方法：一般在考核、比赛时采用，需使用绵纸腰条。其具体操作方法如下：第一，将点过的钞票 100 张蹾齐；第二，左手握钞，使之成为瓦状；第三，右手将腰条从钞票凸面放置，将两腰条头绕到凹面，左手食指、拇指分别按住腰条与钞票厚度交界处；第四，右手拇指、食指夹住其中一端腰条头，中指、无名指夹住另一端腰条头，并合在一起，右手顺时针转 180°，左手逆时针转 180°，将拇指和食指夹住的那一头从腰条与钞票之间绕过、打结；第五，整理钞票。

（二）验钞技能

验钞可通过验钞机进行，同时也可通过钞币的防伪特点进行，下面以第五套人民币为例，简单介绍人民币的验钞技能。

1. 看币识别

第一要看水印：第五套人民币各券别纸币的固定水印位于各券别纸币票面正面左侧的空白处，迎光透视，可以看到立体感很强的水印。100 元、50 元纸币的固定水印为毛泽东头像图案。20 元、10 元、5 元纸币的固定水印为花卉图案。

第二要看安全线：第五套人民币纸币在各券别票面正面中间偏左，均有一条安全线。100 元、50 元纸币的安全线，迎光透视，分别可以看到微小的缩微文字"RMB100""RMB50"，仪器检测均有磁性；20 元纸币，迎光透视，是一条明暗相间的安全线，10 元、5 元纸币安全线为全息磁性开窗式安全线，即安全线局部埋入纸张中，局部裸露在纸面上，开窗部分分别可以看到由微缩字符"￥10""￥5"组成的全息图案，仪器检测有磁性。

第三看光变油墨：第五套人民币 100 元券和 50 元券正面左下方的面额数字采用光变油墨印刷。将垂直观察的票面倾斜到一定角度时，100 元券的面额数字会由绿变为蓝色；50 元券的面额数字则会由金色变为绿色。

第四看票面图案是否清晰，色彩是否鲜艳，对接图案是否可以对接上。第五套人民币纸币的阴阳互补对印图案应用于 100 元、50 元和 10 元券中。这三种券别的正面左下方和背面右下方都印有一个圆形局部图案。迎光透视，两幅图案准确对接，组合成一个完整的古钱币图案。同时，还要用 5 倍以上放大镜观察票面，看图案线条、缩微文字是否清晰干净。第五套人民币纸币各券别正面胶印图案中，多处均印有微缩文字，20 元纸币背面也有该防伪措施。100 元微缩文字为"RMB"和"RMB100"；50 元为"50"和"RMB50"；20 元为"RMB20"；10 元为"RMB10"；5 元为"RMB5"和"5"字样。

2. 摸币识别

摸币识别即要摸人像、盲文点、中国人民银行行名等处是否有凹凸感。第五套人民币百元纸币采用了雕刻凹凸印刷，票面正面毛泽东头像、国徽、"中国人民银行"行名、右上角面额数字、盲文及背面人民大会堂等均采用雕刻凹凸印刷，用手指触摸有明显的凹凸感。

3. 抖币识别

抖币识别即要抖动钞票使其发出声响，根据声音来分辨人民币真伪。人民币的纸张，具有挺括、耐折、不易撕裂的特点。手持钞票用力抖动、手指轻弹或两手一张一弛轻轻对称拉动，能听到清脆响亮的声音。而假币纸张绵软，韧性差，易断裂，抖动时声音发闷。

4. 测币识别

测币识别即借助一些简单的工具和专用的仪器来分辨人民币真伪。如借助放大镜可以观察票面线条清晰度、胶、凹印缩微文字等；用紫外灯光照射票面，可以观察钞票纸张和油墨的荧光反映；用磁性检测仪可以检测黑色横号码的磁性。

5. 验钞机的配备与使用

出纳人员直接接触现金较为频繁，而目前制造伪钞的技术越来越高，人工鉴别现钞的真伪确实很难。为使出纳人员的工作风险降到最低，保证现金的安全完整，达到分毫不差的工作质量要求，单位可使用"多功能防伪点钞机"。多功能防伪点钞机，由"磁性检伪、紫光检伪、数码综合检伪"组成"三重检测"，并全面兼容新旧版人民币等多种功能，适用于银行、商场、宾馆及单位对人民币、外币或各种有价证券进行自动鉴伪和点钞。它的鉴伪灵敏度和快速点钞功能，是人工操作所不及的。

多功能防伪点钞机的使用也较为简便，一般若清点 20～100 元面值（人民币），应在接通磁检开关预热 2～3 分钟进行，才可使判伪准确度更高；但若清点 1～10 元面值（人民币）时磁检开关必须切断。在清点过程中，发现假币时，机器自动停止，并发出"嘀嘀"的报警信号，同时显示器指示该假钞票所在张数位置。取出伪钞，按复位键，报警声音即消除，机器继续正常工作。多功能防伪点钞机还具有双显示屏功能，当营业人员在清点现钞时，外显示屏可供客户同时监视。

点钞验钞机（见图 1-3），集点计数和辨伪钞票功能于一体。使用方便快捷，既可用于清点现金数额，又可用于辨别伪钞，是出纳岗位必备的机具。

图 1-3　点钞验钞机

三、保险柜的配备与使用

为了保卫财产安全和完整，各单位应配备专用保险柜，专门用于库存现金、各种有价证券、银行票据、印鉴及其他出纳票据等的保管。各单位应加强对保险柜的使用管理，制订保险柜使用办法，要求有关人员严格执行。保险柜的使用应注意如下几点。

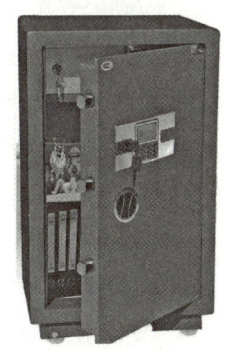

保险柜（见图 1-4）具有坚固的柜体，严密的防盗设计，由密码和钥匙双重保险。出纳人员应将现金、有价证券、空白票据、贵重物品存放至此，并按照保密要求严格保密。

图 1-4　保险柜

（一）保险柜的管理

保险柜一般由总会计师或财务处（科、股）长授权，由出纳人员负责管理使用。

（二）保险柜钥匙的配备

保险柜要配备两把钥匙，一把由出纳人员保管，供出纳人员日常工作开启使用；另一把交由保卫部门封存，或由单位总会计师或财务处（科、股）长负责保管，以备特殊情况下经有关领导批准后开启使用。出纳人员不能将保险柜钥匙交由他人代为保管。

（三）保险柜的开启

保险柜只能由出纳人员开启使用，非出纳人员不得开启保险柜。如果单位总会计师或财务处（科、股）长需要对出纳人员工作进行检查，如检查库存现金限额、核对实际库存现金数额，或有其他特殊情况需要开启保险柜时，应按规定的程序由总会计师或财务处（科、股）长开启。在一般情况下不得随意开启由出纳人员掌管使用的保险柜。

（四）财物的保管

每日终了后，出纳人员应将其使用的空白支票（包括现金支票和转账支票）、银钱收据、印章等放入保险柜内。保险柜内存放的现金应设置和登记现金日记账，其他有价证券、存折、票据等应按种类造册登记，贵重物品应按种类设置备查簿登记其质量、重量、金额等，所有财物应与账簿记录核对相符。按规定，保险柜内不得存放私人财物。

（五）保险柜密码

出纳人员应将自己保管使用的保险柜密码严格保密，不得向他人泄露，以防被他人利用。出纳人员调动岗位，新出纳人员应及时更换使用新的密码。

（六）保险柜的维护

保险柜应放置在隐蔽、干燥之处，注意通风、防湿、防潮、防虫和防鼠。保险柜外要经常擦抹干净，保险柜内财物应保持整洁卫生、存放整齐。一旦保险柜发生故障，应到公安机关指定的维修点进行修理，以防泄密或失盗。

（七）保险柜被盗的处理

出纳人员发现保险柜被盗后应保护好现场，迅速报告公安机关（或保卫部门），待公安机关勘查现场时才能清理财物被盗情况。节假日满两天以上或出纳人员离开两天以上没有派人代其工作的，应在保险柜锁孔处贴上封条，出纳人员到位工作时揭封。如发现封条被撕掉或锁孔处被弄坏，也应迅速向公安机关或保卫部门报告，以使公安机关或保卫部门及时查清情况，防止不法分子进一步作案。

四、第三方支付平台收付款业务办理

随着移动支付的技术越来越成熟，大街小巷的商户门上或者柜台都放置了商业版微信或支付宝收付款二维码。客户在购买商品的时候可以直接扫码支付，更加方便安全，商家也同样享受了便利，免去了找零钱的烦恼。

（一）收款业务办理

1. 微信收款

微信收款主要分为商家收款和个人收款两种情况。

（1）商家收款。商家收款首先需要申请商家收款码。这可以通过微信支付商户平台或服务商开通支付收款来完成。商家收款码有费率，通常是按支付费率收费，支付产品费率为 0.6%～1.2%，按笔收取。一旦获得商家收款码，可以将其放置在门店收银处，顾客扫码即可付款。商家收款的流程如下：

① 准备材料与申请收款码。首先，商家需要准备下列材料：营业执照、申请人的身份证照片、门店照片，以及收款银行卡等，接着关注"微信收款商业版"公众号，并在下方菜单栏中单击"进入商业版"，然后选择"注册微信支付商户号"（见图 1-5），并按照页面提示填写店铺信息、结算信息、联系信息及法人身份信息，并上传相关证件的彩色图片（见图 1-6）。提交资料后等待审核，审核通过后即可获得商家收款码。

图 1-5　微信收款商业版

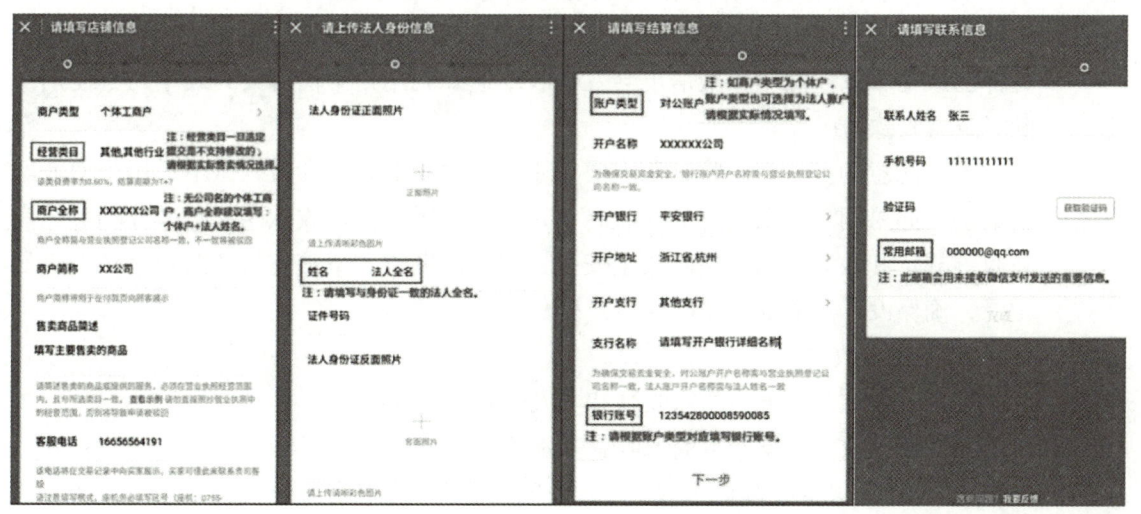

图 1-6　填写各类信息

②顾客扫码付款。商家将收款码放置在门店收银处，顾客付款时，须在微信中打开"扫一扫"功能，扫描商家的收款码。输入付款金额、支付密码或使用其他支付方式进行付款。

③商家查看收款。商家可以在微信支付的商户平台或商户助手中查看收款记录，确保每笔交易都已成功收款。同时，商家也可以设置收款通知，当收到付款时，微信会发送通知消息，方便商家及时查看收款情况。

④ 处理退款与售后。如果顾客需要退款，商家可以在商户平台或商户助手中进行退款操作。对于售后问题，商家需要及时与顾客沟通并解决，确保顾客满意。

（2）个人收款。对于个人收款，用户可以直接使用微信的"收付款"功能。在微信界面上找到"收付款"选项，进入后单击"二维码收款"，之后将出现收款二维码。可以将这个二维码发送给付款人，让其用"扫一扫"功能完成付款。请注意，未进行实名认证的个人账户单笔收款限额为 500 元，而已完成实名认证的个人账户单笔收款限额为 2 万元。如果需要提升收款限额，可以完成微信实名认证。微信个人收款流程相对简单，基本流程如下：

① 打开微信收款功能。打开手机上的微信应用，确保已经登录了自己的微信账号。在微信主界面，单击右下角的"我"选项，进入个人信息页面。在个人信息页面中，选择"服务"或"支付"选项，进入支付管理页面。

② 生成个人收款码。在支付管理页面中，找到并单击"收付款"选项。进入收付款页面后，选择"二维码收款"选项。系统将自动生成个人的收款二维码，将生成的收款二维码展示给需要付款的人，对方可以使用微信的"扫一扫"功能扫描该二维码。付款方扫描二维码后，将进入付款页面，输入付款金额并确认。付款方完成付款后，个人收款方将收到微信的通知消息，告知收款成功。

③ 查看收款记录。用户可在微信的支付管理页面中查看收款记录，确保每笔交易都已成功收款。同时，微信也会发送收款通知到用户微信聊天列表中，方便用户随时查看收款情况。

需要注意的是，个人收款码主要用于个人之间的转账和收款，不适用于商业经营活动。如果用户需要进行商业收款，建议申请微信商家收款码，并遵守相关的商业收款规定和政策。为了保障资金安全，建议定期查看微信支付的账户余额和交易记录，确保没有异常或未经授权的交易发生。

2. 支付宝收款

支付宝收款主要分为商家收款和个人收款两种情况。

（1）商家收款。支付宝商家收款基本流程如下：

① 找到支付宝收款码入口——"商家服务"。可使用下列三种方法，方法一为打开支付宝首页，依次单击【收付款】-【二维码收款】-【商家服务】；方法二为直接在支付宝首页搜索"商家服务"单击即可，搜索"收款码"；方法三为打开支付宝，单击【我的】-【商家服务】。

② 填写商家信息。打开【商家服务】后，单击右上角设置，如果之前有申请过收款码，但没填商家信息的，有一个商家名称待补全，这两个按钮单击任意一个即可。然后就可以开始填写商家信息。

（2）个人收款。个人款基本流程如下：打开支付宝，单击收付款图标；开始设置金额后，输入收款金额，单击确定；确认金额后，页面展示该金额的收款码，将该收款码展示给他人进行扫描，即可完成收款。

（二）付款业务办理

1. 微信付款的流程

（1）打开微信，单击右下角的"我"进入个人信息页面。

（2）选择"支付"选项，进入支付页面。

（3）单击"收付款"选项，开启付款功能。

（4）商家提供收款码时，可以直接打开微信的"扫一扫"功能，对准商家的收款码进行扫描。扫描成功后，输入付款金额并确认，然后输入支付密码，即可完成付款。

另外，也可以向商家展示自己的付款码，由商家使用扫码设备完成支付。这种付款方式无须输入支付密码，但请注意，付款码具有时效性，每一笔订单的付款码都是不同的，完成一笔订单之后，付款码就会失效。

在进行微信付款时，为了保障资金安全，建议开启安全锁或手势密码解锁等安全设置。此外，还要定期查看自动扣款项目，确保没有绑定不需要的扣款账号。

2. 支付宝付款的流程

（1）登录支付宝。首先，确保已经安装支付宝并登录自己的账户。如果没有安装或登录，需要先进行这些步骤。

（2）选择付款方式。支付宝提供了多种付款方式，包括账户余额、余额宝、快捷支付等。根据个人需求和支付宝账户的设置，选择合适的付款方式。

（3）生成付款码或扫描收款码。如果是向商家付款，可以直接打开支付宝的"扫一扫"功能，扫描商家提供的收款码。扫描成功后，输入付款金额并确认。如果是让商家扫描自己的付款码，可以在支付宝找到付款码并展示给商家。

（4）确认付款信息。在付款前，请仔细核对付款金额、收款方等信息，确保无误后再进行下一步。

（5）输入支付密码或验证指纹：根据支付宝的设置，可能需要输入支付密码或使用指纹进行身份验证，以完成付款。

（6）查看付款结果。付款成功后，支付宝会显示付款成功的提示。同时，也可以在支付宝的账单或交易记录中查看付款详情。

需要注意的是，为了确保支付安全，建议定期更新支付宝并开启相关的安全设置，如指纹支付、支付密码等。

（三）第三方支付平台收付款的账务处理

微信、支付宝属于其他货币资金支付，可在"其他货币资金"科目下设微信和支付宝二级科目进行核算。

第三方支付平台收付款、提现的具体账务处理如下：

1. 微信或支付宝转账购买办公用品的：

借：管理费用——办公费
　　贷：其他货币资金——微信或其他货币资金——支付宝

2. 微信或支付宝收到销售款的：

借：其他货币资金——微信或其他货币资金——支付宝
　　贷：主营业务收入
　　　　应交税费——应交增值税（销项税额）

3. 微信或支付宝提现

借：银行存款
　　贷：其他货币资金——微信或其他货币资金——支付宝

【职业素养提升】

数字人民币

数字人民币（字母缩写按照国际使用惯例暂定为"e-CNY"）是由中国人民银行发行的数字形式的法定货币，由指定运营机构参与运营并向公众兑换，以广义账户体系为基础，支持银行账户松耦合功能，与纸钞硬币等价。数字人民币的概念有两个重点：一个是数字人民币是数字形式的法定货币；另外一个是与纸钞、硬币等价，数字人民币主要定位于现金类支付凭证，将与实物人民币长期并存，也就是流通中的现钞和硬币。主要用于满足公众对数字形态现金的需求，助力普惠金融。

截至 2024 年 9 月数字人民币已经在 17 个省（区、市）开展试点，在批发零售、餐饮文旅、教育医疗等领域持续探索，形成了一批涵盖线上线下、可复制可推广的应用方案，在拉动居民消费、推动绿色转型，优化营商环境等方面发挥了积极作用。

【职业判断与业务操作】

现金收取收入和报销费用的业务办理

一、现金收取收入业务办理

现金收款
业务的办理
流程

　　企业因销售商品、提供劳务、租赁等发生零星收入或客户为未开立银行账户的个人或商户时，可收取现金。一切现金收入都应开具发票等原始单据，一方面进行单位经营收入的核算，另一方面办理现金的收取。收入现金签发单据与经手收款，按要求应由两个经办人分工办理，如销货收入应由经销人员负责填制发票单据，出纳人员据以收款，以防差错与作弊。下面以海蓝公司的业务为例介绍发生现金收取收入业务办理的工作过程。

▌【典型工作任务举例 1-1】▌ 零星销售收取现金业务办理

　　2024 年 11 月 16 日海蓝公司进行促销活动，销售部门出售学生桌 10 张，含税单价为 56.5 元，应收取货款 565 元，作为零星收入以现金收取货款。

　　零星收入现金收取业务需经过销售部门、财会部门会计岗位、出纳岗位配合完成，其业务办理流程如下。（下列流程可根据单位信息化情况手工或通过信息化系统完成，下列流程采用手工形式）

　　（1）销售部门人员（张红）销售商品后，开出一式三联收款通知（销售小票）（见表 1-1）。

　　（2）由销售部门负责人（王亚南）审核销售小票并签字（见表 1-2）（对于小型单位可不设此审核手续）。

现金收取
收入业务的
会计处理

表 1-1

海蓝公司销售小票

销售组：办公用品　　　　日期 2024 年 11 月 16 日　　　　销售组代码：10

商品名称	商品编码	数量	单价	金额
学生桌	098878	10	56.50	565.00
合计	人民币（大写）伍佰陆拾伍元整			￥565.00

销售员：张红　　　　　　　　　　　　　　　　　　销售部经理：

表 1-2

海蓝公司销售小票

销售组：办公用品　　　　日期 2024 年 11 月 16 日　　　　销售组代码：10

商品名称	商品编码	数量	单价	金额
学生桌	098878	10	56.50	565.00
合计	人民币（大写）伍佰陆拾伍元整			￥565.00

销售员：张红　　　　　　　　　　　　　　　　　　销售部经理：王亚南

　　（3）顾客或销售人员将收款通知（销售小票）交出纳人员（李红），由其根据收款通知收取现金；现金收入应与经办人当面点清，如果在清点过程中出纳人员发现短缺、假钞等特殊问题，应由经办人负责。

【想一想】

你在商场购物的时候是如何进行付款的？试了解现金收取收入业务办理的流程。

■ 【相关知识】 ■

阅读《企业内部控制应用指引第 9 号——销售业务》，了解各种销售收款业务流程和控制关键点。

（4）出纳人员（李红）对收款通知（销售小票）进行审核，如单价、金额是否正确，相关内容是否填制完整，签章是否齐全。审核无误后办理收款并在收款通知（销售小票）上加盖"现金收讫"章（见表 1-3），将一联给交款人用以开具发票，一联留存，一联交会计制证人员。

表 1-3

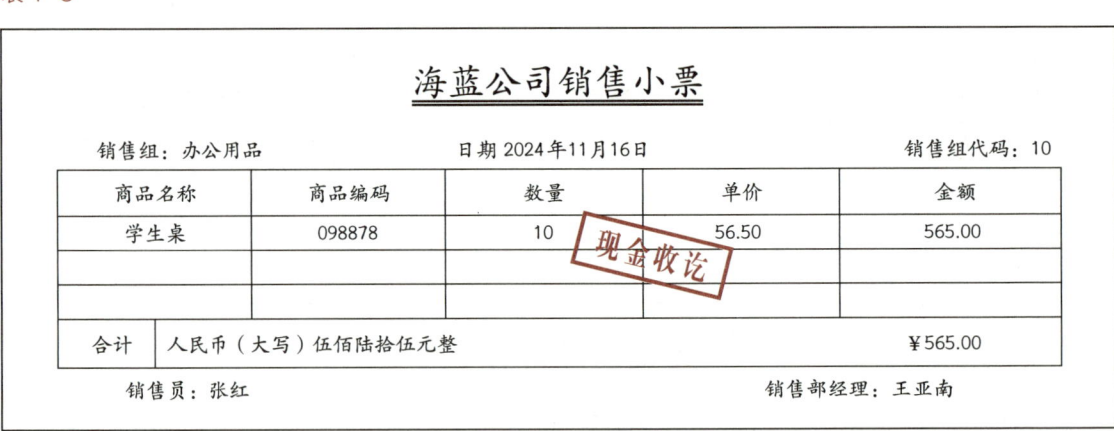

商品名称	商品编码	数量	单价	金额
学生桌	098878	10	56.50	565.00
合计	人民币（大写）伍佰陆拾伍元整			￥565.00

海蓝公司销售小票

销售组：办公用品   日期 2024 年 11 月 16 日   销售组代码：10

销售员：张红   销售部经理：王亚南

【想一想】

如果出纳人员没有在收款的原始凭证上加盖"现金收讫"章，可能会导致哪些错弊？

（5）交款人持盖章的收款通知（销售小票）到销售部门开具发票并领取所购货物。

（6）销售部门开具发票后将记账联（见表 1-4）传递给会计制证人员。①

表 1-4

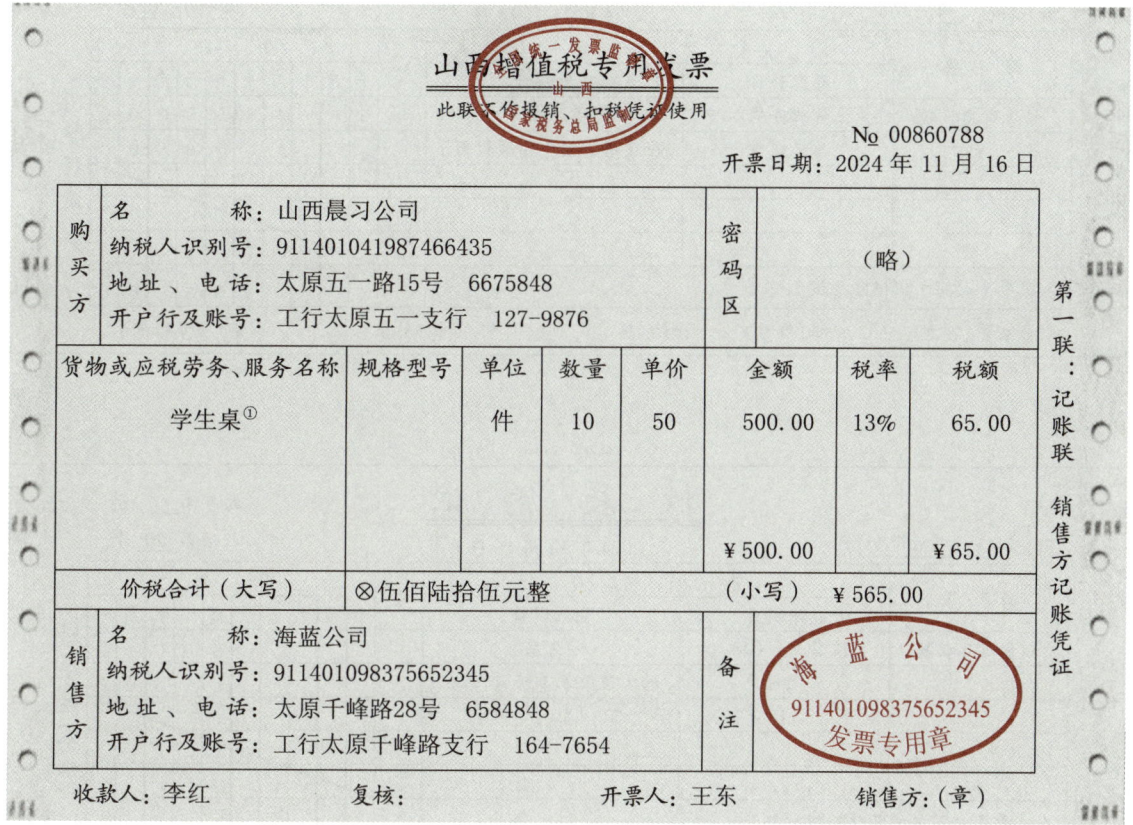

（7）会计制单人员（张乐）核对发票与收款通知（销售小票）相关项目内容，审核无误后据以编制现金收款凭证（见表 1-5）。

（8）会计稽核人员（李清）审核记账凭证及所附原始凭证并在审核栏签章（见表 1-6）。

（9）出纳人员对上述收款凭证审核后在记账凭证出纳栏下签章（见表 1-7）。

---

① 注：根据国家税务总局《关于增值税发票管理若干事项的公告》，自 2018 年 1 月 1 日起，纳税人通过增值税发票管理新系统开具增值税发票时，商品和服务税收分类编码对应的简称会自动显示并打印在发票票面"货物或应税劳务、服务名称"栏次中。本教材为简便起见，省略该简称，下同。

表 1-5

收 款 凭 证					
借方科目：库存现金		2024 年 11 月 16 日		总字第＿号 收字第_20_号	

摘　要	贷　方　科　目		√	金　额	附单据贰张
	总账科目	明细科目		千百十万千百十元角分	
销售商品收款	主营业务收入	学生桌		5 0 0 0 0	
	应交税费	应交增值税（销项税额）		6 5 0 0	
人民币（大写）伍佰陆拾伍元整				¥ 5 6 5 0 0	
财务主管（签章）　　记账（签章）　　出纳（签章）　　　　复核（签章）　　　　制单（签章）张乐					

表 1-6

收 款 凭 证					
借方科目：库存现金		2024 年 11 月 16 日		总字第＿号 收字第_20_号	

摘　要	贷　方　科　目		√	金　额	附单据贰张
	总账科目	明细科目		千百十万千百十元角分	
销售商品收款	主营业务收入	学生桌		5 0 0 0 0	
	应交税费	应交增值税（销项税额）		6 5 0 0	
人民币（大写）伍佰陆拾伍元整				¥ 5 6 5 0 0	
财务主管（签章）　　记账（签章）　　出纳（签章）　　　　复核（签章）李清　　　　制单（签章）张乐					

表 1-7

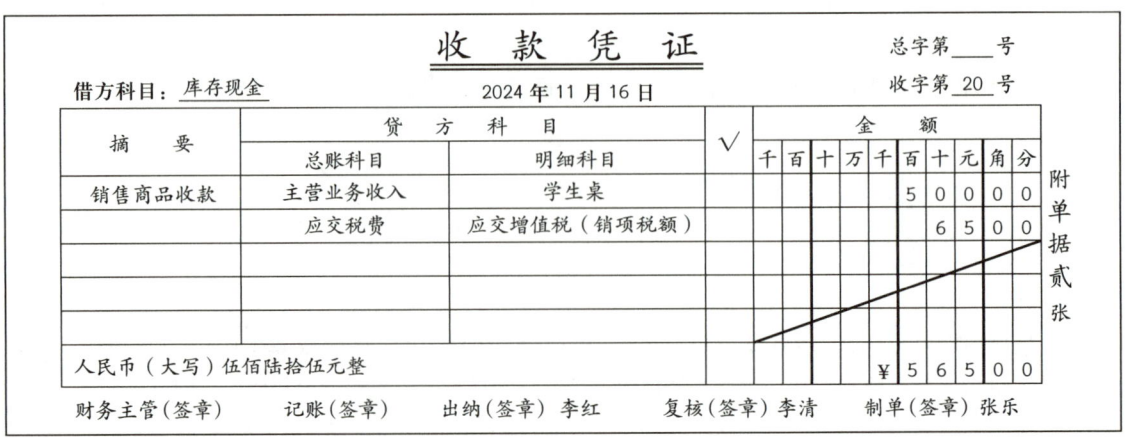

收 款 凭 证					
借方科目：库存现金		2024 年 11 月 16 日		总字第＿号 收字第_20_号	

摘　要	贷　方　科　目		√	金　额	附单据贰张
	总账科目	明细科目		千百十万千百十元角分	
销售商品收款	主营业务收入	学生桌		5 0 0 0 0	
	应交税费	应交增值税（销项税额）		6 5 0 0	
人民币（大写）伍佰陆拾伍元整				¥ 5 6 5 0 0	
财务主管（签章）　　记账（签章）　　出纳（签章）李红　　复核（签章）李清　　制单（签章）张乐					

> **【想一想】**
>
> 　　根据上述工作流程想一想出纳人员应怎样审核原始凭证和记账凭证？出纳人员应该如何严格遵守会计准则制度，确保会计信息真实完整？

　　（10）出纳人员根据收款记账凭证逐日逐笔登记库存现金日记账，并将记账凭证交由会计人员登记总账和相关明细账（见表1-8）。

表1-8

2024 年		凭证编号		摘要	对应科目	借　方		√	贷　方		√	余　额	
月	日	类	号			百十万千百十元角分			百十万千百十元角分			百十万千百十元角分	
11	15			承上页		1 1 6 7 8 9 0 0			9 7 6 9 5 5 0			2 3 4 0 0 0 0	
	16	收	20	销售学生桌	主营业务收入、应交税费	5 6 5 0 0						2 3 9 6 5 0 0	

表头居中标题：**库 存 现 金 日 记 账**　　34

　　（11）出纳人员在每日终了时结出库存现金日记账余额（见表1-9）。

表1-9

2024 年		凭证编号		摘要	对应科目	借　方		√	贷　方		√	余　额	
月	日	类	号			百十万千百十元角分			百十万千百十元角分			百十万千百十元角分	
11	15			承上页		1 1 6 7 8 9 0 0			9 7 6 9 5 5 0			2 3 4 0 0 0 0	
	16	收	20	销售学生桌	主营业务收入、应交税费	5 6 5 0 0						2 3 9 6 5 0 0	
	16	付	31	预借差旅费	其他应收款				2 0 0 0 0 0			2 1 9 6 5 0 0	
				本日合计		5 6 5 0 0			2 0 0 0 0 0			2 1 9 6 5 0 0	

表头居中标题：**库 存 现 金 日 记 账**　　34

　　（12）出纳人员将日记账余额与库存现金实有数额相核对，保证账实相符。

> **【相关知识】**
>
> 　　复习如何设置库存现金日记账、登记日记账和结账。

上述零星收入现金收取业务的办理流程体现了现金收取业务办理的不相容职务相分离的控制原则，即开票、收钱、制证由不同人员完成。其中，销售人员开票不收钱，出纳人员收钱不开票、不编制记账凭证，会计人员编制记账凭证但不收钱，三者之间形成了相互控制的作用。如违反三者分离的控制原则，则会为相关人员贪污款项造成可乘之机。如果销售人员既开票又收钱，则可通过开假票的手段贪污款项；如果出纳人员既收款又编制记账凭证或开票，可通过变造票据金额等手段贪污公款；如果会计人员既记账又收款，同样可通过变造票据金额的手段进行贪污。因此在业务收入流程设计中，必须合理利用三者之间相互控制的关系，达到防止贪污舞弊的制度设计目标。

二、现金报销费用业务办理

企业因购买商品、接受劳务、租赁等发生的费用，如符合《现金管理暂行条例》规定的现金支出范围的，可用现金进行支付。一切现金支付业务都应取得相应的付款单据，由经办人签名，经主管和有关人员审核并由制单人员编制付款凭证后，出纳人员才能据以付款。在付款后，应在原始凭证上加盖"现金付讫"戳记，妥善保管。

下面通过海蓝公司的典型业务介绍发生费用支付现金业务办理的工作过程。

▌【典型工作任务举例1-2】▌ 现金报销费用业务办理

2024年12月16日，报销人员（李渊）报销公司柜台租赁费860元（原始凭证为增值税普通发票，价税合计金额为860元），用现金支付。

现金报销费用业务，需由会计人员和出纳人员配合完成，其业务办理及出纳人员工作流程如下。

（1）报销人员（李渊）根据原始凭证填制费用支出报销单（见表1-10）。

现金报销
费用的会计
处理

表 1-10

费用支出报销单

部门：销售部 　　　　　　　　　2024 年 12 月 16 日

摘　　要	费用项目（子项目）	金　　额
报销柜台租赁费	销售费用（租赁费）	860.00
		审核专用章
合　　计	人民币（大写）捌佰陆拾元整	￥860.00

财务主管：　　　单位负责人：　　　部门领导审核：　　　审核会计：李清　　　经手人：李渊

（2）报销人员（李渊）持填制好的费用支出报销单至财务科交由审核会计进行审核。审核会计应审核所附原始凭证的真实性、完整性、准确性，特别要按照本企业费用开支财务制度的规定，对各项费用是否应采用现金支付、支付金额是否符合规定等进行审核，审核后在费用支出报销单上加盖"审核专用章"及审核会计（李清）名章（见表 1-10）。

（3）由报销人员所在部门负责人审核。部门负责人审核主要就费用的真实性、合理性进行审核，如该笔费用是否经过审批；是否为企业经营活动必需的费用开支，其金额是否合理，有无超过正常金额范围等。审核后，业务部门负责人应在原始凭证上签章。部门领导审核程序适用于大多数企业，但对于规模较小的企业也可直接交由单位负责人进行审核。

（4）由单位负责人或总会计师等授权人员对上述票据再次进行审核并签章。

（5）会计主管再次就凭证的真实性、合法性、完整性、准确性进行审核并签章后交由制单会计编制付款凭证（见表 1-11）。

【想一想】

在费用报销现金付款业务办理过程中，凭证为何要先后在审核会计—部门负责人—单位负责人—会计机构负责人—制单会计—出纳人员之间进行传递？如果某些关键的程序发生错误会有什么后果？如果先由单位负责人审核再由审核会计审核可能会发生什么样的情况？

（6）制单会计编制上述业务的现金付款凭证并签章（见表 1-11）。
（7）审核会计审核记账凭证和原始凭证后在凭证上签章（见表 1-11）。

表 1-11

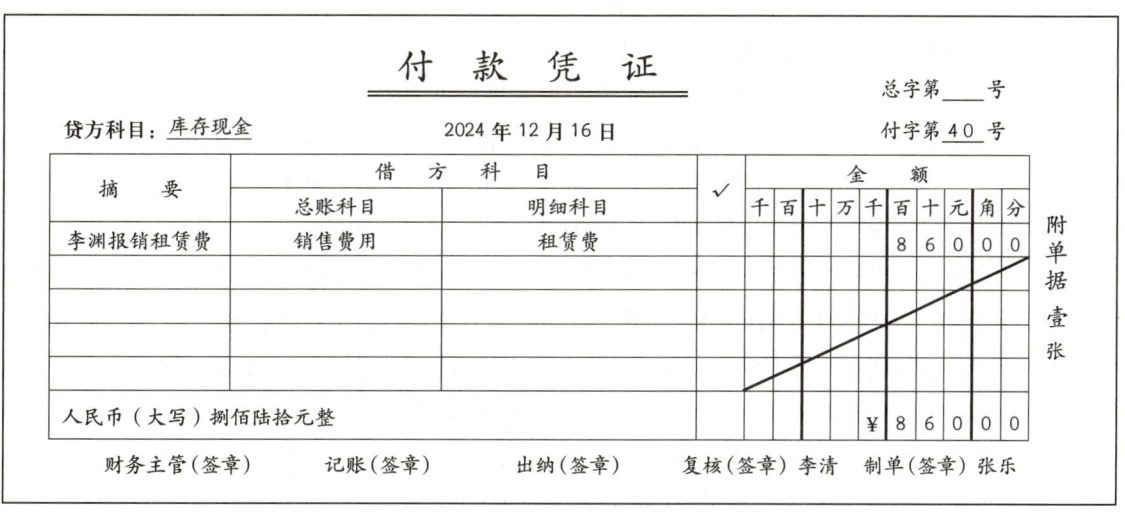

（8）出纳人员再次审核上述会计凭证后支付现金，并在费用支出报销单上加盖"现金付讫"章（见表1-12）。出纳人员付款时应明确收款人，严格按合同、发票或有关依据记载的收款人进行付款，对于代为收款的，应当出具原收款人证明材料并与原收款人核实后，方可办理付款手续。出纳人员应明确付款用途，对于不合法、不合理的付款应当坚决给予抵制，并向有关领导汇报，用途不明的，出纳人员可以拒付。

表1-12

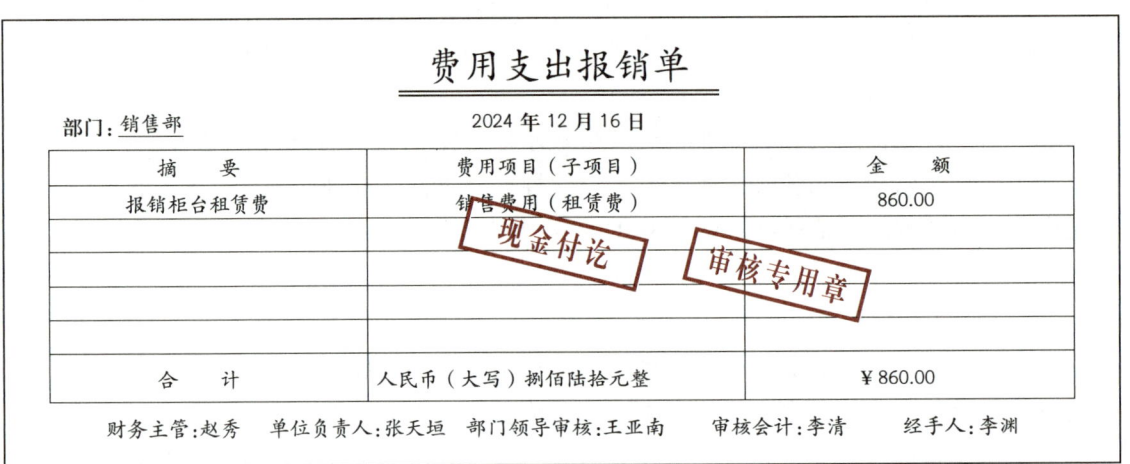

费用支出报销单		
部门：销售部	2024年12月16日	
摘　要	费用项目（子项目）	金　额
报销柜台租赁费	销售费用（租赁费）	860.00
合　计	人民币（大写）捌佰陆拾元整	￥860.00

财务主管：赵秀　单位负责人：张天垣　部门领导审核：王亚南　审核会计：李清　经手人：李渊

【想一想】

在"费用支出报销单"上加盖"现金付讫"章有什么作用？

（9）出纳人员在记账凭证出纳栏内加盖名章（记账凭证略）。

（10）出纳人员登记现金日记账，并结出当日余额。

（11）出纳人员将当日现金余额与现金实有数额相核对。

报销费用业务也是企业常见的现金支付业务，报销费用业务办理的流程一般为：经手人—审核会计—部门领导—单位负责人—会计机构负责人—制单会计—审核会计—出纳人员。在实际工作中，由于不同单位组织机构设置及人员配备的不同，上述程序中"部门领导—单位负责人"可合并为一个授权审核岗位，会计机构负责人可兼任审核会计，从而简化业务程序，但会计与出纳必须由两人分别担任。同时，在办理报销业务时必须注意按照上述审核程序进行，不可以随意变换。如"审核会计—部门领导—单位负责人"的审核顺序发生变动，由单位负责人先审核再由审核会计、部门领导审核，就可能会造成审核会计、部门领导对单位负责人已签章的业务不再认真审核，从而失去了控制的作用。

学习子情境二　往来款项现金收支业务办理

【情境引例】

2024 年 12 月 19 日，海蓝公司销售部门人员张红因生病住院预借现金 5 000 元，2024 年 12 月 25 日，张红出院后将上述预借款项归还。会计人员张乐、出纳人员李红办理了上述借款收回业务，收回现金 5 000 元。2024 年 12 月 9 日，采购员张峰出差预借差旅费 3 000 元。会计部门应如何办理上述往来款项现金收支业务？

【工作过程与岗位对照图】

往来款项现金收支业务工作过程及岗位对照图如图 1-7、图 1-8 所示。

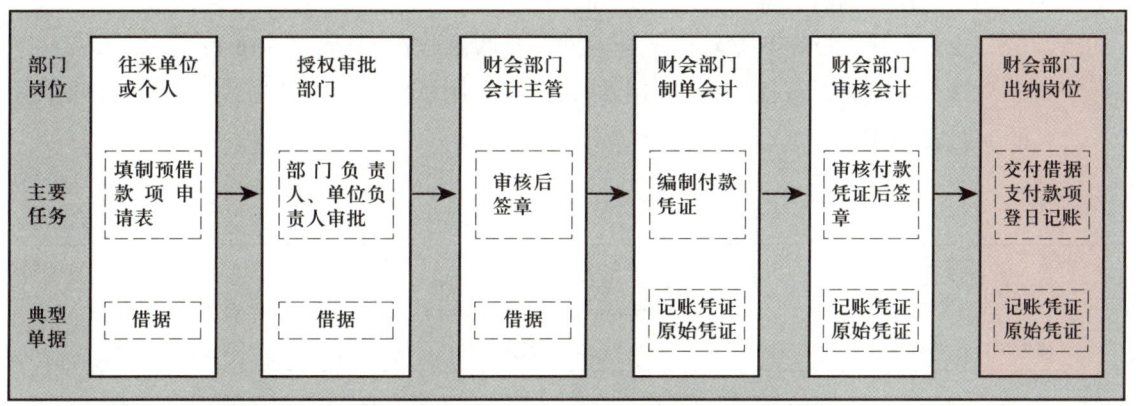

图 1-7　往来款项支付现金业务工作过程及岗位对照图

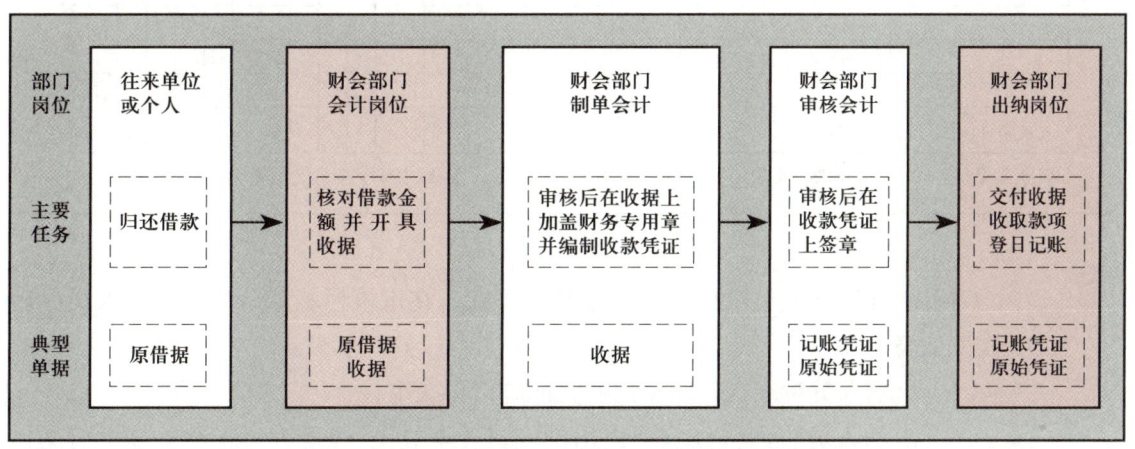

图 1-8　往来款项收取现金业务工作过程及岗位对照图

现金收回往来款项业务办理

■■【职业判断与业务操作】■■

现金收回和支付往来款项业务办理

一、现金收回往来款项业务办理

现金收回往来款项业务，包括收回本单位职工借款、收回预借差旅费长款、收回外单位应收款等，单位在收回往来款项时应向交款单位或个人开具收据。其业务办理需由会计人员和出纳人员配合完成，下面以收回职工借款业务为例介绍往来款项现金收回业务的操作过程。

■【典型工作任务举例1-3】■　现金收回往来款项业务办理

张红系海蓝公司职工，12月19日因病住院借款5 000元，25日将该笔借款归还公司。

（1）张红到财会部门要求办理还款；

（2）会计人员核对张红借款金额并开具收款收据（见表1-14）；

（3）制单会计审核后在收据上加盖财务专用章（见表1-14）并编制现金收款凭证（见表1-13）；

表 1-13

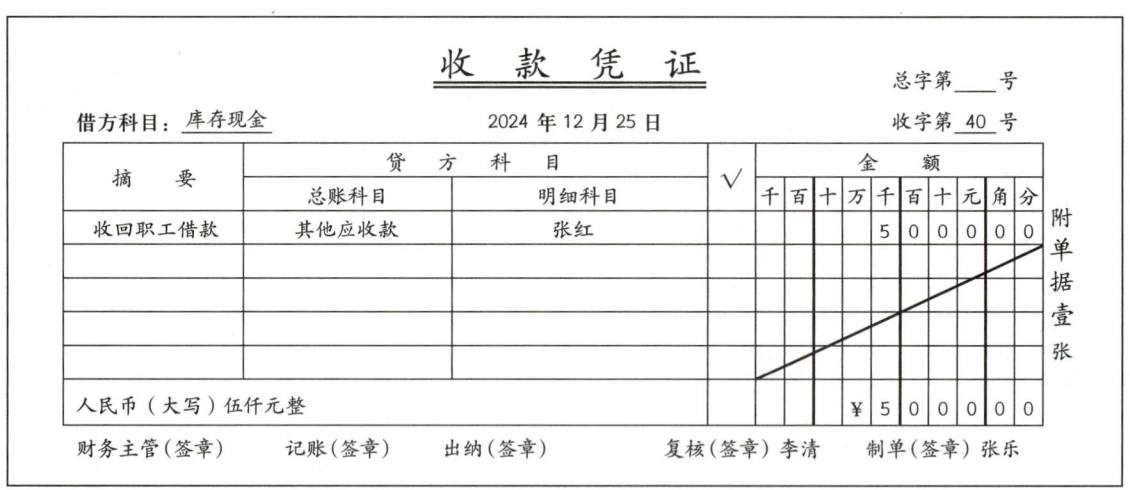

（4）会计审核人员审核上述现金收款凭证，在审核栏签章后交由出纳人员办理收款（见表1-13）；

（5）出纳人员对原始凭证和记账凭证进行再次审核；

（6）出纳人员收回张红款项由出纳人员（李红）、经手人（张红）签章后交付收据；

（7）出纳人员在收款收据记账联上加盖"现金收讫"章（见表1-14）；

表 1-14

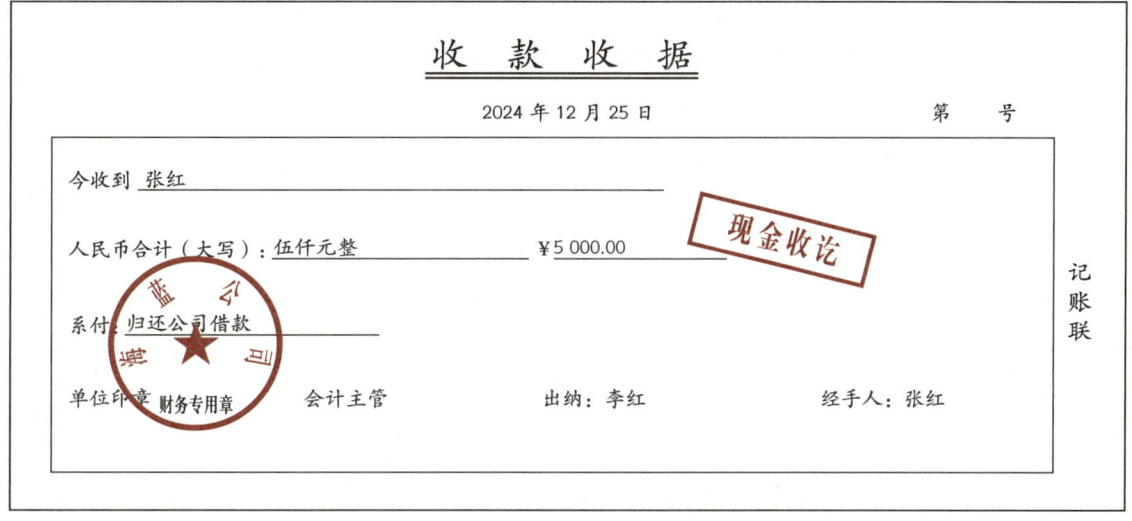

（8）出纳人员根据收款记账凭证逐日逐笔登记库存现金日记账，并将记账凭证、收据记账联交由会计人员据以整理会计凭证、登记总账和相关明细账（账簿样表略）；

（9）出纳人员每日终了结出库存现金日记账余额（账簿样表略）；

（10）出纳人员将日记账余额与库存现金实有数额相核对，保证账实相符。

上述往来款项收回业务办理流程中突出了会计人员与出纳人员之间的相互控制作用。单位在办理相关款项收入业务时，必须由会计人员开具收据并编制收款凭证确定收款金额后，再由出纳人员根据收款凭证上所示金额进行收款并交付收据，违反该流程，如由出纳人员收款并开具收据后再交由会计人员编制记账凭证，出纳人员则有机会利用自行开具收据和收款的权利在编制记账凭证前变造收据金额，以贪污款项。

【想一想】

发生收入收取现金和收回往来款项的工作过程有何不同？

二、现金支付往来款项业务办理

现金支付往来款项业务包括支付借款、应付款、押金等。单位在用现金支付往来款项时，应由经办人员取得支付款项的收据和其他原始凭证，其业务办理需由会计人员和出纳人员配合完成。下面以支付职工借款业务为例介绍用现金支付往来款项业务的工作过程。

▌【典型工作任务举例1-4】▌ 预借差旅费业务办理

2024 年 12 月 9 日，采购员张峰出差预借差旅费 3 000 元。

（1）出差人员到财会部门领取并填制借款单（见表 1-15）；

（2）部门领导、单位负责人审核批准后签章（见表 1-15）；

（3）会计主管审核批准后签章（见表 1-15）；

表 1-15

借 款 单

借款日期：2024 年 12 月 9 日   第 01 号

单位或部门	供应科	部门领导指示	同意	借款事由	差旅费
申请借款金额	金额（大写）：叁仟元整				¥ 3 000.00
批准金额	金额（大写）：叁仟元整				¥ 3 000.00
部门领导	张海蓝	财务主管	赵秀	借款人	张峰

（4）制证会计审核后编制现金付款凭证（见表 1-16）；

（5）审核会计审核后签章并交由出纳人员准备付款（见表 1-16）；

表 1-16

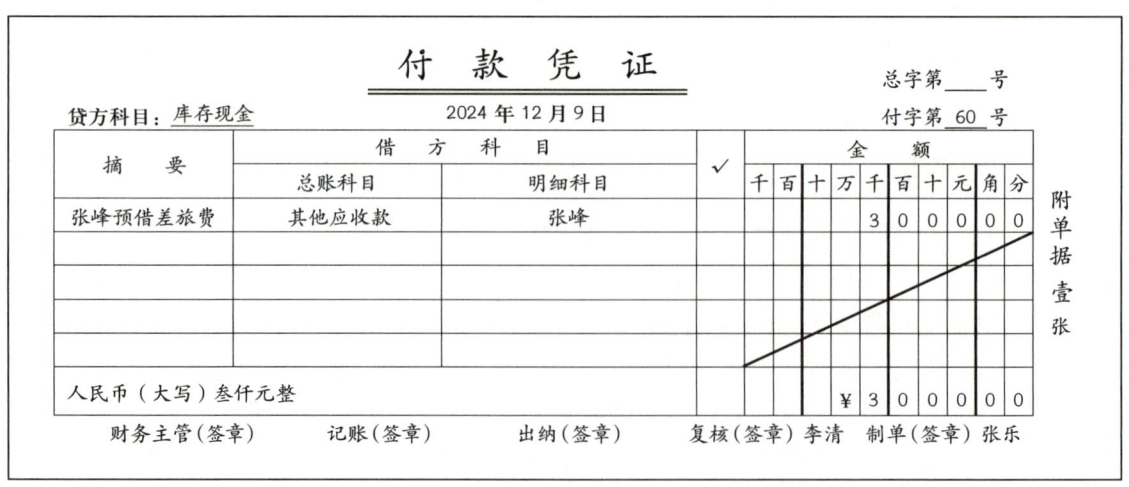

付 款 凭 证

贷方科目：库存现金　　　　　2024 年 12 月 9 日　　　　　总字第＿＿号　付字第 60 号

摘 要	借方科目		✓	金 额									
	总账科目	明细科目		千	百	十	万	千	百	十	元	角	分
张峰预借差旅费	其他应收款	张峰						3	0	0	0	0	0
人民币（大写）叁仟元整							¥	3	0	0	0	0	0

财务主管（签章）　　记账（签章）　　出纳（签章）　　复核（签章）李清　制单（签章）张乐

附单据壹张

（6）出纳人员审核后支付现金，出纳人员付款时应明确收款人，严格按有关依据记载对收款人进行付款，对于不合法、不合理的付款应当坚决给予抵制，并向有关领导汇报；用途不明的付款，出纳人员可以拒付；

（7）出纳人员在借款单上加盖"现金付讫"章（见表 1-17）；

表 1-17

<table>
<tr><td colspan="6" align="center">借　款　单</td></tr>
<tr><td colspan="5">借款日期：2024 年 12 月 9 日</td><td>第 _01_ 号</td></tr>
<tr><td>单位或部门</td><td>供应科</td><td>部门领导指示</td><td>同意</td><td>借款事由</td><td>差旅费</td></tr>
<tr><td>申请借款金额</td><td colspan="4">金额（大写）：叁仟元整</td><td>￥3 000.00</td></tr>
<tr><td>批准金额</td><td colspan="4">金额（大写）：叁仟元整</td><td>￥3 000.00</td></tr>
<tr><td>部门领导</td><td>张海蓝</td><td>财务主管</td><td>赵秀</td><td>借款人</td><td>张峰</td></tr>
</table>

（8）出纳人员根据付款记账凭证逐日逐笔登记库存现金日记账，并将会计凭证交由相关会计人员登记总账和相关明细账（账簿样表略）；

（9）出纳人员每日终了时结出库存现金日记账余额（账簿样表略）；

（10）出纳人员将日记账余额与库存现金实有数额相核对，保证账实相符。

预借款业务也是企业常见的现金支付业务，预借款业务办理的流程一般为：经手人—部门领导—单位负责人—会计机构负责人—制单会计—审核会计—出纳。在实际工作中，由于不同单位组织机构设置及人员配备的不同，上述程序中的"部门领导—单位负责人"可合并为一个授权审核岗位，会计机构负责人可兼任审核会计，从而简化业务程序。但需要注意的是，制单会计与出纳人员必须由两人担任，以形成内部牵制，减少错弊行为的发生。

【职业素养提升】

出纳工作应严格保守"秘密"

王华毕业后在某公司财会部门担任出纳，负责进行资金结算。作为一名新人，王华工作认真负责，乐于助人。11 月，公司进入结算期，结算金额大、对口单位多、现金及多种银行结算形式并用，还需要大量对账，王华的工作一下子繁忙起来。为此，王华邀请同事李乐帮忙开展业务工作。为了方便工作，他将自己登录财务系统的密码、保管的 U 盾密码、保险柜密码等与李乐共用，有时忙不开，还会让李乐帮助自己将现金清点好放入保险柜。月底，王华在清理账目时发现现金余额与账面不符，付给某供应商的款项也超过了合同规定的本期付款金额。经查，李乐趁掌握公司保险柜密码、账务系统密码、U 盾密码等便利，挪用公司现金，并为某熟悉的供应商违规提前多付货款。同时将公司的资金结余和使用情况告知他熟悉的供应商，导致供应商集体向企业追要货款，给企业的资金管理造成了一定的损失。

通过上述案例，我们应该明白：出纳岗位是一个掌握单位众多"秘密"的岗位。公司有多少资金，有哪些客户、公司的资金用于投资了哪些项目，什么时候集中用款，什么时候提现付现，这些都涉及公司经营管理的众多"秘密"，如果将这些"秘密"泄露出去，就相当于将公司的"家底"告诉了竞争对手、供应商、客户等相关人员，会为公司带来不可估计的损失和风险。同时，出纳人员掌握的保险柜密码、财务系统密码、U盾密码是公司办理资金结算的"关口"，出纳人员严守这些"秘密"，犹如一夫当关，万夫莫开，而一旦失去这个"关口"，就会给公司资金安全带来无穷后患。因此，出纳人员必须保守在工作中知晓的各种"秘密"，做公司资金管理的护卫者和资金安全的保护者。

学习子情境三　库存现金存取业务办理

【情境引例】

海蓝公司出纳人员李红按照财务制度规定于每日末进行现金盘点，将超过现金限额的现金送存银行；每日根据单位的现金支付需要从银行提取现金，并对现金进行库存保管和序时记账。

【工作过程与岗位对照图】

库存现金缴存与提取业务工作过程及岗位对照图如图1-9、图1-10所示。

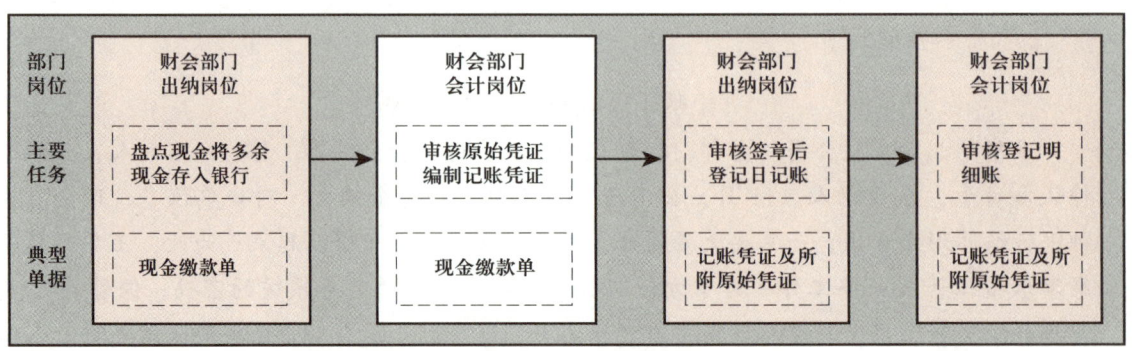

图1-9　库存现金缴存业务工作过程及岗位对照图

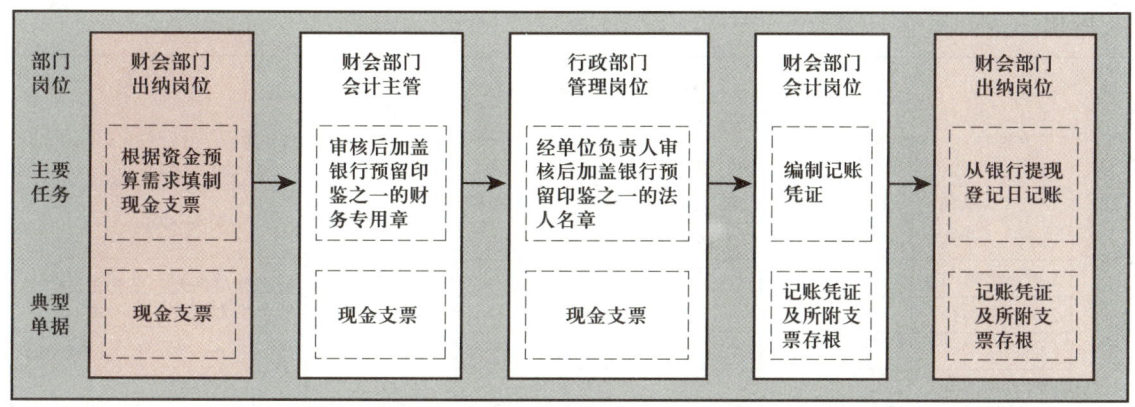

图 1-10　库存现金提取业务工作过程及岗位对照图

【知识准备】

库存现金限额制度与库存现金缴存业务办理

库存现金限额是指为保证各单位日常零星支付按规定允许留存的现金的最高数额。企业应在满足正常合理的日常开支需要的前提下，减少现金的库存数额，这样既有利于国家集聚资金用于经济建设，又可以防止单位发生失窃造成不必要的损失。同时还可以减少国家现金总投量，有利于国家对现金流通的控制与调节，促使市场物价的稳定。因此，出纳人员必须严格将库存现金控制在核定的限额内。

凡在银行开户的独立核算单位都要核定库存现金限额；独立核算的附属单位，由于没有在银行开户，但需要保留现金，也要核定库存现金限额，其限额可包括在其上级单位库存限额内；商业单位的零售门市部需要保留找零备用金，其限额可根据业务经营需要核定，但不包括在单位库存现金限额之内。

库存现金的限额，由开户银行根据开户单位的实际需要和距离银行远近等情况核定。其限额一般按照单位 3~5 天日常零星开支所需现金确定。远离银行机构或交通不便的单位可依据实际情况适当放宽，但最高不得超过 15 天。一个单位在几家银行开户的，由一家开户银行核定开户单位库存现金限额。库存现金限额的计算方式一般是：

库存现金 = 前一个月平均每天支付的数额（不含每月平均工资数额）× 限定天数

办理库存现金限额的一般程序为先填制现金限额核定表（见表 1-18），填写时，应填明单位名称（全称）、开户银行、账号，填写库存现金限额申请数额，写明具体的备用金定额，并加盖申请单位印章。然后，报送开户银行签署审查批准意见和核定数额。

表 1-18

现金限额核定表

单位名称：

开户银行：

账　　号：

职工人数：

单　　位：　元

部门 \ 限额	库存限额		找零备用金定额		简要说明
	申请数	核定数	申请数	核定数	
1.财会出纳部门					财会部门每天零星开支的平均金额为＿＿元。
2.各附属单位					
（1）					
（2）					

核准单位盖章	开户银行意见	申请单位盖章
年　月　日	年　月　日	年　月　日

　　库存现金限额经银行核定批准后，开户单位应当严格遵守，每日现金的结存数不得超过核定的限额。如库存现金不足限额时，可向银行提取现金，不得在未经开户银行准许的情况下坐支现金。库存现金限额一般每年核定一次，单位因生产和业务发展、变化需要增加或减少库存限额时，可向开户银行提出申请，经批准后，方可进行调整，单位不得擅自超出核定限额增加库存现金。

■【职业判断与业务操作】■

现金缴款业务办理

　　各单位必须按开户银行核定的库存限额保管使用现金，收取的现金和超出库存限额的现金，应及时送存开户银行。下面以海蓝公司缴存现金业务为例说明出纳人员办理现金缴存业务的工作流程。

■【典型工作任务举例1-5】■　现金缴款业务办理

　　2024年12月17日，海蓝公司将超过库存现金限额的现金 2 653.90 元送存银行。

　　（1）出纳人员清点票币，将同面额的纸币摆放在一起，按每一百张为一把整理好，不够整把的，从大额到小额顺放；将同额硬币放在一起，壹元、伍角、壹角硬币，按每五十枚用纸卷成一卷，分币按每一百枚用纸卷成一卷，不足一卷的一般不送存银行，留作找零用。款项清点整齐核对无误后，再由出纳人员根据清点情况填写现金缴款单并将现金送存银行。

　　现金缴款单为一式三联或一式二联，第一联为回单，此联由银行盖章后退回存

现金缴款
业务办理

款单位；第二联为收入凭证，此联由收款人开户银行代凭证；第三联为附联，作附件，是银行出纳留底联。现金缴款单格式见表 1-19，填写时交款日期必须填写为交款的当日，收款单位名称应填写全称，款项来源要如实填写，大小写金额的书写要标准，券别和数额栏核实后按券面的张数或券枚填写。然后将款项同现金缴款单一并交银行收款柜收款。银行核对后盖章，并将第一联（回单）交存款单位作记账凭证。

表 1-19

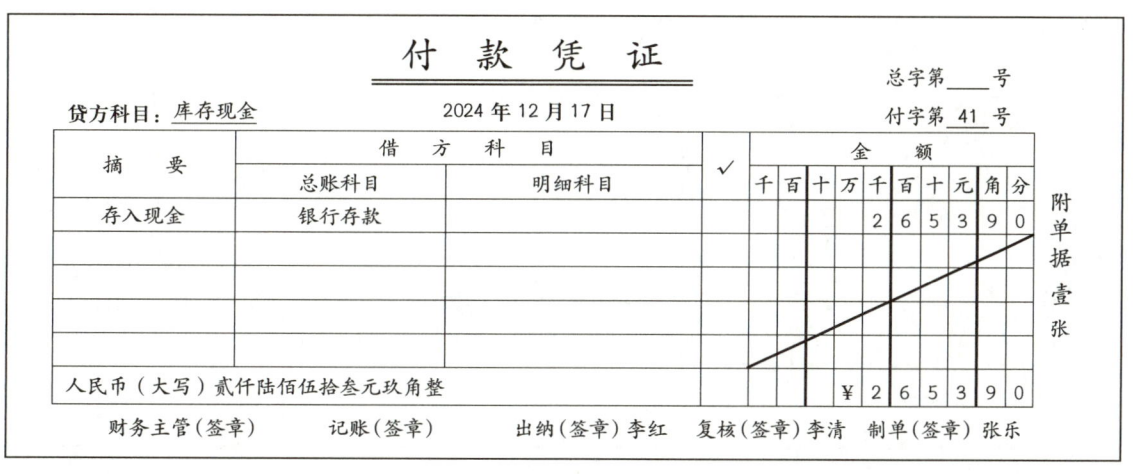

（2）出纳人员将银行退回的现金缴款单记账联交由制证会计编制付款凭证（见表 1-20）。

（3）制证会计将付款凭证交审核会计进行审核后交出纳人员（见表 1-20）。

表 1-20

付　款　凭　证															
贷方科目：库存现金　　2024 年 12 月 17 日								总字第____号　付字第 41 号							
摘　要	借　方　科　目		✓	金　额											
	总账科目	明细科目		千	百	十	万	千	百	十	元	角	分		
存入现金	银行存款						2	6	5	3	9	0			
人民币（大写）贰仟陆佰伍拾叁元玖角整							¥	2	6	5	3	9	0		
财务主管（签章）　　记账（签章）　　出纳（签章）李红　复核（签章）李清　制单（签章）张乐															

附单据壹张

（4）出纳人员对上述付款凭证审核后加盖名章（见表1-20）并登记库存现金日记账。

（5）每日末结出现金日记账余额，并与现金的实有数额相核对。

■【知识准备】►►

现金提取业务办理

企业日常业务中所需现金，应由出纳人员根据现金用款计划签发现金支票到银行提取现金。现金支票是支票的一种，只能用来提取现金，不能用作转账，现金支票票样见图1-11、图1-12。企业办理现金取款业务，需填写现金支票的相关内容，并加盖银行预留印鉴。

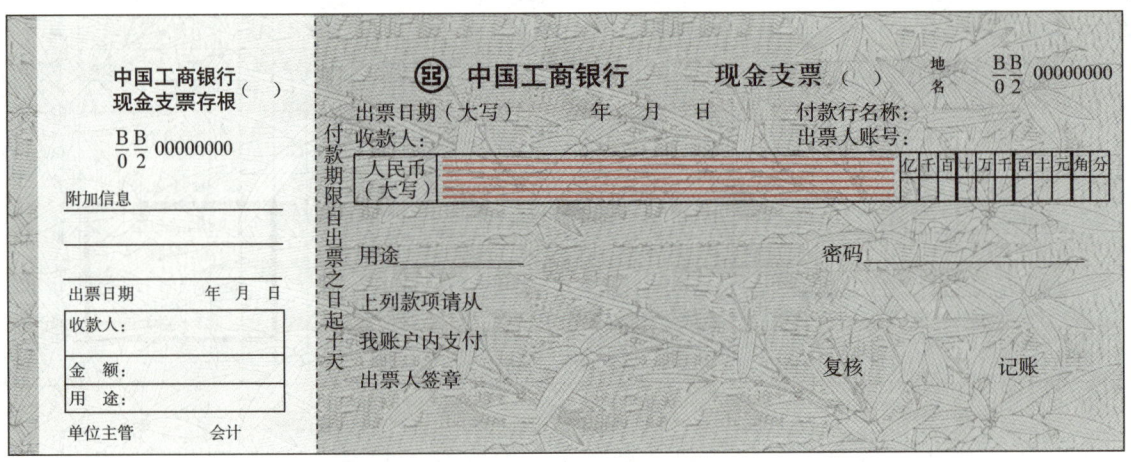

图1-11　现金支票正面

现金支票由正联和存根组成。正联加盖预留印鉴后作银行提现依据；存根撕下由制证会计作入账依据。

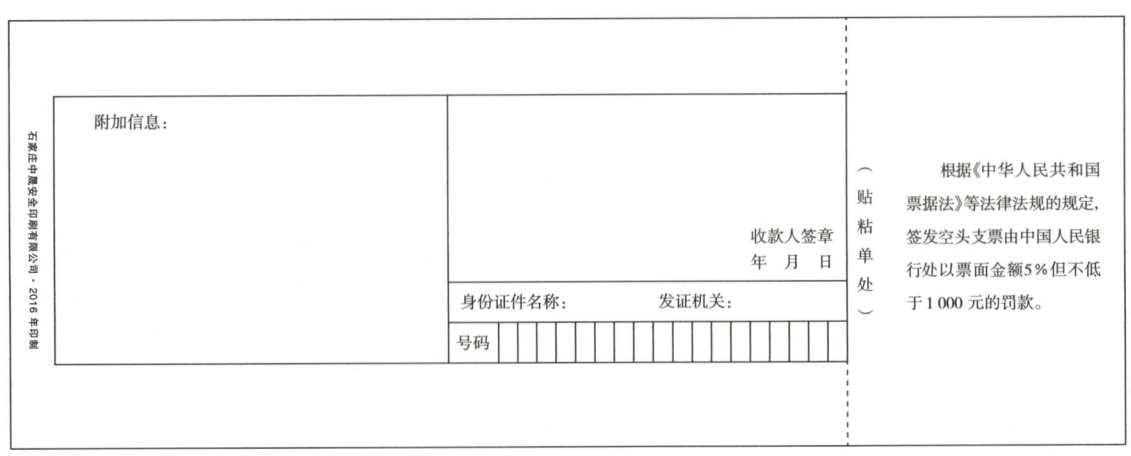

图1-12　现金支票背面

　　提现人为单位的，现金支票背面加盖单位预留印鉴；提现人为个人的，现金支票背面填写个人身份证号。

▨【技能准备】▧

现金支票签发及审核

现金支票签发及审核技能（见表 1-21）。

现金提取
业务办理

表 1-21

支票项目		签发要求
出票日期		按提现日期填制。出票日期必须大写：零、壹、贰、叁、肆、伍、陆、柒、捌、玖、拾。 （1）年：年份应按阿拉伯数字表示的年份所对应的大写汉字书写。 （2）月：壹月、贰月前零字必写，叁月至玖月前零字可写可不写。拾月至拾贰月必须写成零壹拾月、壹拾壹月、壹拾贰月。 （3）日：1 日至 9 日、10 日、20 日、30 日前应加"零"字；11 日至 19 日必须写成壹拾壹日及壹拾 × 日（前面多写了"零"字也认可，如零壹拾伍日，下同），21 日至 29 日必须写成贰拾壹日及贰拾 × 日，31 日应写成叁拾壹日
收款人名称		（1）为本单位提取现金时，现金支票收款人可写为本单位名称，此时现金支票背面"被背书人"栏内加盖本单位银行预留印鉴，之后收款人可凭现金支票直接到开户银行提取现金。 （2）如收款人为个人，现金支票收款人可写为收款人个人姓名，此时现金支票背面不盖任何章，收款人在现金支票背面填上身份证号码和发证机关名称，凭身份证和现金支票签字领款
付款行名称 出票人账号		为出票单位开户银行名称及银行账号
支票用途		在大写金额栏下的"用途"栏内，简明扼要地填写支票的用途。 现金支票用途有一定限制，一般填写"备用金""差旅费""工资""劳务费"等
金额	小写金额	正确填写支票的金额。在小写数前用"¥"（或其他币种）符号封顶，一律填写到角分；无角分的，角位和分位可写"00"或"0"
	大写金额	汉字大写数字金额如零、壹、贰、叁、肆、伍、陆、柒、捌、玖、拾、佰、仟、万、亿等，一律用正楷字或者行书体书写，不得用〇、一、二、三、四、五、六、七、八、九、十等简化字代替，不得任意自造简化字
		大写金额数字到元或角为止的，在"元"或者"角"字之后应写"整"或者"正"字，不得写为"零角零分"或"零分"；大写金额数字有分的，分字后面不写"整"或者"正"字
		大写金额栏货币名称与金额数字之间不得留有空白
		大小写金额应相符

续表

支票项目		签发要求
密码		如开户银行为采用支付密码的银行，企业购买支票时应从开户银行随机取得每张支票的密码，填写支票时，应在支票"小写金额栏"下方的"密码栏"内填写该支票的密码，但不得在支票未使用时先行将密码填好。 有些单位采用密码机自动产生密码。由会计人员在密码机上输入支票编号等信息后，密码机自动产生密码，将该密码填入"支付密码"栏，银行核对相符方可办理款项转账与支现业务
签名盖章	正面	现金支票正面应加盖出票单位银行预留印鉴，一般为财务专用章和法人章，缺一不可，印泥为红色，印章必须清晰，印章模糊者本张支票作废，需要换一张重新填写重新盖章
	背面	（1）现金支票收款人如为本单位名称，其背面"被背书人"栏内应加盖本单位的银行预留印鉴（财务专用章和法人章），收款人方可凭现金支票直接到开户银行提取现金。 （2）现金支票收款人如为收款人个人姓名，此时现金支票背面不盖任何章，收款人在现金支票背面填上身份证号码和发证机关名称，凭身份证和现金支票签字领款
存根	出票日期	小写填写出票日期
	收　款　人	应填写收款单位全称，不得简写
	金　　　额	小写填写付款金额
	用　　　途	填写和正联内容一致的支票用途

■【职业判断与业务操作】■

现金提取业务办理

现金提取是以单位现金预算额度及实际需求为依据的，同时企业所提现金用途应符合《现金管理暂行条例》所规定的现金支出范围。出纳人员应根据当日单位所需现金额度和相关制度规定确定提取现金金额，办理现金提取业务。下面以海蓝公司出纳人员提现业务办理过程为例介绍现金提取业务工作过程。

■【典型工作任务举例1-6】■　现金提取业务办理

海蓝公司为预借差旅费、零星支出等资金需求需到银行提取现金48 965元。

（1）2024年12月16日，出纳人员（李红）根据预借差旅费、零星支出等资金需求填写现金支票（见表1-22）。

（2）出纳人员（李红）持现金支票经会计主管人员批准后由会计主管人员在票据的正面和背面加盖"海蓝公司财务专用章"（见表1-23、表1-24）。

表 1-22

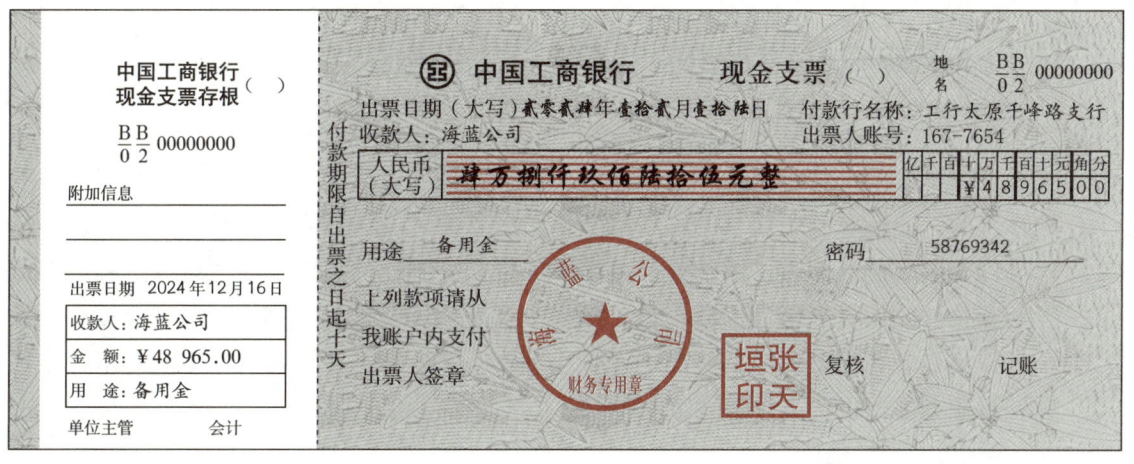

（3）出纳人员（李红）持现金支票经单位负责人批准后由法人代表章保管人员在票据的正面和背面加盖"法人章"（见表 1-23、表 1-24）。

表 1-23

表 1-24

【想一想】

现金支票签发的流程是什么？预留印鉴与空白支票可否由一个人保管？

（4）将现金支票存根交制单会计编制银行存款付款凭证（见表1-25），并交由审核会计进行审核后再交给出纳人员以备登记库存现金日记账和银行存款日记账。

表 1-25

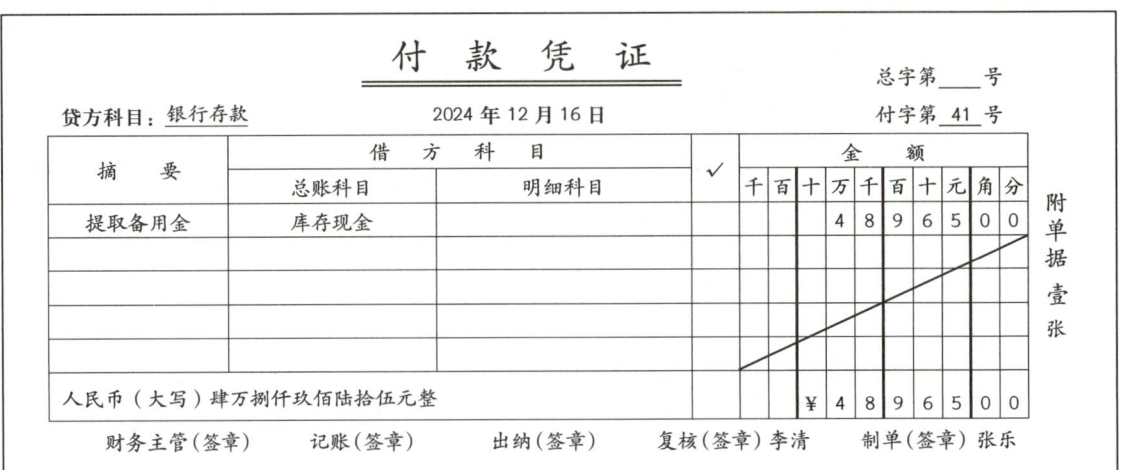

（5）出纳人员将现金支票正联送至银行，凭以提取现金。出纳人员在银行提取现金时，应同时使用银行的验钞机和手工清点两种方法认真清点现金的金额，并辨别现金的真伪；同时，出纳人员应按照单位安全制度的规定，注意取款过程的保密和安全，应由专人陪同前往银行，不得一人办理现金提取。如银行对现金提取业务有提前告知和审核要求的，出纳人员应提前一天告知开户银行，并填制好审核表报银行相关部门审核。

【想一想】

现金提取过程中应采取哪些安全保护措施？

（6）出纳人员将所提现金存入保险柜。

（7）出纳人员对上述付款凭证审核后加盖名章并登记库存现金、银行存款日记账。

（8）出纳人员每日结出库存现金日记账余额，并与库存现金的实有数额相核对。

【知识准备】

现金的保管与盘点

一、现金保管制度

现金是流动性最强的资产，无须变现即可使用，因而现金是犯罪分子谋取不义之财的最直接目标。各单位应建立健全现金保管制度，防止由于制度不严、工作疏忽而给犯罪分子以可乘之机，给国家和单位造成损失。现金保管制度一般应包括如下内容：

（1）超过库存限额以外的现金应在下班前送存银行。

（2）为加强对现金的管理，除工作时间需要的少量备用金可放在出纳人员的抽屉内，其余皆应放入出纳人员专用的保险柜内，不得随意存放。

（3）限额内的库存现金当日核对清楚后，一律放在保险柜内，不得放在办公桌内过夜。

（4）单位的库存现金不准以个人名义存入银行，以防止有关人员利用公款私存取得利息收入，也防止单位利用公款私存形成账外小金库。银行一旦发现公款私存，可以对单位处以罚款，情节严重的，可以冻结单位现金支付。

（5）库存现金，包括纸币和铸币，应实行分类保管。各单位的出纳人员对库存票币分别按照纸币的票面金额和铸币的币面金额，以及整数（即大数）和零数（即小数）分类保管。纸币一定要打开铺平存放，并按照纸币的票面金额，以每一百张为一把，每十把为一捆扎好。凡是成把、成捆的纸币即为整数（即大数），均应放在保险柜内保管，随用随取；凡不成把的纸币即为零数（或小数），也要按照票面金额，每十张为一扎，分别用曲别针别好，放在传票箱内或抽屉内，一定要存放整齐，秩序井然。铸币也应按照币面金额，以每一百枚为一卷，每十卷为一捆，同样将成捆、成卷的铸币放在保险柜内保管，随用随取；不成卷的铸币，应按照不同币面金额，分别存放在特别的卡数器内。

> ■ 【相关知识】 ■
>
> 查阅《现金管理暂行条例》《企业内部控制应用指引第 6 号——资金活动》现金保管的相关规定。

二、现金日清月结制度

现金日清月结制度是出纳人员办理现金出纳工作的基本制度，也是避免出现长款、短款的重要措施。所谓日清月结就是出纳人员办理现金出纳业务，必须做到按日清理，按月结账。这里所说的按日清理，是指出纳人员应对当日的经济业务进行清理，全部登记日记账，结出库存现金账面余额，并与库存现金实地盘点数核对相符。按日清理的内容包括：

（1）清理各种现金收付款凭证，检查单证是否相符，即各种收付款凭证所填写的内容与所附原始凭证反映的内容是否一致；同时还要检查每张单证是否已经盖齐"现金收讫""现金付讫"的戳记。

（2）登记和清理日记账。将当日发生的所有现金收付业务全部登记入账，在此基础上，看看账证是否相符，即现金日记账所登记的内容、金额与收、付款凭证的内容、金额是否一致。清理完毕后，结出现金日记账的当日库存现金账面余额。

（3）现金盘点。出纳人员应按券别分别清点其数量，然后加总，即可得出当日现金的实存数。将盘存得出的实存数和账面余额进行核对，看两者是否相符。如发现有长款或短款，应进一步查明原因，及时进行处理。所谓长款，指现金实存数大于账存数；所谓短款，是指实存数小于账存数。如果经查明长款属于记账错误、丢失单据等，应及时更正错账或补办手续，如属少付他人则应查明退还原主，如果确实无法退还，经过一定审批手续可以作为单位的收益；对于短款如查明属于记账错误应及时更正错账，如果属于出纳人员工作疏忽或业务水平问题，一般应按规定由过失人赔偿。

（4）检查库存现金是否超过规定的现金限额。如果实际库存现金超过规定库存限额，则出纳人员应将超过部分及时送存银行；如果实际库存现金低于库存限额，则应及时补提现金。

------【想一想】------

为什么要进行现金日清？

三、现金清查制度

在坚持现金日清月结制度，出纳人员对库存现金进行日常清查的基础上，为了加强对出纳工作的监督，及时发现可能发生的现金差错或丢失，防止贪污、盗窃、挪用公款等不法行为的发生，确保库存现金安全完整，各单位应建立库存现金清查制度，由有关领导和专业人员组成清查小组，定期或不定期地对库存现金情况进行清查盘点。现金清查的重点是应清查账款是否相符、有无白条抵库、有无私借公款、有无挪用公款、有无账外资金等违纪违法行为。

一般来说，现金清查多采用突击盘点方法，不预先通知出纳人员，盘点时间最好在一天业务没有开始之前或一天业务结束之后，由出纳人员将截至清查时的现金收付账项全部登记入账，并结出账面余额。这样可以避免干扰正常的业务。清查时出纳人员应始终在场，并给予积极的配合。清查结束后，应由清查人填制"现金盘点表"（见表1-26），填列账存、实存以及溢余或短缺金额，并说明原因，并由盘点人、出纳人员签字后上报有关部门或负责人进行处理。

表 1-26

现金盘点表				
单位名称：				年　月　日

实存金额	账存金额	对比结果		备注
		盘盈	盘亏	
现金使用情况	（1）库存现金限额： （2）白条抵库情况： （3）违反规定的现金支出情况： （4）其他违规行为：			
处理决定：				

记账联

会计机构负责人：　　　　　盘点人签字：　　　　　出纳员签字：

出现现金的盘盈盘亏，究其原因有人为的责任性差错，也有事故性、技术性差错。处理时要区别对待。对于一贯坚持按制度办事，工作认真负责，只是由于一时技术操作不慎而造成的长款或短款，如果金额较少，可在教育本人的基础上按"长款归公、短款报损"的原则处理；对于一时查不清原因的差错，经领导批准后，可将多余或短缺的现金列入"待处理财产损溢"账户挂账，查明原因后再作处理。对于因出纳人员工作不认真造成的短款，无论金额大小，都要由出纳人员个人赔偿，并要对其加强教育，必要时可将其调离出纳岗位；对于玩忽职守、违反纪律、有章不循等原因造成的重大责任性差错，应追究失职者的经济责任，给予适当的处分，数额较大、影响严重的，应追究法律责任。

【想一想】

现金清查内容与现金盘点表之间的关系是什么？你认为在现金清查中还应注意哪些问题？

■ 【职业判断与业务操作】 ■

现金盘点业务办理

下面以海蓝公司的现金盘点为例介绍现金盘点的业务过程与结果处理。

■【典型工作任务举例1-7】■　盘盈现金业务办理

2024年9月20日，海蓝公司进行现金清查，出纳人员（李红）、盘点人员（张江）共同进行现金清查，由会计机构负责人赵秀进行监督。

（1）出纳人员（李红）将所有收付款凭证登记库存现金日记账，并结出余额。

（2）出纳人员（李红）在盘点人员（张江）的监督下从保险柜中将现金及相关的票证取出，对没有整点好的货币按票币面额的大小进行整点，确定实有数额。

（3）盘点人员（张江）核对现金实有数额与库存现金日记账的余额，并监督是否有白条抵库等违反现金保管制度的行为发生。在现金清查中发现现金溢余 500元，无其他违纪行为。编制现金盘点表（见表 1-27），并由出纳人员、盘点人员和会计机构负责人签字。

表 1-27

（4）根据"现金盘点表"编制收款凭证（见表 1-28），并登记现金日记账（日记账略），保证账实相符。

表 1-28

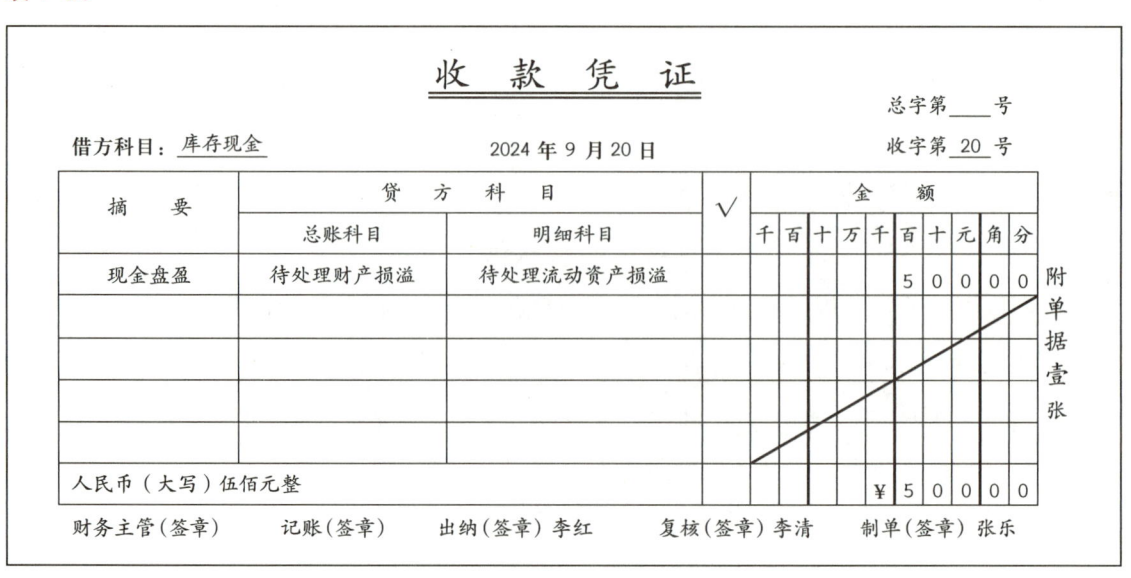

（5）9月30日，上述现金溢余经查属于少支付给康达客运公司的款项（见表1-29）。

表 1-29

现金盘点表				

单位名称：海蓝公司　　　　　　　　　　　　　　　　　　2024 年 9 月 30 日

实存金额	账存金额	对比结果		备注
		盘盈	盘亏	
3 500元	3 000元	500元		
现金使用情况	（1）库存现金限额：4 000元 （2）白条抵库情况： （3）违反规定的现金支出情况： （4）其他违规行为：			
处理决定： 　上述现金长款为应付康达客运公司的货款，请予支付。 　同意。 　　　　　　　　　　　　　　　　　　　　　经理：张天垣				

批复联

会计机构负责人：赵秀　　　　　盘点人签字：张江　　　　　出纳员签字：李红

（6）9月30日，根据批复的现金盘点表，制单人员编制转账凭证，将"待处理财产损溢"转作"其他应付款"，会计分录为：

借：待处理财产损溢——待处理流动资产损溢　　　　　500
　　贷：其他应付款——应付现金溢余（康达客运公司）　　500

■【典型工作任务举例1-8】■　盘亏现金业务办理

2024 年 10 月 20 日，海蓝公司进行现金清查，出纳人员（李红）、盘点人员（张江）共同进行现金清查，由会计机构负责人（赵秀）进行监督。

（1）出纳人员（李红）将所有收付款凭证登记现金日记账，并结出余额。

（2）出纳人员（李红）在盘点人员（张江）的监督下从保险柜中将现金及相关的票证取出，对没有整点好的货币按票币面额的大小进行整点，确定实有数额。

（3）盘点人员（张江）核对现金实有数额与现金日记账的余额，并监督是否有白条抵库等违反现金保管制度的行为，在现金清查中发现现金盘亏 200 元，并发现支付给太原面粉厂的货款 30 000 元采用现金支付。编制现金盘点表（见表1-30），并由出纳人员、盘点人员和会计机构负责人签字。

现金盘盈和
现金盘亏的
会计处理

表 1-30

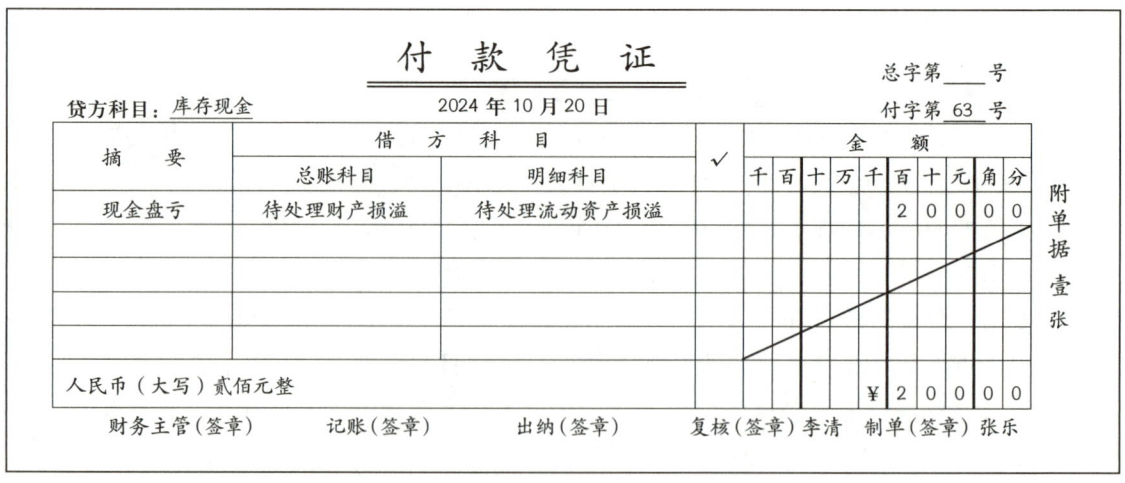

现金盘点表

单位名称：海蓝公司   2024 年 10 月 20 日

实存金额	账存金额	对比结果		备注
		盘盈	盘亏	
3 500元	3 700元		200元	出纳人员少收款造成
现金使用情况	（1）库存现金限额：4 000元 （2）白条抵库情况： （3）违反规定的现金支出情况：本月支付给太原面粉厂的货款30 000元为现金支付 （4）其他违规行为：			
处理决定：				

记账联

会计机构负责人：赵秀   盘点人签字：张江   出纳员签字：李红

（4）根据"现金盘点表"编制付款凭证（见表 1-31），并登记现金日记账（日记账略），保证账实相符。

表 1-31

付 款 凭 证

贷方科目：库存现金   2024 年 10 月 20 日   总字第____号
付字第 63 号

摘 要	借 方 科 目		✓	金 额									
	总账科目	明细科目		千	百	十	万	千	百	十	元	角	分
现金盘亏	待处理财产损溢	待处理流动资产损溢							2	0	0	0	0
人民币（大写）贰佰元整									¥	2	0	0	0	0

附单据壹张

财务主管（签章）   记账（签章）   出纳（签章）   复核（签章）李清   制单（签章）张乐

（5）10 月 30 日，上述现金盘亏经查属于出纳人员（李红）失职所致（见表 1-32）。

表 1-32

现金盘点表

单位名称：海蓝公司　　　　　　　　　　　　　　　　　　2024 年 10 月 30 日

实存金额	账存金额	对比结果		备注
		盘盈	盘亏	
3 500元	3 700元		200元	出纳人员少收款造成
现金使用情况	（1）库存现金限额：4 000元 （2）白条抵库情况： （3）违反规定的现金支出情况：本月支付给太原面粉厂的货款30 000元为现金支付 （4）其他违规行为：			
处理决定： 　　上述现金短款为出纳人员失职造成，由出纳人员李红赔偿。 　　支付给太原面粉厂的货款应通过银行转账支付，由财会部门自查，杜绝再次发生，并罚处财务处长赵秀现金100元。 　　同意。　　　　　　　　　　　　　　　　　　　总经理：张天垣				
会计机构负责人：赵秀　　　　　盘点人签字：张江　　　　　出纳员签字：李红				

（批复联）

（6）10 月 31 日，根据批复的现金盘点表，制单人员编制转账凭证，将“待处理财产损溢”转作“其他应收款”，会计分录为：

　　借：其他应收款——应收现金短缺款（李红）　　　200

　　　　贷：待处理财产损溢——待处理流动资产损溢　　　　　　200

（7）10 月 31 日，收到李红赔款，并登记现金日记账。

　　借：库存现金　　　　　　　　　　　　　　　　200

　　　　贷：其他应收款——应收现金短缺款（李红）　　　　　　200

（8）10 月 31 日，收到赵秀罚款，作营业外收入进行处理，并登记现金日记账。

　　借：库存现金　　　　　　　　　　　　　　　　100

　　　　贷：营业外收入——罚款利得　　　　　　　　　　　　100

【职业素养提升】

“手莫伸，伸手必被捉”

　　某公司的出纳人员小张勤恳敬业，对工作认真负责，深得公司领导和同事的信任。但随着小张涉足股市并很快被套牢后，他的想法和做法发生了变化。由于急于投入资金运作解套股票，他开始打公司现金的主意，凭着财务主管对他的信任，他拿了财务主管的财务专用章在自己保管的空白现金支票上任意盖章取款。月底，银行对账单也是小张到银行提取且自行核对，因此小张的行为在很长一段时间未被发现。直至案发，公司蒙受了巨大的经济损失。

　　"手莫伸，伸手必被捉"是老一辈革命家陈毅的至理名言，他曾写过："手莫伸，伸手必被捉。党和人民在监督，万目睽睽难逃脱。汝言惧捉手不伸，他道不伸能自觉，其实想伸不敢伸，人民咫尺手自缩。"这是老一辈革命家告诫干部要保持清正廉洁的至理名言，也应该成为我们财务人员时刻牢记的警示。作为一名财务人员，一定要有管住"手"的定力、能力，也要有坚守岗位不随意"放权"的意识。不沾半分钱，方能天地宽，坚守一道岗，才可保平安。万不可因侥幸心理自毁前程，害人害己。

■ 【情境小结】 ■

库存现金结算业务办理

知识准备
- 现金收付款业务管理的相关制度
- 库存现金限额制度与库存现金缴存业务办理
- 现金提取业务办理
- 现金的保管与盘点

技能准备
- 出纳人员专业基本技能
- 现金支票签发及审核

职业判断与业务操作
- 现金收取收入和报销费用业务办理
- 现金收回和支付往来款项业务办理
- 现金缴款业务办理
- 现金提取业务办理
- 现金盘点业务办理

■■■ 能力训练与素质拓展

第一部分　知识回顾与思考

1. 出纳岗位的职责有哪些？
2. 现金结算业务办理需要遵守哪些制度？
3. 如何办理现金收取收入业务？
4. 如何办理现金报销费用业务？
5. 库存现金限额是如何计算与向银行申请办理的？
6. 现金保管和清查的制度有哪些？

第二部分 职业判断能力训练

一、**单项选择题**（下列答案中仅有一项是正确的，请将正确答案前的英文字母填入括号内）

1. 出纳人员可以从事的工作是（　　）。

　A. 保管会计档案

　B. 登记债权、债务账目

　C. 登记库存现金日记账和银行存款日记账

　D. 登记收入、费用账目

2. 下列不能用现金支付的是（　　）。

　A. 购买办公用品 250 元

　B. 向个人收购农副产品 20 000 元

　C. 从某公司购入工业产品 60 000 元

　D. 支付职工差旅费 10 000 元

3. 从银行提取现金备用，登记库存现金日记账的依据是（　　）。

　A. 现金付款凭证　　　　　　　　B. 现金收款凭证

　C. 银行存款付款凭证　　　　　　D. 银行存款收款凭证

4. 在原始凭证上金额 ¥3 618.63 的大写应书写为（　　）。

　A. 人民币叁仟陆佰拾捌元陆角叁分

　B. 人民币叁仟陆佰壹拾捌元陆角叁分整

　C. 人民币叁仟陆佰壹拾捌元陆角叁分

　D. 人民币叁仟陆佰壹拾捌点陆角叁分

5. 填写原始凭证时，不符合书写要求的是（　　）。

　A. 阿拉伯数字前面应当写货币品种符号

　B. 大写金额有分的，分字后面可以写整，也可以不写整

　C. 汉字大写金额不得写简化字

　D. 书写金额与币种符号间不得留有空白

6. 某公司职工张某报销差旅费 3 200 元，退回现金 800 元，结清原借款，该笔业务应计入管理费用的金额是（　　）。

　A. 3 200 元　　　B. 800 元　　　C. 4 000 元　　　D. 2 400 元

7. 现金清查发现现金短款时，应贷记（　　）账户。

　A. 其他应收款　　B. 库存现金　　C. 营业外支出　　D. 待处理财产损溢

8. 现金日记账应由出纳人员根据收付款凭证逐日逐笔登记，（　　）结出余额与库存现金核对。

　A. 每月　　　　B. 每日　　　　C. 定期　　　　D. 每 3～5 天

9. 下列有关企业办理现金收支业务的规定，叙述正确的是（　　）。

    A. 企业现金收入应于当日送存开户银行

    B. 企业支付现金时不得从本单位的库存现金限额中直接支付

    C. 企业从开户银行提取现金，应当写明用途，由本单位财会部门负责人签字盖章，经开户银行审核后，予以支付现金

    D. 企业因采购地点不固定、交通不便以及其他特殊情况必须使用现金的，可根据情况自主使用

10. 根据现金收支日常管理的有关规定，下列说法正确的是（　　　）。

    A. 企业支付现金时，可以从本单位的现金收入中直接支付

    B. 企业可用"白条抵库"，但最长时间不得超过 1 个月

    C. 企业可用"白条抵库"，但最长时间不得超过 1 天

    D. 企业现金收入应于当日送存开户银行，当日送存有困难的，由开户银行确定送存时间

11. 某公司职工王某预支差旅费 8 000 元，财会部门以现金支付。下列会计分录正确的是（　　　）。

    A. 借：其他应收款——王强　　　　　　　　　　　8 000
        贷：库存现金　　　　　　　　　　　　　　　　　　8 000

    B. 借：应收账款——王强　　　　　　　　　　　　8 000
        贷：库存现金　　　　　　　　　　　　　　　　　　8 000

    C. 借：其他应付款——王强　　　　　　　　　　　8 000
        贷：库存现金　　　　　　　　　　　　　　　　　　　8 000

    D. 借：管理费用　　　　　　　　　　　　　　　　8 000
        贷：库存现金　　　　　　　　　　　　　　　　　　8 000

12. 有关现金、银行存款收支业务的原始凭证，如果填写错误，则（　　　）。

    A. 按规定更正方法，在凭证上直接更正

    B. 重新填写一份凭证

    C. 在错误凭证上加盖"作废"章，重新填写一份凭证

    D. 采用涂改、乱擦等方法更正

13. 对于现金进行盘点时，（　　　）必须在场。

    A. 会计人员　　　　　　　　　　　　B. 出纳人员

    C. 单位负责人　　　　　　　　　　　D. 上级主管单位负责人

14. 对现金进行盘点时，盘点结果应编制的原始凭证是（　　　）。

    A. 盘存单　　　　　　　　　　　　　B. 账存实存对比表

    C. 库存现金盘点表　　　　　　　　　D. 银行对账单

15. 按内部牵制原则的要求，会计机构中保管会计档案的人员，不得由（　　　）兼任。

A. 会计人员　　　　　　　　B. 会计机构负责人

C. 出纳人员　　　　　　　　D. 会计主管人员

16. 以现金 50 元购买办公用品，应借记"（　　）"账户，贷记"库存现金"账户。

A. 制造费用　　　B. 管理费用　　　C. 生产成本　　　D. 销售费用

17. 对于职工公出借款的凭据，下列会计处理方法不正确的是（　　）。

A. 收回借款时，退还借款副本　　B. 收回借款时，退还原借款凭据

C. 收回借款时，另开收据　　　　D. 将借款凭据附在记账凭证之后

18. 原始凭证是由（　　）取得或填制的。

A. 总账会计　　　　　　　　B. 出纳人员

C. 会计主管　　　　　　　　D. 业务经办单位或人员

19. 某公司职工李某出差归来，报销差旅费 2 000 元，交回多余现金 100 元。应填制的记账凭证是（　　）。

A. 收款凭证　　　　　　　　B. 收款凭证和转账凭证

C. 转账凭证　　　　　　　　D. 收款凭证和付款凭证

20. 现金日记账必须采用（　　）账簿。

A. 订本式　　　B. 活页账　　　C. 卡片账　　　D. 数量金额式

21. 将现金存入银行的经济业务，应根据（　　）登记库存现金日记账的支出栏。

A. 现金收款凭证　　　　　　B. 现金付款凭证

C. 银行存款收款凭证　　　　D. 银行存款付款凭证

22. 企业收回职工还回的借款，应（　　）账户。

A. 借记"库存现金"　　　　　B. 贷记"库存现金"

C. 借记"其他应收款——备用金"　D. 贷记"其他应收款——备用金"

23. 现金日记账由出纳人员按（　　）的顺序逐日逐笔登记。

A. 收付业务金额大小　　　　B. 收付业务发生

C. 先记收入后记支出　　　　D. 先记支出后记收入

24. （　　）不可能成为现金支出的原始凭证。

A. 借款收据　　　B. 工资表　　　C. 报销单　　　D. 商业承兑汇票

25. 出纳人员在办理收款或付款后，应在（　　）上加盖"收讫"或"付讫"的戳记，以避免重收重付。

A. 记账凭证　　　B. 原始凭证　　　C. 收款凭证　　　D. 付款凭证

26. 三栏式现金日记账（　　）。

A. 在账页上应连续编号

B. 可以分别设置收入和支出两本账

C. 按现金收支的对应账户设置专栏

D. 以上说法都不正确

27. 某企业对总务部门实行定额备用金制度。总务部门备用金保管人员持有关凭证向会计部门报销，会计部门以现金补足定额，则应（　　）账户。

    A. 借记"其他应收款——备用金"　　B. 贷记"其他应收款——备用金"

    C. 借记"库存现金"　　　　　　　　D. 贷记"库存现金"

28. 所谓现金日清月结制度，是指出纳人员办理现金出纳业务，必须做到（　　）。

    A. 按日清理，按月结账　　　　　　B. 按月清理，按日结账

    C. 按日清理和结账　　　　　　　　D. 按月清理和结账

29. 在填写现金支票时，需按规定在小写金额前面加符号"￥"，其作用是（　　）。

    A. 为了美观　　　　　　　　　　　B. 表明货币种类并防止作弊

    C. 银行与企业约定的符号　　　　　D. 无实际意义

30. 企业财会部门为了日常零星开支的需要，预付给企业内部各单位和职工个人备用的款项是（　　）。

    A. 现金　　　　　B. 应收账款　　　　C. 备用金　　　　D. 货币资金

31. 江南企业"其他应收款"期初余额为借方 2 500 元，本期支付的存出保证金为 1 000 元，支付预借差旅费 1 000 元，采用定额制备用金的一车间前来报销办公费 1 500 元，出差人员退回多余预支款 100 元（原 800 元），该企业"其他应收款"期末余额为（　　）元。

    A. 2 200　　　　　B. 2 900　　　　　C. 30 000　　　　D. 3 700

32. 一张原始凭证所列支出需要几个单位共同负担的，保存单位应该（　　）。

    A. 给需要的单位复制一份

    B. 由其他单位负担部分，开给对方原始凭证分割单

    C. 由双方共同加以说明即可

    D. 由保存该原始凭证的单位出具说明书给其他应分割单位

33. 下列各项关于原始凭证的说法正确的是（　　）。

    A. 职工出差预借差旅费在报销时应退回其原借据

    B. 单位发生退货时可以将退货发票当作记账凭证附件直接作为退货的依据

    C. 原始凭证发生错误的不得涂改

    D. 金额发生错误的原始凭证可以由出具单位更正并加盖公章

34. 在填写现金支票出票日期时，"10 月 30 日"应填写为（　　）。

    A. 拾月叁拾日　　　　　　　　　　B. 零拾月零叁拾日

    C. 壹拾月叁拾日　　　　　　　　　D. 零壹拾月零叁拾日

35. "￥15 409.02"写成中文人民币大写为（　　）。

    A. 壹万伍仟肆佰零玖元贰分　　　　B. 壹万伍仟肆佰零玖元零贰分

    C. 壹万伍仟肆佰零玖元零角贰分　　D. 壹万伍仟肆佰零玖元零贰分整

36. 下列各项中，属于开具发票时使用文字不正确的是（　　　）。

    A. 使用中文

    B. 外资企业同时使用中文和外文

    C. 外资企业可以使用外文

    D. 民族自治地方同时使用中文和民族文字

37. 根据《中华人民共和国会计法》《会计基础工作规范》的规定，对原始凭证金额出现错误的，（　　　）。

    A. 只能更正　　　　　　　　　　　B. 重开或更正

    C. 只能重开　　　　　　　　　　　D. 重开并更正

38. 下列有关账簿的规定符合国家统一会计制度的是（　　　）。

    A. 账簿登记只需要符合会计业务的需要

    B. 会计账簿记录发生错误应按规定方法更正，并由会计人员和会计机构负责人（会计主管人员）在更正处盖章

    C. 库存现金日记账必须每天登记，但可以 10 天一次结出余额

    D. 库存现金日记账必须采用订本式

39. 下列不属于不相容职务的是（　　　）。

    A. 出纳与记账　　　　　　　　　　B. 出纳与现金保管

    C. 财物保管与记账　　　　　　　　D. 业务经办与财物保管

40. 下列关于原始凭证的叙述错误的是（　　　）。

    A. 自制原始凭证必须有经办单位领导或其指定人员的签名或盖章

    B. 凡填写大小写金额的原始凭证，大小写如果不一致的，以大写为准

    C. 销货退回时以退回发票及退货入库单作为销货退回的入账依据

    D. 原始凭证金额错误的由原开具单位重开

41. 现金收款凭证上填写的日期应该是（　　　）。

    A. 收取现金的日期　　　　　　　　B. 编制收款凭证的日期

    C. 原始凭证上注明的日期　　　　　D. 登记总账的日期

42. 将现金存入银行，一般填制（　　　）。

    A. 现金收款凭证　　　　　　　　　B. 现金付款凭证

    C. 银行存款收款凭证　　　　　　　D. 银行存款付款凭证

43. 现金盘点表应由（　　　）签章方能生效。

    A. 经理和出纳　　　　　　　　　　B. 会计和盘点人员

    C. 盘点人员和出纳　　　　　　　　D. 会计和出纳

44. 出纳人员支付货币资金的依据是（　　　）。

    A. 收款凭证　　　B. 付款凭证　　　C. 转账凭证　　　　D. 原始凭证

45. 下列科目可能是收款凭证借方科目的是（　　　）。

A. 物资采购　　　B. 应收账款　　　C. 银行存款　　　D. 待摊费用

46. 日记账的最大特点是（　　　）。

A. 按现金和银行存款分别设置账户

B. 可以提供现金和银行存款的每日发生额

C. 可以提供现金和银行存款的每日静态、动态资料

D. 逐日逐笔顺序登记并随时结出当日余额

47. 下列账簿中，应使用订本式账簿的是（　　　）。

A. 应付账款明细账　　　　　　　B. 应收账款明细账

C. 银行存款日记账　　　　　　　D. 应收票据备查簿

48. 银行存款日记账应采用（　　　）账簿。

A. 订本式　　　B. 活页式　　　C. 多栏式　　　D. 卡片式

49. 必须逐日逐笔登记的账簿是（　　　）。

A. 明细账　　　B. 总账　　　C. 日记账　　　D. 备查账

50. 根据会计档案管理办法的规定，日记账的保管期限为（　　　）。

A. 5 年　　　B. 10 年　　　C. 15 年　　　D. 30 年

51. 第五套人民币各面额纸币上的隐形面额数字在票面的（　　　）。

A. 正面左下方　　　B. 正面右下方　　　C. 正面右上方　　　D. 背面左上方

52. 第五套人民币 100 元、50 元、10 元纸币上的"阴阳互补对印图案"是（　　　）。

A. 花卉　　　B. 古钱币　　　C. 文字　　　D. 人物头像

53. 大部分假人民币所使用的纸张在紫外光下有较强的（　　　）反应。

A. 透光　　　B. 反光　　　C. 荧光　　　D. 吸光

54. 目前市场上伪造的人民币主要是（　　　）假人民币。

A. 机制　　　B. 手工制作　　　C. 计算机制作　　　D. 彩色复印

55. 假币一般分为（　　　）两大类。

A. 机制币和手绘币　　　　　　　B. 伪造币和变造币

C. 复印币和机制币　　　　　　　D. 伪造币和机制币

56. 以下说法错误的是（　　　）。

A. 开户单位库存现金一律实行限额管理

B. 不准擅自"坐支"现金

C. 企业之间可以互借现金

D. "坐支"在一定的条件下是允许的

57. 关于库存现金限额的规定，以下说法错误的是（　　　）。

A. 限额是由中国人民银行与开户单位商定的

B. 现金限额一般按 3～5 天的日常零星开支核定

C. 边远地区、交通不便地区可按 5～15 天的日常零星开支核定

D. 库存现金限额每年核定一次

58. 以下不能用现金支付的是（　　　）。

　　A. 职工工资　　　　　　　　　B. 张某出差借差旅费 5 000 元

　　C. 购买办公用品 2 000 元　　　D. 收购农副产品 50 000 元

59. 以下不属于现金审批制度内容的是（　　　）。

　　A. 制订各种报销凭证，规定报销手续和方法

　　B. 确定各种现金支出的审批权限

　　C. 明确本单位的现金开支范围

　　D. 明确现金结算的办法

60. 针对现金管理制度，以下说法正确的是（　　　）。

　　A. 出纳人员下班前应将所有的现金送存银行

　　B. 出纳人员可将单位日常开支使用的备用金放在办公桌内，其余的应存入银行

　　C. 为保证现金安全，出纳人员可以将日常开支使用的备用金存入个人存折

　　D. 库存现金，包括纸币和铸币，应分类保管

二、多项选择题（下列题中有多项答案是正确的，请将正确答案前的英文字母填入括号内）

1. 企业支付现金，不得（　　　　　）。

　　A. 从企业库存现金限额中支付　　B. 从开户银行中提取支付

　　C. 坐支现金　　　　　　　　　　D. 从本企业的现金收入中直接支付

2. 必须逐日结出余额的账簿有（　　　　　）。

　　A. 库存现金总账　　　　　　　　B. 银行存款总账

　　C. 库存现金日记账　　　　　　　D. 银行存款日记账

3. 对库存现金进行清查盘点时，应该（　　　　　）。

　　A. 清查现金实有数，并且与日记账余额核对

　　B. 盘点的结果应填列"现金盘点报告表"

　　C. 出纳人员必须在场，并且由出纳亲自盘点

　　D. 检查库存限额的遵守情况及有无白条抵库情况

4. 某企业月末编制试算平衡表时，因"库存现金"账户的余额计算不正确，导致试算平衡中月末借方余额合计为 168 万元，而全部账户月末贷方余额合计为 164 万元。则"库存现金"账户（　　　　　）。

　　A. 为借方余额　　　　　　　　　B. 为贷方余额

　　C. 借方余额为 4 万元　　　　　　D. 借方余额多记 4 万元

5. 应在现金收、付款记账凭证上签字的有（　　　　　）等。

　　A. 制单人员　　　B. 出纳人员　　　C. 审核人员　　　D. 会计主管

6. 若企业库存现金实有数小于账面数 200 元，则导致该差错的原因可能有（   ）。

    A. 库存现金出纳人员多付库存现金　　B. 库存现金出纳人员少收库存现金

    C. 库存现金出纳人员贪污　　　　　　D. 误将 100 元支出作为收入入账

7. 下列符合现金管理内部控制规定的有（   ）。

    A. 出纳人员登记现金日记账　　　　　B. 出纳人员负责稽核

    C. 出纳人员每日盘点现金　　　　　　D. 出纳人员管理现金

8. 单位的职工出差归来报销差旅费并上交回剩余现金的事项，根据差旅费报销单和收据，应填制的记账凭证有（   ）。

    A. 现金付款凭证　　　　　　　　　　B. 现金收款凭证

    C. 银行收款凭证　　　　　　　　　　D. 转账凭证

9. 在签发支票时，"￥2 100.67"的大写金额正确的有（   ）。

    A. 贰仟壹佰元陆角柒分　　　　　　　B. 贰仟壹佰元零陆角柒分正

    C. 贰仟壹佰元零陆角柒分　　　　　　D. 贰仟壹佰零零元陆角柒分

10. 企业以现金 25 000 元捐赠给灾区，会计分录为（   ）。

    A. 借：库存现金 25 000　　　　　　　B. 借：管理费用 25 000

    C. 贷：库存现金 25 000　　　　　　　D. 借：营业外支出 25 000

11. 企业财会部门于 8 月 12 日收到业务部门转来 8 月 8 日填制的原始凭证，并于 8 月 13 日编制记账凭证，8 月 14 日将此记账凭证登记入账，则账簿中的"日期"栏填写不正确的有（   ）。

    A. 8 月 8 日　　　　B. 8 月 12 日　　　　C. 8 月 13 日　　　　D. 8 月 14 日

12. 库存现金日记账和银行存款日记账的登记要求主要有（   ）。

    A. 由出纳人员负责登记　　　　　　　B. 以审核无误的收、付款凭证为依据

    C. 应逐日逐笔顺序登记　　　　　　　D. 必须逐日结出收入合计和支出合计

13. 登记库存现金日记账借方发生额的依据有（   ）。

    A. 现金收款凭证　　　　　　　　　　B. 现金付款凭证

    C. 银行存款收款凭证　　　　　　　　D. 银行存款付款凭证

14. 对于库存现金日记账，下列说法正确的有（   ）。

    A. 应采用订本式账簿　　　　　　　　B. 应由出纳人员登记

    C. 必须逐日结出余额　　　　　　　　D. 通常采用三栏式账簿

15. 库存现金的管理一般涉及（   ）三个方面。

    A. 使用范围　　　　　　　　　　　　B. 使用权限

    C. 限额　　　　　　　　　　　　　　D. 收支控制

16. 下列各项中关于原始凭证描述正确的有（   ）。

    A. 所有外来原始凭证必须盖有填制单位的公章，否则不得作为原始凭证报销

B. 凡填写大小写，应该一致，如果不一致则以大写为准

C. 发生销货退回的必须取得退货验收证明

D. 职工公出借款，收回时应另开收据或退回借据副本

17. 下列关于原始凭证错误更正的做法正确的有（　　　　）。

　　A. 只要是错误的凭证一律要求重开

　　B. 金额错误的要求出具单位重开

　　C. 非金额部分错误可以出具单位更正加盖更正人员名章

　　D. 非金额部分错误可以出具单位更正加盖出具单位印章

18. 一个单位是否需要设置会计机构，一般取决于（　　　　）。

　　A. 单位规模大小　　　　　　　　B. 经济业务和财务收支繁简

　　C. 经营管理的要求　　　　　　　D. 单位性质

19. 下列关于原始凭证的叙述正确的有（　　　　）。

　　A. 自制原始凭证必须有经办单位领导或其指定人员的签名或盖章

　　B. 凡填写大小写金额的原始凭证，大小写如果不一致的，以大写为准

　　C. 销货退回时以退回发票及退货入库单作为销货退回的入账依据

　　D. 原始凭证金额错误的由原开具单位重开

20. 出纳工作中必须遵守（　　　　）等货币资金内部控制制度。

　　A. 职责分工和职权分离制度　　　B. 授权和批准制度

　　C. 内部记录和核对制度　　　　　D. 货币资金安全制度

21. 出纳不得兼任（　　　　）工作。

　　A. 稽核　　　　　　　　　　　　B. 登记收入费用、债权债务账目

　　C. 会计档案保管　　　　　　　　D. 登记现金、银行存款日记账

22. 验钞可通过验钞机进行，同时也可通过（　　　　）技术进行识别。

　　A. 纸张识别　　　B. 凹印识别　　　C. 水印识别　　　D. 荧光识别

23. 点钞必须做到（　　　　）。

　　A. 点准　　　　　B. 盖章清楚　　　C. 挑净　　　　　D. 蹾齐、捆紧

24. 现金管理条例的基本原则包括（　　　　）。

　　A. 不准擅自"坐支"现金

　　B. 企业收入的现金不准作为储存存款的存储

　　C. 严格按照国家规定的开支范围使用现金，结算金额超过起点的，不得使
　　　 用现金

　　D. 不准编造用途套取现金

25. 按照规定，允许"坐支"现金的单位主要有（　　　　）。

　　A. 基层供销社、粮店、食品店、信托商店等销售兼营收购的单位，向个人
　　　 收购支付的款项

B. 邮局以汇兑收入款支付个人汇款

C. 医院以收入款退还病人的住院押金、伙食费等

D. 饮食店等服务行业找零款项等

三、判断题（正确的在括号内打"√"，错误的打"×"）

1. 不具备设置会计机构和会计人员条件的企业，可委托专门机构代理记账。（   ）

2. 按规定，库存现金日记账应由出纳人员登记，银行存款日记账应由会计人员登记。（   ）

3. 填写原始凭证时小写金额¥30 068.45，大写应写为：人民币叁万零陆拾捌元肆角伍分整。（   ）

4. 根据《内部会计控制规范——货币资金》的规定，出纳人员不得兼管收入费用的登记工作。（   ）

5. 现金清查时出纳人员不得在场，应回避。（   ）

6. 付款凭证左上角"贷方科目"处，应填写"库存现金"或"银行存款"。（   ）

7. 企事业单位在需要库存现金开支时，可以从本单位的库存现金中支付，也可以从本单位的库存现金收入中直接支付。（   ）

8. 现金清查后，如出现库存现金日记账账面余额和库存现金数额不符的情况，应填写"现金盘点表"，并据以调整现金日记账的账面记录。（   ）

9. 根据《内部会计控制规范——货币资金》的规定，出纳人员不得兼管债权债务账目的登记工作。（   ）

10. 原始凭证内容出现错误的，一律不得更正，只能由原开具单位重新开具。（   ）

11. 一张原始凭证所列的支出需要由两个以上的单位共同负担时，应当由保存该原始凭证的单位将复印件提供给其他应负担的单位。（   ）

12. 单位负责人对会计资料的真实和完整负责，充分体现了《中华人民共和国会计法》对会计人员的保护。（   ）

13. 职工公出借款收据，在收回借款时应退回借款人。（   ）

14. 凡填写大小写的凭证，金额必须一致，如不一致按大写金额确定。（   ）

15. 库存现金日记账应该每天结出余额并与库存现金核对，但银行存款日记账则不需要。（   ）

16. 出纳人员应明确授权审批的制度规定，并按照审批人的批准意见办理货币资金业务，对于审批人超越授权范围、违反审批程序或以不当的方式进行审批的货币资金业务，出纳人员有权拒绝办理。（   ）

17. 各种收付款业务应集中到会计部门办理，任何部门和个人不得擅自出具收

款或付款凭证。（　　　）

18. 会计可以兼任出纳，出纳不得兼任稽核、会计档案保管、收入费用、债权债务账目的登记工作。（　　　）

19. 出纳人员月末自己进行银行对账，并及时查找未达账项，编制"银行存款余额调节表"，做到日清月结。（　　　）

20. 出纳岗位是进行货币资金收付业务记录的专门岗位。（　　　）

21. 大型企业单位可在财务处下设出纳科，中型单位可在财务科下设出纳室，小型单位可配备专职出纳人员。（　　　）

22. 出纳人员应与货币资金清查人员相分离，即货币资金清查必须指定其他的专门人员，不能由出纳人员一人完成。（　　　）

23. 出纳人员应配备专用保险柜，保险柜钥匙由其他人员专人保管，不得交由其他人员代管保险柜密码。（　　　）

24. 存有空白支票的企业，必须明确指定专人妥善保管。（　　　）

25. 要贯彻票、印分管的原则，空白支票和印章不得由一人负责保管。（　　　）

26. 出纳人员在办理现金的收付与整点时，要做到准、快、好。"准"，就是钞券清点不错不乱，准确无误。（　　　）

27. 每日终了后，出纳人员应将其使用的空白支票、银钱收据、印章、私人财物等放入保险柜内。（　　　）

28. 单位可以利用银行存款账户代其他单位、个人存入或支取现金。（　　　）

29. 假币绝不允许继续流通，如有意继续使用，则属于违法行为，严重的将追究刑事责任。（　　　）

30. 大部分假人民币所使用的纸张在紫外线下有较强的荧光反应。（　　　）

31. 凹印手感线是一项眼观的防伪特征。（　　　）

32. 第五套人民币保留了红蓝纤维的防伪特征。（　　　）

33. 机器检验人民币一般是查验钞票的荧光反应。（　　　）

34. 对于库存现金，只要保证出纳人员每天与日记账核对相符，就无须专门进行清查。（　　　）

35. 临时存款账户的有效期最长不得超过一年。（　　　）

四、案例分析题

2024 年 5 月，某市财政局派出检查组对蓝田公司的会计工作进行检查。检查中了解到以下情况：

（1）出纳人员周华除登记日记账、各种明细账外，还兼任会计档案的保管工作；因特殊情况，周华请示财务主管，财务主管批准同意后将本单位的会计档案外借。

（2）该公司办公室主任持一张领导签字的白条，报销招待费，因为有领导签字，出纳人员周华办理了报销手续。

（3）公司供销员王强持若干张差旅费发票前来报销，出纳人员周华发现其中一张发票有改动的痕迹。怕影响同事之间的关系，周华仍给王强办理了报销手续，但提醒他下不为例。

（4）出纳人员周华设置的库存现金日记账和银行存款日记账采用了活页式账簿。为了分清每天的经济业务，周华登记银行存款日记账时，在一张账页上登记完当天的经济业务后，在另一张账页上重新登记次日的经济业务，并按十天一次结出余额。

要求：根据上述资料，结合我国会计法律制度的规定，分析指出蓝田公司存在的问题，并说明理由。

第三部分　职业实践能力训练

实训练习一

[**实训目的**] 掌握原始凭证的审核与填制。

[**实训资料**]

欣欣有限责任公司（一般纳税人）基本情况：

开户银行：中国工商银行丰南办事处　　账号：15762835

地址：清江市青年路 26 号　　统一社会信用代码：911300026583011255

增值税税率：13%

[**实训要求**]

2024 年 12 月份发生下列经济业务：

（1）12 日，销售科职工王一民赴京开商品展销会，经批准向财务科借差旅费 2 000 元，财务人员审核无误后以现金付讫。填制借款单，见表 1-33。

表 1-33

<table>
<tr><td colspan="6" align="center">借　款　单
年　月　日</td></tr>
<tr><td>部门</td><td></td><td>借款事由</td><td colspan="3"></td></tr>
<tr><td>借款金额</td><td colspan="3">金额（大写）</td><td colspan="2">￥_____</td></tr>
<tr><td>批准金额</td><td colspan="3">金额（大写）</td><td colspan="2">￥_____</td></tr>
<tr><td>领导批示</td><td></td><td>财务主管</td><td></td><td>借款人</td><td></td></tr>
</table>

（2）14 日，出纳人员将当天的销售款 85 600 元现金存入银行（其中面额 100 元的 700 张，面额 50 元的 300 张，面额 10 元的 60 张）。填制现金缴款单，见表 1–34。

表 1–34

中国工商银行现金缴款单（回单）①

科目：　　　　　　年　月　日　　　对方科目：

| 收款单位 | 全　称 | | 款项来源 | |
| | 账　号 | | 缴款部门 | |

人民币（大写）										千 百 十 万 千 百 十 元 角 分

券别	张数	十万 千 百 十 元 角 分	券别	张(枚)数	千 百 十 元 角 分
壹佰元			伍角		
伍拾元			贰角		
贰拾元			壹角		
壹拾元			伍分		
伍元			贰分		
贰元			壹分		
壹元					

收款银行盖章

此联是收款人开户银行交给收款人的收账通知

（3）26 日，收到宏利工厂付材料款转账支票一张（见表 1–35）。填制进账单，见表 1–36。

表 1–35

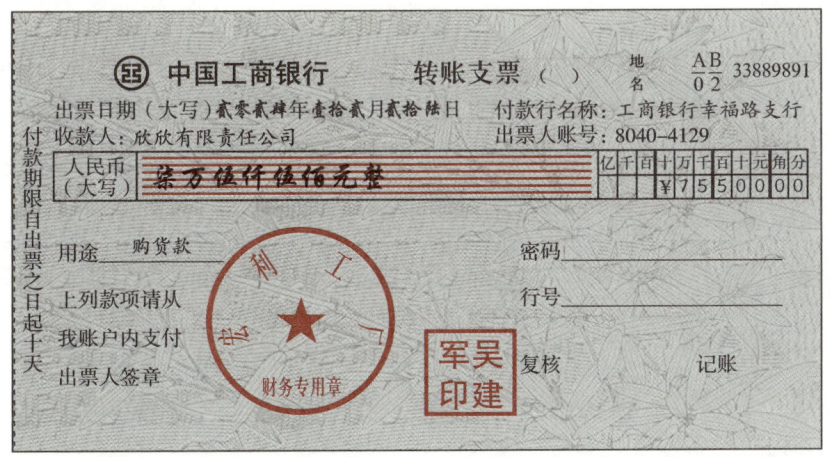

表 1-36

中国工商银行进账单（回单） 1
年 月 日

收款人	全　称		付款人	全　称											
	账　号			账　号											
	开户银行			开户银行											

金额	人民币（大写）	亿	千	百	十	万	千	百	十	元	角	分

票据种类		票据张数	
票据号码			

复核　　记账　　　　　　　　开户银行盖章

此联是开户银行交给持票人的回单

（4）26日，财务科出纳张立开出现金支票一张，从银行提取现金1 500元，以备零用。填写现金支票，见表1-37。

表 1-37

中国工商银行（　）现金支票存根
B B/0 2 00123459

附加信息
_____

出票日期　年 月 日
收款人：
金　额：
用　途：
单位主管　　会计

付款期限自出票之日起十天

中国工商银行　现金支票（　） 地名 B B/0 2 00123459
出票日期（大写）　年 月 日　付款行名称：
收款人：　　　　　　　　出票人账号：
人民币（大写）　　　　　亿千百十万千百十元角分
用途　　　　　　　　　密码
上列款项请从我账户内支付
出票人签章　　　　　复核　　记账

实训练习二

[实训目的] 掌握凭证的审核与填制。

[实训资料]

采购员张浩 2024 年 10 月 5 日预借差旅费 3 000 元，10 月 18 日出差归来报销差旅费 2 850 元，余款退回。

[实训要求]

根据下列经济业务，选择正确的会计凭证并填制（凭证相关会计人员签章略，编号从 1 号开始，采用收付转 3 类编号法）。（凭证见表 1-38～表 1-40。）

（1）10 月 5 日，预借差旅费 3 000 元，后附借款借据一张。

（2）10 月 18 日，出差归来报销差旅费 2 850 元，余款退回。后附收据 1 张；差旅费报销单 1 张，差旅费报销单后附车票 2 张，住宿费发票 1 张。

表 1-38

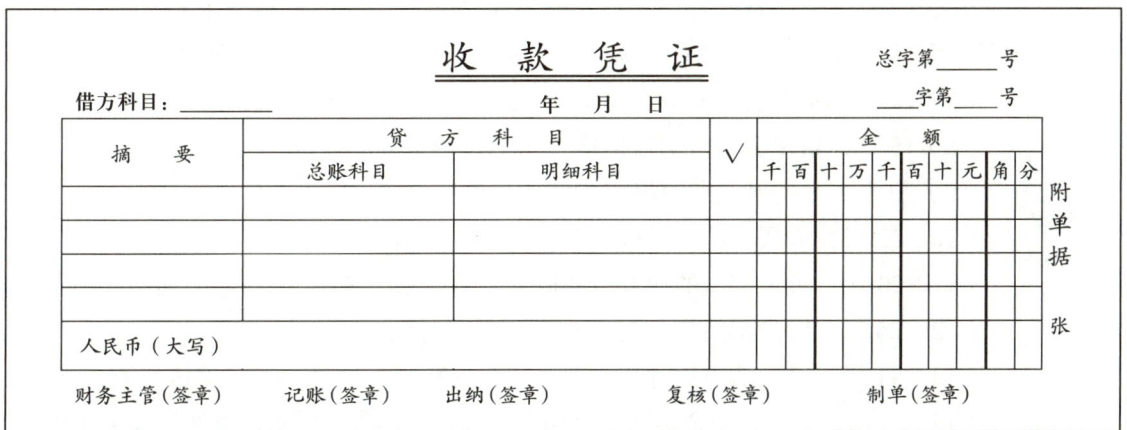

表 1-39

表 1-40

摘要	总账科目	明细科目	借方金额 百 十 万 千 百 十 元 角 分	贷方金额 百 十 万 千 百 十 元 角 分	√
合　计					

转　账　凭　证　　总字第_____号　　____字第____号
年　月　日

财务主管：　　记账：　　复核：　　制单：

附单据　张

实训练习三

[**实训目的**] 掌握库存现金结算业务办理。

[**实训资料**]

1. 敏捷公司本月"库存现金"账户的月初余额 1 000 元（库存限额为 6 000 元）

2. 2024 年 8 月该公司发生关于现金收支业务的经济事项如下（假设该公司为小规模纳税人）：

（1）1 日，公司从银行提取现金 4 000 元，备作零星开支。

（2）2 日，公司营业部主任黎灵出差预借款项 1 000 元，凭有效的借款单支付现金。

（3）5 日，公司出售废旧材料，收取现金 658 元，本公司开出收款收据。

（4）5 日，填制现金缴款单，将上述收取的现金送存银行。

（5）7 日，公司营业部主任黎灵出差回来凭差旅费票据报销差旅费 846 元，退回余款。

（6）12 日，公司材料部门实行定额备用金制度，核定定额为 2 000 元，并由采购员文海帆专门管理。采购员文海帆借出备用金 2 000 元，公司用现金付讫。

（7）14 日，从银行提取现金 3 000 元，备作日常开支。

（8）15 日，用现金支付给市运输公司销售运费 800 元。

（9）20 日，采购员文海帆报差旅费 1 150 元，公司现金支付。

（10）22 日，购买采购人员的办公用品等支付现金 496 元。

（11）23 日，管理部门的业务费 400 元、办公费 220 元，以现金支付。

（12）24 日，管理部门咨询费 350 元，现金付讫。

（13）31 日，月末清点库存现金时，短缺 306 元，账款不符，原因待查。

（14）31 日，经查，现金短缺是公司出纳人员工作失误所致，由其承担全部损失。

［实训要求］

（1）根据资料开设"库存现金日记账"，登记月初余额。

（2）根据本月经济业务编制收、付、转记账凭证，编号从 1 号开始起。

（3）根据记账凭证登记"库存现金日记账"（见表 1-41），并结账。

表 1-41

		凭证编号				借　方		√	贷　方		√	余　额	
年				摘要	对应科目								
月	日	类	号			百十万千百十元角分			百十万千百十元角分			百十万千百十元角分	

（库存现金日记账　24）

实训练习四

［实训目的］ 掌握库存现金日记账的填制。

［实训资料］

胜利工厂 2024 年 9 月 29 日现金余额为 18 018.20 元，记账凭证从 1 号开始编制（假设该公司为小规模纳税人）。

9 月 30 日发生的现金收付业务如下：

（1）以现金 300 元购买打印纸（单价：30 元 / 包）。

（2）职工张波暂借差旅费 700 元，以现金付讫。

（3）以现金支付车间水电费 5 000 元。

（4）仓库产品发生霉烂变质，造成损失 700 元，经查明为报关员李某失职造成，按规定应由李某赔偿该损失。

（5）收到某工厂退回的包装物押金 200 元，企业收到工厂退回的包装物押金时，应按规定编制现金收款记账凭证。

（6）发放工资 5 000 元。

（7）员工王强报销差旅费 400 元，以现金支付。

[实训要求]

（1）按照上述经济业务编制记账凭证。

（2）根据记账凭证登记库存现金日记账（见表 1–42）。

表 1–42

年		凭证编号		摘 要	对应科目	借 方	√	贷 方	√	余 额
月	日	类	号			百十万千百十元角分		百十万千百十元角分		百十万千百十元角分

库 存 现 金 日 记 账　　　24

第四部分　职业拓展能力训练

拓展训练一　利用学习资源查阅《会计基础工作规范》中对于登记账簿的要求。

拓展训练二　利用学习资源查阅库存现金日记账簿的登记方法。

第五部分　考核评价表

学习情境序号	结果考核（70%）					过程考核（30%）										总分
	考核主体	职业判断能力训练	职业实践能力训练	职业拓展能力训练	合计	考核主体	方案设计	过程实施	职业态度	团队合作	资源利用	组织纪律	小计	折合分值	合计	
学习情境1	教师					教师（70%）										
						小组（30%）										
教师评价						自我评价										

考核评价时间：　　　　　　　　　　　　　　　教师签字：

学习情境 2
银行存款结算业务办理

素养目标

○ 培养专业素养和责任意识，能够严谨、认真地对待银行存款业务，确保业务操作的准确性和合规性

○ 提升沟通能力和团队协作能力，在办理银行存款业务时能够与其他部门或外部机构有效沟通，共同解决问题

○ 增强风险意识和防范能力，在办理银行存款业务时能够识别并应对潜在的风险，保障企业的资金安全

○ 培养创新意识和学习能力，在银行存款管理领域能不断探索新的方法和策略，提高业务操作效率和准确性

知识目标

○ 准确理解支票、银行汇票、银行本票、商业汇票的概念，包括其定义、种类、功能及其在银行业务中的基本应用

○ 掌握支票、银行汇票、银行本票、商业汇票的适用范围，能够根据不同的业务场景选择合适的票据类型

○ 熟悉支票、银行汇票、银行本票、商业汇票的填写规范，包括票据的必要信息、格式要求以及填写过程中的注意事项

○ 了解支票、银行汇票、银行本票、商业汇票的签发流程，包括申请、审批、签发等环节，以及需要准备的相关材料和手续

○ 掌握支票、银行汇票、银行本票、商业汇票的审核要求，包括审核的内容、标准以及审核过程中可能遇到的问题和解决方案

○ 了解信汇、电汇、委托收款、托收承付的概念、操作流程及其在银行业务中的应用

○ 熟悉网银转账的基本流程、特点和优势，以及网银转账过程中需要注意的安全问题

技能目标

○ 能够根据业务需求，正确填写支票、银行汇票、银行本票、商业汇票等票据，确保信息的准确性和完整性

○ 能够按照规定的签发流程，完成支票、银行汇票、银行本票、商业汇票的签发工作，确保业务的合规性和高效性

○ 能够准确审核支票、银行汇票、银行本票、商业汇票等票据，发现并纠正填写错误或不合规的情况，确保资金的安全和准确

○ 能够熟练操作信汇、电汇、委托收款、托收承付等资金结算方式，完成企业资金的收付和结算工作

○ 能够熟练操作网银转账，包括设置转账限额、选择转账类型、确认收款方信息等，确保转账的准确性和安全性

■■■学习子情境一　银行结算账户的开立与管理

■■【情境引例】■■

根据《现金管理暂行条例》要求，海蓝公司除符合现金收支范围的业务外，绝大多数的业务需要进行银行转账，如购买商品支付款项、销售商品收取款项、发放工资、专门存放国家拨入的专项建设资金等。那么银行账户的种类有哪些？应如何开立银行结算账户？开立银行结算账户需要办理哪些手续？

■■【工作过程与岗位对照图】◢◣

银行结算账户开立流程如图 2-1 所示。①

---

① 注：机关、实行预算管理的事业单位开立基本存款账户、临时存款账户和专用存款账户，应经财政部门批准并经人民银行核准。

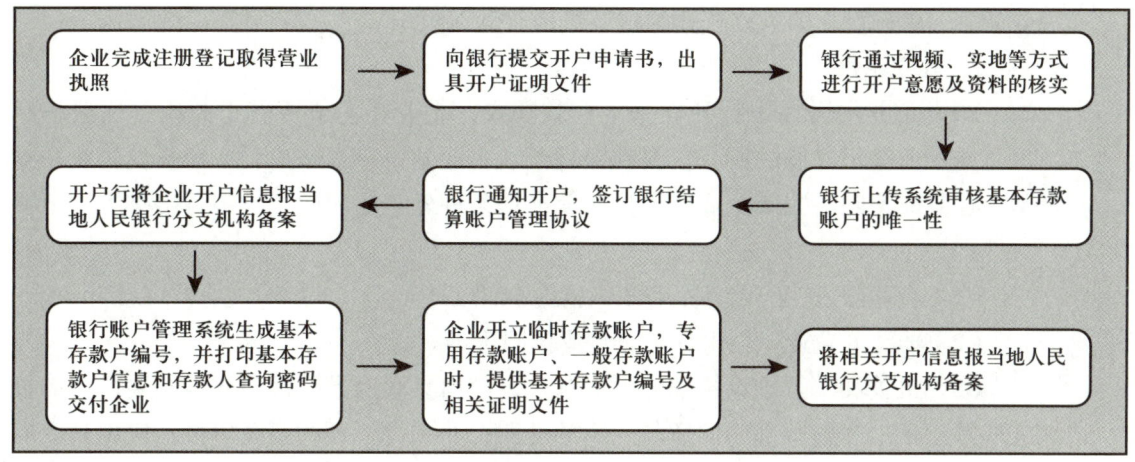

图 2-1　银行结算账户开立流程图

【知识准备】

银行结算账户基本知识

一、银行结算账户概念及种类

银行结算账户，是指银行为存款人开立的用于办理现金存取、转账结算等资金收付活动的人民币活期存款账户。它是存款人办理存、贷款和资金收付活动的基础。

银行结算账户按照存款人的不同，可分为单位银行结算账户和个人银行结算账户。其中，单位银行结算账户是指存款人以单位名称开立的银行结算账户。个体工商户凭营业执照以字号或经营者姓名开立的银行结算账户纳入单位银行结算账户管理。

二、单位银行结算账户种类

单位银行结算账户按用途分为基本存款账户、一般存款账户、专用存款账户和临时存款账户。

（一）基本存款账户

1. 概念及功能

基本存款账户是存款人因办理日常转账结算和现金收付需要开立的银行结算账户。基本存款账户是办理转账结算和现金收付的主办账户，经营活动的日常资金收付以及工资、奖金和现金的支取均可通过该账户办理。存款人只能在一家银行开立一个基本存款账户。开立基本存款账户是开立其他银行结算账户的前提。

2. 适用对象

基本存款账户适用于下列对象：企业法人、非法人企业、机关、事业单位、团级（含）以上军队、武警部队及分散执勤的支（分）队、社会团体、民办非企业组织、异地常设机构、外国驻华机构、个体工商户、居民委员会、村民委员会、社区

银行结算
账户分类

委员会、单位设立的独立核算的附属机构、其他组织。

3. 开立条件

新设企业均需在银行开立基本存款账户，企业在完成所有工商税务注册程序后，凭企业登记注册的所有资料到银行开立企业基本存款账户。一个新设企业开立基本存款账户除需完成企业登记注册等前提条件外，还应向开户银行出具下列证明文件：

（1）企业法人，应出具企业法人营业执照正本。

（2）非法人企业，应出具企业营业执照正本。

（3）机关和实行预算管理的事业单位，应出具政府人事部门或编制委员会的批文或登记证书和财政部门同意其开户的证明；非预算管理的事业单位，应出具政府人事部门或编制委员会的批文或登记证书。

（4）军队、武警团级（含）以上单位以及分散执勤的支（分）队，应出具军队军级以上单位财务部门、武警总队财务部门的开户证明。

（5）社会团体，应出具社会团体登记证书，宗教组织还应出具宗教事务管理部门的批文或证明。

（6）民办非企业组织，应出具民办非企业登记证书。

（7）异地常设机构，应出具其驻在地政府主管部门的批文。

（8）外国驻华机构，应出具国家有关主管部门的批文或证明；外资企业驻华代表处、办事处应出具国家登记机关颁发的登记证。

（9）个体工商户，应出具个体工商户营业执照正本。

（10）居民委员会、村民委员会、社区委员会，应出具其主管部门的批文或证明。

（11）行政机关事业单位独立核算的附属机构，应出具其主管部门的基本存款账户开户许可证和批文。

（12）其他组织，应出具政府主管部门的批文或证明。

（13）法定代表人或单位负责人有效身份证件。

（14）法定代表人或单位负责人授权他人办理的，应出具法定代表人或单位负责人的授权书及被授权人的有效身份证件。

存款人为从事生产、经营活动纳税人的，还应出具"多证合一"之后的营业执照。

（二）一般存款账户

1. 概念及功能

一般存款账户是因借款或其他结算需要，在基本存款账户开户银行以外银行机构开立的银行结算账户。一般存款账户是存款人的辅助结算账户，借款转存、借款归还和其他结算的资金收付可通过该账户办理。该账户可以办理现金缴存，但不得办理现金支取。该账户开立数量没有限制。

2. 适用对象

一般存款账户适用于有借款或其他结算需要的单位和组织。

3. 开立条件

申请开立一般存款账户，应向银行相关网点出具存款人开立基本存款账户所规定的证明文件、基本存款账户编号和下列文件：第一，因向银行借款需要开立的一般存款账户，应出具借款合同；第二，因其他结算需要开立的一般存款账户，应出具有关证明。在交验资料后，开立一般存款户和开立基本存款户一样，需填制"开户单位银行结算账户申请书""人民币单位银行结算账户管理协议""印鉴卡片"等，再由开户银行审定后办理开户。

（三）专用存款账户

1. 概念及功能

专用存款账户是存款人按照法律、行政法规和规章，对其特定用途的资金进行专项管理和使用而开立的银行结算账户。在其使用时应注意以下几点：

（1）单位银行卡账户的资金必须由其基本存款账户转账存入，该账户不得办理现金收付业务。

（2）财政预算外资金、证券交易结算资金、期货交易保证金和信托基金专用存款账户不得支取现金。

（3）基本建设资金、更新改造资金、政策性房地产开发资金、金融机构存放同业资金账户支取现金的，开户时应在中国人民银行当地分支行批准的范围内办理。

（4）粮、棉、油收购资金，社会保障基金，住房基金和党、团、工会经费等专用存款账户的现金支取应严格按照国家现金管理的规定办理。

（5）收入汇缴账户除向基本存款账户或预算外资金财政专用存款户划缴款项外，只收不付，且不得支取现金。

（6）业务支出账户除从基本存款账户拨入款项外，只付不收，且现金支取必须按照国家现金管理的规定办理。

（7）人民币特殊账户资金不得用于放款或提供担保。

2. 适用对象

单位可开立专用存款账户对下列资金进行管理与使用：基本建设资金，更新改造资金，财政预算外资金，粮、棉、油收购资金，证券交易结算资金，期货交易保证金，信托基金，金融机构存放同业资金，政策性房地产开发资金，单位银行卡备用金，住房基金，社会保障基金，收入汇缴资金和业务支出资金，党、团、工会设在单位的组织机构经费，其他需要专项管理和使用的资金。其中，收入汇缴资金和业务支出资金，是指基本存款账户存款人附属的非独立核算单位或派出机构发生的收入和支出的资金，因收入汇缴资金和业务支出资金开立的专用存款账户，应使用隶属单位的名称。

3. 开立条件

申请开立专用存款账户，应向银行相关网点交验相关资料，并填制"开户单位银行结算账户申请书""人民币单位银行结算账户管理协议""印鉴卡片"等，再由开户银行审定后办理开户。所不同的是，申办专用存款账户除需出具存款人开立基本存款账户所规定的证明文件、基本存款账户编号外，还需提供下列文件：

（1）基本建设资金、更新改造资金、政策性房地产开发资金、住房基金、社会保障基金，应出具主管部门批文。

（2）财政预算外资金，应出具财政部门的证明。

（3）粮、棉、油收购资金，应出具主管部门批文。

（4）单位银行卡备用金，应按照中国人民银行批准的银行卡章程的规定出具有关证明和资料。

（5）证券交易结算资金，应出具证券公司或证券管理部门的证明。

（6）期货交易保证金，应出具期货公司或期货管理部门的证明。

（7）金融机构存放同业资金，应出具其证明。

（8）收入汇缴资金和业务支出资金，应出具基本存款账户存款人有关的证明。

（9）党、团、工会设在单位的组织机构经费，应出具该单位或有关部门的批文或证明。

（10）其他按规定需要专项管理和使用的资金，应出具有关法规、规章或政府部门的有关文件。

（四）临时存款账户

1. 概念及功能

临时存款账户是存款人因临时需要并在规定期限内使用而开立的银行结算账户。因异地临时经营活动需要时，可以申请开立异地临时存款账户，用于资金的收付。临时存款账户应根据有关开户证明文件确定的期限或存款人的需要确定其有效期限。存款人在账户的使用中需要延长期限的，应在有效期限内向开户银行提出申请，并由开户银行报中国人民银行当地分支行核准后办理展期。临时存款账户的有效期最长不得超过 2 年。

临时存款账户用于办理临时机构以及存款人临时经营活动发生的资金收付。其支取现金，应按照国家现金管理的规定办理。注册验资的临时存款账户在验资期间只收不付，注册验资资金的汇缴人应与出资人的名称一致。

2. 适用对象

企业在设立临时机构、异地临时经营活动、注册验资时，可以申请开立临时存款账户。

3. 开立条件

申请开立临时存款账户，应向银行相关网点交验相关资料，并填制"开户单位银行结算账户申请书""人民币单位银行结算账户管理协议""印鉴卡片"等，再由开户银行审定后办理开户。所不同的是，申办临时存款账户除需出具存款人开立基本存款账户所规定的证明文件、基本存款账户编号外，还需提供下列文件：

（1）临时机构，应出具其驻在地主管部门同意设立临时机构的批文。

（2）异地建筑施工及安装单位，应出具其营业执照正本或其隶属单位的营业执照正本，以及施工及安装地建设主管部门核发的许可证或建筑施工及安装合同。

（3）异地从事临时经营活动的单位，应出具其营业执照正本以及临时经营地工商行政管理部门的批文。

（4）注册验资资金，应出具工商行政管理部门核发的企业名称预先核准通知书或有关部门的批文。

三、预留银行印鉴

单位在银行开立上述各类账户，必须在银行填写印鉴卡片，并预留银行印鉴。

预留银行印鉴，又称"预留印鉴"，是单位与银行事先约定的一种付款的法律依据。企业的预留印鉴一般为财务专用章和法人代表（或者是其授权的一个人）名字的印章（俗称"小印"）。当企业需要通过银行办理相关转账、提款业务时，应填写相关的银行票据或结算凭证，如现金支票、转账支票、商业汇票、汇兑凭证等，这些银行票据或结算凭证上必须加盖预留银行印鉴。银行在为单位办理结算业务时，应校对印鉴卡片上预留的印鉴，如果付款凭证上加盖的印章与印鉴卡片上的印鉴不符时，银行不予办理付款，以保障开户单位的存款安全。开户单位由于人事变动或其他原因需要变更单位公章、财务专用章、法人代表章、财务主管印鉴或出纳印鉴的，应填写"更换印鉴申请书"，并出具有关证明，经银行审查同意后，重新填写印鉴卡片，并注销原预留的印鉴卡片，另外启用新的印鉴。单位在银行预留的印鉴（财务专用章或公章）的名称，必须与银行结算账户名称相一致。银行预留印鉴图例见图2-2。

图2-2　银行预留印鉴图例

四、银行账户变更、撤销、合并和迁移

（一）变更账户

单位因某些原因需要变更账户名称，应向银行交验上级主管部门批准的正式函件，企业单位和个体工商户需交验工商行政管理部门登记注册的新执照，经银行审查核实后，变更账户名称，或者撤销原账户，重立新账户。对企业名称、法定代表人或者单位负责人变更的，银行账户管理系统重新生成基本存款账户编号。

（二）撤销、合并账户

单位因机构调整、合并、撤销、停业等原因，需要撤销、合并账户的，应向银行提出申请，经银行同意后，首先要同开户银行核对存贷款账户的余额并结算全部利息，全部核对无误后开出支取凭证结清余额，同时将未用完的各种重要空白银行票据或结算凭证交给银行注销，然后才可办理撤销、合并手续。由于撤销账户单位未交回空白银行票据或结算凭证而产生的一切问题应由撤销单位自己承担责任。

（三）迁移账户

单位发生办公或经营地点搬迁时应到银行办理迁移账户手续。如果迁入迁出行在同一城市，可以凭迁出行出具凭证到迁入行开立新户，搬迁异地应按规定向迁入银行重新办理开户手续。在搬迁过程中，如仍需要办理结算业务可要求原开户银行暂时保留原账户，但在搬迁结束已在当地恢复经营活动时，则应在一个月内到原开户银行结清原账户。另外，按照规定，连续在一年以上没有发生收付活动且未欠银行债务的账户，开户银行经过调查认为该账户无须继续保留的，可通知开户单位办理销户手续。开户单位接通知后一个月内必须办理，逾期不办理可视为自动销户，存款有余额的将作为银行收益。

五、银行结算管理制度

（一）银行结算的基本原则

银行结算是一个复杂的收付程序。每一笔款项的结算都涉及付款单位、收款单位、付款银行、收款银行等几个单位的多个环节的业务活动和资金增减变动。如果其中的任何单位和任何一个环节未按统一规定办理，都会给结算业务的进行带来困难。因此为保证银行结算的顺利进行，付款单位、收款单位、付款银行和收款银行，应当严格遵循银行结算的基本原则。

1. 恪守信用，履约付款

在市场经济条件下，存在着多种交易形式，相应地存在着各种形式的商业信用。收付双方在经济往来过程中，在相互信任的基础上，根据双方的资信情况自行协商约期付款。一旦交易双方达成了协议，那么交易的一方就应当根据事先的约定行事，及时提供货物或劳务，而另一方则应按约定的时间、方式支付款项。

2. 谁的钱进谁的账，由谁支配

银行作为结算的中介机构，在办理结算过程中，必须保护客户资金的所有权和自主支配权不受侵犯。各单位在银行的存款，受法律保护；客户委托银行把钱转给谁，银行就把钱进谁的账。银行维护开户单位存款的自主支配权，谁的钱就由谁来自主支配使用。除国家法律规定以外，银行不代任何单位查询、扣款，不得停止各单位存款的正常支付。

3. 银行不垫款

银行在办理结算过程中，只提供结算服务，起中介作用，负责将款项从付款单位账户转到收款单位账户，不给任何单位垫支款项。因为银行给其他单位垫支款项，事实上已不属于结算范围，而属于信贷范畴，会扩大信贷规模和货币投放。因此，《支付结算办法》规定银行不垫款。付款单位在办理结算过程中只能用自己的存款余额支付款项，收款单位也只能在款项已办妥收款手续，进入本单位账户后才能支配使用。

（二）银行结算纪律

1. 单位和个人应遵守的银行结算纪律

银行结算纪律是指通过银行办理转账结算的单位或个人以及银行在办理具体结算过程中，应当遵守的行为规范。根据《支付结算办法》及有关规定，单位和个人必须遵守的结算纪律可以归纳为三条：

（1）不准套取银行信用，签发空头支票、印章与预留印鉴不符支票和远期支票；

（2）不准无理拒付，任意占用卖方资金；

（3）不准利用多头开户转移资金、逃避债务。

这"三不准"要求单位和个人只准在银行账户余额内按照规定向收款单位和个人支付款项；对应该支付其他单位的款项必须依约履行义务；遵守国家有关账户管理的规定，严守信用，信守合同等。

2. 银行应遵守的结算纪律

银行是办理结算的主体，是维护结算秩序的重要环节，银行必须严格按照结算制度办理结算。银行应该遵守的结算纪律主要包括以下几条：

（1）不准以任何理由压票、退票、截留挪用客户和他行资金、受理无理拒付、不扣或少扣滞纳金；

（2）不准在结算制度之外规定附加条件，影响汇路畅通；

（3）不准违反规定开立账户；

（4）不准拒绝受理、代理他行正常结算业务；

（5）不准放弃对单位违反结算纪律的制裁；

（6）不准违章承兑、贴现商业汇票和逃避承兑责任，拒绝支付已承兑的商业汇票票款；

（7）不准超额占用联行汇差资金、转嫁资金矛盾；

（8）不准逃避向中国人民银行转汇大额汇划款项和清算大额银行汇票资金。

银行除严格遵守上述纪律之外，为了保证结算质量，还必须严格遵守规定的办理结算的时间标准。根据《关于加强银行结算工作的决定》，向外发出的结算凭证，必须于当天至迟次日寄发；收到的结算凭证，必须及时将款项支付给收款人。结算的时间，同城一般不超过 2 天；异地全国或省内直接通汇行之间，电汇一般不超过 4 天，信汇一般不超过 7 天。

（三）银行结算管理制度

（1）单位应当严格按照《支付结算办法》等国家有关规定，加强对银行结算账户的管理，严格按照规定开立账户，办理存款、取款和结算。银行结算账户的开立应当符合单位经营管理实际需要，不得随意开立多个账户，禁止单位内设管理部门自行开立银行结算账户。

（2）单位应当定期检查、清理银行结算账户的开立及使用情况，发现未经审批擅自开立银行结算账户或者不按规定及时清理、撤销银行结算账户等问题，应当及时处理并追究有关责任人的责任。

（3）单位应当加强对银行结算凭证的填制、传递及保管等环节的管理与控制。

（4）单位应当加强对银行对账单的稽核和管理。出纳人员不得同时单独从事银行存款余额调节表的编制等工作，必须在指定人员的陪同下办理上述事务。

（5）单位应当指定专人定期核对银行结算账户，每月至少核对一次，并编制银行存款余额调节表。指派对账人员以外的其他人员进行审核，确定银行存款账面余额与银行对账单余额是否调节相符。如调节不符，应当查明原因，及时处理。

（6）实行网上交易、电子支付等方式办理货币资金支付业务的单位，应当与承办银行签订网上银行操作协议，明确双方在资金安全方面的责任与义务、交易范围等。操作人员应当根据操作授权和密码进行规范操作。单位在严格实行网上交易、电子支付操作人员不相容岗位相互分离控制的同时，应当配备专人加强对交易和支付行为的审核。

六、银行票据内部管理制度

单位为了避免发生支票等银行票据丢失、被盗、空头等情况，应建立健全以支票管理为主的银行票据内部管理和控制制度，具体包括：

（1）银行票据的管理由财会部门的出纳人员专门负责，妥善保管，严防丢失、被盗。

（2）支票和预留银行印鉴、支票密码单应分别存放，专人保管。一般情况下，财务专用章应当由专人保管，个人名章应当由本人或其授权人员保管，不得由一个人保管支付款项所需的全部印章。负责保管的人员不得将印章随意存放或带出工作单位，不得随意放入抽屉内保管。按规定需要由有关负责人签字或盖章的经济业务与事项，必须严格履行签字或盖章手续。

（3）有关部门和人员领用支票须填制专门的"支票领用单"，说明领用支票的用途、日期、金额，由经办人员签章，并经有关领导批准。出纳人员根据经领导批准的"支票领用单"按照规定要求签发支票，并在支票签发登记簿上加以登记。领用支票的有关部门和人员应按规定及时报账。有关业务需要采用其他银行票据形式进行结算的，也应提供合同、协议等原始凭证和相关人员的审批证明。

（4）各单位原则上不准携带盖好印鉴的空白支票外出采购。如果采购金额事先难以确定，实际情况又需用空白转账支票结算时，经单位领导同意后，出纳人员可签发空白支票，并登记清楚用途及限额。各单位签发空白支票要设置"空白支票签发登记簿"，实行空白支票领用销号制度，以严格控制空白支票的签发。

（5）单位应建立收受银行票据的审查制度，以避免收受空头支票及其他无效票据。收款单位一般应制订在收到票据若干天（如三天、五天）后才能发货的制度，以便有足够的时间将收受的票据提交银行，办妥相关手续。

（6）一旦发生银行票据遗失，应立即向银行办理挂失或者请求银行和收款单位协助防范。

■ 【职业判断与业务操作】■

银行结算账户开户工作过程

单位在银行开立账户需先开立基本存款账户，方可开立其他类型的账户。基本存款账户的开立需要经由开户银行审批后再经中国人民银行审核批准方可办理。其他银行账户的开立与基本存款账户开立流程基本相同，但必须按照银行的要求提供相应的文件资料。下面以海蓝公司办理基本存款账户为例，介绍单位办理银行结算账户开户手续的操作流程。

■ 【典型工作任务举例2-1】■　基本存款账户的开立

2024 年 3 月 4 日，海蓝公司（股份有限公司）由股东投资成立，并办理了工商注册、营业执照领取等手续，现持企业法人营业执照正本到银行办理开户手续。

（1）交验证件。企业到银行开户需交验下列资料证件：企业法人营业执照正本、复印件一式两份，法人或单位负责人本人身份证件及复印件；授权他人办理的应同时出具法人或单位负责人的加盖单位公章的授权书，以及法人或单位负责人和经办人的身份证件及复印件，开户银行留存授权书和身份证复印件，放入开户档案中保管。此外，企业还需交验：公章、财务专用章、法人章等印鉴。

（2）填制"开户单位银行结算账户申请书"（见表2-1），并加盖财务专用章。

（3）开户银行应与存款人签订"人民币单位银行结算账户管理协议"，开户银行与存款人各执一份。

（4）填写印鉴卡（见表2-2）。

（5）银行编发账号，开户单位的账号即为账户代号，它是由银行根据单位的行政隶属关系、资金性质，指定使用相应的科目，并加上企业单位的顺序号组成。

（6）开户银行将"开户单位银行结算账户申请书"、印鉴卡等送存银行相关审核部门审核无误后办理开户手续，并向中国人民银行备案。

表 2-1

开户单位银行结算账户申请书

所需证件（需全选）	✓法定代表人身份证原件及复印件 ✓营业执照正本原件及复印件 ✓公司章程		

存款人	海蓝公司		电话	6584848
地址	太原千峰路28号		邮编	030024
存款人类别	机构存款		组织机构代码	121
法定代表人（□） 单位负责人（□）	姓名		张天垣	
	证件种类	身份证	证件号码 140103197504178000	
行业分类	A（☑）　B（☑）　C（☑）　D（□）　E（□）　F（□）　G（□）　H（□） I（□）　J（□）　K（□）　L（□）　M（□）　N（□）　O（□）　P（□） Q（□）　R（□）　S（□）　T（□）			
注册资金	3 000 000元	地区代码		
经营范围	产品生产与贸易			
证明文件种类		证明文件编号		
纳税人识别号	911401098375652345			
关联企业				
账户性质	基本　（☑）一般　（□）专用　（□）临时　（□）			
资金性质		有效日期至	年　　月　　日	

以下为存款人上级法人或主管单位信息：

上级法人或主管单位名称			
基本存款账户 开户许可证核准号		组织机构代码	
法定代表 单位负责人	姓名		
	证件种类		
	证件号码		

以下栏目由开户银行审核后填写：

开户银行名称		开户银行代码	
账户名称		账号	
基本存款账户 开户许可证核准号		开户日期	

本存款申请开立单位银行结算账户，并承诺所提供的开户资料真实、有效	开户银行审核意见	人民银行审核意见：（非核准类账户除外）
存款人（公章） 2024-3-4	经办人（签章） 银行签章 2024-3-4	经办人（签章） 人民银行（签章） 2024-3-4

表 2-2

中国工商银行太原千峰路支行印鉴卡

2024 年 3 月 4 日

户名	海蓝公司		
地址	太原千峰路 28 号	电话	6584848
启用日期	2024 年 3 月 4 日		
申请开户单位印鉴			银行印鉴
单位财务专用章	法人代表名章	财务主管 赵秀 / 出纳人员 李红	中国工商银行股份有限公司太原千峰路支行 业务专用章
印鉴使用说明			

【职业素养提升】

网络支付环境下出纳人员职业风险意识的提升

随着网络技术的快速发展和普及，网络支付平台逐渐取代了传统银行的支付方式从而成为人们生活中不可缺少的一部分，同时也为人们提供了更加多元化的服务，尤其是网银、第三方支付平台等新型的支付工具更是给出纳人员带来了新的挑战。

由于网络支付的虚拟化、无国界化、技术装备水平高等特点，加上相关法律等问题，使其风险管理更为复杂。对于出纳人员来说，最重要的就是网络安全。网络安全包含网络设备安全、信息安全、网络软件安全。对于网银系统来说，存在多种风险：银行交易系统是否会被非法入侵；信息通过网络传输时是否会被窃取或篡改；交易双方的身份识别是否正确。这些风险极大地影响着网银系统的正常运行，对单位的资金安全产生极大的隐患。所以，出纳人员要紧跟时代步伐，树立网络安全意识，学习网络安全知识，养成良好的上网习惯，不随意点开陌生网站；不浏览不安全的网页；保管好支付用的 U 盾，以防止其他人的"别有用心"；不在其他人的计算机上登录 U 盾；防止支付密码被窃取；计算机要安装防火墙和杀毒软件并及时升级更新；养成经常性安全扫描计算机，定期杀毒的习惯，防止程序病毒侵入，保证转账支付期间的网络环境是安全的；进行网上银行交易时认真核对页面显示的交易信息，如转出转入账号、户名、金额等；加强与开户银行之间的沟通；注重企业银行与第三方支付平台之间的资金流动等。

可以说网络支付时代出纳人员新的护身四宝：一个保险柜、一套计算机安全防护系统、一枚 U 盾和一串 U 盾支付密码。出纳人员要适应网络经济的发展环境，提高专业技能，注重职业道德修养，降低工作风险。

■■■学习子情境二　支票结算业务办理

■【情境引例】■

　　海蓝公司 2024 年 3 月 10 日从飞宇公司购进一批原材料，收到的增值税专用发票上注明的价款是 60 000 元，增值税是 7 800 元，双方协商采用转账支票结算方式结算款项，材料已验收入库。海蓝公司的会计部门应如何办理该项经济业务？

　　海蓝公司 2024 年 3 月 18 日销售一批产品给华生公司，销售部门开出的增值税专用发票上的价款是 100 000 元，增值税是 13 000 元，同日收到华生公司签发的一张面额为 113 000 元的转账支票，海蓝公司的会计部门应如何办理该项经济业务？如果华生公司出纳人员签发转账支票之后未直接交给海蓝公司，而是交给自己的开户银行并委托其将款项划拨给海蓝公司，此时海蓝公司的出纳人员应如何办理该业务？

■【工作过程与岗位对照图】◣

　　转账支票支付业务及转账支票收款业务工作过程与岗位对照图如图 2-3、图 2-4 所示。

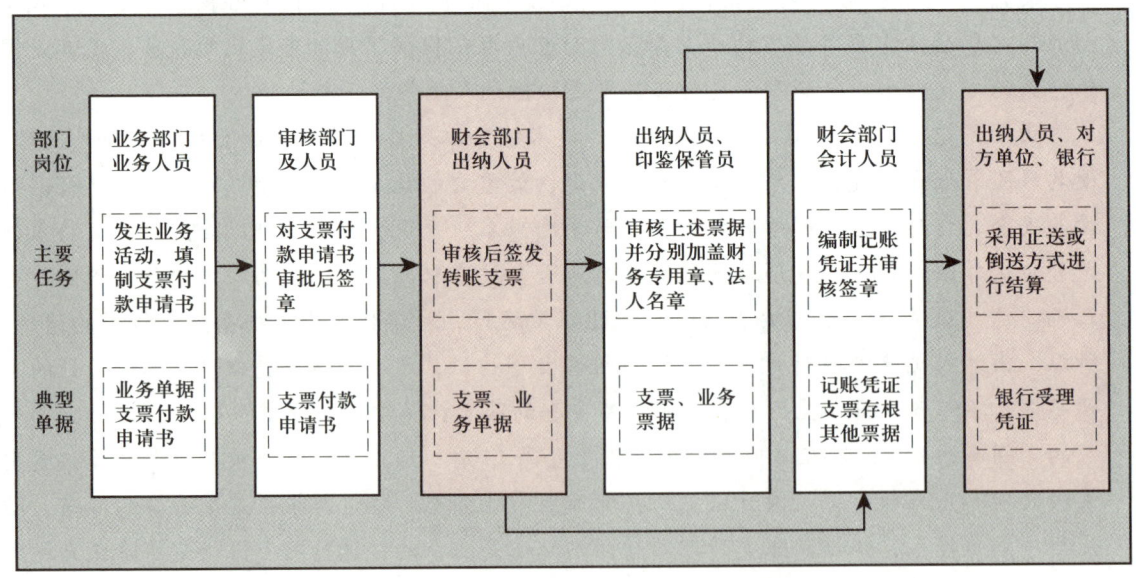

图 2-3　转账支票支付业务工作过程与岗位对照图

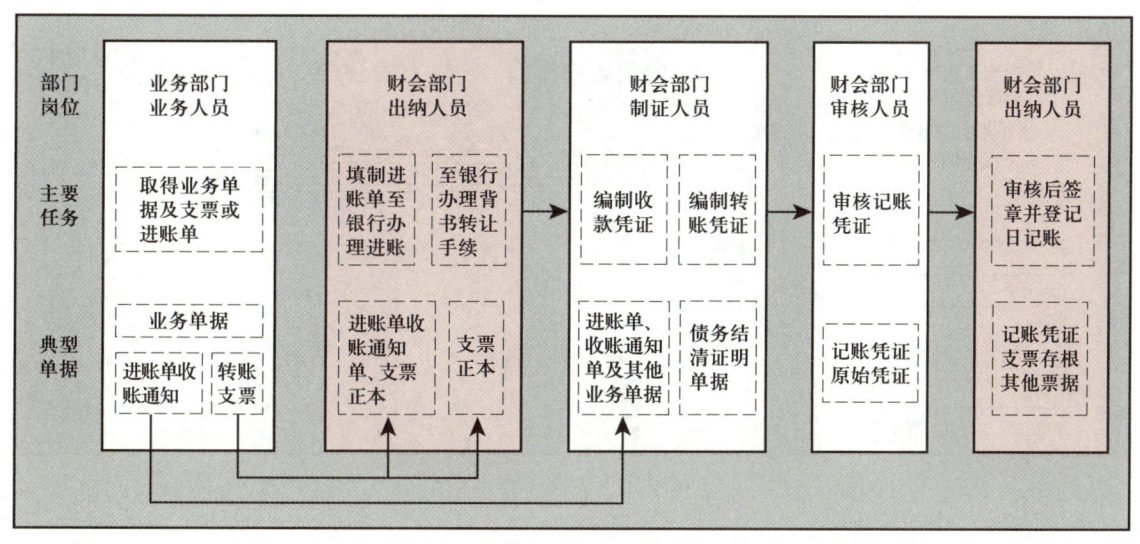

图 2-4　转账支票收款业务工作过程与岗位对照图

■【知识准备】▶

支票基本知识

　　企业因购买商品、接受劳务、清偿债务等发生的支出，除《现金管理暂行条例》规定可以使用现金结算的业务以外，均应按照银行支付结算办法的规定，通过银行进行转账结算。对于单位和个人在同一票据交换区域的各种款项结算，均可使用转账支票。2007 年 7 月 8 日，中国人民银行宣布，支票可以实现全国范围内互通使用。转账支票结算的程序包括正送和倒送两种。无论采用哪种程序，通过转账支票支付业务都应取得相应的付款单据，由经办人签名，经主管和有关人员审核后，出纳人员才能据以付款。

一、支票的概念

　　支票是指出票人签发的、委托办理支票存款业务的银行在见票时无条件支付确定的金额给收款人或者持票人的票据。支票结算是指顾客根据其在银行的存款和透支限额签发支票，命令银行从其账户中支付一定款项给收款人，从而实现资金调拨，了结债权债务关系的一个过程。

二、支票的种类

　　支票分为现金支票、转账支票和普通支票三种。支票上印有"现金"字样的为现金支票，现金支票只能用于支取现金；支票上印有"转账"字样的为转账支票，转账支票只能用于转账；支票上未印有"现金"或"转账"字样的为普通支票，普通支票可以用于支取现金，也可以用于转账。在普通支票左上角划两条平行线的，为划线支票，只能用于转账，不能支取现金。

　　转账支票的样式如图 2-5、图 2-6 所示。

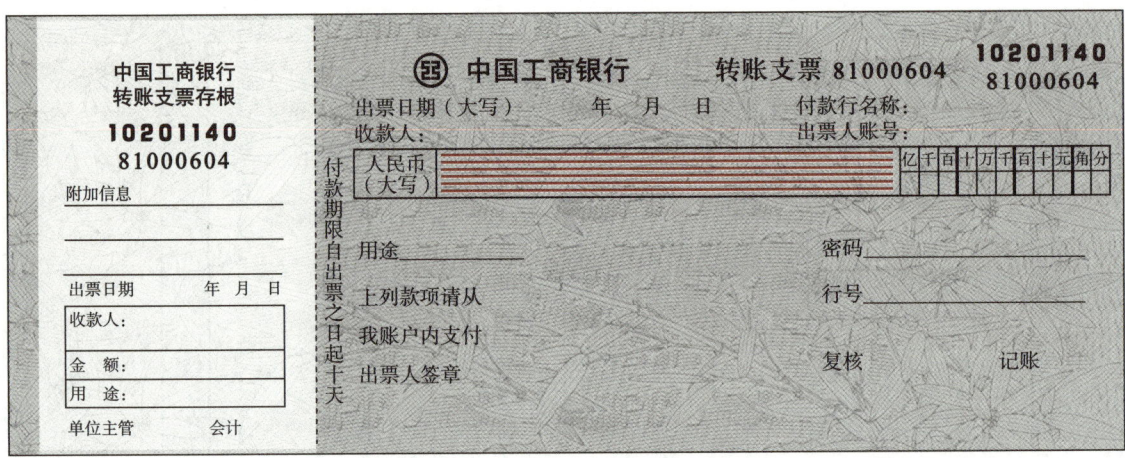

图 2-5 转账支票正面

图 2-6 转账支票背面

三、支票记载事项

转账支票必须记载下列事项：① 表明"转账支票"的字样；② 无条件支付的委托；③ 确定的金额；④ 付款人名称；⑤ 出票日期；⑥ 出票人签章。

支票上未记载上述规定事项之一的，支票无效。支票的付款人为支票上记载的出票人开户银行。支票上的金额可以由出票人授权补记，但只能由收款人补记，不允许收款人以外的其他人补记。支票上未记载收款人名称的，经出票人授权可以由他人补记。未补记前的支票，不得使用。出票人可以在转账支票上记载自己为收款人，比如使用转账支票发放工资，上交住房公积金时，付款人和收款人可以相同，付款账号与收款账号可以不同。

四、支票的提示付款期

票据持有人向银行提交并要求银行付款的行为叫作提示付款，提示付款期就是提示付款的有效期。我国银行票据主要包括支票、银行汇票、银行本票和商业汇票，它们均有其不同的提示付款期,持票人未在提示付款期内提示付款的,票据作废。

支票的提示付款期为 10 天,即支票的持票人从出票日起 10 日内可以向银行提示付款,过期作废;异地使用的支票,其提示付款的期限由中国人民银行另行规定。

> 【想一想】
>
> 一张签发日期为 2024 年 1 月 5 日的转账支票,提示付款期为几月几日至几月几日?

五、支票结算适用范围

单位和个人在同一票据交换区域的各种款项结算,均可使用支票,包括因购买商品、接受劳务供应、清偿债务等发生的各种支出。自 2007 年 7 月 8 日起,异地之间也可以使用支票进行支付结算。

【技能准备】

支票打印机应用技能

支票的签发还可以通过自动支票打印机来完成,下面简单介绍支票打印机的优点、类型及其应用。

一、自动支票打印机的优点

出纳人员可配备自动支票打印机来完成支票打印填制工作,以达到准确、快捷、规范填制票据的效果。自动支票打印机具有下述优点:第一,打印规范,完全符合《支付结算办法》的规定;第二,操作简单、方便,签发支票时,只需在键盘上输入所需年、月、日和金额的阿拉伯数字,打印机液晶屏即会显示,便于出纳人员进行核对;第三,可防篡改、耐保存,自动支票打印机采用特制油墨,字迹清晰、具有凹凸感且不怕水、酸、碱,可以长期保存。

二、自动支票打印机的类型及应用

自动支票打印机有简易型和智能型两大类,简易型支票打印机(见图 2-7)是专门用于支票的打印机,智能型支票打印机(见图 2-8)可通过支票打印软件进行支票打印,同时具备打印其他文档的功能。

图 2-7　简易型支票打印机

1. 简易型支票打印机

简易型支票打印机一般只能打印支票的日期、金额大小写和密码三项,由于每打一项都需要重新定位支票,所以操作麻烦一些。首先要有支票定位的概念,也就是要打印哪一项,要先定位该项,然后才能打印。简易型支票打印机的日期和金额打印一般都是用支票

图 2-8　智能型支票打印机

的金额小写框来定位的。打印日期时，先将支票金额小写框与打印机的日期定位框对齐，然后输入日期，按打印日期键，完成支票日期打印；打印金额时，先将支票的金额小写框与打印机的金额定位框对齐，然后输入金额，按打印金额键，完成支票金额打印。最后还有一项是支票密码，这个操作与上面略有不同，即用支票的密码框和打印机的密码框对齐，先按一下密码键，输入支票密码，然后再按一下密码键，就可以打印密码了。可见，简易型支票打印机虽然成本较低，但在使用中需要出纳人员认真地对齐打印内容，稍有不慎，就会造成打印失败，因此为提高工作效率，单位应尽量选购智能型支票打印机。

2. 智能型支票打印机

智能型支票打印机不仅可以打印支票，还可以打印收据等相关的票据。与简易型支票打印机不同的是，智能型支票打印机可以打印支票的全部信息，使用起来更加简便。智能型支票打印机可以通过 USB 或串口与计算机相连，然后通过软件控制支票打印机打印支票。常用信息可存储，调用简单，只要用鼠标点几下，一张支票就打印好了。智能型支票打印机的使用一般分为以下几个步骤：第一，安装智能支票打印软件；第二，确定打印机处于正常工作状态，打印机已连接好计算机，并将支票放入打印机中；第三，打开事先安装的支票打印机软件，启动支票打印系统，选择支票；第四，在出现的界面中输入收款人、金额、用途、密码等信息，单击打印即可。

■【职业判断与业务操作】■

转账支票收、付款业务工作过程

转账支票收付款业务包括转账支票收款业务、付款业务。由于转账支票可采用正送和倒送两种形式进行办理，因而下面将支票正送和倒送情况下收、付款业务办理分为四种情况，介绍有关转账支票收、付款业务办理的工作过程及操作要求。

一、支票正送情况下转账支票付款业务办理

支票正送是由付款方出纳人员签发支票交给收款方，并由其出纳人员送至收款人开户银行办理转账结算的支票结算方式。采用正送方式进行转账支票付款业务办理需由会计人员和出纳人员配合完成，其工作过程及岗位对照图见图 2-9。

下面通过海蓝公司典型业务，介绍转账支票付款业务采用正送程序办理支票结算的工作过程。

转账支票
正送付款
业务办理

■【典型工作任务举例 2-2】■　正送转账支票付款业务办理

海蓝公司 2024 年 3 月 10 日从飞宇公司购进一批原材料（甲材料），收到的增值税专用发票上标明数量 10 000 千克，单价 6 元，买价 60 000 元，增值税 7 800 元。出纳人员签发一张面额为 67 800 元的转账支票给收款人据以收取款项。

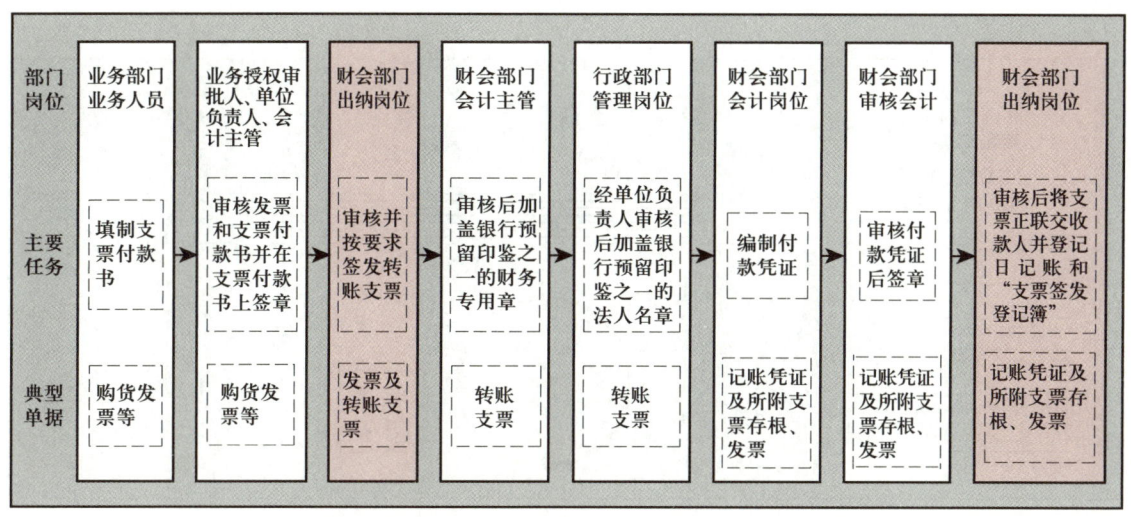

图 2-9　正送转账支票付款业务工作过程及岗位对照图

（1）出纳人员根据有关领导签字审批的支票付款书和购货发票（见表 2-3）签发转账支票（正面见表 2-4，背面见表 2-5）。

表 2-3

山西增值税专用发票

发票联

No 00127624

开票日期：2024 年 3 月 10 日

购买方	名　　称：海蓝公司 纳税人识别号：911401098375652345 地 址 、电 话：太原千峰路 28 号　6584848 开户行及账号：工行太原千峰路支行　164-7654					密码区	（略）	
货物或应税劳务、服务名称	规格型号	单位	数量	单价	金额	税率	税额	
甲材料		千克	10 000	6	60 000. 00	13%	7 800. 00	
合计					¥60 000. 00		¥7 800. 00	
价税合计（大写）	⊗陆万柒仟捌佰元整				（小写）　¥ 67 800. 00			
销售方	名　　称：飞宇公司 纳税人识别号：91140107297066605Y 地 址 、电 话：太原南海街 88 号　7015864 开户行及账号：工行太原大南门支行　28764590-305					备注	付讫 飞宇公司 91140107297066605Y 发票专用章	

第三联：发票联　购买方记账凭证

收款人：　　　复核：赵明洁　　　开票人：宁静　　　销售方：（章）

表 2-4

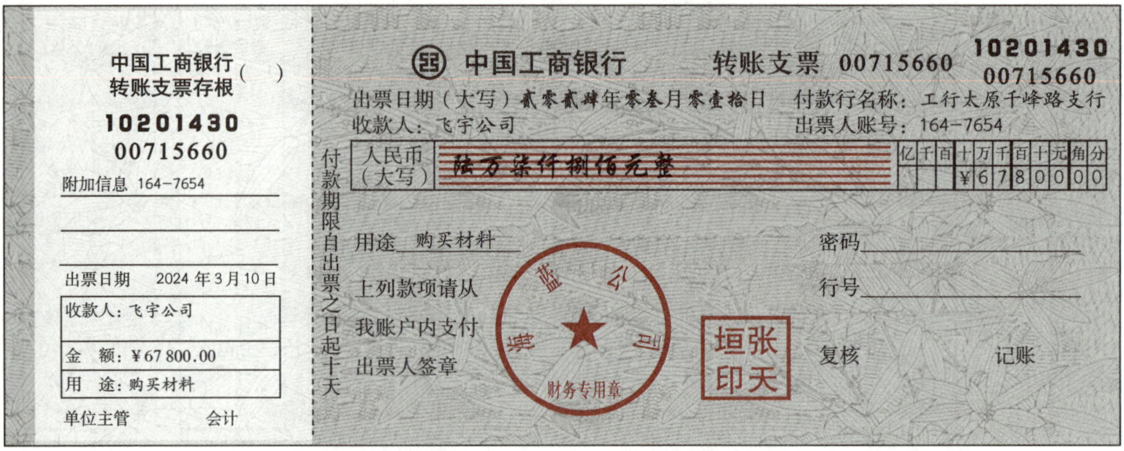
中国工商银行
转账支票存根（ ）
10201430
00715660
附加信息 164-7654
出票日期 2024 年 3 月 10 日
收款人：飞宇公司
金 额：¥67 800.00
用 途：购买材料
单位主管 会计

中国工商银行 转账支票 00715660 10201430 00715660
出票日期（大写）贰零贰肆年零叁月零壹拾日 付款行名称：工行太原千峰路支行
收款人：飞宇公司 出票人账号：164-7654
付款期限自出票之日起十天
人民币（大写）陆万柒仟捌佰元整 亿 千 百 十 万 千 百 十 元 角 分 ¥ 6 7 8 0 0 0 0
用途 购买材料 密码
上列款项请从 行号
我账户内支付
出票人签章 复核 记账

表 2-5

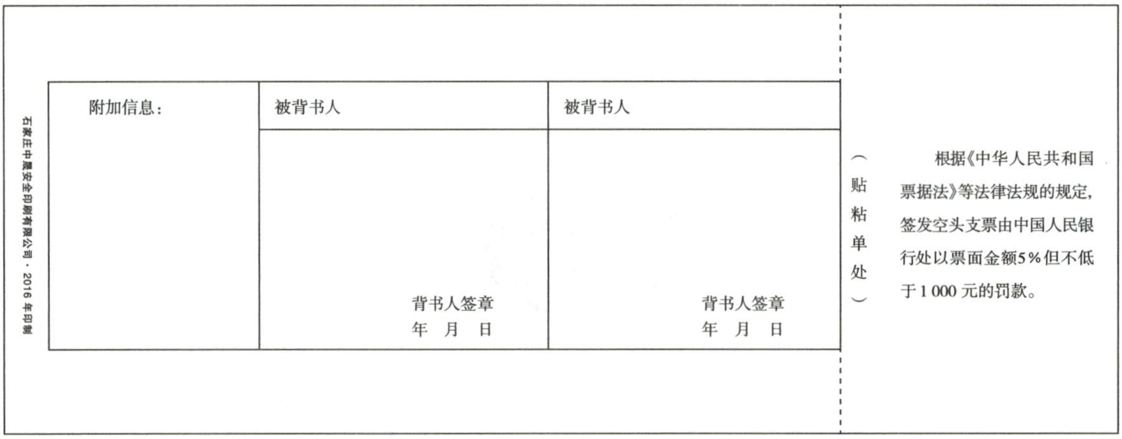
石家庄中堲安全印刷有限公司 · 2016 年印制
附加信息：
被背书人
被背书人
背书人签章
年 月 日
背书人签章
年 月 日
（贴粘单处）
根据《中华人民共和国票据法》等法律法规的规定，签发空头支票由中国人民银行处以票面金额5%但不低于1 000 元的罚款。

支票填制规范：

① 按照支票簿上的支票号码顺序签发，不得跳页。

② 签发支票必须要素齐全、内容真实、数字正确、字迹清晰、不错漏、不潦草，防止涂改。支票的填写内容不得更改，更改的票据无效，应作废。作废的支票应在支票上注明“作废”的字样，并妥善保管，不得撕毁。

③ 签发支票应使用碳素墨水或墨汁填写，中国人民银行另有规定的除外。

④ 单位和银行的名称用全称，不得简写，单位和个人名称的填写要与其在银行开户的名称完全一致。

⑤ 支票日期必须是签发当日，不准签发远期支票。票据的出票日期必须使用中文大写，使用小写填写的，银行不予受理。在填写月、日时，月为 1 月、2 月和 10 月的，日为 1 日至 9 日、10 日、20 日和 30 日的，应在其前加“零”；日为 11 日至

19 日的，月为 11 月、12 月的，应在其前加"壹"。

【想一想】

支票上如果另行记载付款日期，该记载是否有效？

【相关知识】

查阅《中华人民共和国票据法》《支付结算办法》中有关"远期票据"的知识。

⑥ 付款行名称和出票人账号为出票单位开户银行名称和银行账号。

⑦ 大小写金额填写规范，大写金额数字到元或角为止的，在其后应写整或正字，有分的不写。大写金额栏货币名称与金额数字之间不得留有空白。小写金额数字前用"￥"符号封顶，一律填写到角分，无角分的，角位和分位可写"00"或符号"—"。

【相关知识】

查阅《会计基础工作规范》等会计法律制度对原始凭证的填写要求。

⑧ 支票若加密码，应于签发时填写本张支票的密码，不能提前将支票密码加填，不得签发支票密码错误的支票。支票的密码可以在单位购买支票时从开户银行随机取得，单位填写支票时，应在确认支付的支票"小写金额"栏下方的对应栏内填写该支票的密码；支票的密码也可以采用配置的密码机自动产生，由出纳人员在密码机上输入支票编号等信息后，密码机自动产生密码，将该密码填入"密码"栏，银行核对相符后方可办理款项转账与支现业务。

⑨ 支票金额不得超过出票人付款时在付款人处实有的存款余额，否则为空头支票，禁止签发空头支票。如果签发了空头支票，中国人民银行将处以票面金额 5% 但不低于 1 000 元的罚款；持票人有权要求出票人赔偿支票金额 2% 的赔偿金。

【想一想】

支票上哪项内容表示"无条件支付的委托"？

（2）出纳人员将转账支票交给本单位银行预留印鉴保管人员，印章保管人员对支票审核无误后在支票正面加盖银行预留印鉴（见表 2-4）。

预留银行印鉴签盖规范：

① 单位银行预留印鉴不得由一人保管，必须遵循内部控制制度，由不同的人员分别保管，同时还要贯彻票印分管原则，空白支票和印章也不能由一人负责保管，以防止舞弊行为发生。如海蓝公司的预留印鉴为财务专用章和法定代表人的名章，财务专用章由会计机构负责人保管，法人名章由单位负责人授权的某会计人员保管。在收到支票后首先进行审核，如发现有遗漏的内容，应由出纳人员补充完整；有错误的内容，比如日期、金额填写不规范、不正确，支票作废；有涂改的地方，支票也作废，需重新填写一张正确的支票。

② 签章时，出票人为单位的，支票上出票人的签章为与该单位在银行预留印鉴一致的财务专用章或者公章加其法定代表人或其授权的代理人的签名或盖章；出票人为个人的，为与该个人在银行预留印鉴一致的签名或者盖章。

③ 支票上加盖的印章必须清晰，印章模糊的该张支票也要作废。支票出票人的预留银行印鉴是银行审核支票付款的依据。出票人不得签发与其预留银行印鉴不符的支票，否则，银行不仅将支票作废退回，还处以票面金额 5% 但不低于 1 000 元的罚款；持票人有权要求出票人赔偿支票金额 2% 的赔偿金。

（3）出纳人员将转账支票的存根撕下，连同购货发票、入库单等传递给会计制证人员，会计制证人员核对购货发票与支票相关项目内容，审核无误后据以编制银行存款付款凭证，并在付款凭证上签章（见表 2-6）。

表 2-6

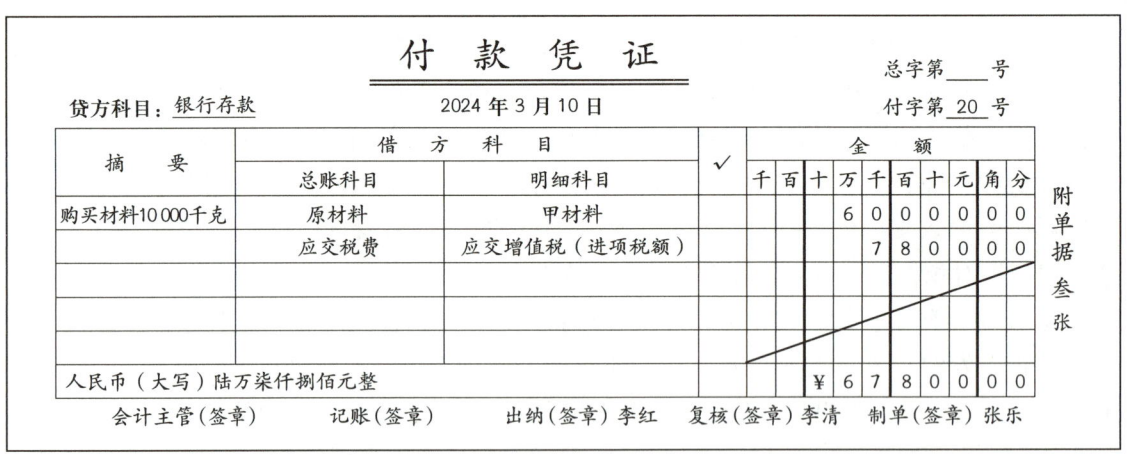

（4）会计稽核人员审核记账凭证及所附原始凭证并在复核栏签章（见表 2-6）。

（5）出纳人员对上述付款凭证进行再审核，然后将支票的正联交给收款人，在购货发票上加盖"付讫"章（见表 2-3），并登记"支票签发登记簿"（见表 2-7），由领用人和批准人签章。

表 2-7

<table>
<tr><td colspan="10" align="center">支票签发登记簿</td></tr>
<tr><td colspan="10" align="center">2024 年 3 月 10 日</td></tr>
<tr>
<td colspan="2">领用日期</td>
<td rowspan="2">支票号码</td>
<td rowspan="2">领用人</td>
<td rowspan="2">用途</td>
<td rowspan="2">收款单位</td>
<td rowspan="2">金额
（限额）</td>
<td rowspan="2">批准人</td>
<td rowspan="2">销号</td>
</tr>
<tr>
<td>月</td>
<td>日</td>
</tr>
<tr>
<td>3</td>
<td>10</td>
<td>00715660</td>
<td>李长江</td>
<td>购买材料</td>
<td>飞宇公司</td>
<td>67 800.00</td>
<td>刘留</td>
<td></td>
</tr>
<tr>
<td></td>
<td></td>
<td></td>
<td></td>
<td></td>
<td></td>
<td></td>
<td></td>
<td></td>
</tr>
<tr>
<td></td>
<td></td>
<td></td>
<td></td>
<td></td>
<td></td>
<td></td>
<td></td>
<td></td>
</tr>
<tr>
<td colspan="2">合计</td>
<td></td>
<td></td>
<td></td>
<td></td>
<td></td>
<td></td>
<td></td>
</tr>
</table>

（6）出纳人员根据付款凭证逐日逐笔登记银行存款日记账（见表 2-8），然后在付款凭证出纳栏签章（见表 2-6），并将付款凭证交由会计人员登记总账和相关明细账。

表 2-8

<table>
<tr><td colspan="14" align="center">银 行 存 款 日 记 账　　　　7</td></tr>
<tr><td colspan="7">开户行名称：工行太原千峰路支行</td><td colspan="7" align="right">银行账号：164-7654</td></tr>
<tr>
<td colspan="2">2024 年</td>
<td colspan="2">凭证编号</td>
<td rowspan="2">摘　要</td>
<td colspan="2">结算凭证</td>
<td>借方</td>
<td>√</td>
<td>贷方</td>
<td>√</td>
<td>余额</td>
</tr>
<tr>
<td>月</td>
<td>日</td>
<td>类</td>
<td>号</td>
<td>类</td>
<td>号</td>
<td>百十万千百十元角分</td>
<td></td>
<td>百十万千百十元角分</td>
<td></td>
<td>百十万千百十元角分</td>
</tr>
<tr>
<td>3</td>
<td>9</td>
<td></td>
<td></td>
<td>承前页</td>
<td></td>
<td></td>
<td>1 1 4 8 9 0 0 0</td>
<td></td>
<td>8 9 4 2 3 0 0</td>
<td></td>
<td>8 9 0 0 0 0 0 0</td>
</tr>
<tr>
<td></td>
<td>10</td>
<td>付</td>
<td>20</td>
<td>购买甲材料</td>
<td>转支</td>
<td>00715660</td>
<td></td>
<td></td>
<td>6 7 8 0 0 0 0</td>
<td></td>
<td></td>
</tr>
<tr>
<td></td>
<td></td>
<td></td>
<td></td>
<td>本日合计</td>
<td></td>
<td></td>
<td></td>
<td></td>
<td>6 7 8 0 0 0 0</td>
<td></td>
<td>8 2 2 2 0 0 0 0</td>
</tr>
</table>

（7）出纳人员每日终了结出银行存款日记账余额（见表 2-8）。

（8）会计机构内部指定专门人员配合出纳人员定期将银行存款日记账与银行对账单相核对，保证账实相符。

二、支票倒送情况下转账支票付款业务办理

支票倒送是指由付款方出纳人员签发支票并由其送至付款人开户银行办理转账结算的支票结算方式。采用倒送方式进行转账支票付款业务办理需由会计人员和出纳人员配合完成，其工作过程及岗位对照图见图 2-10。

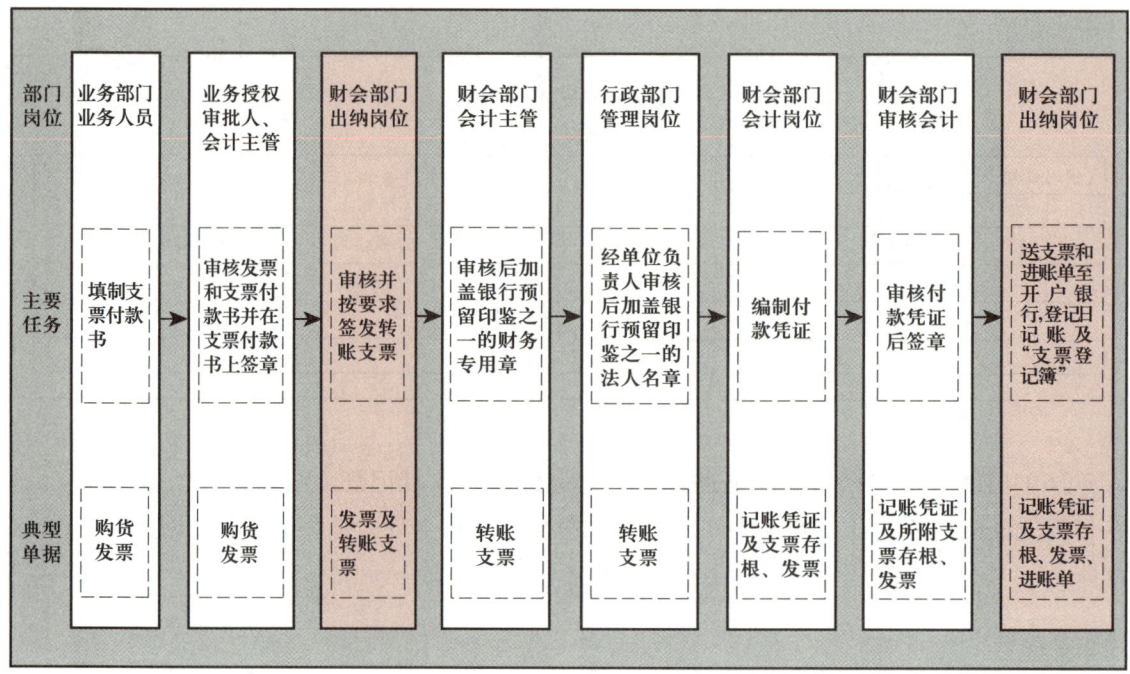

图 2-10　倒送转账支票付款业务工作过程及岗位对照图

下面通过海蓝公司的典型业务，介绍发生转账支票付款业务时采用倒送程序办理支票结算的工作过程。

转账支票
倒送付款
业务办理

【典型工作任务举例2-3】　倒送支票付款业务办理

同【典型工作任务举例2-2】，将条件改为：海蓝公司出纳人员未将面额为67 800.00 元的转账支票交给收款人飞宇公司，而是委托本单位开户银行将款项划拨给收款人。

（1）出纳人员根据由有关领导签字审批的支票付款书和购货发票（见表2-3）签发转账支票。

（2）出纳人员将转账支票交给本单位银行预留印鉴保管人员，在支票上盖章。

与正送情况下不同的是，除在支票正面加盖银行预留印鉴外（见表2-4），还需在支票背面"背书人签章"处加盖预留印鉴，并填写日期（见表2-9）。

（3）出纳人员将转账支票的存根撕下，连同购货发票等传递给会计制证人员，会计制证人员核对购货发票与支票相关项目内容，审核无误后据以编制银行存款付款凭证，并在付款凭证上签章（见表2-6）。

（4）会计稽核人员审核记账凭证及所附原始凭证并在复核栏签章（见表2-6）。

表 2-9

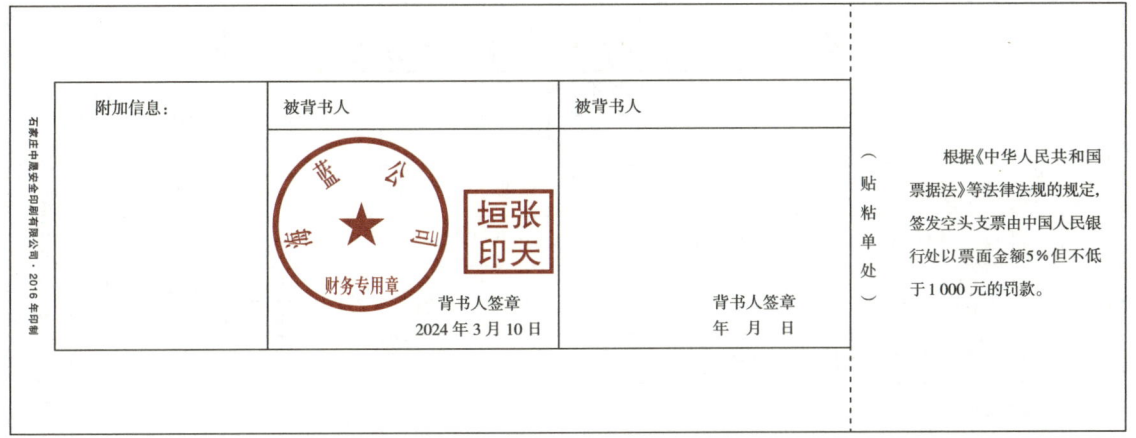

（5）出纳人员对上述付款凭证进行再审核，无误后根据支票填制一式三联"进账单"（见表 2-10 ~ 表 2-12），将进账单和支票正联送本单位开户银行提示付款。

（6）开户银行审核无误后，在进账单第一联（见表 2-10）签章并退回单位，出纳在购货发票上加盖"付讫"章（见表 2-3）。

表 2-10

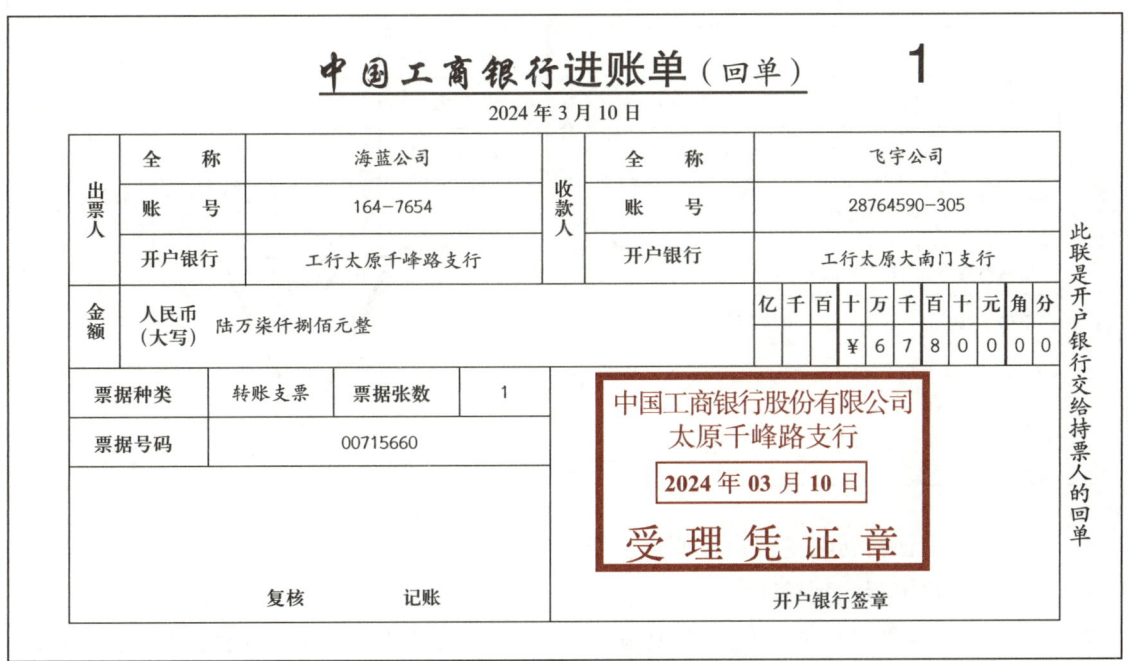

表 2-11

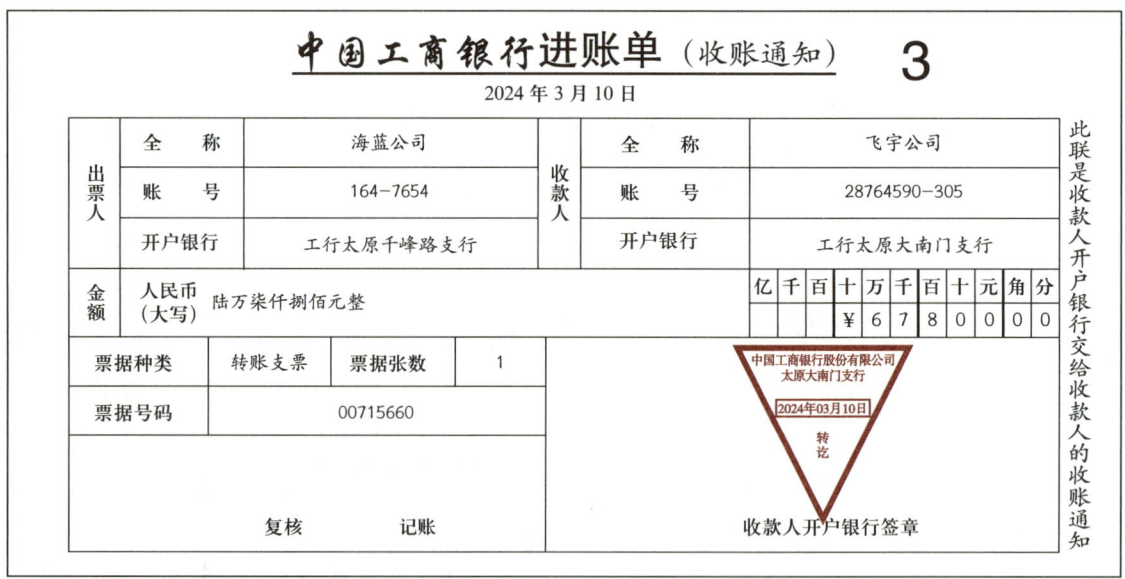

中国工商银行进账单（贷方凭证）   2

2024 年 3 月 10 日

出票人	全　称	海蓝公司	收款人	全　称	飞宇公司
	账　号	164-7654		账　号	28764590-305
	开户银行	工行太原千峰路支行		开户银行	工行太原大南门支行

金额	人民币（大写）　陆万柒仟捌佰元整				亿	千	百	十	万	千	百	十	元	角	分
								¥	6	7	8	0	0	0	0

票据种类	转账支票	票据张数	1
票据号码	00715660		

备注：

复核　　　　记账

此联由收款人开户银行作贷方凭证

表 2-12

中国工商银行进账单（收账通知）   3

2024 年 3 月 10 日

出票人	全　称	海蓝公司	收款人	全　称	飞宇公司
	账　号	164-7654		账　号	28764590-305
	开户银行	工行太原千峰路支行		开户银行	工行太原大南门支行

金额	人民币（大写）　陆万柒仟捌佰元整				亿	千	百	十	万	千	百	十	元	角	分
								¥	6	7	8	0	0	0	0

票据种类	转账支票	票据张数	1
票据号码	00715660		

中国工商银行股份有限公司
太原大南门支行
2024年03月10日
转讫

复核　　　　记账　　　　收款人开户银行签章

此联是收款人开户银行交给收款人的收账通知

开户银行转账支票审核要点：

开户银行收到转账支票后，要对其进行审核，如果出现如下情况应退票：

① 出票人存款不足，出现空头支票；② 支票上的签章与预留银行印鉴不符；③ 密码支票中未填密码或密码错误；④ 填写不规范、已涂改、超过付款期限等。

其中前三种情况，除退票外，银行还按票面金额处以 5% 但不低于 1 000 元的罚款。

　　单位收到银行签章退回的进账单第一联，表示已办妥手续，银行接受委托同意将款项划拨给指定的收款人。

　　（7）出纳人员登记"支票签发登记簿"（见表 2-7），由领用人和批准人签章。

　　（8）出纳人员根据付款凭证逐日逐笔登记银行存款日记账（见表 2-8），然后在付款凭证出纳栏下签章（见表 2-6），并将付款凭证交由会计人员登记总账和相关明细账。

　　（9）出纳人员每日终了结出银行存款日记账余额（见表 2-8）。

　　（10）会计机构指定的专门人员定期将银行存款日记账与银行对账单相核对，保证账实相符。

三、支票正送情况下转账支票收款业务办理

　　一切银行存款收入都应开具发票等原始单据，进行单位经营收入的核算，同时从付款单位取得收取款项的凭证，如支票、汇票和本票，或从银行取得收取款项的证明，办理银行存款的收取。按要求，收入银行存款签发单据与经手收款，应由两个经办人分工办理，如销货收入应由经销人员负责填制发票单据，出纳人员据以收款，以防差错与作弊。正送转账支票收款业务工作过程及岗位对照图见图 2-11。

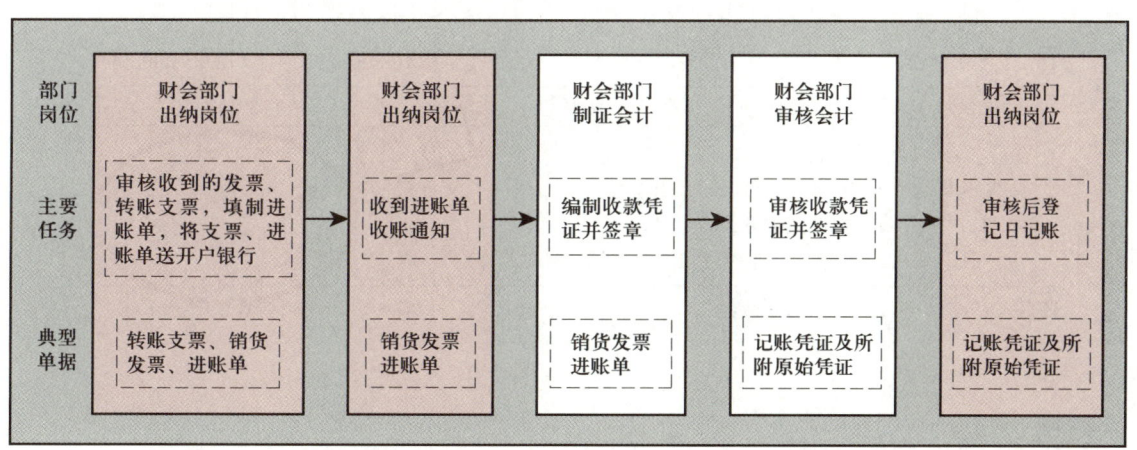

图 2-11　正送转账支票收款业务工作过程及岗位对照图

　　下面通过海蓝公司的典型业务，介绍发生转账支票收款业务时采用正送程序应办理的工作过程。

转账支票正送收款业务办理

■【典型工作任务举例2-4】■　正送转账支票收款业务办理

　　海蓝公司 2024 年 3 月 18 日销售一批 B 产品给华生公司，销售部门开出的增值税专用发票上标明数量 10 000 千克，单价 10 元，价格 100 000 元，增值税 13 000 元。同日收到华生公司签发的一张面额为 113 000 元的转账支票，据以办理转账结算，收取款项。

（1）出纳人员收到已由审核会计审核的销货发票（见表 2-13）和转账支票（见表 2-14、表 2-15），进行再审核。

表 2-13

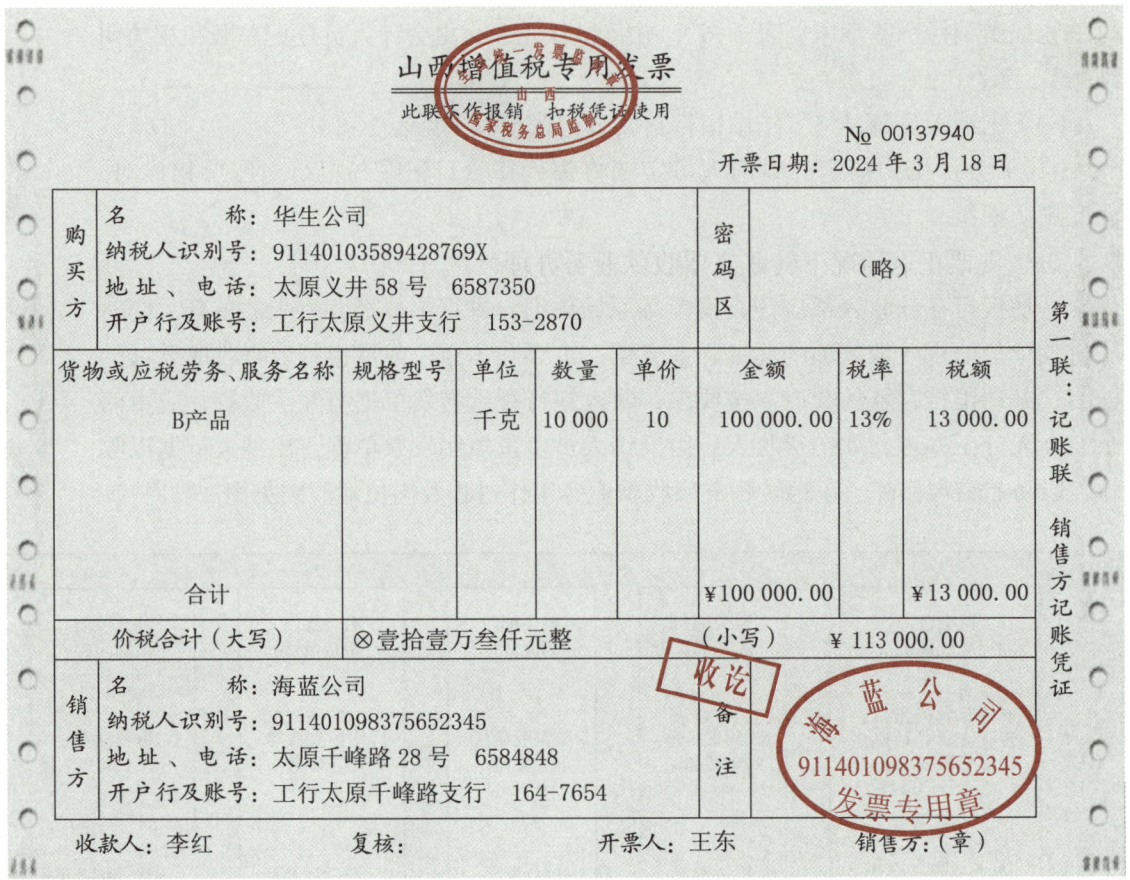

表 2-14

表 2-15

附加信息：	被背书人	被背书人	（贴粘单处）	根据《中华人民共和国票据法》等法律法规的规定，签发空头支票由中国人民银行处以票面金额5%但不低于1 000元的罚款。
石家庄中原安全印制有限公司·2016 年印刷	背书人签章 年　月　日	背书人签章 年　月　日		

为避免收进假支票或无效支票，对转账支票的审核应从以下几方面进行：

① 支票应记载事项是否齐全。

② 支票要素是否按规范的要求填写清楚、齐全，尤其注意出票日期是否为大写，大小写金额填写是否正确，两者是否相符。

③ 票面有无污损、涂改。

④ 是否在签发单位盖章处加盖单位银行预留印鉴。

⑤ 支票收款单位是否为本单位。

⑥ 支票是否在付款期内。如果持票人超过期限提示付款，其开户银行不予受理，付款人不予付款，持票人丧失对其前手的追索权。但此时持票人对出票人并不丧失追索权，出票人仍应当对持票人承担支付票款的责任。

⑦ 有密码的支票密码是否填列。

⑧ 背书转让的支票其背书是否正确、连续。

（2）审核无误后，出纳人员应在支票背面作委托收款背书，委托本单位开户银行收款。

出纳人员将支票交给会计机构负责人，由其审核后在支票背面"背书人签章"栏加盖财务专用章，交给授权的某会计人员，审核后在"背书人签章"栏加盖法人名章，出纳人员在支票背面记载"委托收款"字样并填写背书日期，在被背书人栏记载开户银行名称（见表 2-16）。出纳人员还需要根据支票填写一式三联的进账单（见表 2-17 ~ 表 2-19）。

表 2-16

表 2-17

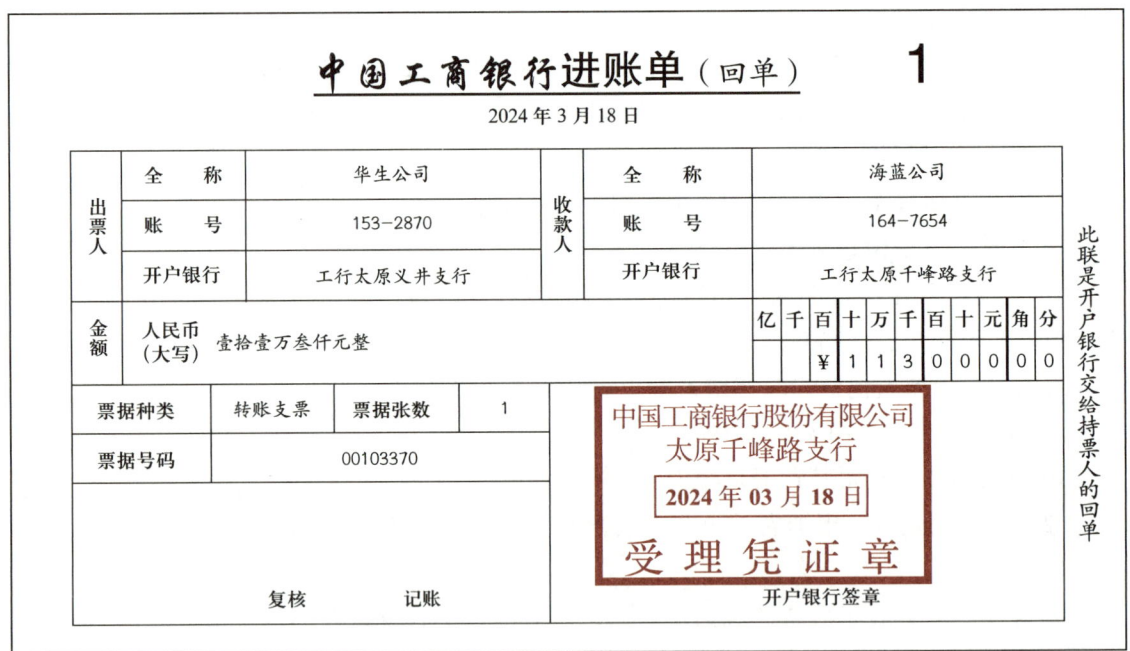

【想一想】

收款单位的制单人员，能否以"进账单"的回单作为原始凭证，编制收款凭证？

表 2-18

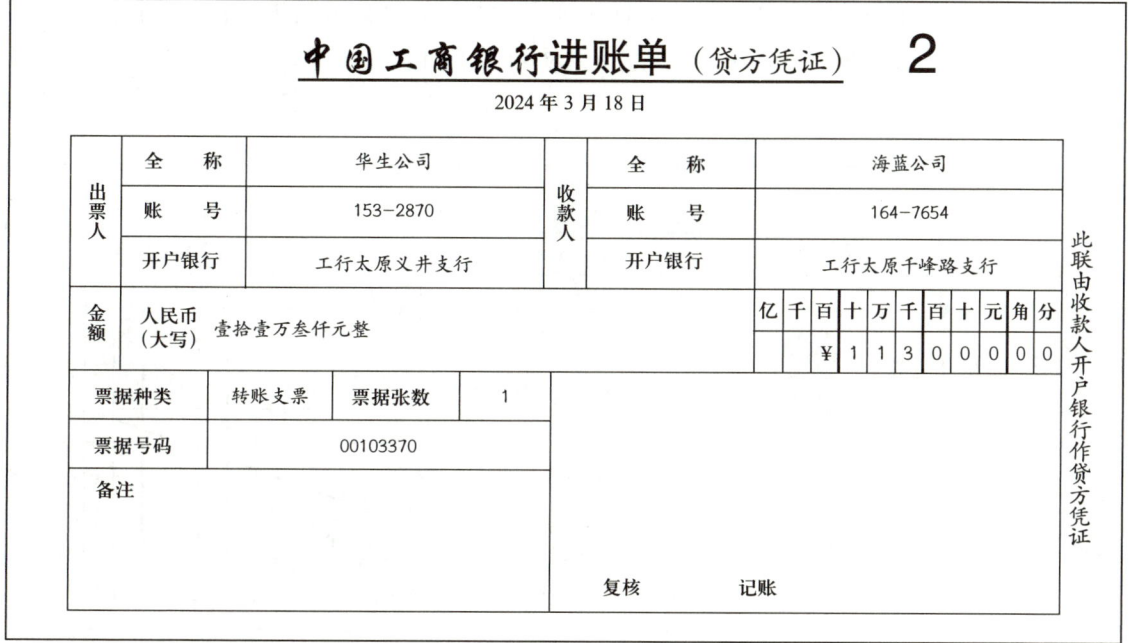

表 2-19

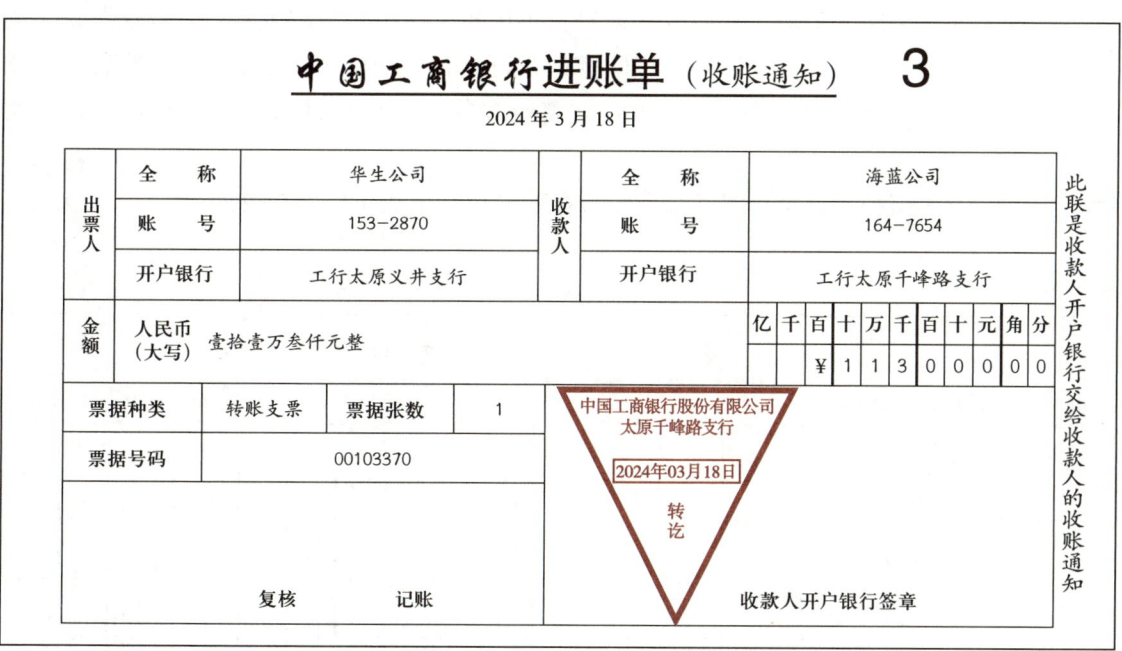

（3）出纳人员将支票和进账单一起送其开户银行，办理转账手续。银行审核签章后，退回进账单第一联（见表 2-17）。收到银行签章退回的第一联，表示已办妥手续，其开户银行接受委托同意向付款人收取款项。

（4）出纳人员收到开户银行签章后退回的进账单第三联收账通知（见表 2-19），将收账通知和销货发票传递给会计制证人员，会计制证人员核对相关项目内容，审核无误后据以编制银行存款收款凭证，并在收款凭证上签章（见表 2-20）。

表 2-20

收 款 凭 证

总字第＿＿号
收字第 25 号

借方科目：银行存款   2024 年 3 月 18 日

摘　要	贷　方　科　目		√	金　额											
	总账科目	明细科目		千	百	十	万	千	百	十	元	角	分	
销售B产品10 000千克	主营业务收入	B产品			1	0	0	0	0	0	0	0	0	
	应交税费	应交增值税（销项税额）				1	3	0	0	0	0	0	0	
人民币（大写）壹拾壹万叁仟元整					¥	1	1	3	0	0	0	0	0	

附单据贰张

财务主管(签章)　　　记账(签章)　　　出纳(签章)李红　　　复核(签章)李清　　　制单(签章)张乐

（5）会计稽核人员审核记账凭证及所附原始凭证并在审核栏签章（见表 2-20）。

（6）出纳人员对上述收款凭证进行再审核，在销货发票上加盖"收讫"章（见表 2-13），根据收款凭证逐日逐笔登记银行存款日记账（见表 2-21），然后在收款凭证出纳栏下签章（见表 2-20），并将收款凭证交由会计人员登记总账和相关明细账。

（7）出纳人员每日终了结出银行存款日记账余额（见表 2-21）。

表 2-21

银 行 存 款 日 记 账　　9

开户行名称：工行千峰路支行　　　　　　　　　　　　　　　　　银行账号：164-7654

2024年		凭证编号		摘　要	结算凭证		借方								√	贷方								√	余额								
月	日	类	号		类	号	百	十	万	千	百	十	元	角	分		百	十	万	千	百	十	元	角	分		百	十	万	千	百	十	元	角	分
3	17			承前页				2	4	3	7	1	2	3	5			2	6	6	2	3	9	0	0			7	9	8	0	0	0	0	0
	18	收	25	销售B产品	转支	00103370		1	1	3	0	0	0	0	0													9	1	1	0	0	0	0	0
				本日合计				1	1	3	0	0	0	0	0													9	1	1	0	0	0	0	0

（8）会计机构指定的专门人员定期将银行存款日记账与银行对账单相核对，保证账实相符。

四、支票倒送情况下转账支票收款业务办理

支票采用倒送方式进行结算，作为收款方需根据付款方提供的"进账单"收账通知办理收款手续。倒送转账支票收款业务工作过程及岗位对照图见图 2-12。

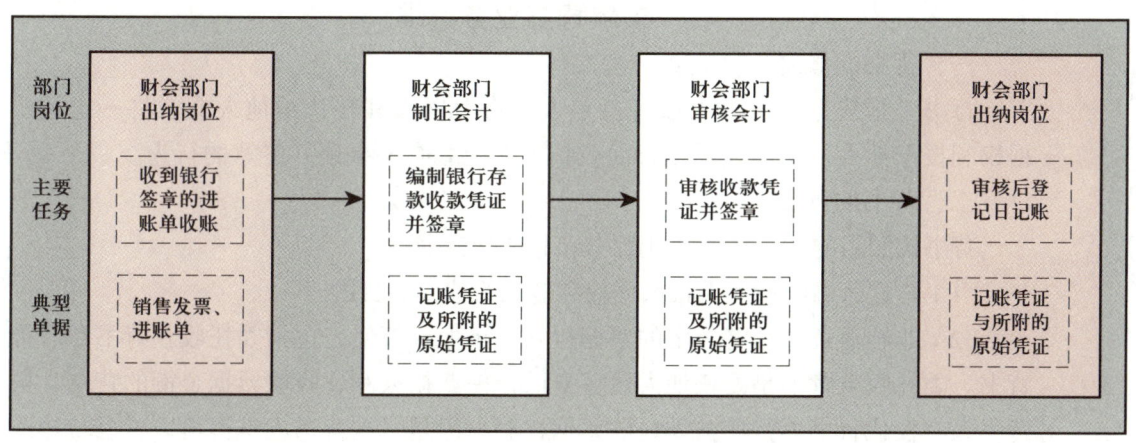

图 2-12　倒送转账支票收款业务工作过程及岗位对照图

■【典型工作任务举例2-5】■　倒送转账支票收款业务办理

转账支票
倒送收款
业务办理

同【典型工作任务举例2-4】，条件改为：海蓝公司未直接收到华生公司签发的转账支票，其开户银行收妥款项后通知海蓝公司款已到账，并取得进账单收账通知。

（1）出纳人员收到开户银行签章后退回的进账单第三联收账通知（见表 2-19），将收账通知和销货发票核对。

（2）核对无误后，将发票和进账单收账通知传递给会计制证人员，会计制证人员核对相关项目内容，审核无误后据以编制银行存款收款凭证，并在收款凭证上签章（见表 2-20）。

（3）会计稽核人员审核记账凭证及所附原始凭证并在复核栏签章（见表 2-20）。

（4）出纳人员对上述记账凭证进行再审核，在销货发票上加盖"收讫"章（见表 2-13），根据记账凭证逐日逐笔登记银行存款日记账，然后在记账凭证出纳栏下签章（见表 2-20），并将记账凭证交由会计人员登记总账和相关明细账。

（5）出纳人员每日终了结出银行存款日记账余额（见表 2-21）。

（6）会计机构指定的专门人员定期将银行存款日记账与银行对账单相核对，保证账实相符。

【想一想】

分别从收款单位和付款单位的角度，思考支票正送和支票倒送的优缺点。

【知识准备】

支票背书业务办理

一、背书的概念

背书是指票据的收款人或者持票人为将票据权利转让给他人或者将一定的票据权利授予他人行使而在票据背面或粘单上记载有关事项并签章的行为。

二、背书的种类

背书按照目的不同分为转让背书和非转让背书。

（1）转让背书以持票人将票据权利转让给他人为目的。

（2）非转让背书是将一定的票据权利授予他人行使，包括委托收款背书和质押背书。委托收款背书是委托他人代替自己行使票据权利、收取票据金额的背书，被背书人有权代背书人行使被委托的票据权利。但是，被背书人不得再以背书转让票据权利。质押背书是以设定质权、提供债务担保为目的而进行的背书。被背书人依法实现其债权时，可以行使票据权利。

无论何种目的，都应当记载背书事项并交付票据。

【相关知识】

查阅《中华人民共和国票据法释义》有关“质押背书”的内容。

【职业判断与业务操作】

支票背书转让工作过程

支票一律记名，转账支票的收款人或持票人可以通过背书将票据权利转让给他人或者将一定的票据权利授予他人行使，但用于支取现金的支票不得背书转让。用以背书转让的支票，背书应当连续。背书连续是指在票据转让中，转让支票的背书人与受让支票的被背书人在支票上的签章依次前后衔接，即第一次背书的背书人为票据的收款人，第二次背书的背书人为第一次背书的被背书人，依次类推。背书不得附有条件，背书附有条件的，所附条件不具有票据上的效力。支票背书转让工作过程及岗位对照图如图 2-13 所示。

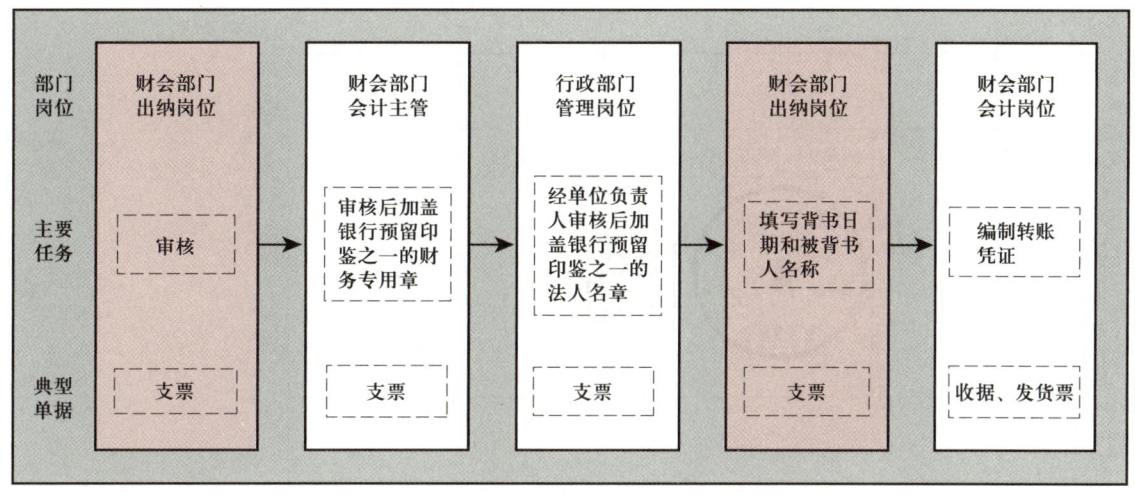

图 2-13　支票背书转让工作过程及岗位对照图

下面以海蓝公司出纳人员办理支票背书业务为例介绍支票转让背书业务的工作过程。

■【典型工作任务举例2-6】■　转账支票背书转让

2024 年 3 月 22 日，海蓝公司将 3 月 18 日收到华生公司的面额为 113 000 元的转账支票背书转让给宏达公司，偿还前欠的购货款。

（1）出纳人员对收到的支票进行审核，确定是否可以背书转让。

支票出票人在票据正面记载"不得转让"字样的，支票不得转让，如果其直接后手再背书转让的，出票人对其直接后手的被背书人不承担保证责任，对被背书人提示付款或委托收款的支票，银行不予受理。

支票被拒绝付款或者超过付款提示期限的，不得背书转让，背书转让的，背书人应当承担票据责任。

（2）对可以背书转让的支票，经批准后办理背书手续。

支票背书转让时，背书人应在票据背面签章。出纳人员将支票交给预留印鉴管理人员，由其审核后在支票背面"背书人签章"栏加盖财务专用章及法人名章（见表 2-22）。

如果支票不能满足背书人记载事项的需要，可以在背面加附粘单，附于支票上，背书人应在粘单上签章。粘单上的第一记载人，应当在支票和粘单的粘接处签章。

表 2-22

【想一想】

　　为什么粘单上的第一记载人需在支票和粘单的粘接处签章？

　　（3）出纳人员在支票背面"背书人"栏填写背书日期，在"被背书人"处填写受让人即被背书人名称（见表 2-22）。

　　支票背书转让时，背书人除应在票据背面或者粘单上签章外，还应记载被背书人名称和背书日期。将支票金额的一部分转让的背书或者将支票金额分别转让给两人及以上的背书无效。背书未记载日期的，视为在支票到期日前背书。

　　（4）将支票交给被背书人，收到被背书人开具的收取支票的收据，见表 2-23。

表 2-23

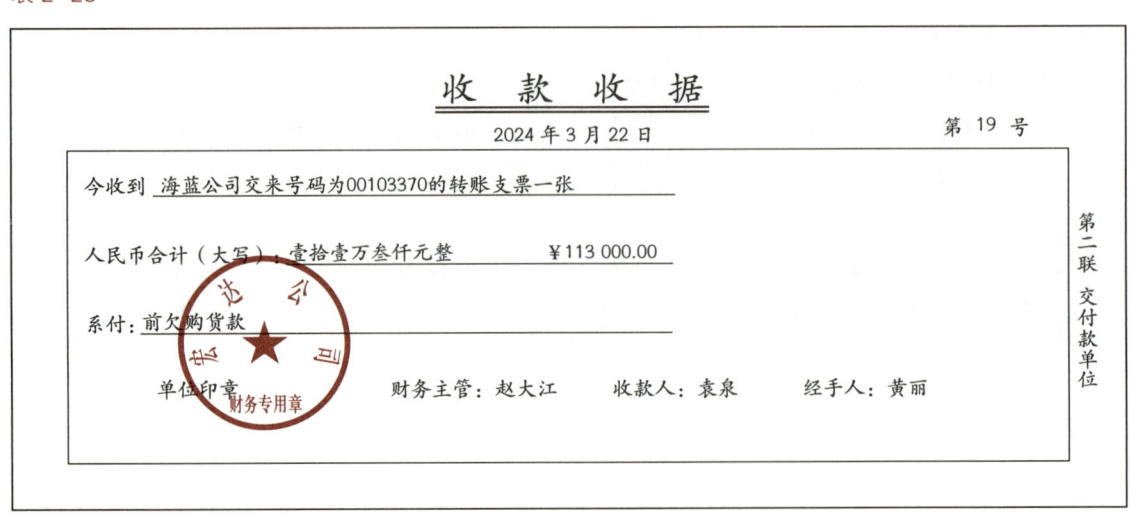

（5）出纳人员将收据和销货发票传递给会计制证人员。

背书人经过背书转让支票后，即承担保证其后手所持支票付款的责任。背书人在付款方没有支付款项时，应当向持票人清偿，即对于被背书人而言，支票被拒绝付款的，持票人可以对背书人、出票人等行使追索权。

■【知识准备】■

支票退票业务办理

一、支票退票的概念

支票退票是指由于支票的内容记载不完整、书写不规范、付款单位存款数额不足以支付票款等原因，出票人开户银行认为该支票的款项不能进入收款人账户，并将支票退还持票人的情况。

二、支票退票的原因

（1）出票人存款不足，出现空头支票；

（2）出票人签章与预留银行印鉴不符；

（3）密码支票中未填密码或密码填写错误；

（4）远期支票；

（5）票据内容未使用碳素墨水或墨汁书写，如使用圆珠笔填写；

（6）最后持票人与委托收款背书不符；

（7）超出出票人的放款批准额度或经费限额；

（8）未填写收款人或收款人填写错误；

（9）超过提示付款期限；

（10）日期为小写；

（11）内容有涂改；

（12）出票人已撤销此银行账户；

（13）出票人已申请挂失止付；

（14）非出票人银行承付。

■【职业判断与业务操作】■

支票退票工作过程

收款人或持票人收到银行退回的支票，应将支票退给签发人或背书人，向其追索票款，并按规定索赔。

如果银行退票是由于签发人签发空头支票或者签发不规范，如缺乏印鉴、缺乏密码、账号错误、密码错误、印鉴不符、账号账户不符等，银行按规定对签发人给予处罚。出票人签发空头支票、印章与预留印鉴不符的支票、使用支付密码但支付密码错误的支票，银行按票面金额对其处以 5% 但不低于 1 000 元的罚款；对屡次签发这种支票的，应根据情节轻重，在处罚的同时给予警告、通报批评，直至停止其向收款人签发支票的权利。

下面以海蓝公司支票退票为例介绍支票退票的工作过程。

支票退票
业务办理

▌【典型工作任务举例2-7】▌ 支票退票业务办理

承【典型工作任务举例2-4】，2024年3月19日海蓝公司收到银行退回的18日送交的支票，理由是华生公司存款账户没有足额的资金支付。

（1）出纳人员收到银行出具的"退票理由书"（其格式见表2-24）以及转账支票（见表2-14、表2-16）和一式三联的进账单（见表2-17~表2-19）。

表2-24

退 票 理 由 书

2024 年 3 月 19 日

出票单位		华生公司	票据号码	00103370
项目内容		退票理由（打√号）		
账户款项不足		存款不足 √		
		超过放款批准额度或经费限额		
内容填写		金额大小写不全、不清楚		
		未填写收款单位或收款人		
		未填写款项用途或用途填写不明		
按国家规定不能支付的款项	日期	出票日期已过有效期限		
		非即期支票		
	背书签字	背书人签章不清、不全、空白		
		背书人签章与预留银行印鉴不符		
	涂改	支票大小写金额、日期或收款人名称被涂改		
		账号等涂改处未盖预留银行印鉴证明		
其他		此户已结清，无此账户		
		已经出票人申请止付		
		非本行承付支票		

（2）出纳人员立即与出票人或前手（如果支票已经过背书转让）进行联系，将支票退回。

（3）出纳人员应向前手或出票人追索票款，并有权要求出票人赔偿支票金额 2% 的赔偿金。

【知识准备】

支票遗失的处理

《中华人民共和国票据法》规定，票据丧失后的权利补救措施有三种，即挂失止付、公示催告和普通诉讼。

一、挂失止付

挂失止付是指失票人将丧失票据的情况通知付款人，接受挂失通知的付款人暂停支付，以防票据款项被他人取得的一种补救措施。

二、公示催告

公示催告是在票据丧失后，由失票人向法院提出申请，请求法院以公告的方法通知不确定的利害关系人限期申报权利，逾期未申报者则权利丧失，而由法院通过除权判决宣告所丧失的票据无效的一种制度或程序。

三、普通诉讼

普通诉讼是指丧失票据的失票人直接向人民法院提起民事诉讼，要求法院判令付款人向其支付票据金额的活动。

【职业判断与业务操作】

支票遗失处理工作过程

根据规定，已签发的现金支票遗失，可以向银行申请挂失；挂失前已经支付的，银行不予受理。已签发的转账支票遗失，银行不受理挂失，但可以请收款单位协助防范。空白现金支票、空白转账支票遗失，银行不受理挂失。

挂失止付是一种对丧失票据的临时补救措施，不是票据丧失后权利补救的必经程序，其效力是暂时的和有限的。因此，失票人应在通知挂失止付的次日起 3 日内向人民法院申请公示催告或提起诉讼。失票人也可以不采取挂失止付，直接向法院申请公示催告或提起诉讼。

> 【想一想】
>
> 为何已签发的转账支票遗失，银行不受理挂失？

下面以海蓝公司现金支票遗失的处理为例介绍支票遗失的工作过程。

■【典型工作任务举例2-8】■ 现金支票挂失业务处理

2024年3月13日，海蓝公司将签发的一张面额为30 000元的现金支票遗失。

（1）出纳人员填写一式三联的"挂失止付通知书"（见表2-25），第一联是银行给挂失人的受理回单，第二联银行凭以登记登记簿，第三联银行凭以拍发电报。

（2）出纳人员将"挂失止付通知书"交会计机构负责人，审核后加盖银行预留印鉴——财务专用章；交给单位负责人授权的某会计人员，审核后加盖银行预留印鉴——法人名章（见表2-25）。

表2-25

<table>
<tr><td colspan="4" align="center">挂失止付通知书</td></tr>
<tr><td colspan="4" align="center">填写日期 2024 年 3 月 13 日</td></tr>
<tr><td colspan="2">挂失止付人：海蓝公司</td><td rowspan="9">丧失票据记载的主要内容</td><td>票据种类</td><td>现金支票</td></tr>
<tr><td colspan="2">票据丧失时间：2024 年 3 月 13 日</td><td>号　码</td><td>10317</td></tr>
<tr><td colspan="2">票据丧失地点：太原市</td><td>金　额</td><td>¥ 30 000.00</td></tr>
<tr><td colspan="2">票据丧失事由：出纳人员遗失</td><td>付 款 人</td><td>海蓝公司</td></tr>
<tr><td colspan="2" rowspan="3"></td><td>收 款 人</td><td>海蓝公司</td></tr>
<tr><td>出票日期</td><td>2024 年 3 月 13 日</td></tr>
<tr><td>付款日期</td><td>2024 年 3 月 13 日
至 2024 年 3 月 22 日</td></tr>
<tr><td colspan="2">失票人签章
2024 年 3 月 13 日</td><td>挂失止付人联系地址（电话）：
山西省太原市千峰路 28 号　0351-6584848</td></tr>
</table>

（3）出纳人员将本单位出具的公函或有关证明以及"挂失止付通知书"一并送交开户银行（付款人），申请挂失止付。

（4）开户银行进行审查，"挂失止付通知书"中欠缺上述记载事项之一的，银行不予受理。

（5）银行查明挂失票据确未付款时，应立即暂停支付；在挂失前已被支付的，对其付款不承担责任。

（6）海蓝公司在通知挂失止付的次日起3日内向人民法院申请公示催告或提起诉讼。

失票人需以书面形式向票据支付地（即付款地）的基层人民法院提出公示催告申请。在申请书上，应写明票据类别、票面金额、出票人、付款人、背书人等主要票据内容，并说明票据丧失的情形，同时提出有关证据，以证明自己确属丧失票据的持票人，有权提出申请。

（7）出纳人员向开户银行（付款人）提供已经申请公示催告或提起诉讼的证明。

法院决定受理公示催告的申请后，应当同时通知付款人停止支付。法院的停止支付通知书送达后，就取代了失票人的挂失止付通知，而发生停止付款的法律效力。

付款人自收到挂失止付通知书之日起 12 日内没有收到人民法院的止付通知书的，自第 13 日起，挂失止付失效，持票人提示付款并依法向持票人付款的，不再承担责任。

【职业素养提升】

一张"空头支票"的判决

案情介绍：A 公司开具一张金额为人民币 420 000 元的某银行支票，支付 B 公司货款。支票的出票日期为 2024 年 7 月 30 日，收款人为 B 公司。B 公司于 2024 年 8 月 1 日向某银行支行即付款行提示付款，付款行以出票人账户余额不足为由作出了"退票理由书"，对该支票作退票处理。B 公司遂以票据追索权纠纷案由将 A 公司起诉至法院，B 公司的诉讼请求为：

（1）A 公司向 B 公司支付 420 000 元及利息，利息按中国人民银行规定的同期贷款利率从 2024 年 8 月 1 日起计算。

（2）A 公司向 B 公司支付签发空头支票金额 2% 的赔偿金 8 400 元。

争议所在，观点各异：

第一种观点认为，按照《中华人民共和国票据法》的规定，A 公司应向 B 公司按照中国人民银行规定的同期贷款利率，从 B 公司提示付款之日起计算利息至实际清偿之日止，但 A 公司无须再支付空头支票金额 2% 的赔偿金。理由是：逾期付款利息及赔偿金均具有赔偿性质，在原告无其他证据证明其实际损失的情况下，因利息已经可以弥补 B 公司损失，择一适用对双方而言较为公平，故 A 公司无须再支付空头支票金额 2% 的赔偿金。

第二种观点认为，A 公司应向 B 公司支付签发空头支票金额 2% 的赔偿金，但无须再按照按中国人民银行规定的同期贷款利率支付利息。理由是：《票据管理实施办法》和《支付结算办法》都明确规定，签发空头支票，不以骗取财物为目的的，由中国人民银行处以票面金额 5% 但不低于 1 000 元的罚款；持票人有权要求出票人赔偿支票金额 2% 的赔偿金。这项规定已经明确了 A 公司应向 B 公司支付的赔偿金，故不应再要求 A 公司支付利息，重复赔偿损失。

第三种观点认为，A公司不但应向B公司按照中国人民银行规定的同期贷款利率支付利息，而且还应向B公司支付签发空头支票金额2%的赔偿金。理由是：《中华人民共和国票据法》规定持票人行使追索权，可以请求被追索人支付按照中国人民银行规定的利率计算的利息；《票据管理实施办法》和《支付结算办法》明确规定持票人有权要求空头支票出票人赔偿支票金额2%的赔偿金。两者都有明确的法律依据，同时存在并不矛盾，也不排斥。

判决结论：该案一审法院采纳了第二种观点，判令A公司向B公司支付赔偿金（空头支票金额2%），驳回了B公司要求A公司支付利息的诉讼请求。一审判决后，B公司不服提起上诉，要求二审增加判决A公司支付利息。最后，二审法院采纳了第三种观点，改判A公司同时支付利息损失和赔偿金，即完全主张了B公司的诉讼请求，并且二审判决发生了法律效力。

从提高出纳人员及相关人员的法律意识和诚实守信的职业道德角度看，二审法院的判决更为合理。出票人签发空头支票是一种违法行为，持票人要求出票人支付的赔偿金，具有一定的惩罚性质，也是对持票人主张票据权利过程中所受损失的一种弥补；而利息是持票人未能按期获得汇票金额的经济损失，本质上是逾期付款违约金。《中华人民共和国票据法》明确规定了追索权中的利息损失赔偿，没有直接规定签发空头支票惩罚性赔偿。但规定了禁止签发空头支票，以及签发空头支票的刑事、行政、民事责任的一般条款。《票据管理实施办法》规定的赔偿金属惩罚性赔偿，目的是加大违法者成本，促进诚实守信。利息与赔偿金，二者功能不同，利息是补偿性的，赔偿金是惩罚性的，且利息与赔偿金总和未超过中国人民银行同期贷款利率的四倍，在合理范围之内。补偿性利息与惩罚性的赔偿并不相互排斥，可以同时适用。

学习子情境三　银行汇票结算业务办理

【情境引例】

海蓝公司是一家产品生产与批零兼营的企业，属于一般纳税人。2024年4月16日，该公司采购部门按销售部门的要求，拟从山东烟台舒氏桌椅厂购进学生桌椅100套。经询价了解，目前此种桌椅的厂方报价为250元/套。海蓝公司派采购员去烟台进货。按合同要求，采用银行汇票办理款项结算。此时，海蓝公司会计部门应如何办理银行汇票的申请业务和采购业务？假设收款单位不确定时，仍然采用银行汇票办理结算，会计部门又应如何处理该项业务？4月25日该公司销售部门销售给外地某零售商20套桌椅，其销售单价为300元。购销合同中规定采用银行汇票办理结算。作为销售方的海蓝公司，会计部门在接到对方的银行汇票时应做哪些工作？应如何处理由此引起的销售业务？

【工作过程与岗位对照图】

银行汇票结算方式下的收付款业务工作过程及岗位对照图如图 2-14、图 2-15 所示。

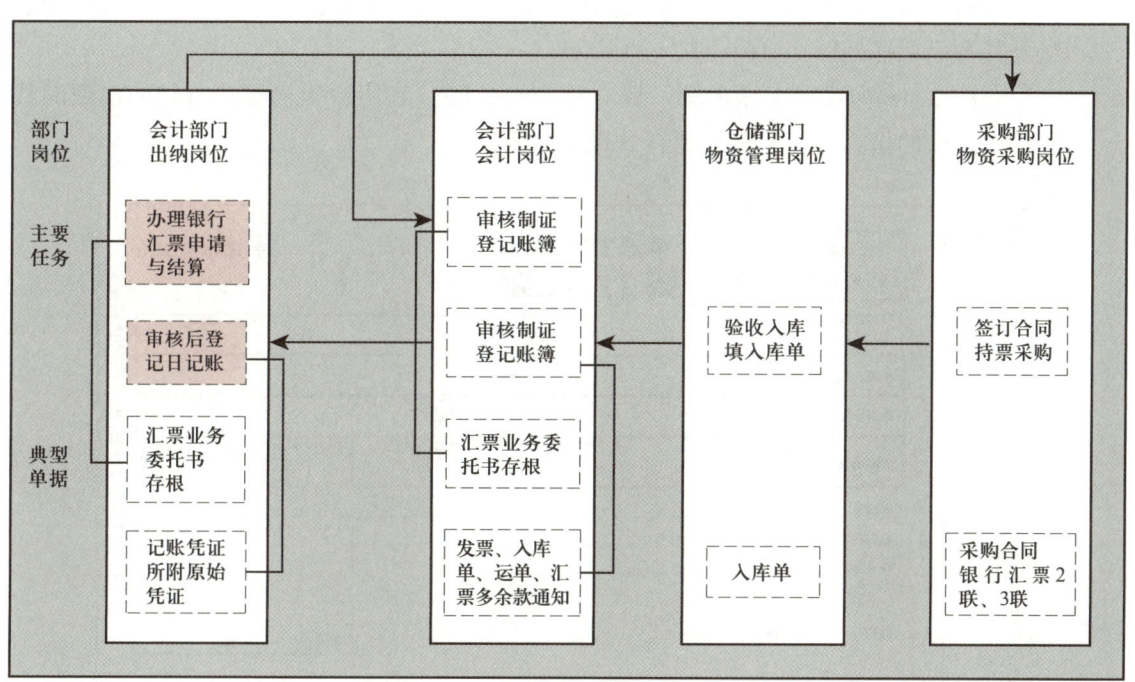

图 2-14　银行汇票结算方式下的付款业务工作过程及岗位对照图

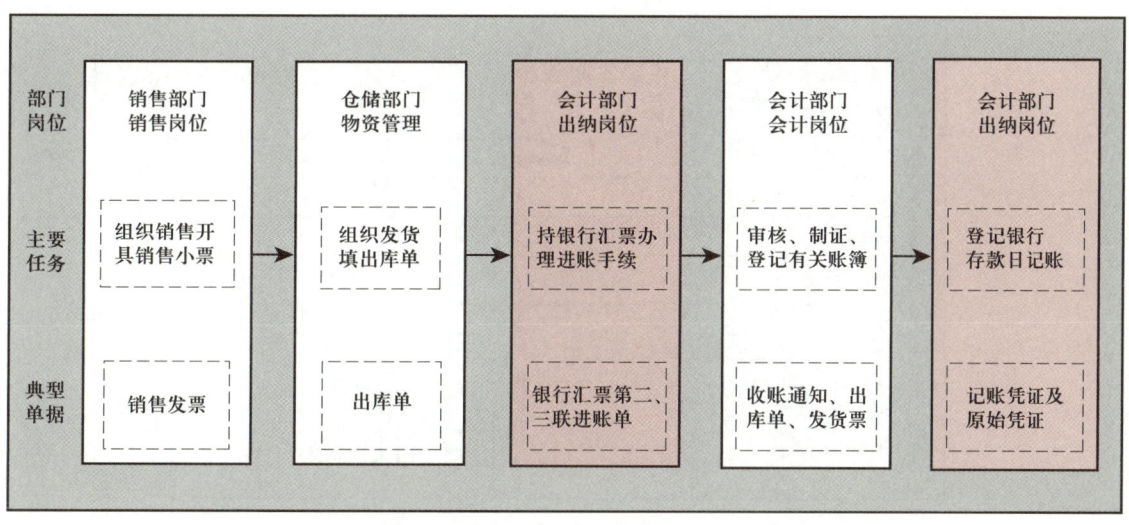

图 2-15　银行汇票结算方式下的收款业务工作过程及岗位对照图

银行汇票基本知识

一、银行汇票的概念

银行汇票是由出票银行签发，由其在见票时按照实际结算金额无条件付给收款人或持票人的一种票据。中国工商银行银行汇票第一联、第二联、第三联、第四联及其背面票样如图 2-16~图 2-20 所示。

图 2-16 为银行汇票的第一联，称为卡片联。其用途为出票银行结清汇票时作汇出汇款的借方凭证，即出票行处理业务的依据。

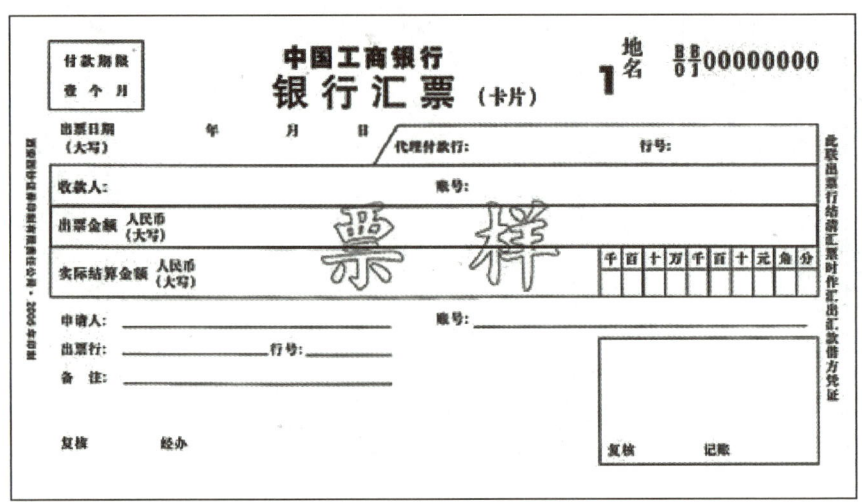

图 2-16　银行汇票第一联

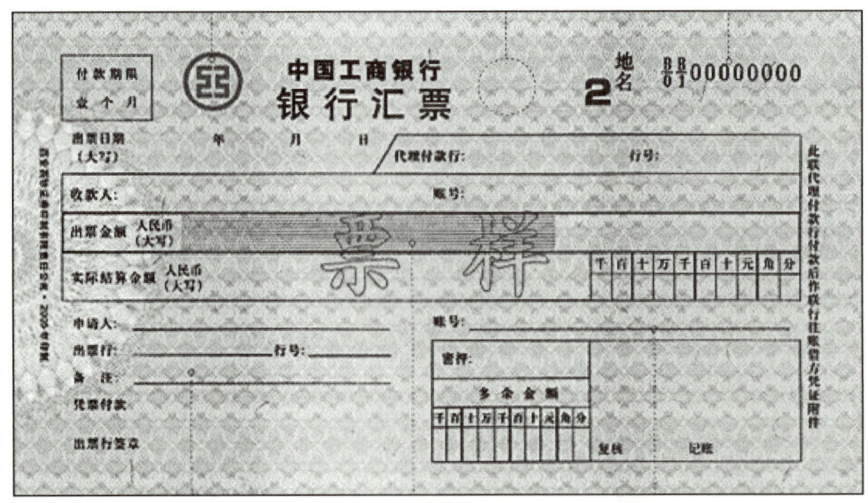

图 2-17　银行汇票第二联

图 2-17 为银行汇票的第二联，称为汇票联。其用途为代理付款行付款后作联行往来账借方凭证的附件，即代理付款行作付款业务处理的依据。左下方出票行签章处，由出票行加盖汇票专用章。

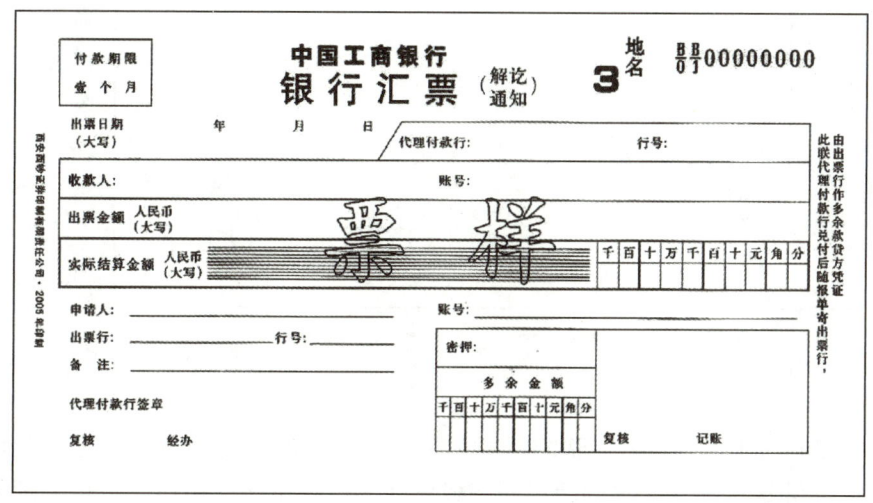

图 2-18　银行汇票第三联

图 2-18 为银行汇票的第三联，称为解讫通知联。其用途为代理付款行兑付后随报单寄给出票行，由出票行作多余款的贷方凭证，即代理付款行付款后交由出票行，出票行以此作为多余款项退还业务的依据。此联左下方由代理付款行签章。

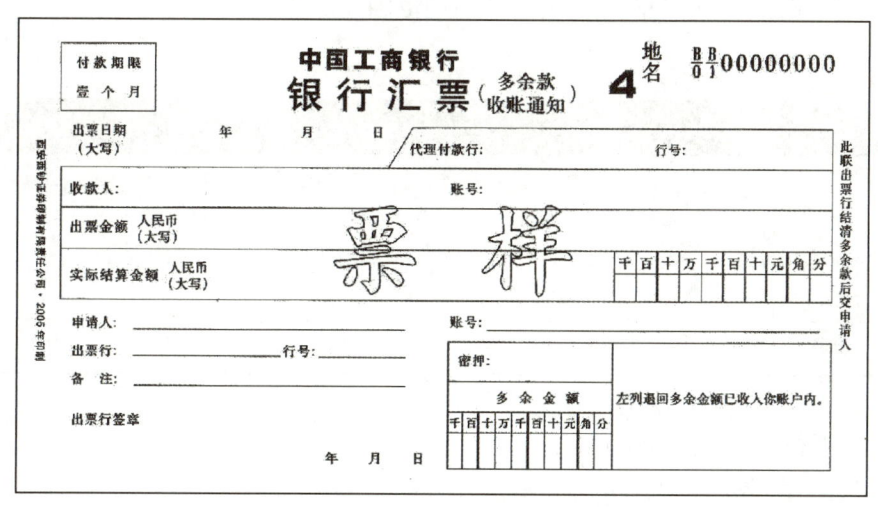

图 2-19　银行汇票第四联

图 2-19 为银行汇票的第四联，称多余款收账通知联。其用途为出票行结清多余款后交给申请人做账的依据。此联同第二联一样，需出票行加盖转讫章。

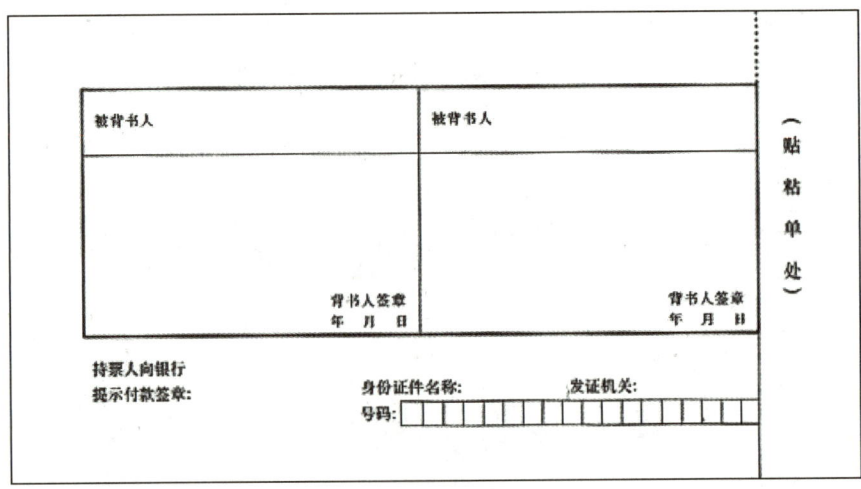

图 2-20 银行汇票第二联背面

图 2-20 为银行汇票第二联的背面。第二联背面的用途为持票人进账时在其左下角"提示付款签章"处签章后连同一式三联的进账单送交银行，方可办理进账手续；另外，还可用于背书时记载背书人与被背书人有关信息。

二、银行汇票的适用范围

银行汇票适用于单位或个人向异地或本地支付各种款项的结算，根据实际需要，既可以用于转账，也可以用于支取现金。该种结算方式具有适用范围广、方便灵活、结算迅速、票随人到、兑付性强、剩余款项由银行负责退回等优点，主要适用于先发货或钱货两清的商品交易。其适用范围如表 2-26 所示。

表 2-26　　　　　　　　　　　　　银行汇票适用范围

使用主体	地域	业务类型	结算形式
单位—单位 单位—个人	异地 本地	先发货后收款，钱货两清的商品交易。 先指定本单位的业务员，等收款单位或个人（在银行开户）确定后，再背书给确定的收款人	转账
个人—个人		提现业务	提现

三、银行汇票应记载的事项

（1）表明"银行汇票"的字样；

（2）无条件支付的委托；

（3）出票金额；

（4）付款人名称；

（5）收款人名称；

（6）出票日期；

（7）出票人签章。

四、银行汇票结算有关规定

（1）一律记名：即汇票上必须注明收款人。

（2）可以背书转让：背书转让是指汇票持有人将票据权利转让他人的一种票据行为。其中，转让方称为背书人，接受人称为被背书人。

（3）提示付款期限为自出票日起一个月。

（4）完成此项业务需要两套凭证，即业务委托书和一式四联的银行汇票。

【想一想】

1. 在办理银行汇票时，行为当事人中的出票人是谁？

2. 在适用范围中提到的单位—个人，可以采用银行汇票办理转账结算，请想一想此种情形是什么？

3. 通过阅读，想一想银行汇票各联次的用途是什么，应该由谁使用？

【相关知识】

第二联出票人签章为银行汇票专用章，第四联出票人签章为银行转讫章。

【职业判断与业务操作】

银行汇票收、付款业务工作过程

一、银行汇票付款业务办理

银行汇票付款业务需采购部门、会计部门会计岗位、出纳岗位配合完成，其业务办理及由此引起的核算工作流程具体如图 2-21 所示。

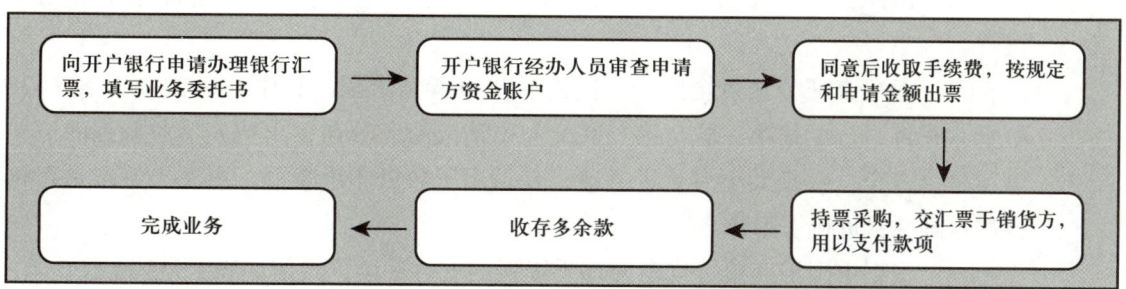

图 2-21　银行汇票付款业务流程图

下面通过海蓝公司的典型业务介绍以银行汇票方式进行付款业务办理的工作过程。

银行汇票付款业务办理

【典型工作任务举例2-9】　银行汇票采购付款业务办理

2024年4月16日,采购部门按销售部门的计划决定派采购员张朋去山东烟台舒氏桌椅厂购进学生桌椅100套,单价250元/套(不含税)。按对方要求采用银行汇票办理结算。出纳人员到开户银行办理了一张面额为30 000元的银行汇票。采购员持银行汇票第二联和第三联办理采购业务。商品采用发货制,商品已按规定发出,但未到达公司。交易双方的基本信息资料见表2-27。

表 2-27　　　　　　　　　　企业基本信息资料

企 业 名 称	海蓝公司	山东烟台舒氏桌椅厂
纳税人识别号	911401098375652345	913401098376523455
地址、电话	太原千峰路28号　6584848	烟台大岗路28号　3765234
开户银行及账号	工行太原千峰路支行　164-7654	工行烟台大岗路支行　1238
法 人 代 表	张天垣	
出　　纳	李　红	
制　　单	张　乐	
复　　核	李　清	
会 计 主 管	赵　秀	
开　　票	王　东	

(1)出纳人员(李红)向开户银行中国工商银行太原千峰路支行申请办理银行汇票,面额为30 000元。出纳人员(李红)按银行要求填制业务委托书,具体见表2-28所示。

(2)出纳人员(李红)将填写好的业务委托书上加盖预留银行印鉴后送交银行。

(3)银行查证公司资金账户,同意后按申请额出票,具体见表2-29~表2-32所示,并将银行汇票第二联与第三联交与申请人海蓝公司,出纳人员对票据的记载事项是否齐全,金额大小写是否一致,是否用压数机印出金额,出票人签章是否符合规定等项目进行了审核。

(4)根据中国工商银行规定办理手续费的支付手续,具体如表2-33所示。

表 2-28

ICBC　　中国工商银行																ICBC　中国工商银行
业务委托书 APPLICATION FOR MONEY TRANSFER		晋B 00250440		委托 日期 Date	2024 年 4 月 16 日 Y　M　D											业务委托书　回执 APPLICATION FOR MONEY TRANSFER ACKNOWLEDGEMENT **晋B 00250440**

业务类型 Type	□现金汇款 Cash Remittance	□转账汇款 Transfer Remittance	☑汇票申请书 D/D	□本票申请书 P/D		□其他_____ Others

委托人	全　称 Full Name	海蓝公司	收款人	全　称 Full Name	山东烟台舒氏桌椅厂
	账号或地址 Account No.or Addr.	164 - 7654		账号或地址 Account No.or Addr.	1238
	开户行名称 Account Bank Name	工行太原千峰路支行		开户行名称 Account Bank Name	工行烟台大岗路支行
	汇款方式 Typeofremittance	□普通　□加急　加急汇款签字 Regular Urgent Signature For Urgent Payment		开户银行 Account Bank	山东省烟台市 Province　City

币种及金额（大写） Currency and Amount in Words	叁万元整	亿 千 百 十 万 千 百 十 元 角 分
		￥3 0 0 0 0 0 0

用　途 In Payment of	采购款	支付密码 S.C.	

委托人确认上列委托信息填写正确，且已完全理解和接受背面"客户须知"的内容，上列款项及相关费用请从委托人账户内支付。

加盖预留印鉴

银行填写 Bank Use	□联动收费　□非联动收费　□不收费	备注： Remarks

受理（扫描）：张升平　　　　　　审核：崔亮

回执

委托人全称	海蓝公司
委托人账号	164 - 7654
收款人全称	山东烟台舒氏桌椅厂
收款人账号	1238
金额	30 000
委托日期	2024 年 4 月 16 日

此联为银行受理通知书。若委托人申请汇票或本票业务，应凭此联领取汇票或本票。
This Paper is the bank acceptance advice.For draft or promissory note application,please return this paper.

表 2-29

付款期限 壹个月	中国工商银行 银行汇票　（卡片）		地 名 1	B B 0 I 00147380

出票日期 （大写）	贰零贰肆年零肆月壹拾陆日	代理付款行：	行号：

收款人：山东烟台舒氏桌椅厂	账号：1238

出票金额	人民币 （大写）	叁万元整

实际结算金额	人民币 （大写）		千 百 十 万 千 百 十 元 角 分

申请人：海蓝公司	账号：164-7654

出票行：工行太原千峰路支行　行号：_____

备　注：_____

复核：崔亮　　　　　经办：张升平

复核　　　记账

此联出票行结清汇票时作汇出汇款借方凭证

表 2-30

付款期限 壹个月		中国工商银行 银行汇票			2	地名	B B 01	00147380

出票日期 （大写）   贰零贰肆年零肆月壹拾陆日

代理付款行：   行号：

收款人：山东烟台舒氏桌椅厂   账号：1238

出票金额 人民币 （大写）   叁万元整

| 实际结算金额 人民币 （大写） | | | | | | 千 | 百 | 十 | 万 | 千 | 百 | 十 | 元 | 角 | 分 |

申请人：海蓝公司   账号：164-7654

出票行：中国工商银行股份有限公司   行号：_____

备 注：_____

密押：

多余金额								
千	百	十	万	千	百	十	元	角	分

复核   记账

汇票专用章
1054218709

凭票付款

出票行签章

此联代理付款行付款后作联行往账借方凭证附件

表 2-31

付款期限 壹个月		中国工商银行 银行汇票	（解讫 通知联）		3	地名	B B 01	00147380

出票日期 （大写）   贰零贰肆年零肆月壹拾陆日

代理付款行：   行号：

收款人：山东烟台舒氏桌椅厂   账号：1238

出票金额 人民币 （大写）   叁万元整

| 实际结算金额 人民币 （大写） | | | | | | 千 | 百 | 十 | 万 | 千 | 百 | 十 | 元 | 角 | 分 |

申请人：海蓝公司   账号：164-7654

出票行：工行太原千峰路支行 行号：_____

备 注：_____

密押：

多余金额								
千	百	十	万	千	百	十	元	角	分

复核   记账

代理付款行签章

复核 崔亮   经办 张升平

此联代理付款行兑付后随报单寄出票行，由出票行作多余款贷方凭证

表 2-32

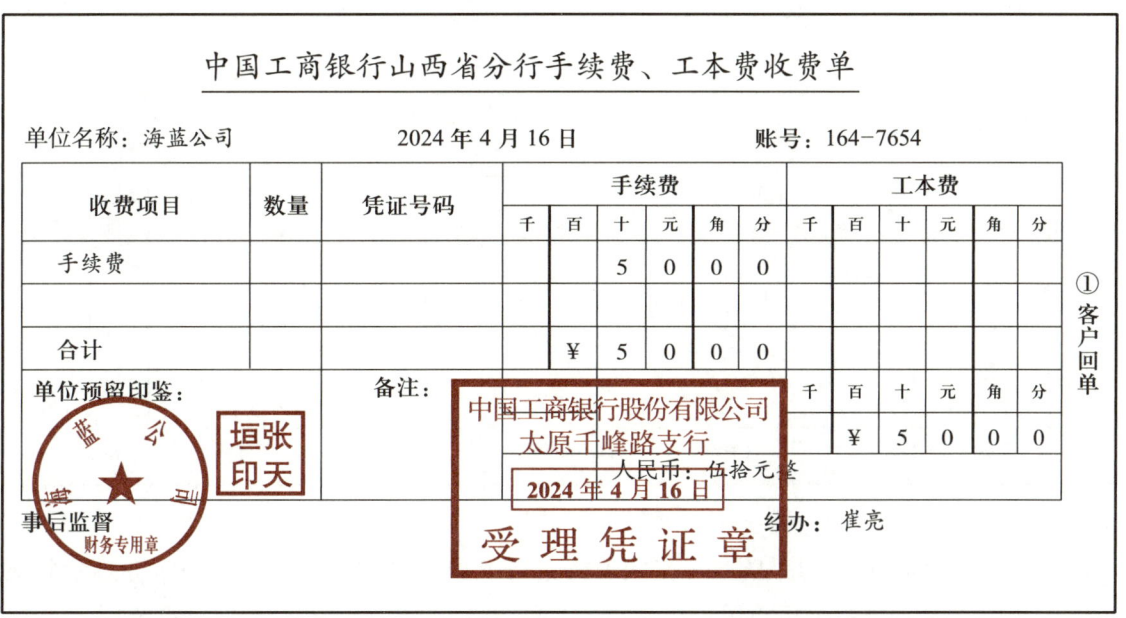

中国工商银行
银行汇票
（多余款
收账通知）

4 地名 BB 01 00147380

付款期限 壹个月

出票日期（大写）　贰零贰肆年零肆月壹拾陆日

代理付款行：　　　　　　　行号：

收款人：山东烟台舒氏桌椅厂　　　账号：1238

出票金额 人民币（大写）　叁万元整

实际结算金额 人民币（大写）　　　　千 百 十 万 千 百 十 元 角 分

申请人：海蓝公司　　　　　　　账号：164－7654

出票行：工行太原千峰路支行 行号：＿＿＿＿

密押：

左列退回多余金额已收入你账户内。

备　注：＿＿＿＿＿＿＿＿＿＿

多余金额
千 百 十 万 千 百 十 元 角 分

凭票付款

出票行签章　　　　　2024 年 4 月 16 日

此联出票行结清多余款后交申请人

表 2-33

中国工商银行山西省分行手续费、工本费收费单

单位名称：海蓝公司　　　　2024 年 4 月 16 日　　　　账号：164－7654

收费项目	数量	凭证号码	手续费						工本费						
			千	百	十	元	角	分	千	百	十	元	角	分	
手续费					5	0	0	0							
合计				¥	5	0	0	0							
单位预留印鉴：		备注：									千	百	十	元	角	分

单位预留印鉴：

（海蓝公司 财务专用章）
（垣张印天）

备注：
中国工商银行股份有限公司
太原千峰路支行
人民币：伍拾元整
2024 年 4 月 16 日
受 理 凭 证 章

千 百 十 元 角 分
¥ 5 0 0 0

事后监督

经办：崔亮

① 客户回单

（5）会计人员（张乐）以手续费、工本费收费凭条和退回的银行汇票业务委托书回执为依据作关于支付手续费和取得银行汇票的账务处理。会计人员（张乐）审核原始凭证，并编制付款凭证，在制单处签字或盖章，复核员（李清）审核该凭证后在复核处签名或盖章。具体如表 2-34、表 2-35 所示。

表 2-34

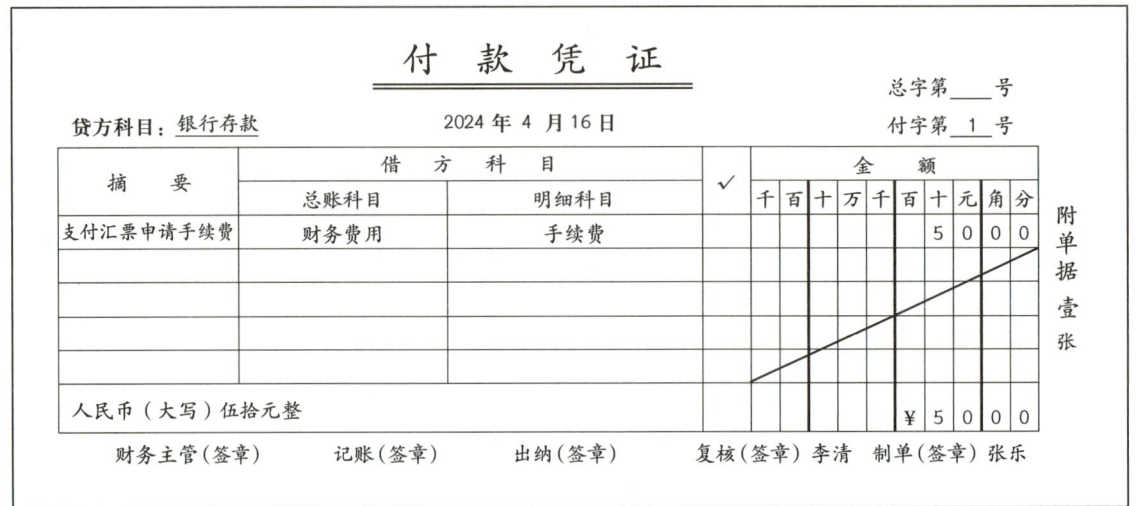

付 款 凭 证				

总字第＿＿号
付字第 1 号

贷方科目：银行存款   2024 年 4 月 16 日

摘 要	借 方 科 目		✓	金 额									
	总账科目	明细科目		千	百	十	万	千	百	十	元	角	分
支付汇票申请手续费	财务费用	手续费							5	0	0	0	0
人民币（大写）伍拾元整									¥	5	0	0	0

财务主管（签章）   记账（签章）   出纳（签章）   复核（签章）李清   制单（签章）张乐

附单据壹张

表 2-35

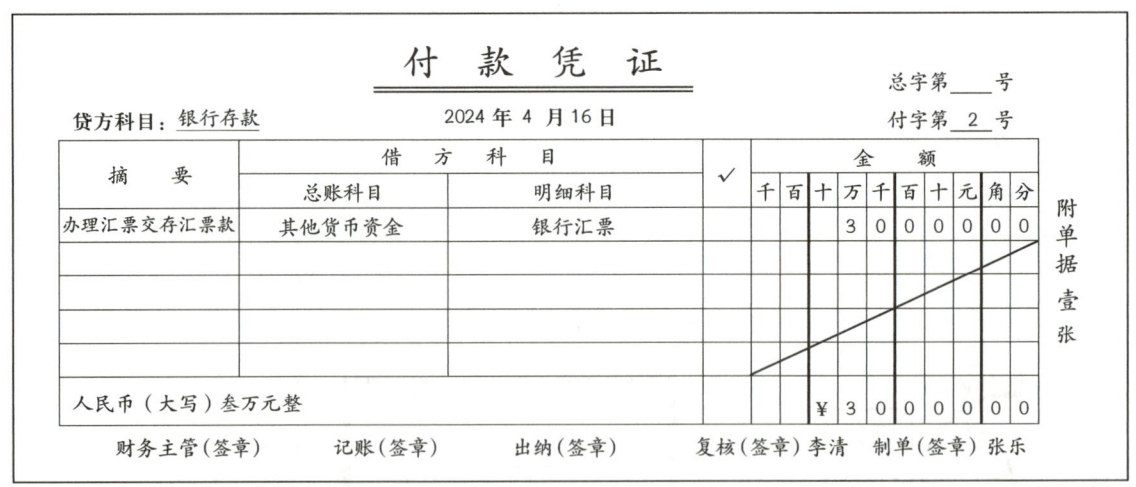

付 款 凭 证				

总字第＿＿号
付字第 2 号

贷方科目：银行存款   2024 年 4 月 16 日

摘 要	借 方 科 目		✓	金 额									
	总账科目	明细科目		千	百	十	万	千	百	十	元	角	分
办理汇票交存汇票款	其他货币资金	银行汇票				3	0	0	0	0	0	0	0
人民币（大写）叁万元整						¥	3	0	0	0	0	0	0

财务主管（签章）   记账（签章）   出纳（签章）   复核（签章）李清   制单（签章）张乐

附单据壹张

（6）海蓝公司采购员（张朋）持银行汇票第二联、第三联到山东办理货物采购，采购业务办妥后将银行汇票的第二联、第三联交给山东烟台舒氏桌椅厂。

（7）4 月 20 日，会计人员（张乐）根据采购过程中所索取到的原始凭证（见表 2-36）作采购业务的转账凭证（制证过程同上页第 5 步），具体如表 2-37 所示。

表 2-36

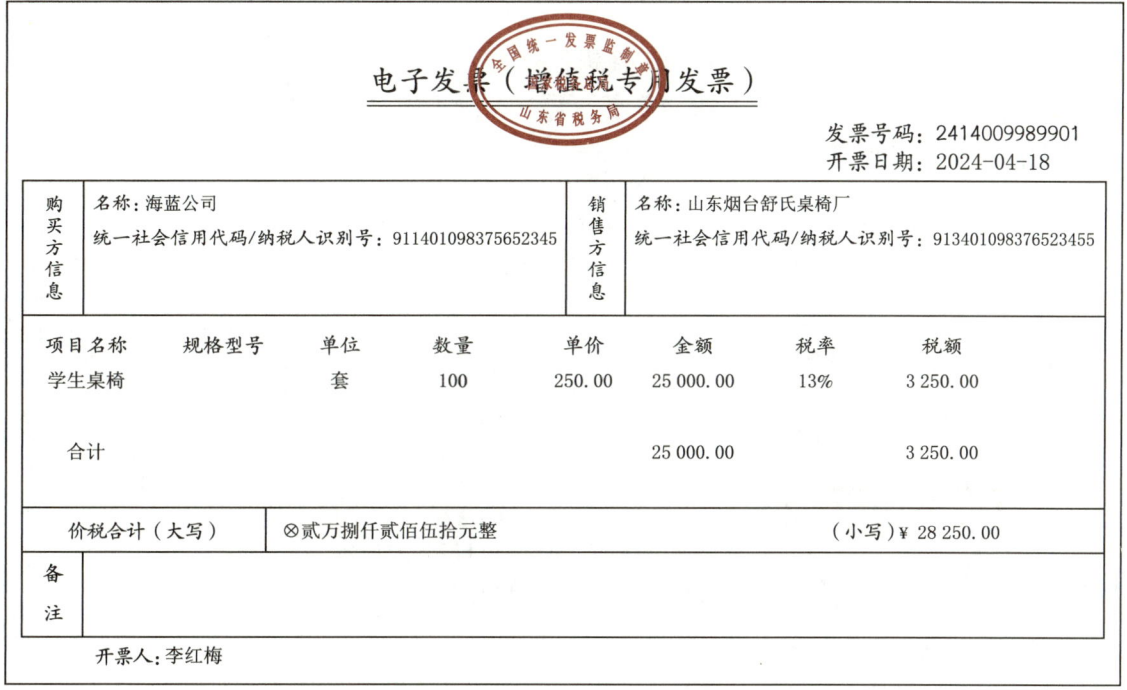

表 2-37

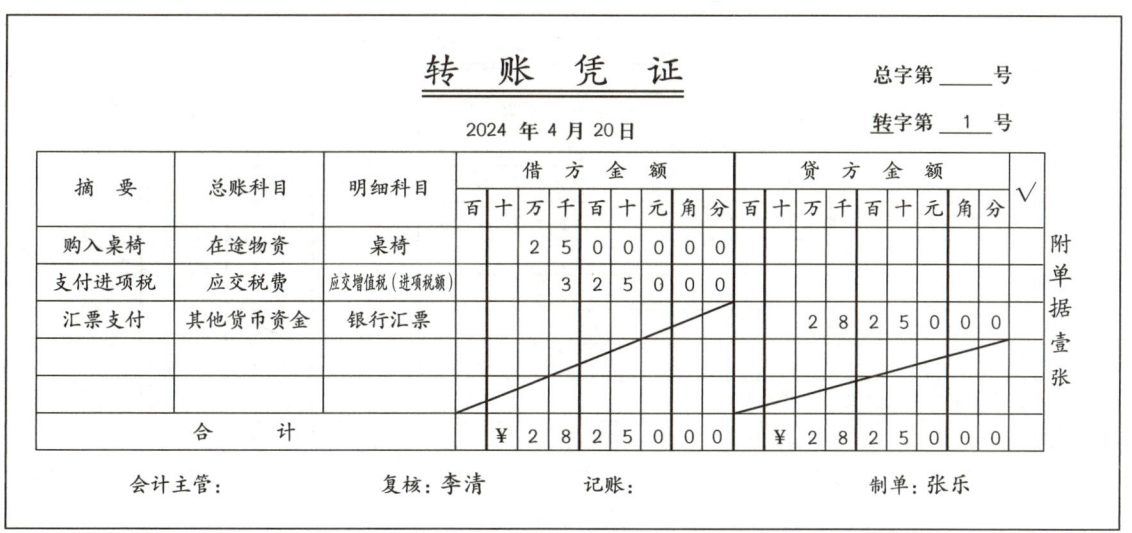

（8）4 月 25 日，接中国工商银行千峰路支行银行汇票第四联，即多余款收账通知（见表 2-38）收回多余款项，会计人员（张乐）作相应账务处理，具体见表2-39 所示。

表 2-38

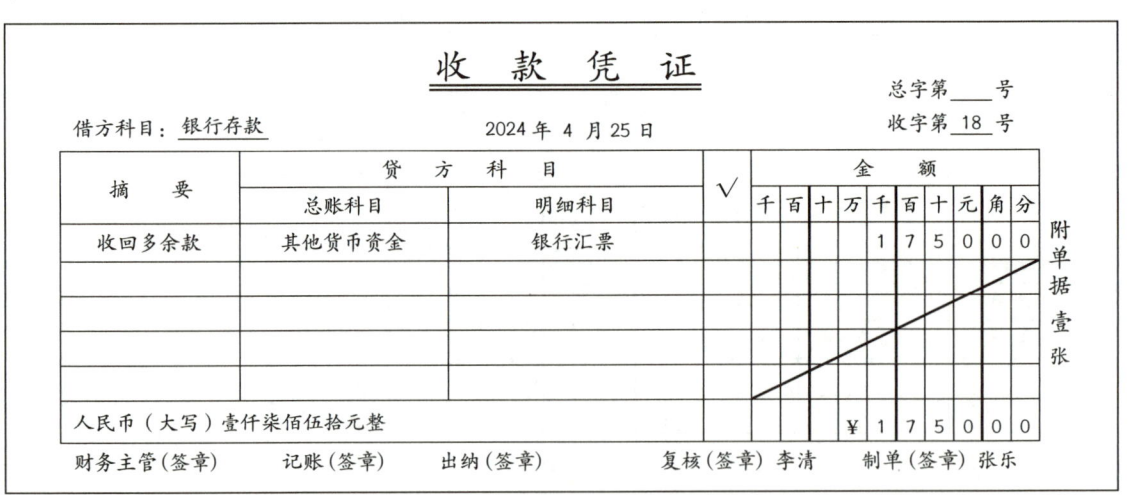

付款期限 壹个月	中国工商银行 **银行汇票** (多余款 收账通知)		地名 4 $\frac{BB}{01}$ 00147380

出票日期（大写）　贰零贰肆年零肆月壹拾陆日

代理付款行：　　　　　行号：

收款人：山东烟台舒氏桌椅厂　　账号：1238

出票金额 人民币（大写）　叁万元整

实际结算金额 人民币（大写）　贰万捌仟贰佰伍拾元整	千	百	十	万	千	百	十	元	角	分
				¥	2	8	2	5	0	0	0

申请人：海蓝公司　　账号：164-7654

出票行：工行太原千峰路支行　行号：_____

备注：

中国工商银行股份有限公司
太原千峰路支行
2024年04月25日
转讫

2024 年 4 月 25 日

密押：

多余金额									
千	百	十	万	千	百	十	元	角	分
				¥	1	7	5	0	0	0

左列退回多余金额已收入你账户内。

出票行签章

此联出票行结清多余款后交申请人

表 2-39

收 款 凭 证

总字第____号
收字第 18 号

借方科目：银行存款　　2024 年 4 月 25 日

摘 要	贷 方 科 目		√	金 额									
	总账科目	明细科目		千	百	十	万	千	百	十	元	角	分
收回多余款	其他货币资金	银行汇票						1	7	5	0	0	0
人民币（大写）壹仟柒佰伍拾元整								¥	1	7	5	0	0	0

附单据 壹张

财务主管（签章）　　记账（签章）　　出纳（签章）　　复核（签章）李清　　制单（签章）张乐

【想一想】

1. 收付款凭证的要素有哪些？

2. 上述典型业务描述中各环节涉及的原始凭证分别有哪些？

3. 出纳人员在审核银行汇票信息的合规性过程中，践行了哪种职业精神？

（9）出纳人员（李红）根据上述付款凭证和收货凭证逐日登记银行存款日记账，并在凭证下方出纳处签章。

■ 【相关知识】 ■

1. 数电发票的查询：

（1）增值税发票服务平台未更新的，继续使用并通过该平台进入"税务数字账户模块"，通过筛选，查询接收通过电子发票服务平台开具的发票，也可取得销售方以电子邮件、二维码等方式交付的数电发票。

（2）增值税发票服务平台已更新的，通过电子发票服务平台税务数字账户模块（"电子税务—我要办税—税务数字账户"），进行发票查询操作。

2. 数电发票的处理：

① 使用数电发票含有数字签名的 XML 格式电子文件办理入账归档，无须打印。

② 以数电发票纸质打印件为入账归档依据的，需要应以 PDF、OFD 格式电子文件下载打印，且需要保存数电发票含有数字签名的 XML 格式电子文件。

二、银行汇票收款业务办理

下面通过海蓝公司的典型业务介绍以银行汇票方式进行收款业务办理的工作过程。

■【典型工作任务举例2-10】■ 银行汇票销售收款业务办理

银行汇票收款业务办理

2024 年 4 月 25 日，销售部门按订单销售学生桌椅 20 套给河北保定马山公司，单价 339 元 / 套（含税）。（河北保定马山公司资料：开户银行：中国工商银行保定分行，账号：7890。）

（1）仓库按销售部门通知发货，填写销售小票如表 2-40 所示。

表 2-40

<table>
<tr><td colspan="6" align="center">海蓝公司销售小票</td></tr>
<tr><td colspan="2">销售组：办公用品</td><td colspan="2">日期 2024 年 4 月 25 日</td><td colspan="2">销售组代码：2</td></tr>
<tr><td>商品名称</td><td>商品编码</td><td>数量</td><td>计量单位</td><td>单价</td><td>金额</td></tr>
<tr><td>学生桌椅</td><td>100210</td><td>20</td><td>套</td><td>339</td><td>6 780</td></tr>
<tr><td></td><td></td><td></td><td></td><td></td><td></td></tr>
<tr><td></td><td></td><td></td><td></td><td></td><td></td></tr>
<tr><td>合计</td><td colspan="4">人民币（大写）陆仟柒佰捌拾元整</td><td>6 780</td></tr>
<tr><td colspan="3">销售员：王东</td><td colspan="3">销售部经理：张亚南</td></tr>
</table>

　　（2）开票人员填写发票（增值税发票此处省略，将记账联交给会计人员）。复核人（李清）审核马山公司交来的银行汇票，将审核后的银行汇票交给出纳人员（李红）办理进账手续。出纳人员（李红）完成银行汇票第二联、第三联的补填工作（在实际结算金额栏内按发票填列，并将多余款项填入下方多余金额内）并填写一式三联进账单办理银行汇票的进账手续，具体如表 2-41~表 2-43 所示。

表 2-41

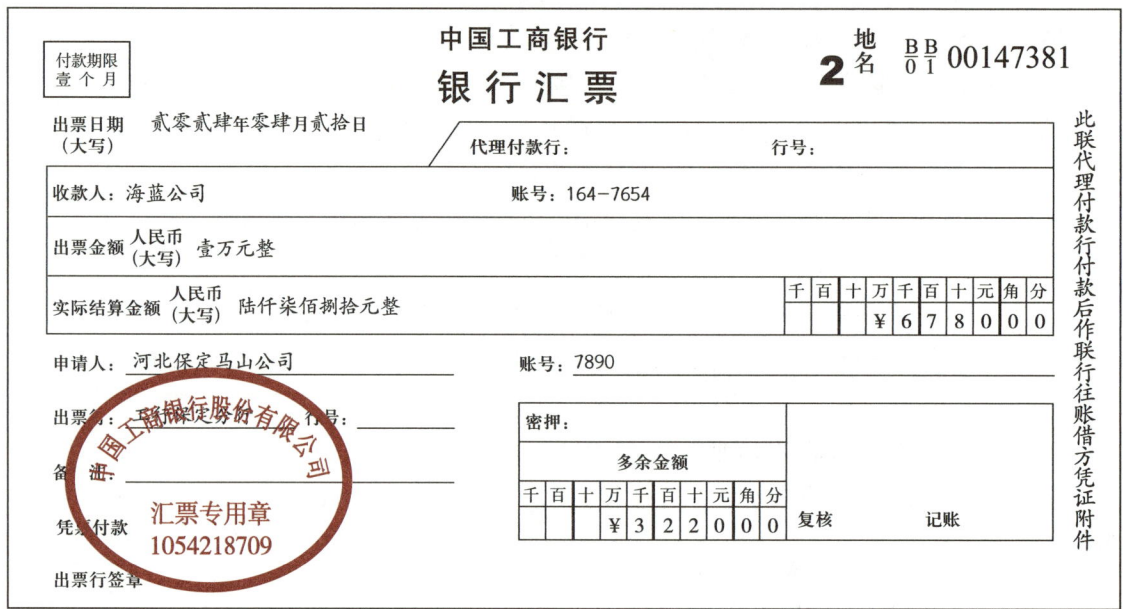

表 2-42

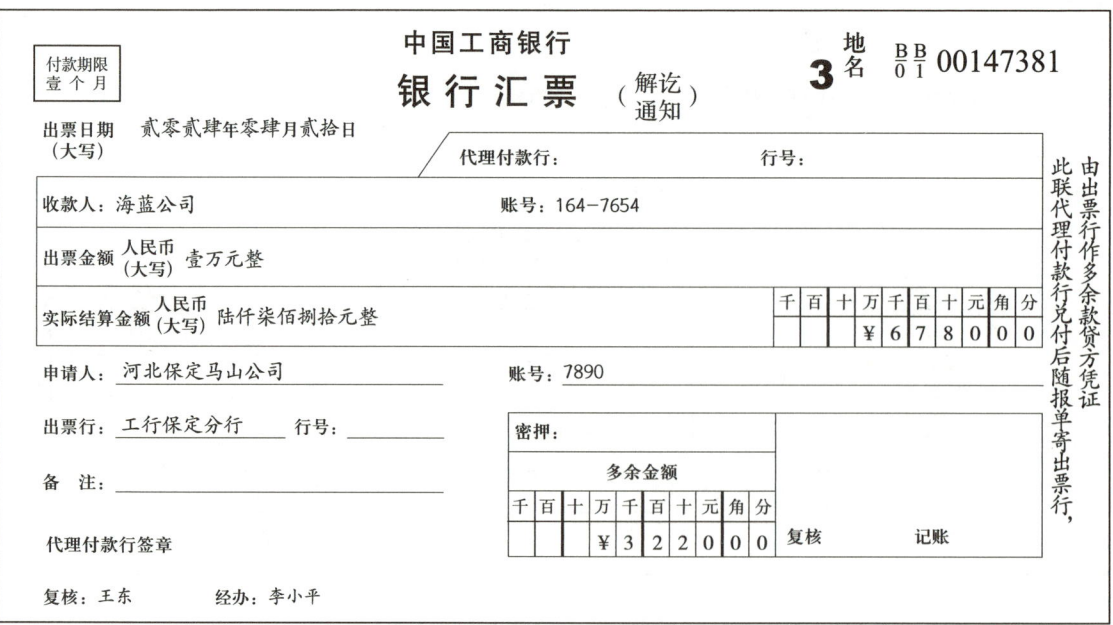

表 2-43

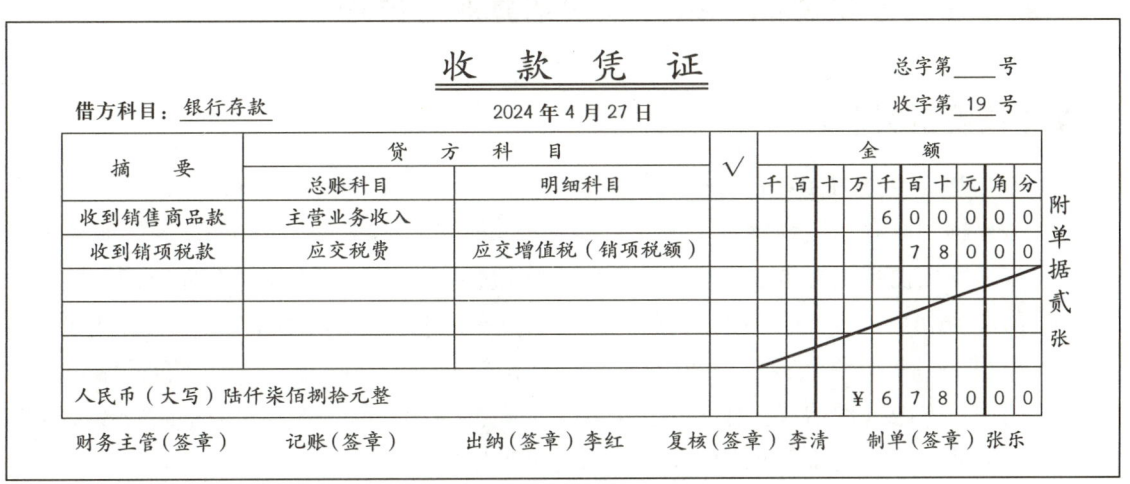

中国工商银行进账单（收账通知）　**3**

2024 年 4 月 25 日

收款人	全　称	海蓝公司	付款人	全　称	河北保定马山公司
	账　号	164-7654		账　号	7890
	开户银行	工行太原千峰路支行		开户银行	工行保定分行

金额	人民币（大写）	陆仟柒佰捌拾元整	亿	千	百	十	万	千	百	十	元	角	分
								¥	6	7	8	0	0	0

票据种类	银行汇票	票据张数	2
票据号码	00147381		

中国工商银行股份有限公司
太原千峰路支行

2024年04月25日

转讫

复核　　　记账　　　　　　　　　开户银行签章

此联是收款人开户银行交给收款人的收账通知

收款人（包括被背书人）在受理银行汇票时应对下列事项进行审查：

① 银行汇票联与解讫通知联是否齐全；

② 收款人（被背书人）是否为本单位或本人；

③ 银行汇票是否在提示付款期内；

④ 应记载的事项是否齐全；

⑤ 出票金额、日期、收款人名称等是否更改，更改事项是否有原记载人签章。

（3）6 月 27 日，会计人员（张乐）接到中国工商银行太原千峰路支行转来的收账通知联后连同发货票的记账联作账务处理，具体如表 2-44 所示。

表 2-44

收 款 凭 证

借方科目：银行存款　　　2024 年 4 月 27 日　　　总字第＿＿＿号　　收字第 19 号

摘　要	贷　方　科　目		√	金　额										
	总账科目	明细科目		千	百	十	万	千	百	十	元	角	分
收到销售商品款	主营业务收入							6	0	0	0	0	0
收到销项税款	应交税费	应交增值税（销项税额）							7	8	0	0	0
人民币（大写）陆仟柒佰捌拾元整							¥	6	7	8	0	0	0

附单据贰张

财务主管（签章）　　记账（签章）　　出纳（签章）李红　　复核（签章）李清　　制单（签章）张乐

（4）出纳人员（李红）根据收付款凭证登记银行存款日记账（见表 2-45），并在收字第 19 号凭证下方出纳处签章（见表 2-44）。

表 2-45

| 银行存款日记账 | | | | | | | | | | | 42 | | | | |

开户行名称：工行太原千峰路支行　　　　　　　　　　　　　　　　　　　　　　　　　　　　银行账号：164-7654

2024年		凭证编号		摘　要	结算凭证		借方	√	贷方	√	余额
月	日	类	号		类	号	百十万千百十元角分		百十万千百十元角分		百十万千百十元角分
4	1			月初余额							1 2 3 7 6 8 0 0
	2	付		交存现金			1 0 0 0 0 0				1 2 4 7 6 8 0 0
				略							
				略							
				略							
	15			略							1 5 7 4 0 0 0 0
	16	付	1	支付手续费					5 0 0 0		
	16	付	2	办理银行汇票					3 0 0 0 0 0 0		1 2 7 3 5 0 0 0
	25	收	18	收回多余款			1 7 5 0 0 0				1 2 9 1 0 0 0 0
				略							
				略							
	26										1 2 0 0 0 0 0 0
	27	收	19	将银行汇票进账			6 7 8 0 0 0				1 2 6 7 8 0 0 0

▮▮▮学习子情境四　银行本票结算业务办理

▮【情境引例】▮

2024 年 5 月 16 日，采购部门按销售部门的要求，拟从太原开开桌椅厂购进学生桌椅 100 套。经询价员了解，目前此种桌椅的厂方报价为 250 元/套。海蓝公司派采购员携带银行本票去进货。此时，海蓝公司会计部门应如何办理银行本票的申请业务和采购业务？假设双方均为个人，应如何办理银行本票？5 月 25 日该公司销售部门销售给某零售商 20 套桌椅，其销售单价为 300 元。在购销合同中规定采用银行本票办理结算。作为销售方海蓝公司的会计部门在接到对方的银行本票时应做哪些工作？应如何办理由此引起的销售业务？

◤【工作过程与岗位对照图】◢

　　银行本票结算方式下的收付款业务工作过程及岗位对照如图 2-22、图 2-23 所示。

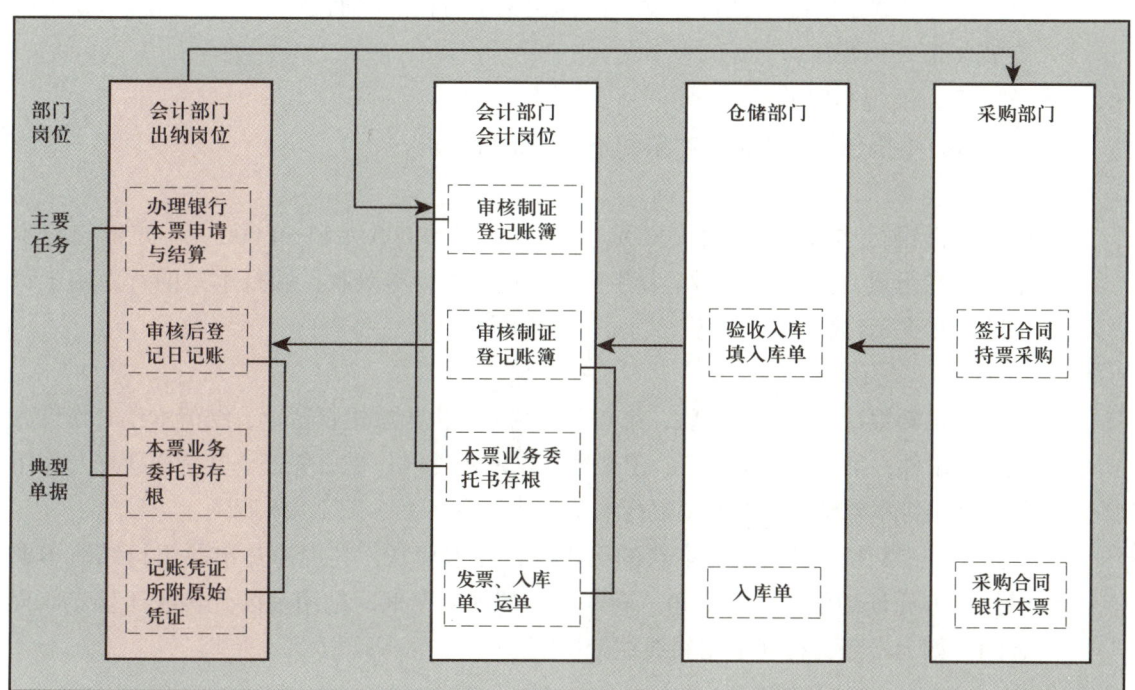

图 2-22　银行本票结算方式下的付款业务工作过程及岗位对照图

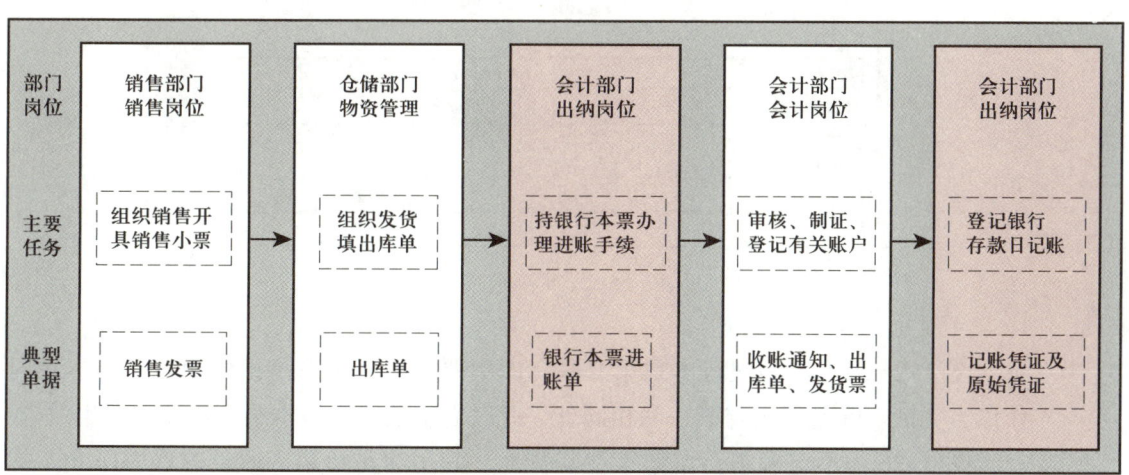

图 2-23　银行本票结算方式下的收款业务工作过程及岗位对照图

银行本票基本知识

一、银行本票的概念

银行本票是由出票银行签发，由其在见票时按照票面金额无条件付给收款人或持票人的一种票据。

二、银行本票的种类

银行本票包括定额银行本票和不定额银行本票。

（一）定额银行本票

定额银行本票面额为 1 000 元、5 000 元、10 000 元和 50 000 元。定额银行本票由单联组成，其中左边 1/4 为存根，右边 3/4 为本票联；银行本票的背面用于背书转让和提示付款签章。

（二）不定额银行本票

不定额银行本票一式两联，第一联卡片联，由出票银行留存，结清本票时作借方凭证的附件；第二联为本票联，出票银行结清本票时作借方凭证。其背面票样及作用与定额银行本票相同。不定额银行本票具体如图 2-24~图 2-26 所示。

图 2-24 为不定额银行本票的第 1 联，即卡片联，其用途是出票银行结清本票时作借方凭证的附件。左下角 "转账" 与 "现金" 框，是用来区分转账还是支取现金的。如为转账，将现金用斜线注销即可。

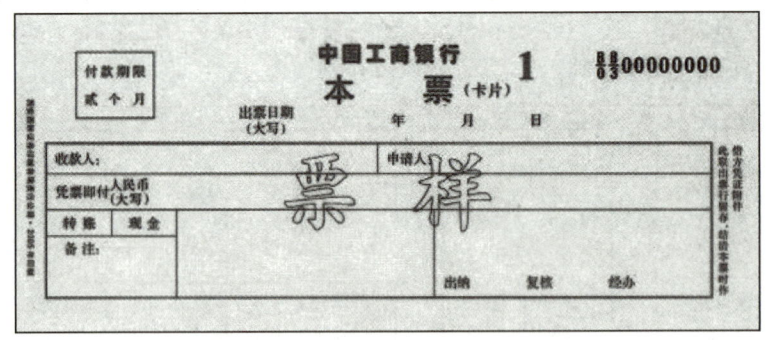

图 2-24 不定额银行本票第 1 联

图 2-25 为不定额银行本票第 2 联，即本票联，其用途是出票银行结清本票时作借方凭证。除左下角与第一联相同外，此联需出票银行签本票专用章方可生效。

图 2-26 为不定额银行本票第 2 联背面。其用途是持票人收款时在左下角 "提示付款签章" 处加盖持票人银行预留印鉴。另外，持票人背书时记载背书人与被背书人的有关信息。

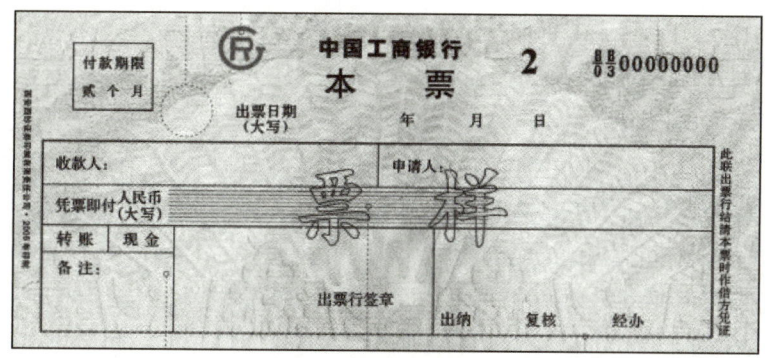

图 2-25 不定额银行本票第 2 联正面

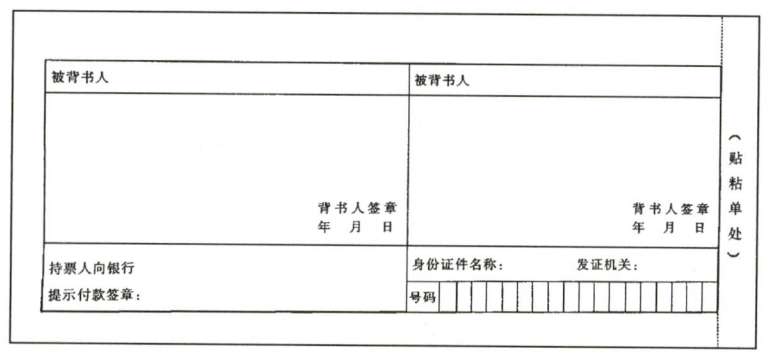

图 2-26 不定额银行本票第 2 联背面

三、银行本票的适用范围

银行本票适用于单位或个人在同一票据交换区域内各种款项的结算，根据实际需要，既可以用于转账，也可以用于支取现金。银行本票结算方式下的出票人是经中国人民银行当地分支机构批准，有权办理银行本票业务的商业银行机构。银行本票适用范围如表 2-46 所示。

表 2-46   银行本票适用范围表

使用主体	地 域	业 务 类 型	结 算 形 式
单位—单位 个人—个人	同一票据交换区	支付的各种款项	转账 提现

四、银行本票应记载事项

（1）表明"银行本票"的字样；

（2）无条件支付的委托；

（3）确定的金额；

（4）收款人名称；

（5）出票日期；

（6）出票人签章。

五、银行本票结算有关规定

（1）一律记名：即本票上必须注明收款人。

（2）背书转让：是指本票持有人将票据权利转让他人的一种票据行为。其中，转让方称为背书人，接受方称为被背书人。

（3）提示付款期限为自出票日起两个月。

（4）完成此项业务需要两套凭证，即业务委托书和银行本票。

【想一想】

1. 银行本票与银行汇票的适用范围有何不同？

2. 同一票据交换区域结算的方式除了银行本票结算方式外还有哪些结算方式？

3. 银行本票、银行汇票、支票上的必要记载事项相同吗？

【相关知识】

除展示出的不定额本票外，还应关注定额本票。

■【职业判断与业务操作】■

银行本票收、付款业务工作过程

一、银行本票付款业务办理

银行本票付款业务办理需要经过业务申请、填制签章、取票审核等环节。下面通过海蓝公司的典型业务，介绍以银行本票方式进行付款业务办理的工作过程。

银行本票付款业务办理

【典型工作任务举例2-11】 银行本票采购付款业务

2024年5月16日，采购部门按销售部门的计划决定派采购员张朋去太原开开桌椅厂购进学生桌椅100套，单价250元/套（不含税）。按合同要求采用银行本票办理结算，商品采用提货制，货物已到达，但未办理入库手续。表2-47为企业基本信息资料。

表2-47　　　　　　　　　　企业基本信息资料

企 业 名 称	海 蓝 公 司	太原开开桌椅厂
纳税人识别号	911401098375652345	911401089735563245
地址、电话	太原千峰路28号，6584848	太原大同路28号，2235456

续表

开户银行及账号	工行太原千峰路支行　164-7654	工行太原大同路支行　7650
法人代表	张天垣	
出　纳	李　红	
制　单	张　乐	
复　核	李　清	
会计主管	赵　秀	

　　在采购业务环节需采购部门，会计部门会计岗位、出纳岗位配合完成，其业务办理及由此引起的会计核算工作过程如下：

　　（1）出纳人员（李红）向中国工商银行太原千峰路支行申请办理银行本票，面额为 30 000 元，按规定填制银行本票业务委托书，具体如表 2-48 所示。

表 2-48

（2）出纳人员（李红）在填写好的业务委托书上加盖预留印鉴后送交银行。

（3）银行查证公司资金账户，同意后按申请额出票，具体如表2-49、表2-50所示。

表 2-49

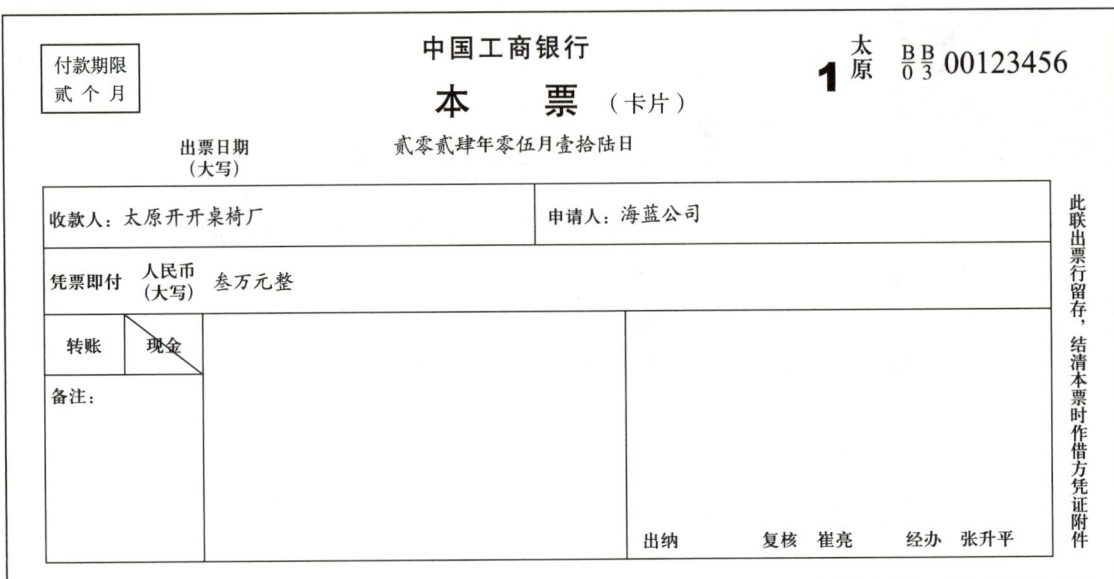

表 2-50

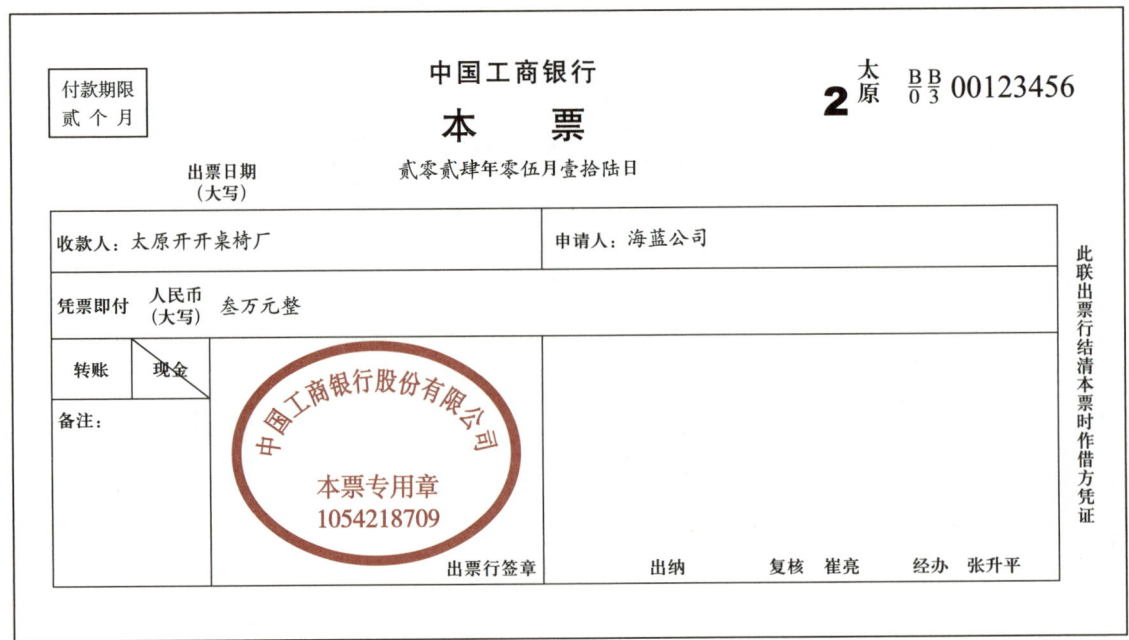

（4）出纳人员（李红）按银行规定支付手续费 50 元，具体如表 2-51 所示。

表 2-51

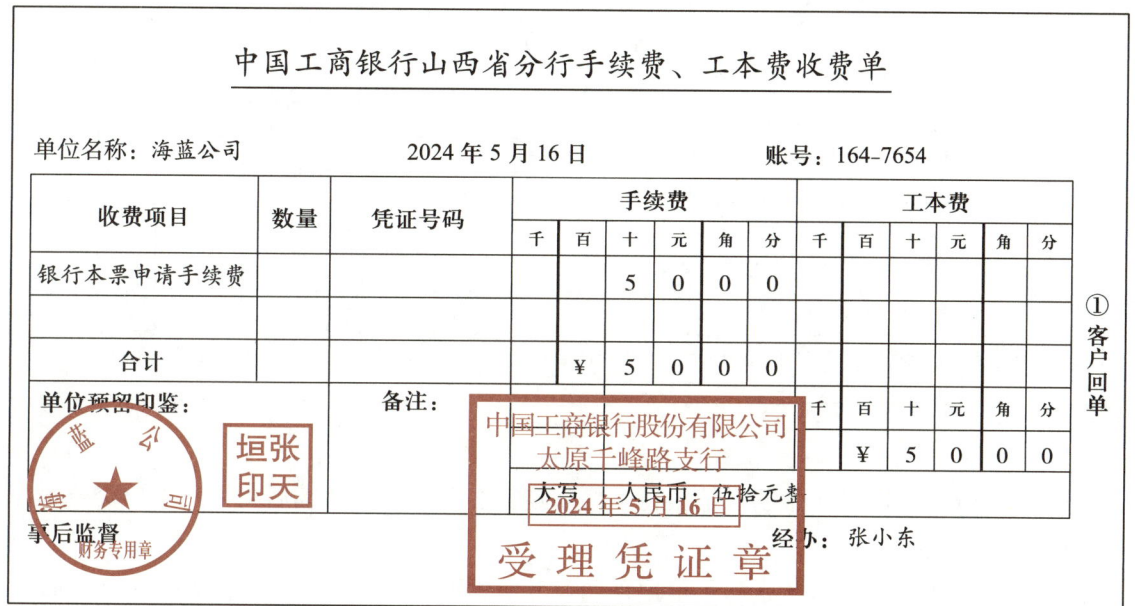

（5）会计人员（张乐）以银行收取的手续费单据和退回的银行本票业务委托书回执为依据作相关账务处理，具体如表 2-52、表 2-53 所示。

表 2-52

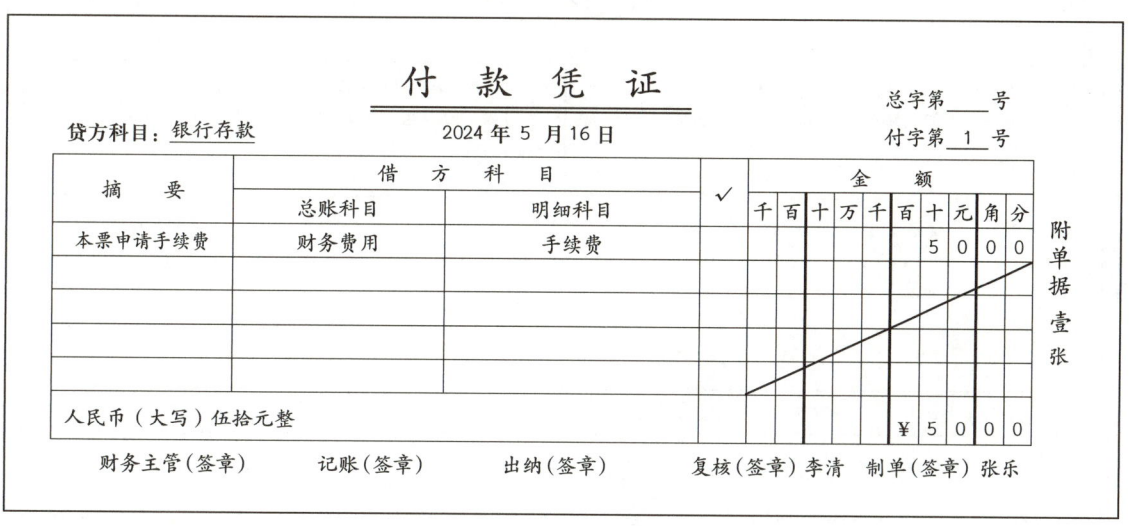

表 2-53

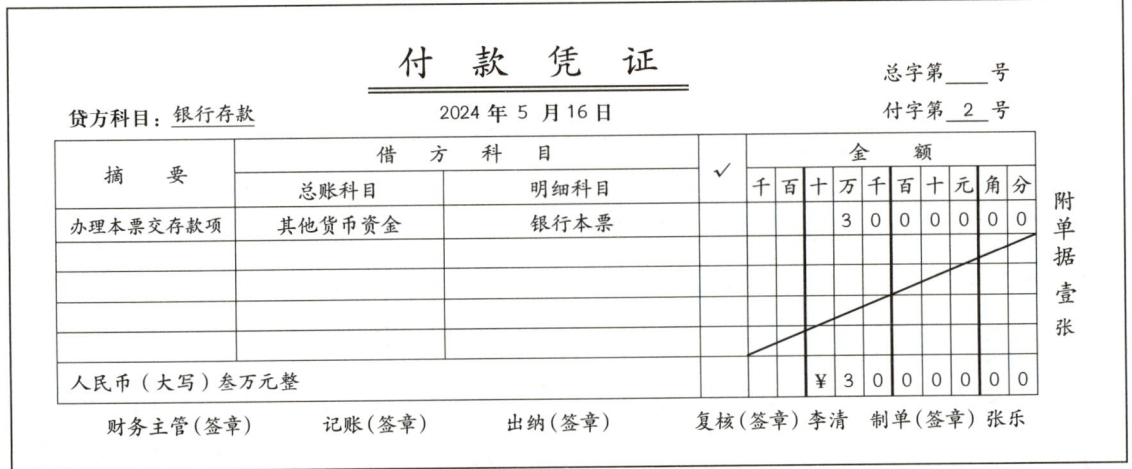

　　（6）采购员（张朋）持银行本票采购，在办妥有关手续后将银行本票交给太原开开桌椅厂。

　　（7）会计人员（张乐）根据采购业务所索取的原始凭证，具体如表 2-54 所示，作采购业务的账务处理，具体如表 2-55 所示。

表 2-54

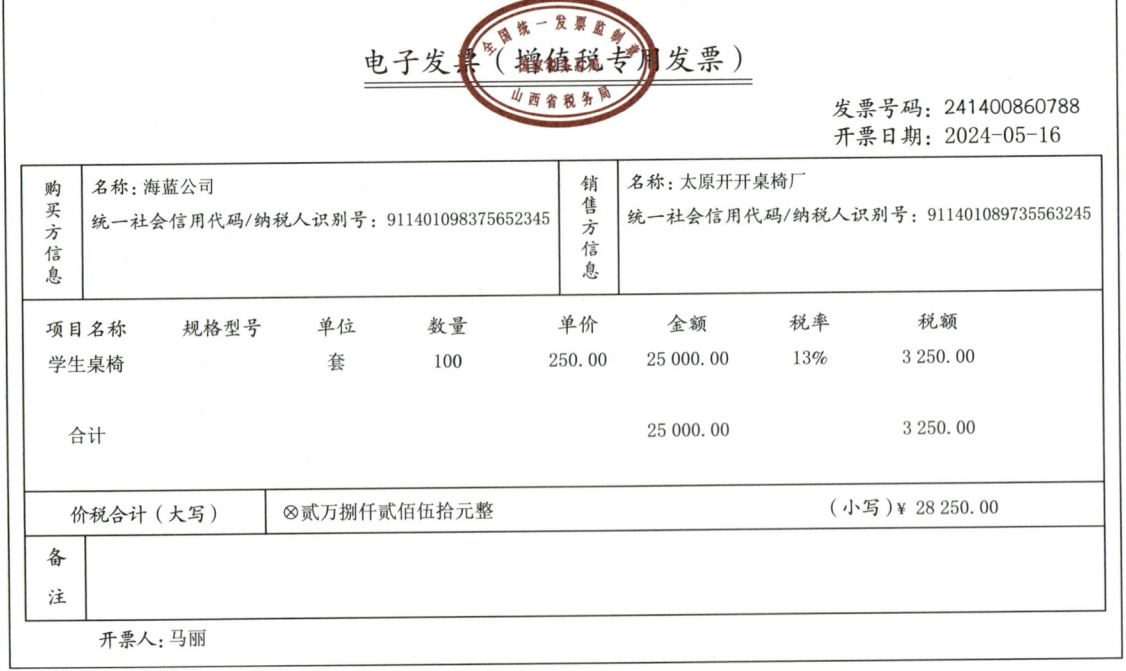

表 2-55

转 账 凭 证

2024 年 5 月 16 日

总字第 _____ 号

转字第　2　号

摘　要	总账科目	明细科目	借方金额								贷方金额								√
---	---	---	百	十	万	千	百	十	元	角	分	百	十	万	千	百	十	元	角	分	
采购物资	在途物资	桌椅			2	5	0	0	0	0	0										
支付进项税	应交税费	应交增值税(进项税额)				3	2	5	0	0	0										
用本票支付货款	其他货币资金	银行本票												2	8	2	5	0	0	0	
合　　　计			¥	2	8	2	5	0	0	0		¥	2	8	2	5	0	0	0		

会计主管：　　　　　复核：李清　　　　　记账：　　　　　制单：张乐

附单据壹张

　　（8）收到太原开开桌椅厂转账支票一张，出纳人员（李红）填写一式三联进账单，收回多付款项，会计人员（张乐）根据进账单第三联（见表 2-56）作相应账务处理，具体如表 2-57 所示。

表 2-56

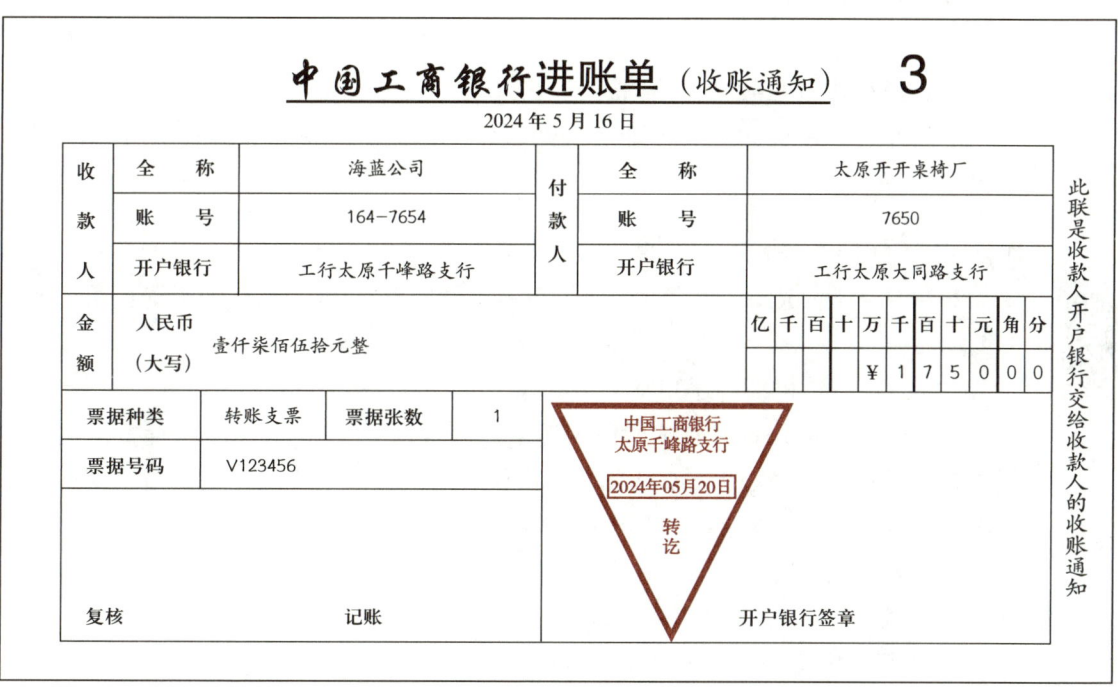

表 2-57

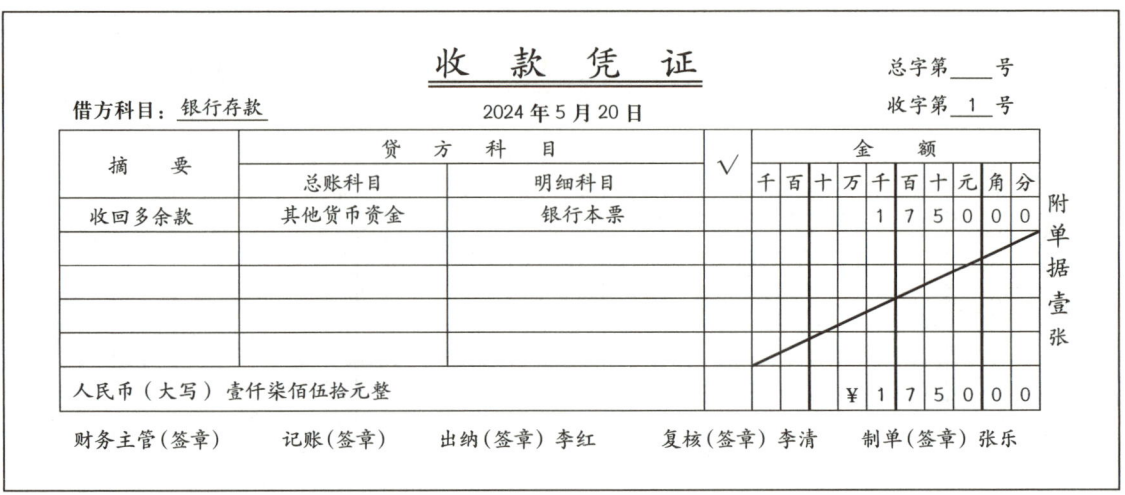

（9）出纳人员（李红）根据上述收款凭证和付款凭证逐日登记银行存款日记账。

> 【想一想】
>
> 　　银行本票与银行汇票结算方式下，如果实际结算金额小于票面金额时，所采取的处理方法有何不同？

二、银行本票收款业务办理

　　下面通过海蓝公司的典型业务介绍以银行本票方式进行收款业务办理的工作过程。

银行本票收
款业务办理

■【典型工作任务举例2-12】■　银行本票销售收款业务办理

　　2024 年 5 月 25 日，销售部门按订单销售学生桌椅 20 套给当地平安公司，单价 339 元 / 套（含税）。（平安公司开户银行：工商银行大南门支行，账号：5678）

　　（1）仓库按销售部门通知发货，填写销售小票（表 2-58）。

　　（2）开票人员开具发票（增值税发票此处省略），审核人员对购货方提供的银行本票进行审核，金额为 8 000 元；将审核后的银行本票交给出纳人员（李红）填写进账单连同银行本票一起向开户银行办理进账手续。

　　收款人（包括被背书人）在受理银行本票时应对下列事项进行审查：

　　① 收款人是否确为本单位或本人；

　　② 银行本票是否在提示付款期内；

　　③ 应记载的事项是否齐全；

表 2-58

海蓝公司销售小票

销售组：办公用品　　　　　　　日期 2024 年 5 月 25 日　　　　　　　销售组代码：2

商品名称	商品编码	数量	计量单位	单价	金额
学生桌椅	100210	20	套	339	6 780.00
合计	人民币（大写）陆仟柒佰捌拾元整				￥6 780.00

销售员：王东　　　　　　　　　　　　　　　　　　销售部经理：王亚南

④ 出票人签章是否符合规定；

⑤ 银行本票上的金额是否是用压数机印出的金额，大小写是否一致；

⑥ 出票金额、日期、收款人名称是否更改，更改事项是否有原记载人签章。

（3）会计人员（张乐）接到银行转来的收账通知联（表 2-59），作账务处理如表 2-60 所示。

表 2-59

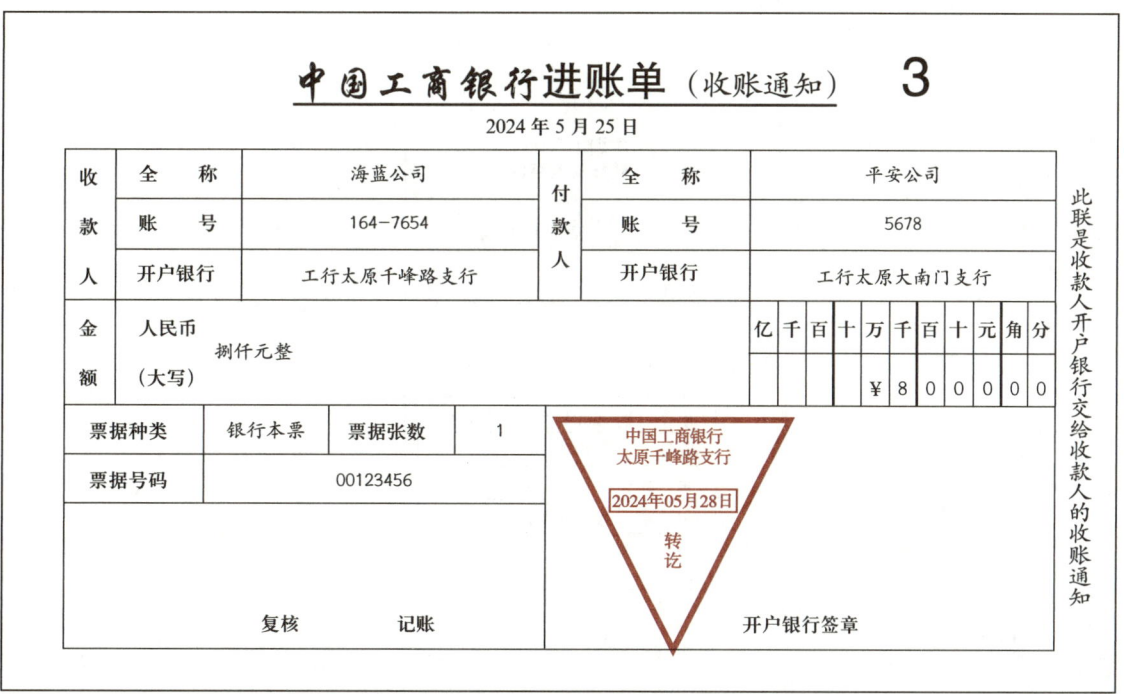

表 2-60

<table>
<tr><td colspan="3"></td><td colspan="2">收 款 凭 证</td><td colspan="2">总字第____号</td></tr>
<tr><td colspan="2">借方科目：银行存款</td><td colspan="3">2024 年 5 月 28 日</td><td colspan="2">收字第 2 号</td></tr>
</table>

摘　要	贷　方　科　目		√	金　额	附单据贰张
	总账科目	明细科目		千 百 十 万 千 百 十 元 角 分	
收到销售商品款	主营业务收入			6 0 0 0 0 0	
	应交税费	应交增值税（销项税额）		7 8 0 0 0	
	预收账款	平安公司		1 2 2 0 0 0	
人民币（大写）捌仟元整				¥ 8 0 0 0 0 0	

财务主管（签章）　　　记账（签章）　　　出纳（签章）李红　　　复核（签章）李清　　　制单（签章）张乐

（4）出纳人员（李红）开出一张转账支票，将多收款 1 220 元退还给平安公司。

（5）会计人员（张乐）根据支票存根（表 2-61）和对方收据（表 2-62）作账务处理如表 2-63 所示。

表 2-61

中国工商银行
转账支票存根 （　）

$\frac{A\,B}{0\,2}$ 20131009

附加信息
_____
_____
_____

出票日期 2024 年 5 月 28 日

| 收款人：平安公司 |
| 金　额：¥1 220.00 |
| 用　途：退还多收款 |
| 单位主管　　　　　会计 |

表 2-62

收 款 收 据

2024 年 5 月 28 日　　　　　第___号

今收到　海蓝公司退还多余货款

人民币合计（大写）：壹仟贰佰贰拾元整　　　　¥ 1 220.00

系付　退还多余货款

单位盖章（财务专用章）　　　会计主管　　　　　收款人：刘丽丽

第二联　记账联

表 2-63

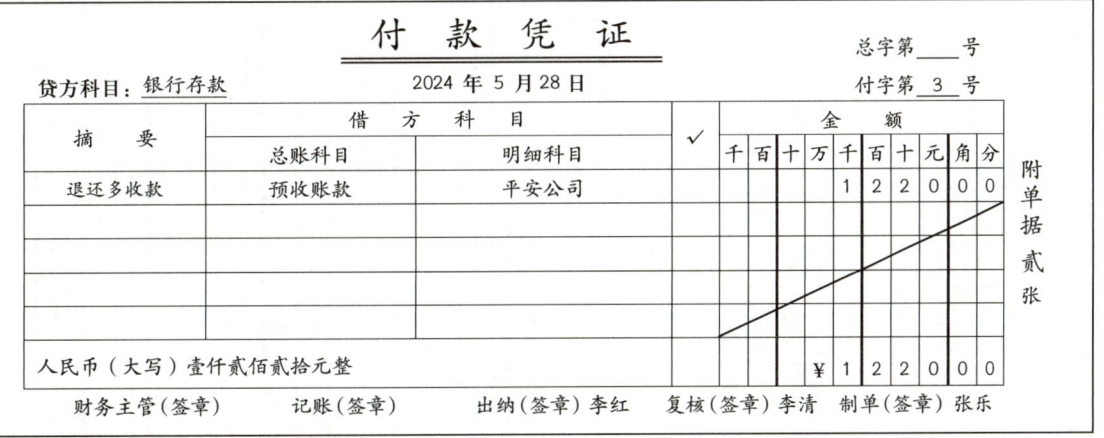

付 款 凭 证

2024 年 5 月 28 日

总字第___号
付字第 3 号

贷方科目：银行存款

摘　要	借 方 科 目		✓	金　额									
	总账科目	明细科目		千	百	十	万	千	百	十	元	角	分
退还多收款	预收账款	平安公司						1	2	2	0	0	0
人民币（大写）壹仟贰佰贰拾元整								¥	1	2	2	0	0	0

财务主管（签章）　　记账（签章）　　出纳（签章）李红　　复核（签章）李清　　制单（签章）张乐

附单据贰张

【想一想】

1. 下列业务描述中出现了哪些原始凭证？

某公司购入甲材料 100 吨，单价为 5 000 元；运杂费 1 000 元，系销售方代垫；材料已全部验收入库，所有款项已通过银行本票支付。

2. 如果你是一位出纳人员，请问在上述工作任务中，应完成哪些工作？

【相关知识】

1. 银行本票与银行汇票均有提示付款期规定，如持票人逾期，应按支付结算办法处理。

2. 向购买方退款时，必须取得对方的收款收据或汇款行的凭证。

（6）出纳人员（李红）根据收付款凭证登记银行存款日记账（见表2-64），并在收付款凭证下方出纳处签章（见表2-63）。

表 2-64

| \ | 银 行 存 款 日 记 账 | | | | | | | | | | | 1 | | | | | | | | | | | | | | |

开户行名称：工行太原千峰路支行　　　　　　　　　　　　　　　　　　　　　　银行账号：164-7654

2024年		凭证编号		摘　要	结算凭证		借方								√	贷方								√	余额								
月	日	类	号		类	号	百	十	万	千	百	十	元	角	分	百	十	万	千	百	十	元	角	分	百	十	万	千	百	十	元	角	分
5	1			月初余额																						1	2	3	7	6	8	0	0
	2	付		缴存现金					1	0	0	0	0	0												1	2	4	7	6	8	0	0
				略																													
				略																													
				略																													
	15			略																						1	5	7	4	0	0	0	0
	16	付	1	支付手续费																	5	0	0	0									
	16	付	2	办理银行本票														3	0	0	0	0	0	0	1	2	7	3	5	0	0	0
	20	收	1	收回多余款						1	7	5	0	0	0										1	2	9	1	0	0	0	0
				略																													
				略																													
	24																									1	2	0	0	0	0	0	0
	28	收	2	将银行本票进账						8	0	0	0	0	0																		
	28	付	3	退还多收款项															1	2	2	0	0	0	1	2	6	7	8	0	0	0

▓▓▓学习子情境五　汇兑结算业务办理

▓▓▓【情境引例】▓▓▓

海蓝公司拟购买河北省实业公司一批货物，双方协议由海蓝公司于2024年3月15日通过汇兑的方式预付50%的货款65 000元，河北省实业公司于一个月之后再发货。海蓝公司的会计部门应如何办理该项业务？

2024年3月20日，海蓝公司通过汇兑结算方式收取哈尔滨康宝公司前欠货款80 000元。海蓝公司的会计部门应如何办理该笔收款业务？

【工作过程与岗位对照图】

汇兑结算方式下收付款业务工作过程及岗位对照图如图 2-27、图 2-28 所示。

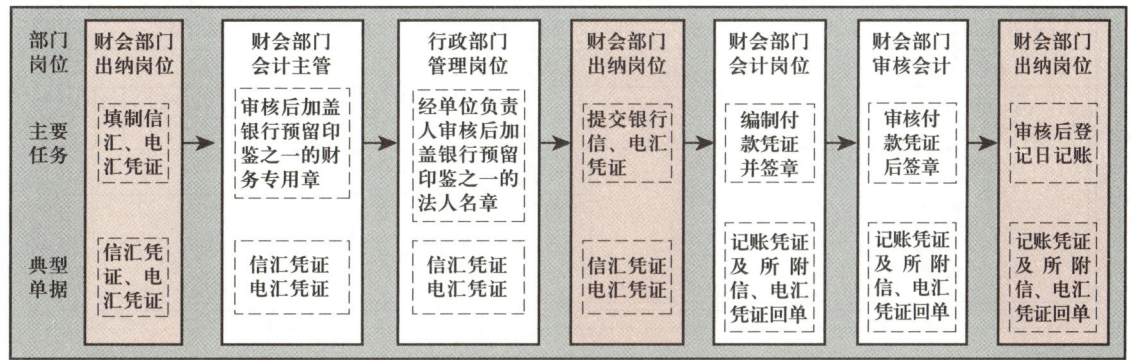

图 2-27　汇兑结算方式下付款业务工作过程及岗位对照图

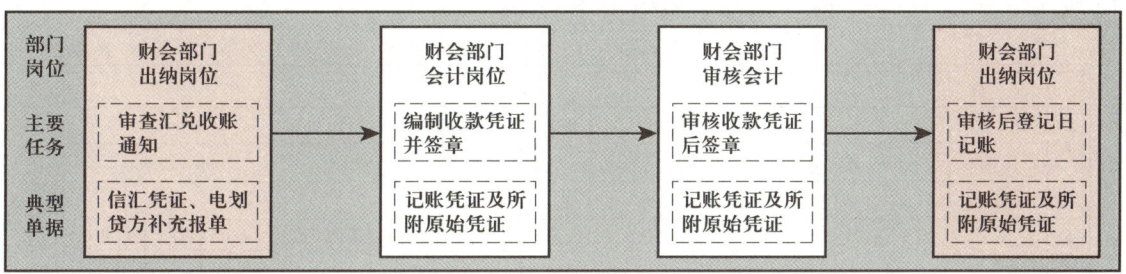

图 2-28　汇兑结算方式下收款业务工作过程及岗位对照图

【知识准备】

汇兑结算基本知识

一、汇兑结算方式的概念及种类

汇兑是汇款人委托银行将其款项支付给收款人的结算方式。汇兑结算方式包括信汇、电汇和网上银行结算三种。

信汇是汇款人向银行提出申请同时交存一定金额及手续费，汇出行将信汇委托书以邮寄方式寄给汇入行，授权汇入行向收款人解付一定金额的一种汇兑结算方式。信汇费用较低，速度相对较慢。电汇是汇款人将一定款项交存汇款银行，汇款银行通过电报或电传给目的地的分行或代理行（汇入行），指示汇入行向收款人支付一定金额的一种汇款方式。电汇速度快，但汇款人要负担较高的电报电传费用，通常在紧急情况下或金额较大时使用。网上银行结算是一种新型的汇兑结算方式。因为足不出户即可以完成同城转账和异地汇款等大部分日常结算工作，目前被普遍采用，适用于同城和异地的各种款项的结算。

信汇结算使用的信汇凭证一式四联，其样式如图 2-29~图 2-32 所示。

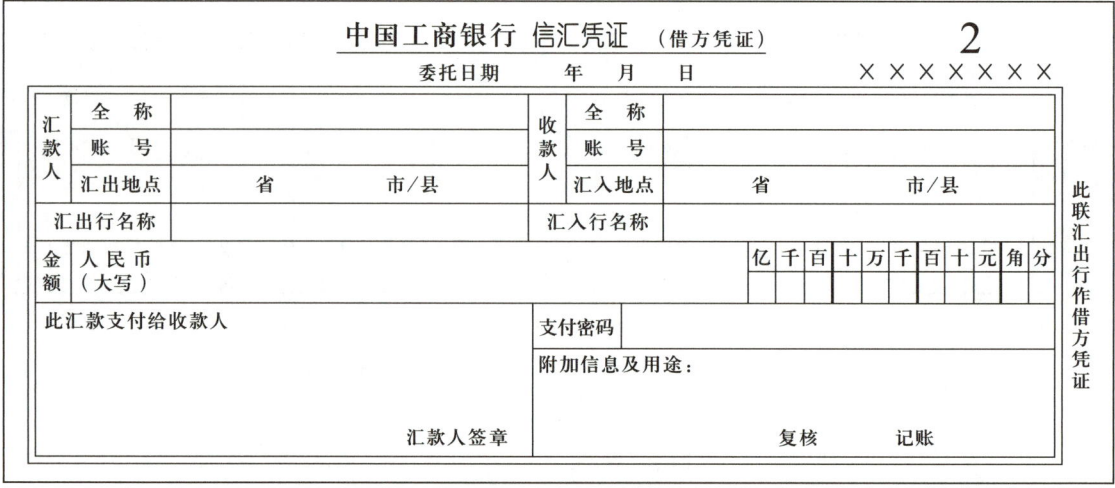

图 2-29　信汇凭证第一联

图 2-30　信汇凭证第二联

图 2-31　信汇凭证第三联

中国工商银行 信汇凭证　　（收账通知）　　4

委托日期　年　月　日　　×××××××

汇款人	全　称		收款人	全　称	
	账　号			账　号	
	汇出地点	省　　　市/县		汇入地点	省　　　市/县
	汇出行名称			汇入行名称	

金额	人民币（大写）				亿	千	百	十	万	千	百	十	元	角	分

款项已收入收款人账户

支付密码

附加信息及用途：

汇入行签章　　　　　　　复核　　记账

此联给收款人的收账通知

图 2-32　信汇凭证第四联

电汇结算使用的电汇凭证一式三联，其样式如图 2-33 ~ 图 2-35 所示。

中国工商银行 电汇凭证　　（回　单）　　1

□普通　□加急　　委托日期　年　月　日　　×××××××

汇款人	全　称		收款人	全　称	
	账　号			账　号	
	汇出地点	省　　　市/县		汇入地点	省　　　市/县
	汇出行名称			汇入行名称	

金额	人民币（大写）				亿	千	百	十	万	千	百	十	元	角	分

支付密码

附加信息及用途：

汇出行签章　　　　　　　复核　　记账

此联汇出行给汇款人的回单

图 2-33　电汇凭证第一联

图 2-34　电汇凭证第二联

图 2-35　电汇凭证第三联

二、汇兑凭证应记载事项

（1）表明"信汇"或"电汇"的字样；

（2）无条件支付的委托；

（3）确定的金额；

（4）收款人名称；

（5）汇款人名称；

（6）汇入地点、汇入行名称；

（7）汇出地点、汇出行名称；

（8）委托日期；

（9）汇款人签章。

汇兑凭证上欠缺上列记载事项之一的，银行不予受理。汇款人和收款人在银行开立存款账户的，必须记载其账号。欠缺记载的，银行不予受理。委托日期是指汇款人向汇出银行提交汇兑凭证的当日。

三、汇兑结算的适用范围

汇兑结算属于汇款人主动付款的一种结算方式，广泛运用于先汇款后发货的交易，对于上、下级之间的资金调剂、清理旧欠、在异地采购地银行开立临时存款户以及往来款项的结算都十分方便。单位和个人的各种款项的结算，均可使用汇兑结算方式。

■【职业判断与业务操作】■

信、电汇结算方式下基本业务工作过程

一、信、电汇结算方式下付款业务办理

下面通过海蓝公司的典型业务，介绍汇兑结算方式下付款业务办理的工作过程。

【典型工作任务举例2-13】■　汇兑付款业务办理

海蓝公司根据与实业公司签订的协议，于2024年3月15日通过汇兑结算方式预付货款65 000元。

（1）出纳人员（李红）根据协议，填写一式四联的信汇凭证（见表2-65～表2-68）或一式三联的电汇凭证（见表2-69～表2-71）。

电汇凭证

表2-65

中国工商银行　信汇凭证　（回　单）　1　×××××××																		
委托日期 2024 年 3 月 15 日																		此联汇出行给汇款人的回单
汇款人	全　称	海蓝公司			收款人	全　称	实业公司											
	账　号	164-7654				账　号	91020210758624											
	汇出地点	山西省太原市/县				汇入地点	河北省石家庄市/县											
	汇出行名称	工行太原千峰路支行				汇入行名称	工行石家庄广场支行											
金额	人民币（大写）	陆万伍仟元整					亿	千	百	十	万	千	百	十	元	角	分	
										￥	6	5	0	0	0	0	0	
	中国工商银行股份有限公司太原千峰路支行 2024年3月15日 转讫			支付密码													
					附加信息及用途：　预付购货款													
					汇出行签章　　　　　　　复核　　　记账													

表 2-66

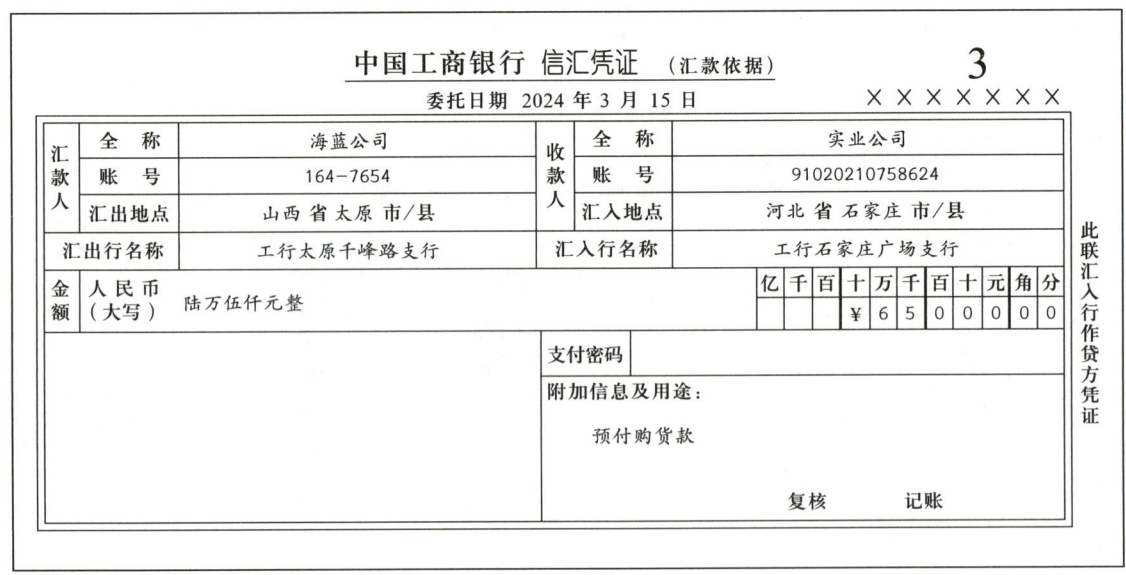

中国工商银行　信汇凭证　（借方凭证）										2 ✕✕✕✕✕✕✕							

委托日期　2024 年 3 月 15 日

中国工商银行　信汇凭证　（借方凭证）　2　✕✕✕✕✕✕✕

委托日期　2024 年 3 月 15 日

汇款人	全　称	海蓝公司	收款人	全　称	实业公司
	账　号	164-7654		账　号	91020210758624
	汇出地点	山西 省 太原 市/县		汇入地点	河北 省 石家庄 市/县
	汇出行名称	工行太原千峰路支行		汇入行名称	工行石家庄广场支行

金额	人民币（大写）	陆万伍仟元整	亿 千 百 十 万 千 百 十 元 角 分
			¥ 6 5 0 0 0 0 0

此汇款支付给收款人

支付密码

附加信息及用途：　预付购货款

汇款人签章　　　复核　　记账

此联汇出行作借方凭证

表 2-67

中国工商银行　信汇凭证　（汇款依据）　3　✕✕✕✕✕✕✕

委托日期　2024 年 3 月 15 日

汇款人	全　称	海蓝公司	收款人	全　称	实业公司
	账　号	164-7654		账　号	91020210758624
	汇出地点	山西 省 太原 市/县		汇入地点	河北 省 石家庄 市/县
	汇出行名称	工行太原千峰路支行		汇入行名称	工行石家庄广场支行

金额	人民币（大写）	陆万伍仟元整	亿 千 百 十 万 千 百 十 元 角 分
			¥ 6 5 0 0 0 0 0

支付密码

附加信息及用途：　预付购货款

复核　　记账

此联汇入行作贷方凭证

表 2-68

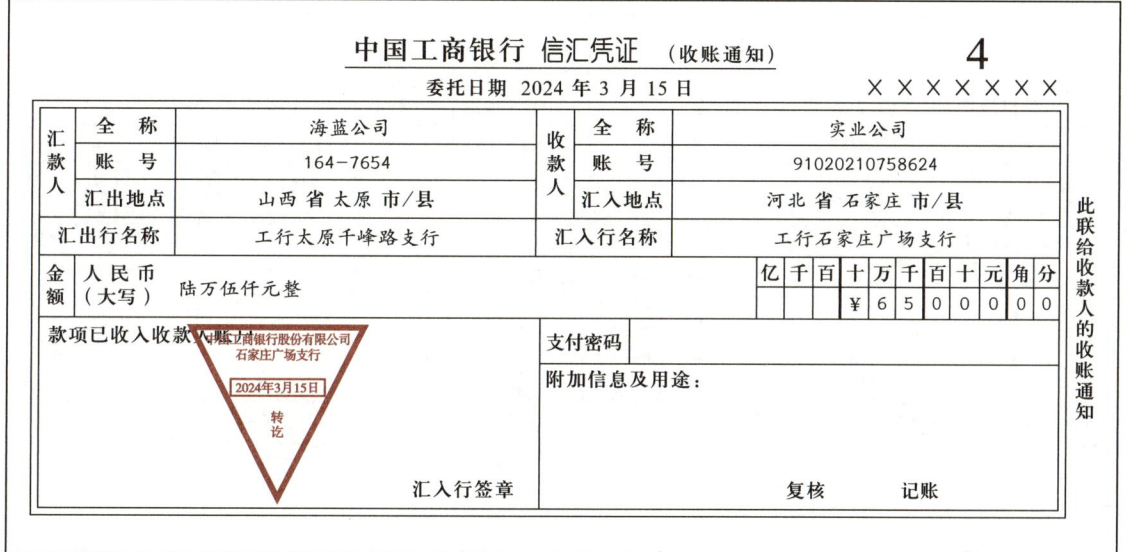

表 2-69

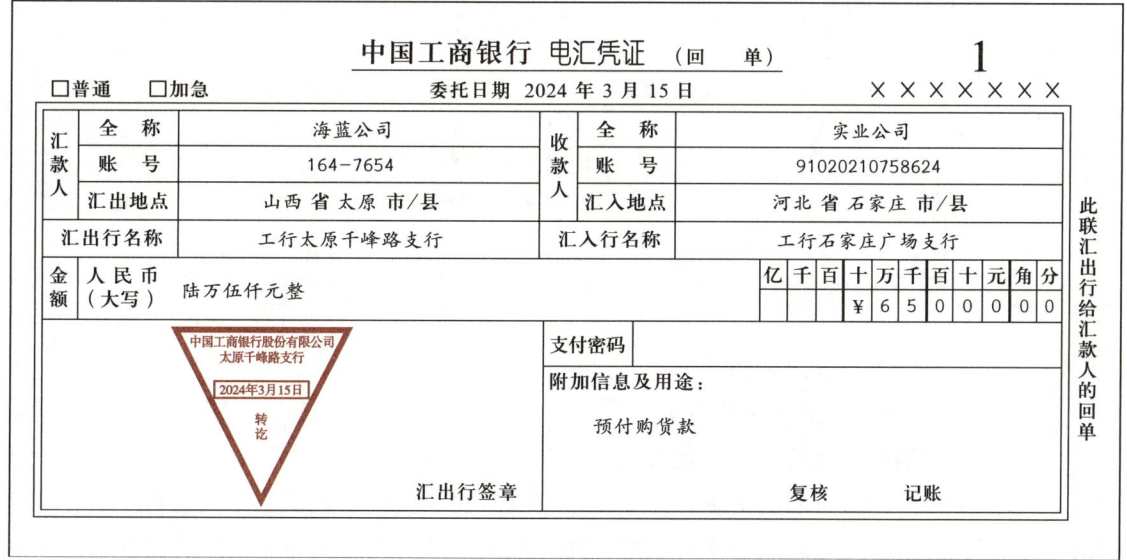

表 2-70

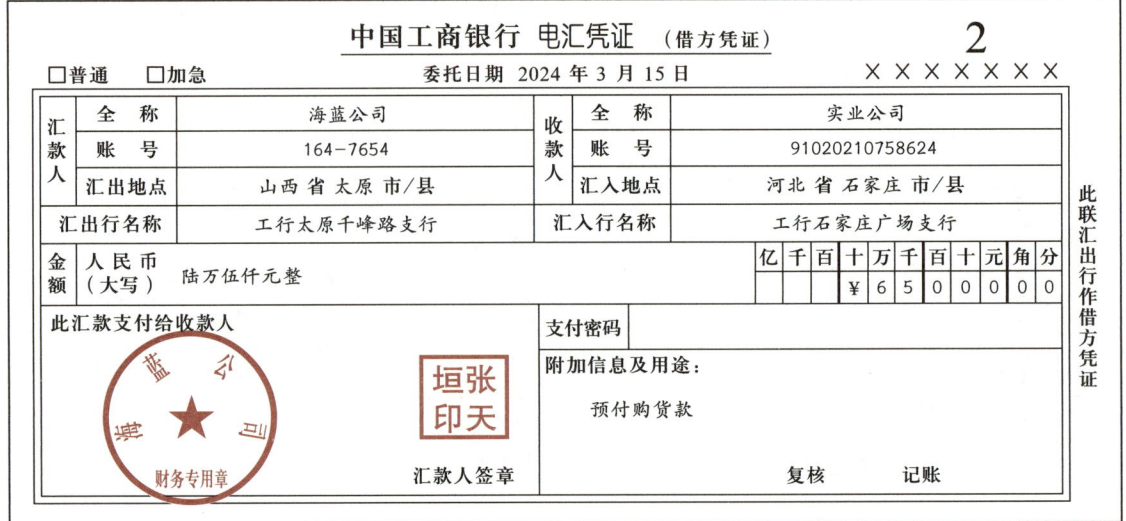

表 2-71

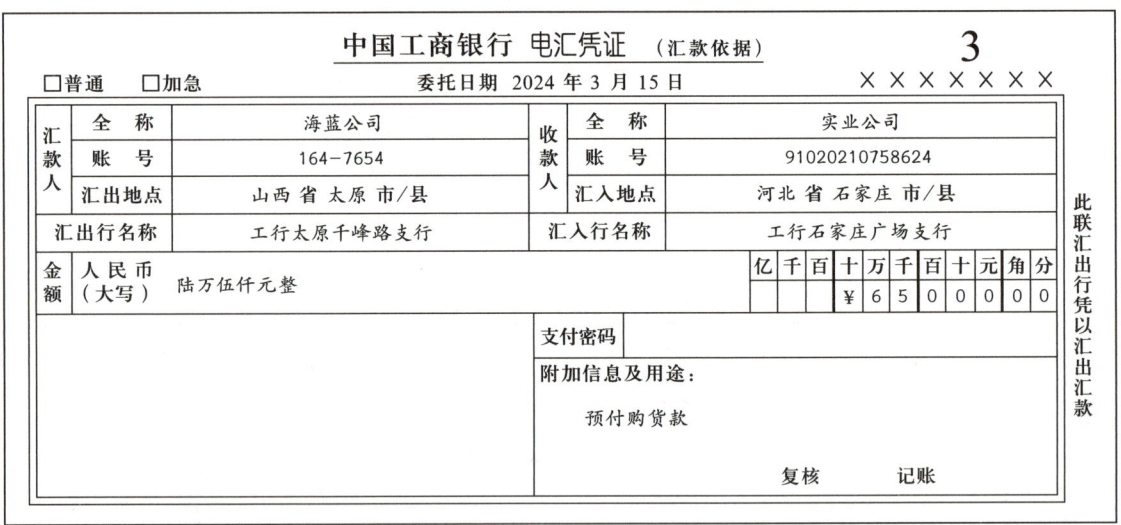

汇兑凭证填制规范如下：

① 汇兑凭证上记载收款人为个人的，如汇出差旅费、个体户用款等，收款人需要到汇入银行领取汇款，汇款人应在汇兑凭证各联的"收款人账号"栏注明"留行待取"字样。留行待取的汇款，需要指定单位的收款人领取汇款的，应注明收款人的单位名称；信汇凭收款人签章支取的，应在第四联信汇凭证上加盖预留的收款人签章。

② 汇款人因故确定不得转汇的，应在汇兑凭证备注栏注明不得转汇字样。

③ 汇款人和收款人均为个人，需要在汇入银行支取现金的，应在信、电汇凭证的"汇款金额"大写栏，先填写现金字样，后填写汇款金额。

汇兑付款
业务

（2）出纳人员（李红）将信、电汇凭证交会计机构负责人，审核后在第二联加盖银行预留印鉴——财务专用章；盖章后交给单位负责人授权的会计人员，审核后加盖银行预留印鉴——法人名章（见表 2-66 和表 2-70）。

（3）出纳人员（李红）向开户银行即汇出行提交信、电汇凭证，汇出行受理信、电汇凭证，并认真审查。

汇出行审查内容如下：

① 信、电汇凭证必须记载的各项内容是否齐全、正确；

② 汇款人账户内是否有足够支付的余额；

③ 汇款人的签章是否与预留银行印鉴相符；

④ 对填明"现金"字样的信、电汇凭证，还应审查汇款人和收款人是否均为个人。

（4）汇出行审查无误后，及时向汇入银行办理汇款，并在第一联信、电汇凭证加盖"转讫"章退给汇款人，如果信、电汇凭证不符合条件，汇出银行不予办理汇出手续，做退票处理。

【想一想】

　　汇款人收到汇出行退回的"汇款回单"时，能否确定该笔汇款已转入收款人账户？

如果是电汇结算方式，汇出行根据第三联电汇凭证编制三联电划贷方报单凭以向汇入行拍发电报，电汇凭证上填明"现金"字样的，应在电报的金额前加拍"现金"字样。

（5）出纳人员将汇出行退回的信、电汇凭证回单传递给会计制证人员，制证人员审核无误后据以编制银行存款付款凭证，并将回单粘贴其后，在付款凭证上签章（见表 2-72）。

表 2-72

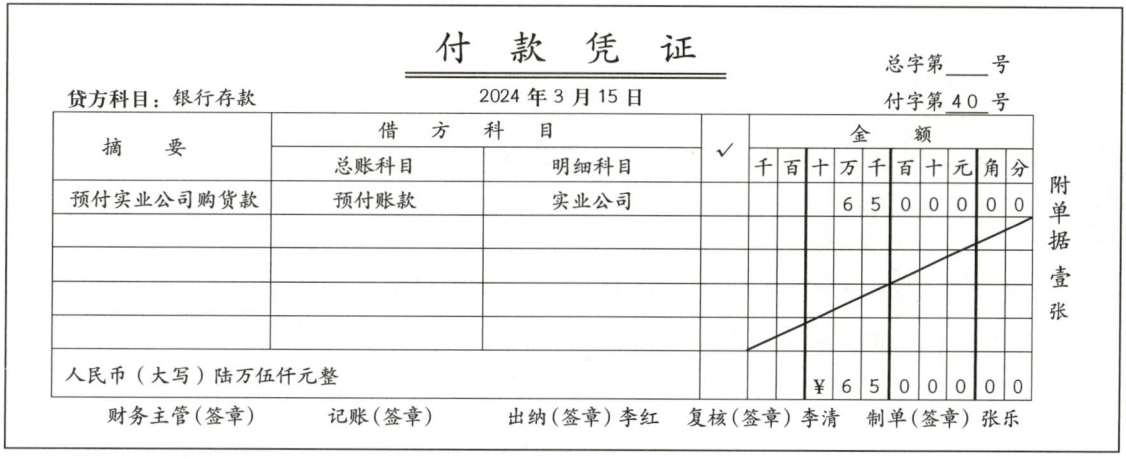

（6）会计稽核人员审核记账凭证及所附原始凭证并在复核栏签章（见表2-72）。

（7）出纳人员（李红）对上述付款凭证再审核，根据其逐日逐笔登记银行存款日记账（见表2-73），然后在付款凭证出纳栏下签章（见表2-72），并将记账凭证交由会计人员登记总账和相关明细账。

表2-73

银行存款日记账										45		

开户行名称：工行太原千峰路支行　　　　　　　　　　　　　银行账号：164-7654

2024年		凭证编号		摘　要	结算凭证		借方	✓	贷方	✓	余额
月	日	类	号		类	号	百十万千百十元角分		百十万千百十元角分		百十万千百十元角分
3	14			承前页			4 2 7 1 2 3 4 7 0		3 6 2 9 2 3 6 8 0		6 8 9 0 0 0 0 0 0
	15	付	40	预付购货款	信汇凭证	略			6 5 0 0 0 0 0		6 2 4 0 0 0 0 0 0
				本日合计					6 5 0 0 0 0 0		6 2 4 0 0 0 0 0 0

（8）出纳人员（李红）每日终了结出银行存款日记账余额（见表2-73）。

（9）会计机构指定的专门人员定期将银行存款日记账与银行对账单相核对，保证账实相符。

二、信、电汇结算方式下收款业务办理

单位和个人任何款项的收取均可以通过汇兑结算方式办理。对开立存款账户的收款人，汇入行应将汇给收款人的款项直接转入收款人账户，并向其发出收账通知。如果采用信汇结算方式，"收账通知"是信汇凭证的第四联；如果采用电汇结算方式，"收账通知"是汇入行根据汇出行发来的电报编制的一式三联电划贷方补充报单的第三联。

下面以海蓝公司通过汇兑方式收取前欠货款的业务办理，介绍汇兑结算方式下收款业务办理的工作过程。

汇兑收款
业务

【典型工作任务举例2-14】　汇兑收款业务办理

海蓝公司于2024年3月20日收到哈尔滨康宝公司汇来的前欠货款80 000元。

（1）出纳人员（李红）收到汇入行即开户银行转来的收账通知（即银行将款项确已汇入收款人账户的凭据）——信汇凭证第四联（见表2-74）或电划贷方补充报单第三联，根据前期的账簿记录等对其进行认真审查。

表 2-74

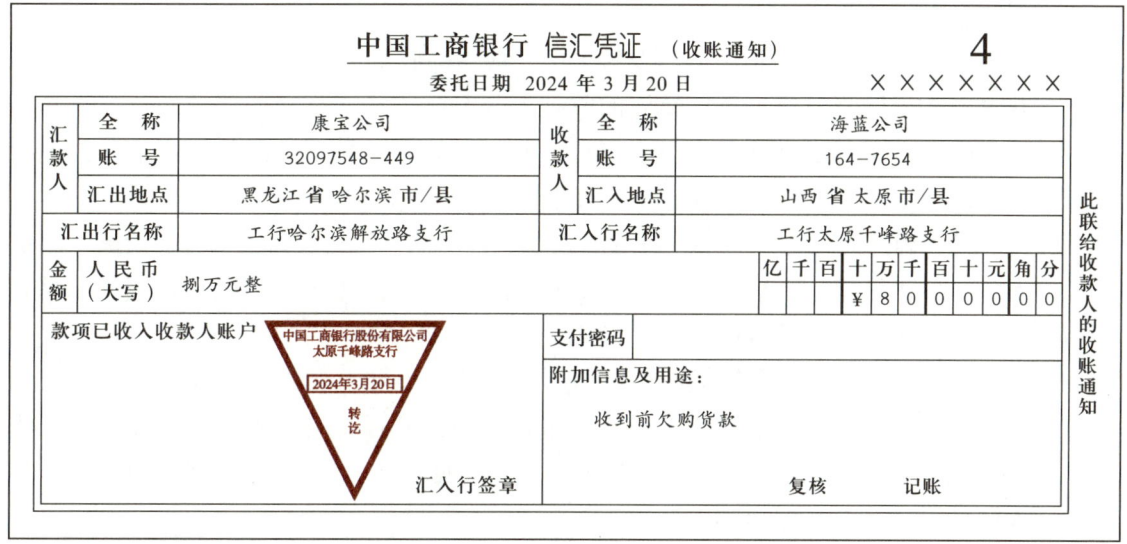

出纳人员审查内容如下：

① 查看凭证所填收款人是否为本单位，即收款人全称和账号是否与本单位的全称和账号一致；

② 金额和汇款用途是否正确；

③ 汇入银行是否加盖了"转讫"印章。

未在银行开立存款账户的收款人操作事项如下：

① 凭信、电汇的取款通知或"留行待取"的，向汇入银行支取款项，必须交验本人的身份证件，在信、电汇凭证上注明证件名称、号码及发证机关，并在"收款人签章"处签章；信汇凭签章支取的，收款人的签章必须与预留信汇凭证上的签章相符。银行审查无误后，以收款人的姓名开立应解汇款及临时存款账户，该账户只付不收，付完清户，不计付利息。

② 支取现金的，信、电汇凭证上必须有按规定填明的"现金"字样，才能办理。未填明"现金"字样，需要支取现金的，由汇入银行按照国家现金管理规定审查支付。收款人持收款通知，并携带有关身份证件到汇入银行取款，如银行办理该业务时需取得密码性质的号码的，应提供该号码方可取款。汇入银行审核无误后一次性办理现金支付手续。

③ 收款人需要委托他人向汇入银行支取款项的，应在取款通知上签章，注明本人身份证件名称、号码、发证机关和"代理"字样以及代理人姓名。代理人代理取款时，也应在取款通知上签章，注明其身份证件名称、号码及发证机关，并同时交验代理人和被代理人的身份证件。

④ 转账支付的，应由原收款人向银行填制支款凭证，并由本人交验其身份证件

办理支付款项。该账户的款项只能转入单位或个体工商户的存款账户，严禁转入储蓄和信用卡账户。

⑤ 收款人在汇入地因故需要转汇的，应由原收款人向银行填制信、电汇凭证，并由本人交验其身份证件。转汇的收款人与汇款用途必须是原汇款的收款人和用途。原汇入银行必须在信、电汇凭证上加盖"转汇"戳记。汇兑凭证备注栏注明"不得转汇"字样的，汇入银行不予办理转汇。

（2）确认此款为本单位应收取的款项后，出纳人员将收账通知传递给会计制证人员，会计制证人员审核无误后据以编制银行存款收款凭证，并将收账通知粘贴其后，在收款凭证上签章（见表2-75）。

（3）会计稽核人员审核记账凭证及所附原始凭证并在复核栏签章（见表2-75）。

（4）出纳人员对上述收款凭证再审核，根据其逐日逐笔登记银行存款日记账（见表2-76），然后在收款凭证出纳栏下签章（见表2-75），并将记账凭证交由会计人员登记总账和相关明细账。

表 2-75

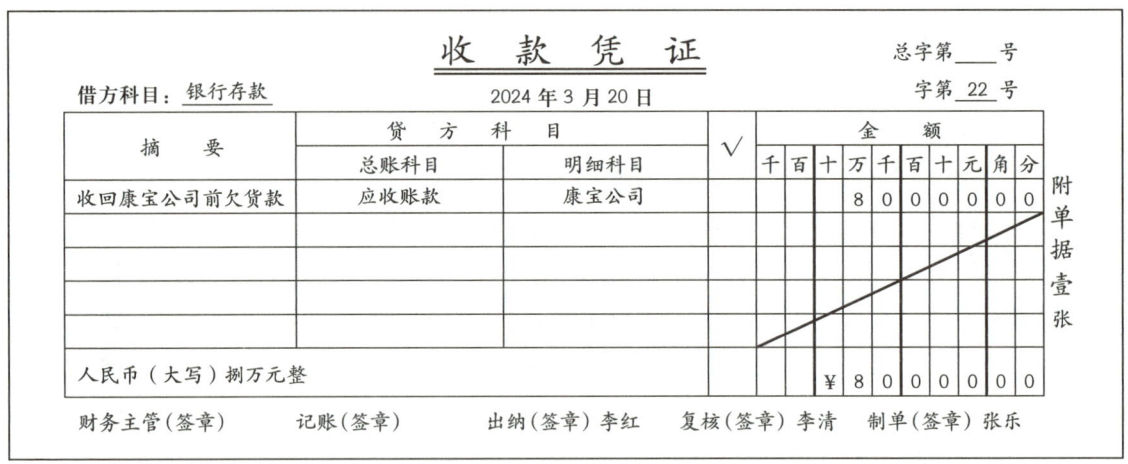

表 2-76

（5）出纳人员每日终了结出银行存款日记账余额（见表 2–76）。

（6）会计机构指定的专门人员定期将银行存款日记账与银行对账单相核对，保证账实相符。

三、信、电汇结算方式下汇款的撤销和退汇业务办理

（一）汇款撤销的处理手续

汇款人对汇出银行尚未汇出的款项可以申请撤销。申请撤销时，应出具正式函件或本人身份证件及原信、电汇回单。汇出银行查明确未汇出款项的，收回原信、电汇回单，方可办理撤销。

（二）汇款人要求退汇的处理手续

汇款人对汇出银行已经汇出的款项可以申请退汇。

（1）汇款人要求退汇时，对收款人在汇入行开立账户的，由汇款人与收款人自行联系退汇，银行不予办理。

（2）对收款人未在汇入银行开立存款账户的，应由汇款人准备正式函件或本人身份证件以及原信、电汇回单交汇出银行办理退汇。

① 汇出行接到退汇函件或身份证件以及回单，应填制一式四联"退汇通知书"，在第一联上批注"×月×日申请退汇，款项退回后再办理退款手续"字样，交给汇款人；如汇款人要求用电报通知退汇时，只需填制两联退汇通知书，并将第一联交给汇款人，并凭退汇通知书拍发电报通知汇入行。

② 汇入行接到汇出行寄来的退汇通知书或通知退汇的电报，经查实汇款确未解付的，并将款项汇回汇出银行，方可办理退汇，汇出行以留存的第四联退汇通知书注明"退汇款汇回已代进账"字样，加盖转讫章后作为收账通知交给原汇款人；如该笔汇款业已解付，汇入行以退汇通知书（或拍发电报）通知汇出行，注明汇款业已解付，汇出行应在留存的第四联退汇通知书上批注解付情况，通知原汇款人，汇款人与收款人自行联系办理退款手续。

（3）汇款人据此做账，与汇出时的会计处理相反。

（4）转汇银行不得受理汇款人或汇出银行对汇款的撤销或退汇。

（三）汇入行主动退汇的处理手续

（1）汇入银行对于收款人拒绝接受的汇款，应即办理退汇。

（2）汇入银行对于向收款人发出取款通知，经过 2 个月收款人尚未来行办理取款手续的，应主动办理退汇。

（3）在规定期限内汇入银行已寄出通知，但因收款人住址迁移或其他原因，以致该笔汇款无人领受时，汇入行可以主动办理退汇。

（4）原汇款人收到汇出行转来的由汇入银行加盖"退汇"章、汇出银行加盖"转讫"章的特种转账贷方凭证时，表明汇款已退回本单位账户，据此做账，与汇出时的会计处理相反。

四、网上银行业务办理

（一）网上支付

网上银行是一种网上支付的方式，网上支付的主要方式有网上银行和第三方支付两种。

1. 网上银行

（1）网上银行的概念。在日常生活和工作中，我们提及的网上银行即网上银行服务的概念，是指通过互联网或专线网络，为客户提供账户查询、转账结算、在线支付等金融服务的渠道。网上银行又称"3A 银行"，即任何时间、任何地点、任何方式为客户提供金融服务。

（2）网上银行的分类。

① 按照主要服务对象的不同，网上银行可分为企业网上银行和个人网上银行。在银行开立账户且信誉良好的企业客户，主要包括企业、行政事业单位、社会团体等均可开通企业网上银行。个人网上银行主要适用于个人和家庭的日常消费支付与转账。

② 按照功能、介质和服务对象的不同，网上银行可分为普及版、标准版和中小企业版。

■ 【相关知识】 ■

浏览各银行网站，了解普及版、标准版和中小企业版的区别。

---

③ 按照经营组织分类，网上银行可分为分支型网上银行和纯网上银行。分支型网上银行是指现有的实体银行利用互联网作为新的服务手段，建立银行站点、提供在线服务而设立的网上银行，既有线下的实体组织，又有网上银行这个组织。纯网上银行本身就是一家银行，独立提供在线银行服务，也可称为"只有一个站点的银行"，一般只设一个办公地址，既无分支机构，又无营业网点，几乎所有业务都通过网上进行。即纯网上银行线下没有实体组织，目前，我国尚无纯网上银行。

（3）网上银行的功能。网上银行结算适用于同城和异地的各种款项的结算，包括网上汇款、网上还贷、在线支付等。

企业网上银行业务功能分为基本功能和特定功能。基本功能是指办妥基本注册手续就能使用的各项功能，包括账户管理、网上汇款、B2B 网上支付等功能；特定功能是指需要另行签署协议或另行审批开通后方可使用的业务功能，包括贵宾室、网上支付结算代理、网上收款、网上信用证、网上票据和账户高级管理等业务功能。个人网上银行主要业务功能包括账户信息查询、人民币转账业务、银证转账业务、存款理财、外汇买卖业务、账户管理业务、生活服务、B2C 网上支付等。

2. 第三方支付

第三方支付是指具备一定实力和信誉保障的非银行机构，通过与网联对接而促成交易双方进行交易的网络支付模式。可以分为线上支付和线下支付，线上支付主要指互联网在线支付；线下支付即两个人面对面支付，包括 POS 机刷卡支付、自助终端支付、手机近端支付、电话支付等。第三方支付机构分为金融型支付企业和互联网支付企业，其中金融型支付企业的典型代表有银联商务、快钱、易宝支付、汇付天下、拉卡拉等，没有担保功能；互联网支付企业的典型代表有支付宝、财付通等，具有担保功能。

3. 网上银行与第三方支付的主要区别

（1）网上银行主要通过银行账户进行支付，比如下载中国工商银行、中国建设银行等软件，就是网上银行，可以通过在该银行开设的账户进行支付；而第三方支付其支付机构不是银行，第三方支付平台通过预付款、信用卡或绑定银行账户进行支付，比较典型的是支付宝，支付宝就是一个支付机构，不是银行。

（2）网上银行支付的流动资金直接在客户与商户之间进行，而第三方支付需要通过第三方支付平台实现资金在客户和商户之间的流动。

（3）网上银行支付在确认支付后不能取消支付，但第三方支付在支付后可以撤回资金。

（二）网上银行业务办理

不同的银行，其网上银行业务办理的规定不同，下面以中国工商银行为例加以说明。

1. 开通网银

企业网上银行客户按规模分为集团客户和一般客户两大类。集团客户是指客户企业总部及其分支机构在开户银行对公营业网点开立存款账户，且总部需要通过企业网上银行系统查询其分支机构账户或同时需要通过企业网上银行系统从其分支机构账户转出资金的企业。一般客户是指没有开立任何分支机构的企业，或客户企业总部不需要通过企业网上银行系统查询分支机构账户，也不需要通过企业网上银行系统从分支机构账户转出资金的集团性企业等。

企业开通网银，需要在中国工商银行开立账户并提供开户银行要求的其他材料，开通流程见图 2-36。

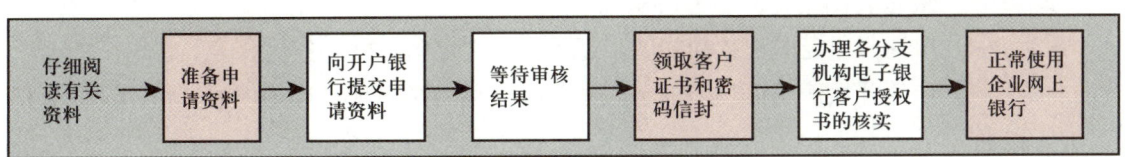

图 2-36　网银开通流程图

（1）仔细阅读有关资料。仔细阅读《中国工商银行电子银行章程》《中国工商银行电子银行企业客户服务协议》及有关介绍材料。

（2）准备申请材料。如果企业之前已经在中国工商银行开户，应准备营业执照复印件、法人身份证和经办人身份证的复印件，填写一份网上银行企业客户注册申请表以及企业开户银行需要的其他材料。"网上银行企业客户注册申请表"以及"企业或集团外常用账户信息表""企业贷款账户信息表""客户证书信息表"和"分支机构信息表"等表格可向开户银行索取。取得申请表后，客户应如实填写表中各项内容，加盖单位公章，并保证内容的真实性。特别应注意的是应准确填写联系地址，否则可能耽误申请事宜。

如果企业在中国工商银行开户的同时办理网上银行，除准备上述申请材料外，还需要有关部门核发的社会信用代码证、开户许可证。

（3）向开户银行提交申请材料。客户将企业全部申请材料交给开户银行，由开户银行对申请材料进行审批。

（4）等待审批结果。在收到申请表的两周之内，银行将通过电话、电子邮件或信函给予客户答复。对于未通过银行审批的，申请材料原件将退回客户。

（5）领取客户证书和密码信封。银行将在审批同意之日起的两周内通知客户到开户银行领取客户证书和密码信封，领取后的次日客户就可使用网上银行（注意：集团客户此时只能操作总部的账户，必须得到分支机构的授权后，才能对分支机构的账户进行操作）。同时，银行会将客户端安全代理软件发送给客户，客户可按银行所提供的安装说明下载并安装软件。银行还可为客户提供上门安装服务。

（6）办理各分支机构电子银行客户授权书的核实。对于银行审批同意的集团客户，客户需组织下属的分支机构协助银行办理"电子银行客户授权书"的核实事宜。电子银行客户授权书是集团客户的分支机构授权银行通过网上银行系统向其总部提供该分支机构账户信息或同时授权银行允许其总部通过网上银行系统从该分支机构账户中转出资金的书面证明文件。电子银行客户授权书一式两份，客户分支机构可向其开户银行索取。分支机构签署"电子银行客户授权书"同意授权后，集团总部即可通过网上银行对其账户进行操作。

（7）需要开通下列服务的客户还需相应办理如下手续。

① 申请开通收款业务功能的，还需填写"收款业务信息表"，并与银行签订"中国工商银行网上收款服务协议"。

② 申请开通定向汇款功能的，还须填写"定向汇款业务信息表"。

③ 申请开通信用证功能的，表中英文名称为必填项，还须填写"信用证业务信息表"。

④ 申请开通贵宾室功能的，还须填写"中国工商银行企业电子银行贵宾室开通（变更、撤销）申请表"及相应附表。

总之，企业客户只需填写相应的申请表并提交相关证明材料和协议，由开户银行为其办理相关的注册手续。

2. 网银操作指南

（1）普及版。企业网上银行普及版主要提供账户管理、银企对账、银财通、密码维护、挂失等在线等服务。使用简单，注册手续简便，客户申请了普通卡证书后，既可在柜面办理注册申请手续，也可登录中国工商银行（简称工行）网站自助注册。按以下步骤使用：

登录：进入工行网站主页—选择企业网上银行登录—选择企业网上银行普及版登录—输入卡号、密码和验证码—单击登录进入。

使用：如在使用过程遇到问题，可单击"热点解答"和"更多帮助"。

退出：在使用完毕后，单击安全退出，以确保账户安全。

（2）证书版。企业网上银行证书版主要包括集团理财、收款服务、付款服务等涵盖公司客户资金流动性管理、对外支付、货款回笼等各个环节需要的银行服务，如集团账户管理与资金调拨、票据信息监控管理及调度、货款费用支付、工资发放、员工费用报销、货款回笼、通知存款、国债基金投资等。按以下步骤使用：

登录：进入工行网站主页—选择企业网上银行登录—插入企业网上银行证书—选择企业网上银行登录—选择证书—输入证书密码—单击确定进入。

使用：如在使用过程遇到问题，可单击"热点解答"和"更多帮助"。

退出：在使用完毕后，单击安全退出，拔出客户证书以确保账户安全。

网银操作流程具体如图 2-37 所示。

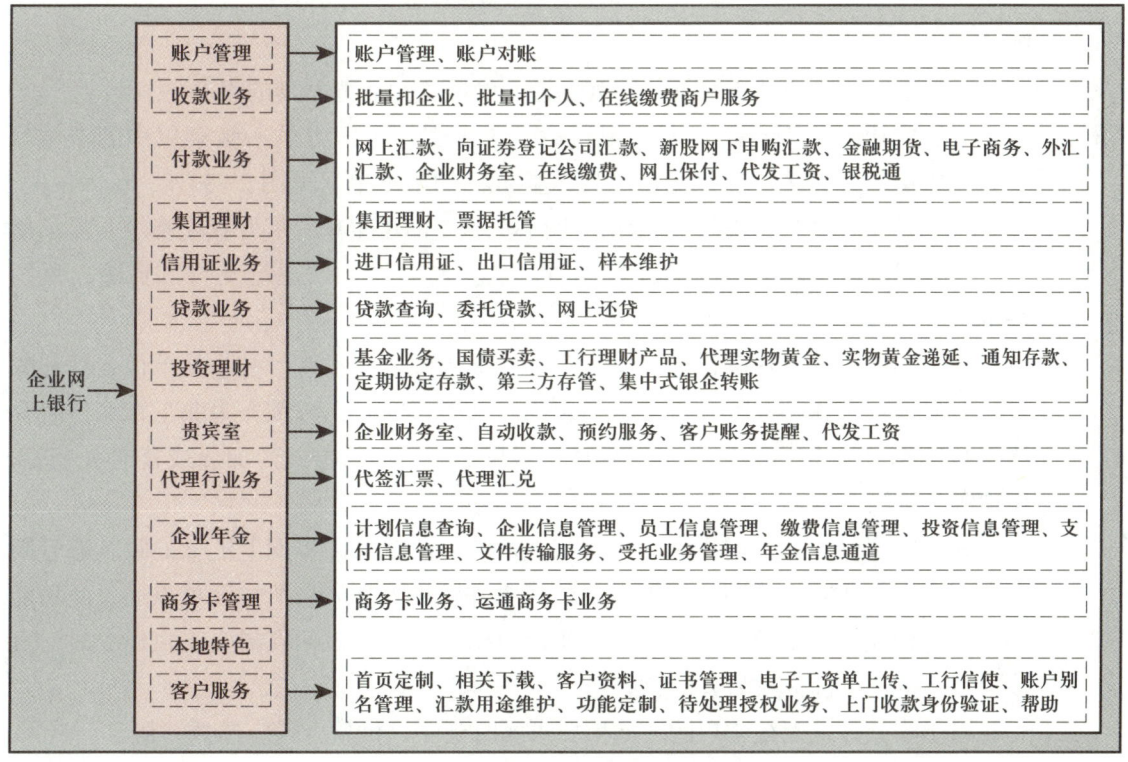

图 2-37　网银操作流程图

3. 网银支付业务办理

网上银行支付业务包括网上汇款、委托代扣、代发工资、在线缴费、电子商务等。网上汇款是单位通过"企业网上银行"办理转账汇款类业务的总称，可通过逐笔或批量方式向全国范围内各家银行的企业账户办理人民币转账汇款。通过网上汇款可以逐笔支付、批量支付、跨行汇款、批量跨行汇款。开通转账权限的企业网上银行客户均可使用。网银付款业务流程见图2-38。

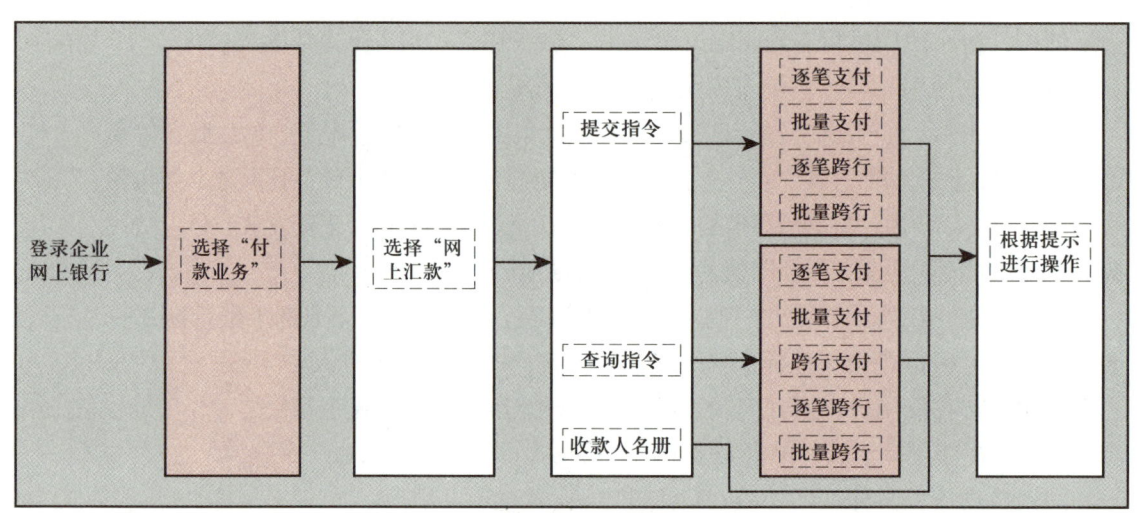

图 2-38　网银付款业务流程图

以网上汇款中的"逐笔支付"为例说明网银支付业务办理的程序。

（1）成功登录工行企业网上银行后，单击交易区上方的一级菜单中的"付款业务"栏目，交易区左侧显示出"付款业务"的子菜单，见图2-39。

（2）展开"网上汇款"，显示出"网上汇款"的子菜单，展开提交指令，显示出"提交指令"的子菜单，单击逐笔支付，从交易区进入"逐笔支付"页面，见图2-40。

（3）选择或填写各项详细信息，包括汇款单位名称和账号、收款单位名称和账号、汇款银行全称、收款单位账号是否为工商银行账号、收款方为非工行账号时收款银行全称、是否手工录入、金额的大写和小写、汇款方式（加急或普通）、汇款用途等，见图2-40。

如果单位仅开通了向指定账户转账汇款功能，就可以将网上汇款的收款账号限定在客户指定的账户范围内。如果单位建立并维护收款人名册，就可以通过此功能添加和维护经常与本单位发生业务往来的收款人账号，以便在提交支付指令时，直接通过下拉菜单选择收款人信息。

对于收款方是工行账户的，如果要求实时到账，付款方式应选择"加急"。

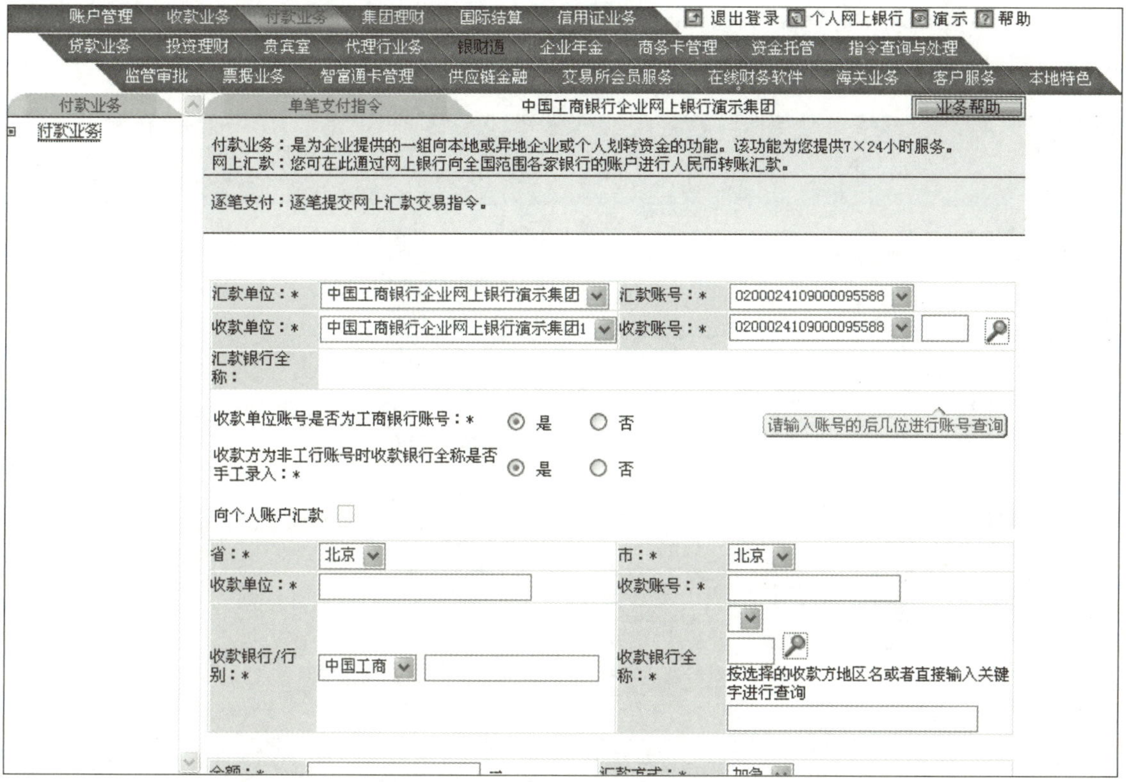

图 2-39　"付款业务"子菜单页面

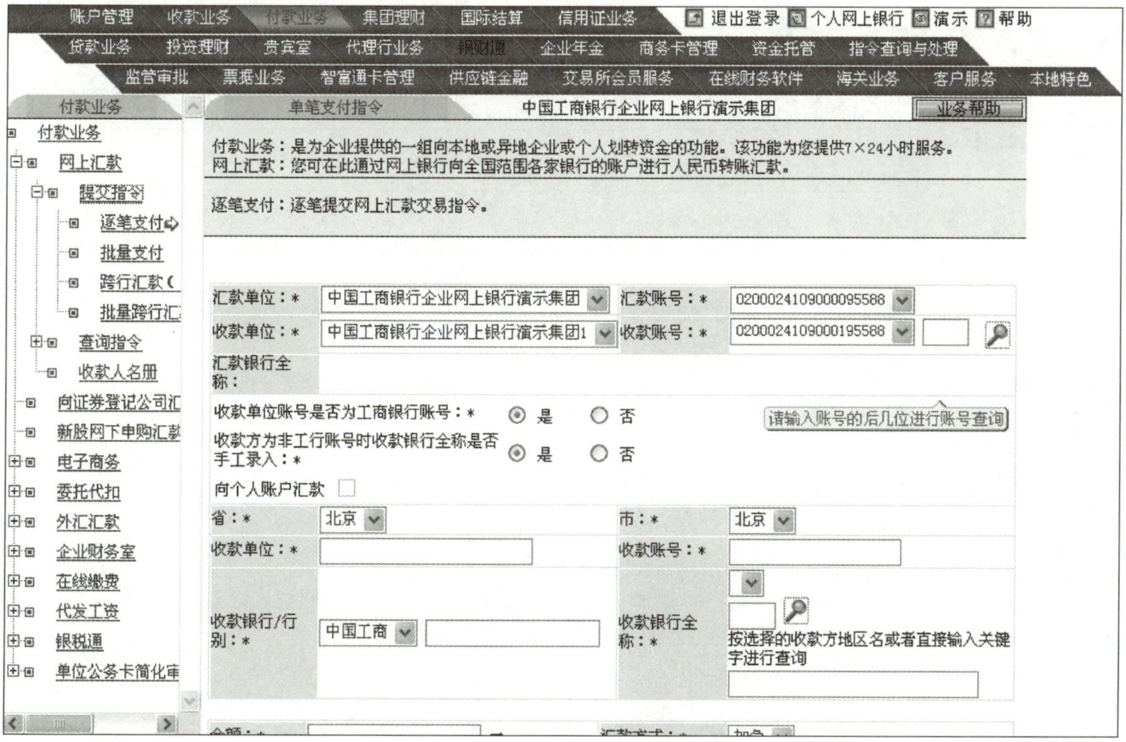

图 2-40　"逐笔支付"子菜单页面

（4）输入完毕后，选择是否向相关人员发送信息，单击"确定"，见图 2-41。

（5）页面图显示出刚才输入的信息，以便核对，见图 2-42。

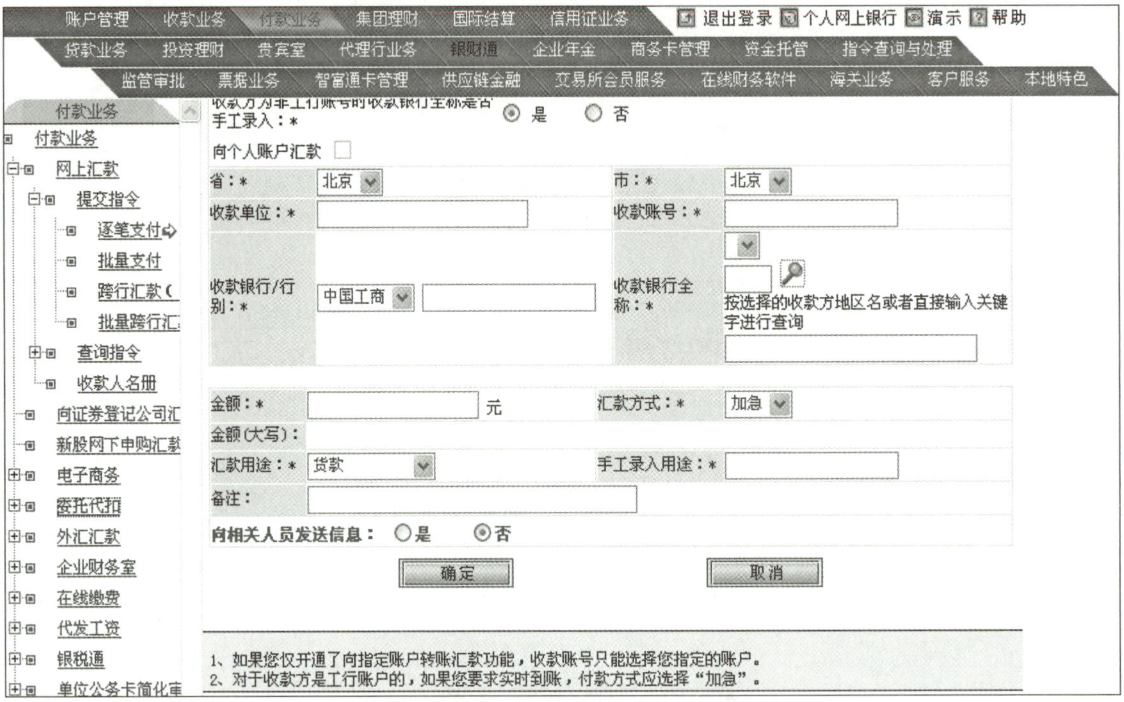

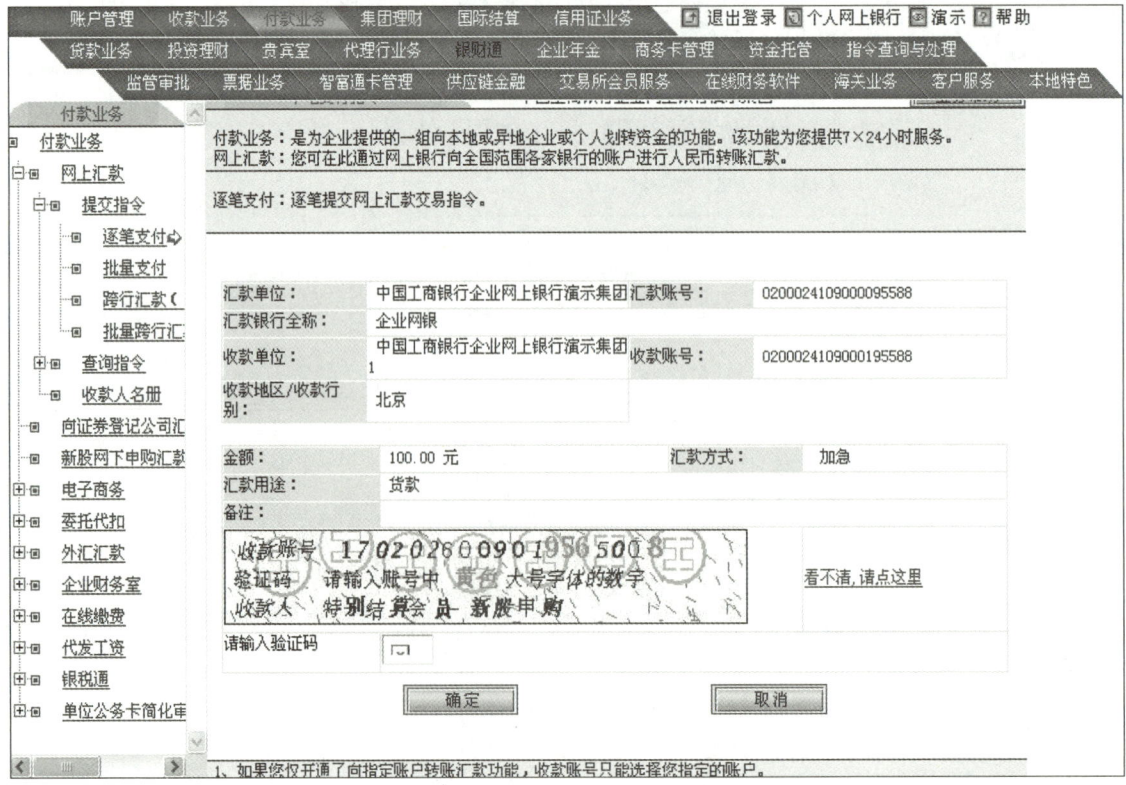

图 2-41　"逐笔支付"子菜单页面

图 2-42　"逐笔支付"核对信息页面

（6）核对无误后输入验证码，输入完毕后，单击"确定"，见图 2-42。

（7）弹出签名证书选择对话框，在列表中选择证书，单击"确定"，见图 2-43。

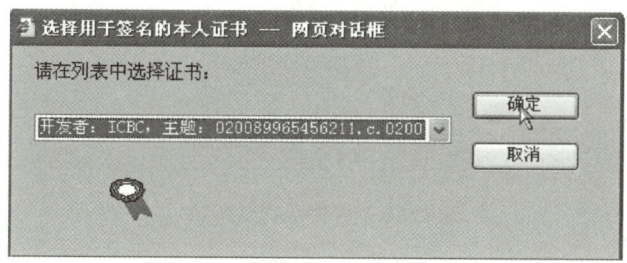

图 2-43　选择证书窗口

（8）输入密码，单击"确定"，见图 2-44。

图 2-44　证书密码输入窗口

（9）弹出签名信息确认对话框，确认无误后单击"确定"，见图 2-45。

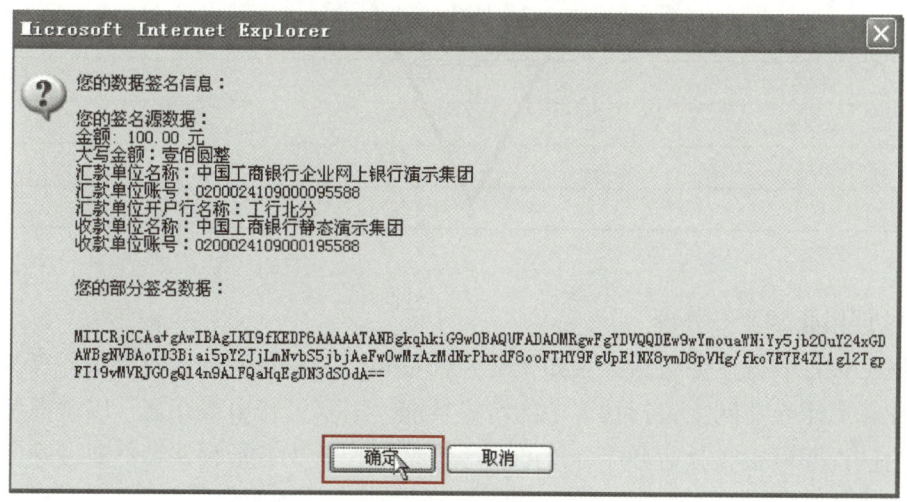

图 2-45　签名信息确认窗口

（10）如果付款指令的付款金额在授权范围内，确认证书无误后，即会显示付款成功，如果还需要进行其他操作，可单击"返回"。如果付款指令的付款金额不在授权范围内，超过了支付权限，则会提示需要上级授权人授权，此时交易状态会显示"等待买家付款（订单已下，等待授权付款）"，见图 2-46。

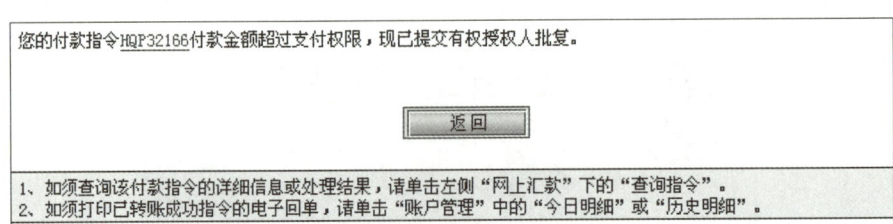

图 2-46 等待授权付款窗口

（11）付款指令成功提交后，单击"账户管理"中的"今日明细"或"历史明细"，可打印出已转账成功指令的电子回单，收到银行退回的已加盖"转讫"章的电子回单（见表 2-77），由会计制证人员据以编制记账凭证，出纳人员根据记账凭证登记银行存款日记账。

表 2-77

<table>
<tr><td colspan="7" style="text-align:center">中国工商银行电子回单</td></tr>
<tr><td colspan="7">电子回单号：略</td></tr>
<tr><td rowspan="3">付款人</td><td>全　称</td><td>海蓝公司</td><td rowspan="3">收款人</td><td>全　称</td><td colspan="2">朔州怀阴奶牛场</td></tr>
<tr><td>账　号</td><td>164-7654</td><td>账　号</td><td colspan="2">87430958</td></tr>
<tr><td>开户银行</td><td>工行太原千峰路支行</td><td>开户银行</td><td colspan="2">农行朔州支行</td></tr>
<tr><td colspan="2">金额</td><td>￥98 543.00</td><td colspan="2">大写金额</td><td colspan="2">人民币：玖万捌仟伍佰肆拾叁元整</td></tr>
<tr><td colspan="2">用途</td><td>归还货款</td><td colspan="4" rowspan="3"></td></tr>
<tr><td colspan="2">交易流水号</td><td></td></tr>
<tr><td colspan="2" rowspan="2">电子签章</td><td>备注：</td></tr>
<tr><td>验证码：</td><td colspan="4"></td></tr>
<tr><td colspan="2">记账日期</td><td>2024-4-12</td><td colspan="4"></td></tr>
</table>

4. 网银收款业务办理

网上银行收款业务包括批量扣企业、批量扣个人和在线缴费商户服务等，网银收款业务属于企业网上银行功能中的特定功能，需要另行申请开通。以"批量扣企业"为例说明网银收款业务应办理的程序。批量扣企业是指收款客户通过网上银行主动收取其经过授权／签约企业客户各类应缴费用的一项收费业务。

（1）成功登录工行企业网上银行后，单击交易区上方的一级菜单中的"收款业务"栏目，交易区左侧显示出"收款业务"的子菜单，见图 2-47。

（2）展开"批量扣企业"，显示出"批量扣企业"的子菜单，单击"提交指令"，交易区进入"提交指令"页面，见图 2-48。

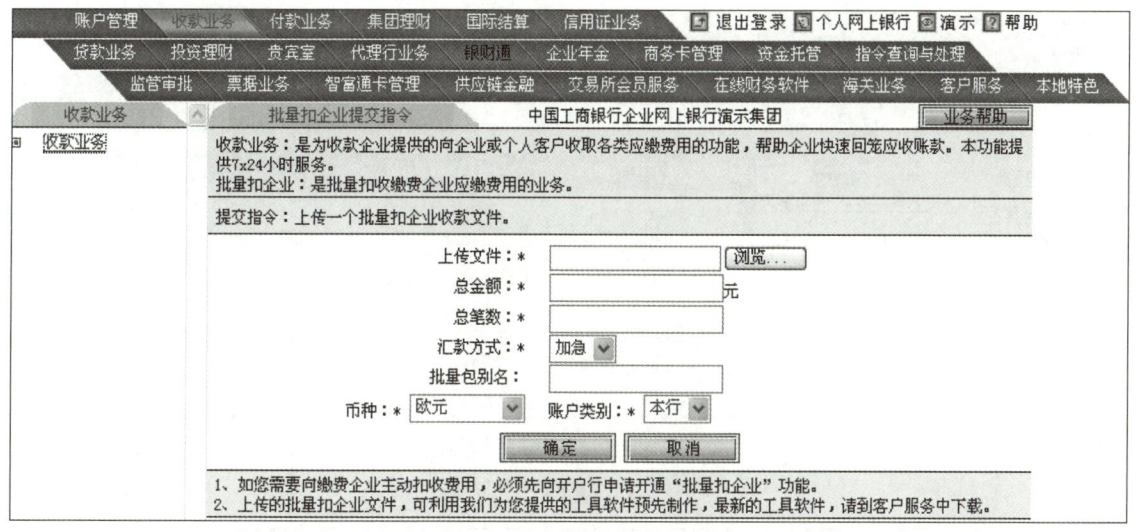

图 2-47　"收款业务"子菜单页面

图 2-48　"提交指令"子菜单页面

（3）选择填写各项详细信息，包括上传文件名称、总金额、总笔数、汇款方式（加急、普通）、批量包别名、币种、账户类别。请注意编辑批量文件时，可以使用工行门户网站上提供的企业客户端功能软件进行批量文件的编辑，见图 2-48。

（4）各项信息输入完毕后，单击确定，弹出签名证书选择对话框，在列表中选择证书，单击"确定"，见图 2-49。

（5）输入密码，单击"确定"，见图 2-50。

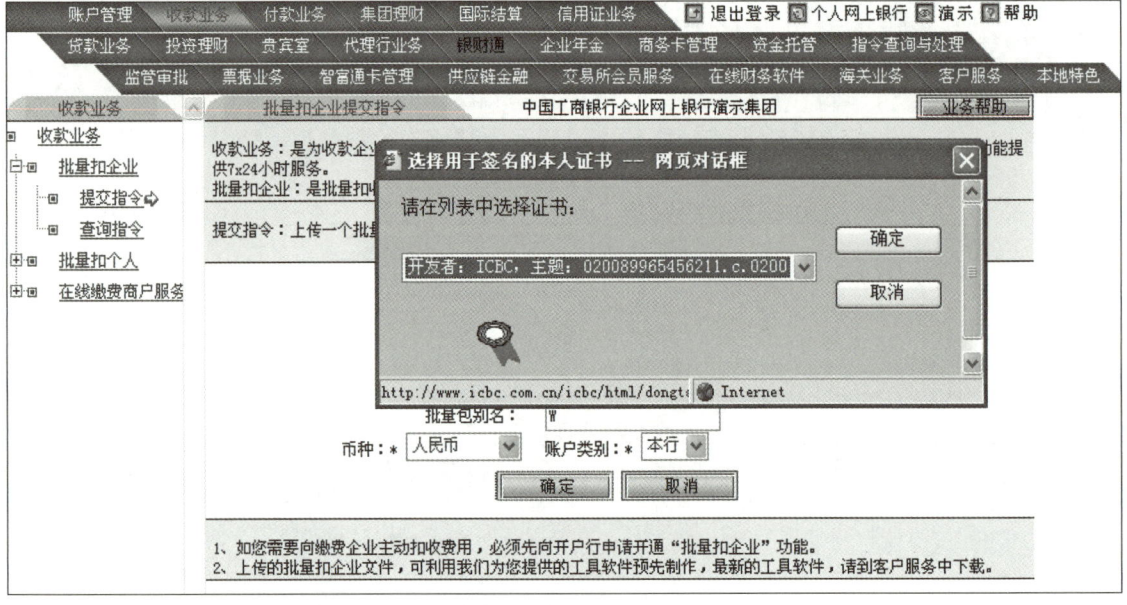

图 2-49　选择证书窗口

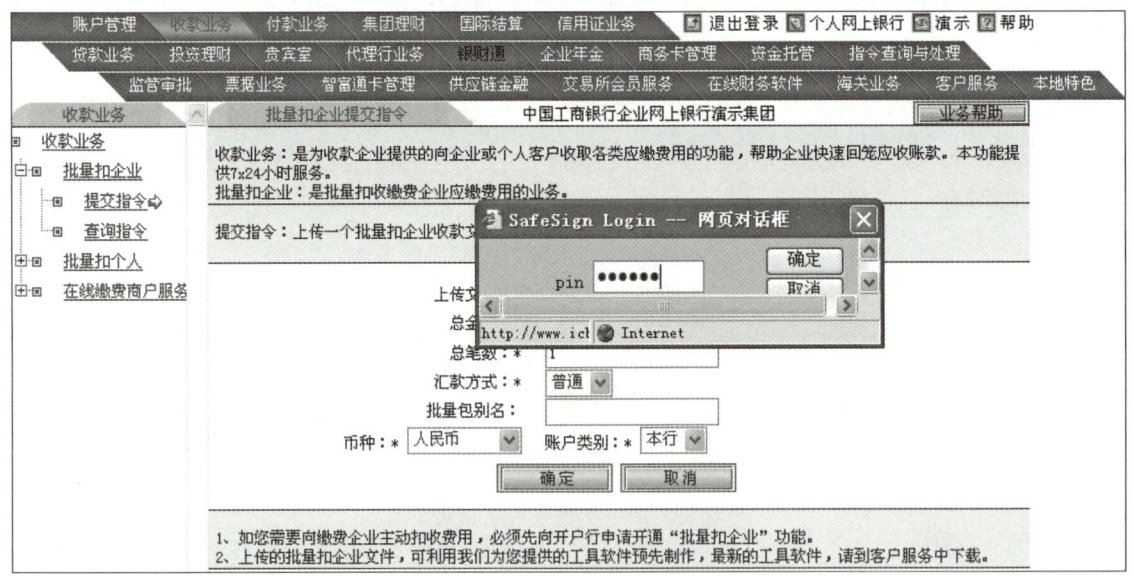

图 2-50　证书密码输入窗口

（6）弹出签名信息确认对话框，确认无误后单击"确定"，见图 2-51。

（7）批量支付指令已成功提交，如果还需要进行其他操作，可单击返回，见图 2-52。

收到银行退回的已加盖"转讫"章的电子回单，由会计制证人员据以编制记账凭证，出纳人员根据记账凭证登记银行存款日记账。

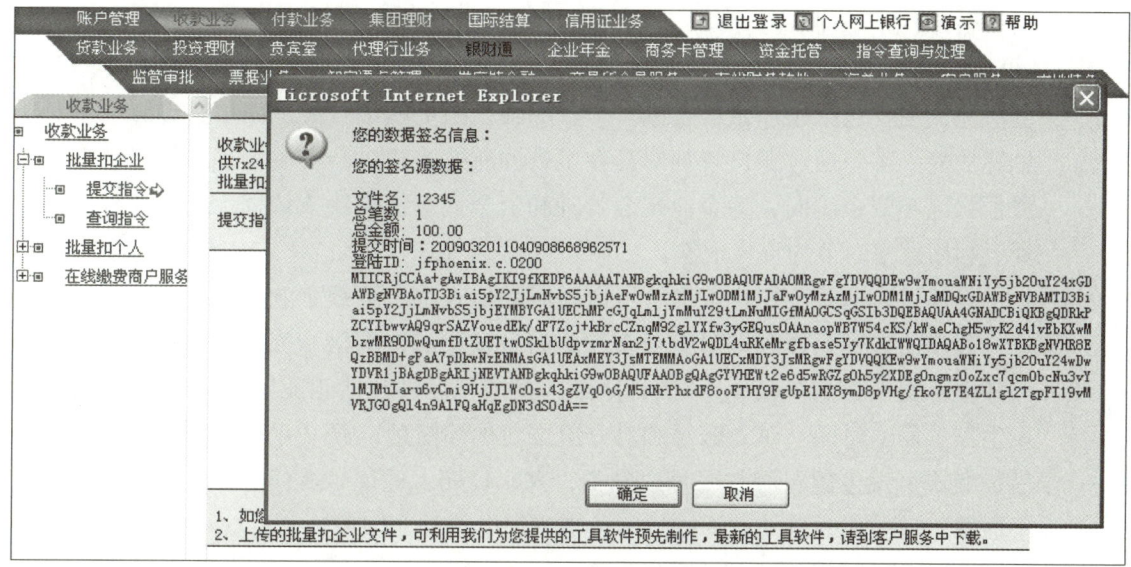

图 2-51　签名信息确认窗口

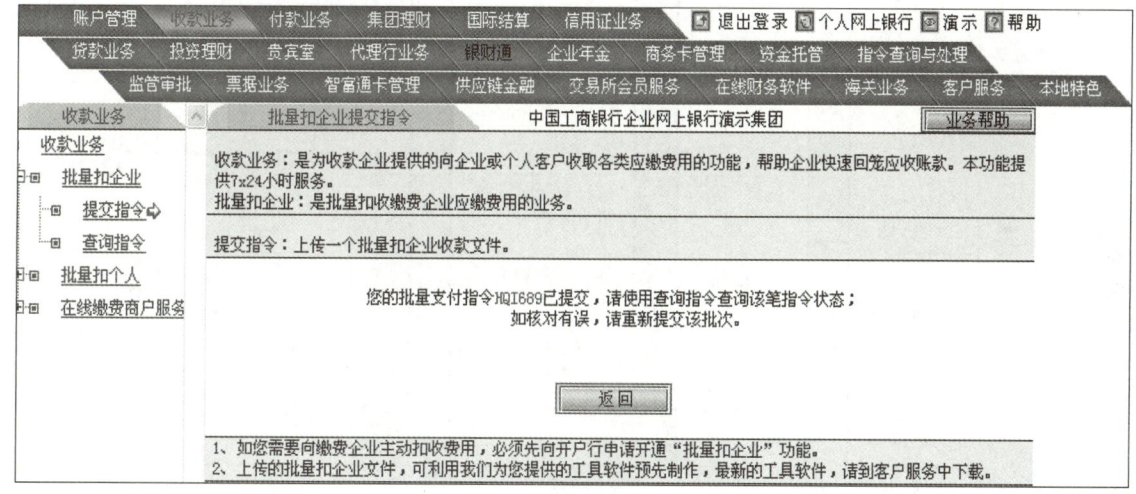

图 2-52　"提交指令"完成页面

【想一想】

为何通过网银收取款项和支付款项时，必须取得银行退回的已加盖"转讫"章的电子回单，企业才能进行后续的会计处理呢？

---

5. 网银账户管理

网银账户管理是指客户通过网上银行进行账户信息查询、下载、维护等一系列账户服务。任何在工行开立结算账户的企业和团体均可通过柜台注册或通过工行网站自助注册企业网上银行后使用该功能。集团企业和中小企业均可随时查看总（母）公司及分（子）公司的各类账户的余额及明细，实时掌握和监控企业内部资金情况。主要包括账户余额查询、今日明细、历史明细查询、回单查询和电子对账单等功能，客户通过账户管理对开在工行的所有账户进行实时管理，及时掌握公司资金状况和资金流向，为企业现金管理和资金调度提供决策依据，以最大限度提高资金利用效率，节约资金成本。

具体讲，通过"账户管理"可以随时随地查询、下载企业在工行各分支机构开立的账户的账面余额和即时有效余额、当日发生的全部借贷交易、一年内的每日余额和全部交易信息。其中，"当日明细"查询可提供包括凭证号、用途、借贷标志、发生额、发生时间、对方账号和对方单位名称等信息；"历史明细"查询可提供包括借贷标志、发生额、对方账号、摘要、入账日期、凭证号等信息；还可以通过"电子回单"功能在线自助查询或打印往来户的电子补充回单。

"账户管理"使用流程见图 2-53。

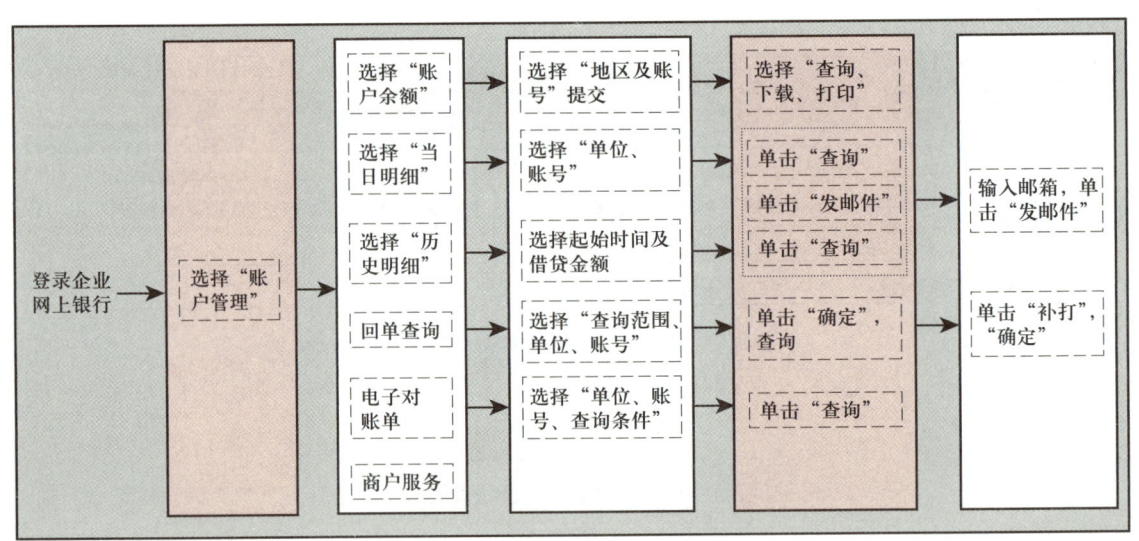

图 2-53   "账户管理"使用流程图

以账户管理中的"账户余额"为例说明账户管理的使用程序。

（1）成功登录工行网上银行后，单击交易区上方的一级菜单中的"账户管理"栏目，交易区左侧显示出"账户管理"的子菜单，见图 2-54。

（2）展开"账户管理"，显示出"账户管理"的子菜单以及第一个子菜单"账户余额"页面，见图 2-55。

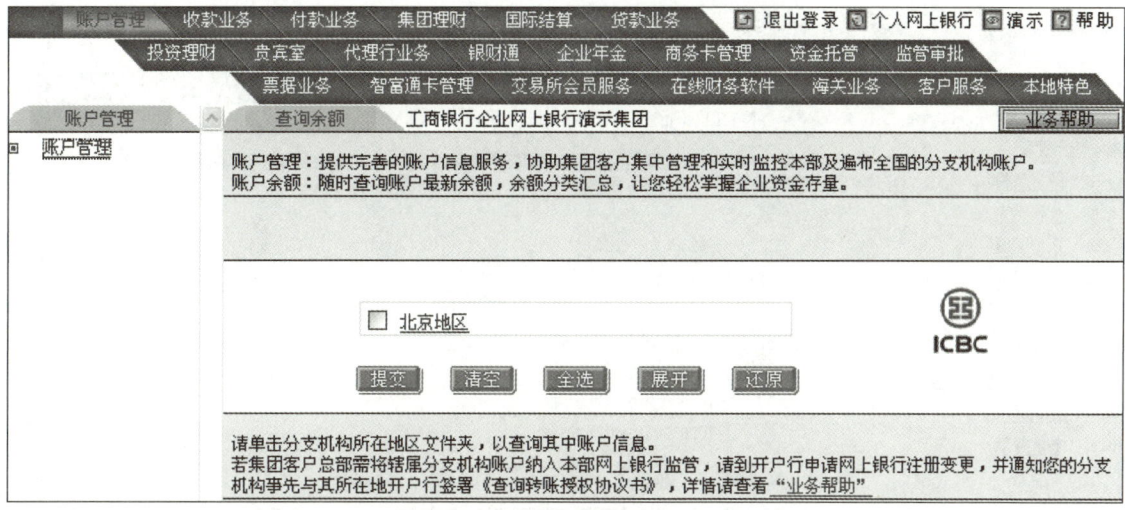

图 2-54　"账户管理"子菜单页面

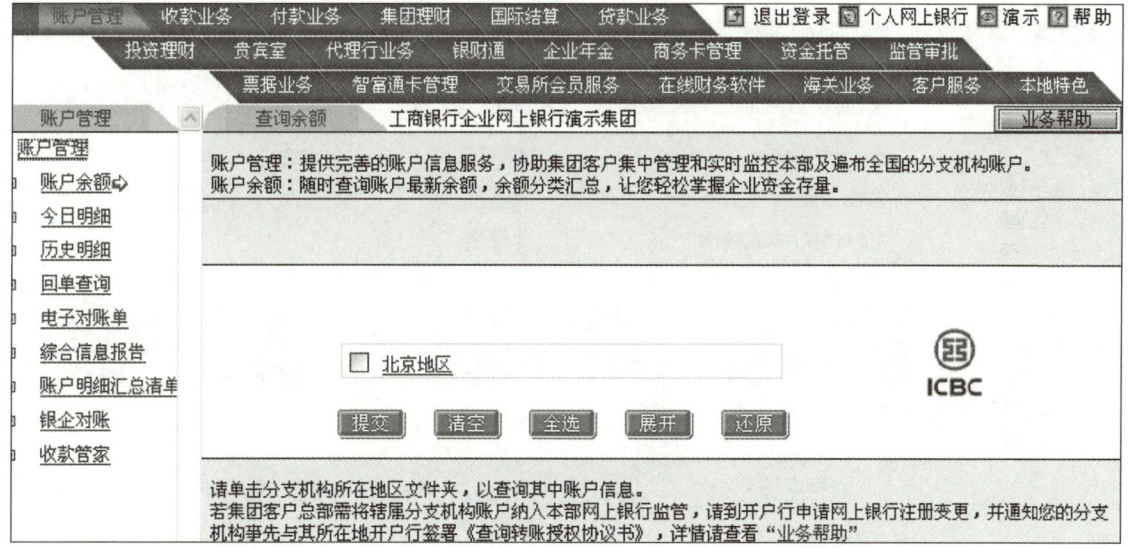

图 2-55　"账户余额"子菜单页面

（3）单击分支机构所在地区文件夹，查询其中账户信息，在要查询的账户前打"√"，见图 2-56。

（4）单击"提交"，系统页面显示出要查询的账号，见图 2-57。

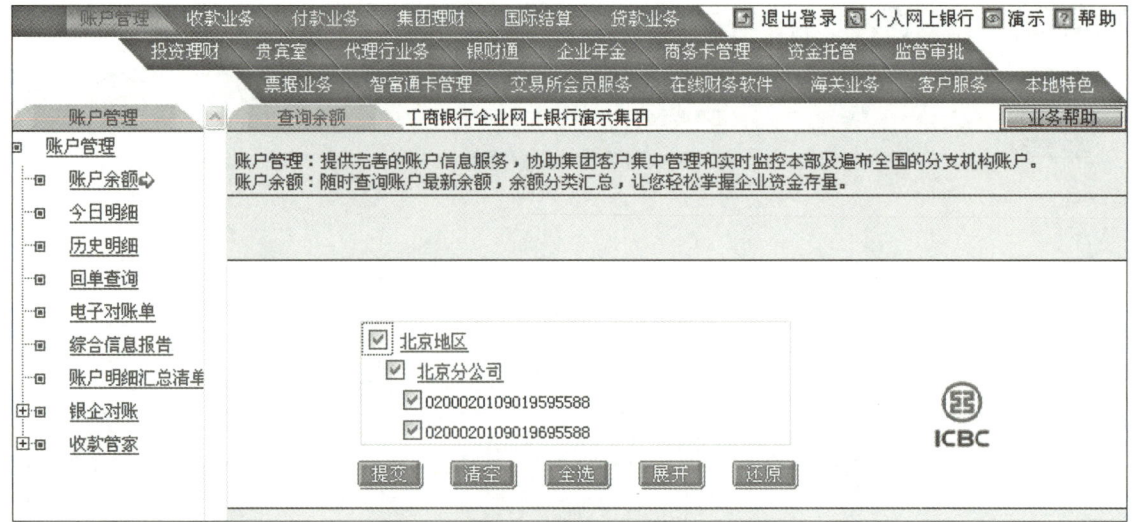

图 2-56　查询账户显示页面

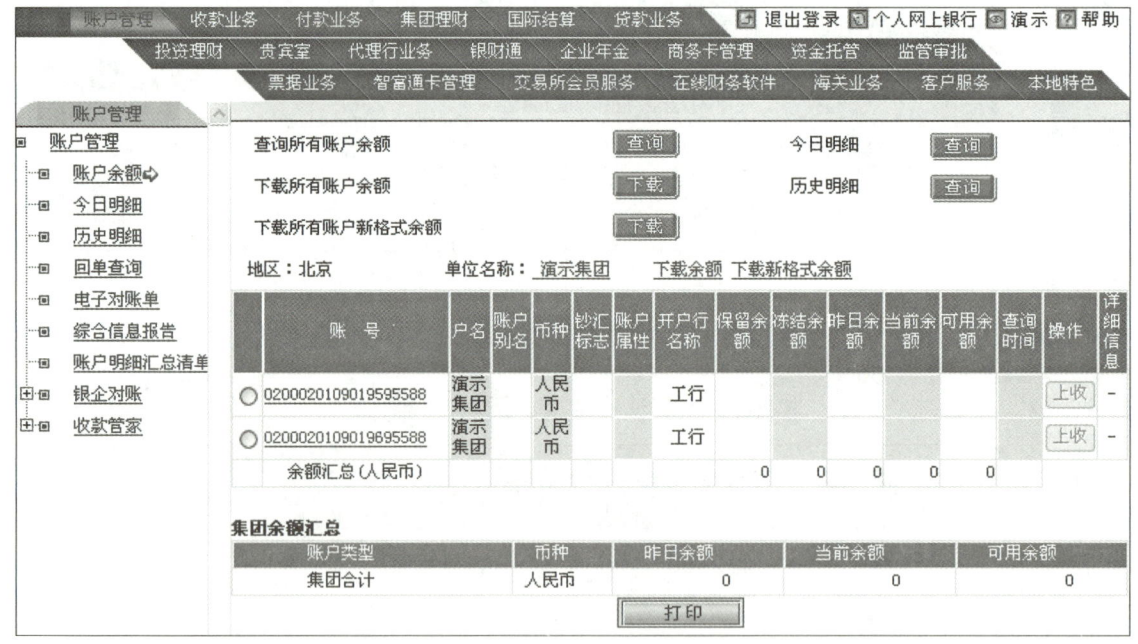

图 2-57　查询账户显示页面

（5）如果要查询所有账户余额，单击"查询"，页面图显出所有账号的信息，包括户名、账户别名、币种、钞汇标志、账户属性、开户银行名称、保留余额、冻结余额、昨日余额、当前余额、可用余额、查询时间、操作、详细信息，以及所有账号余额汇总和集团余额汇总，见图 2-58。如果查询部分账户余额，单击要查询的"账号"，页面图显出该账号的信息如图 2-59 所示。

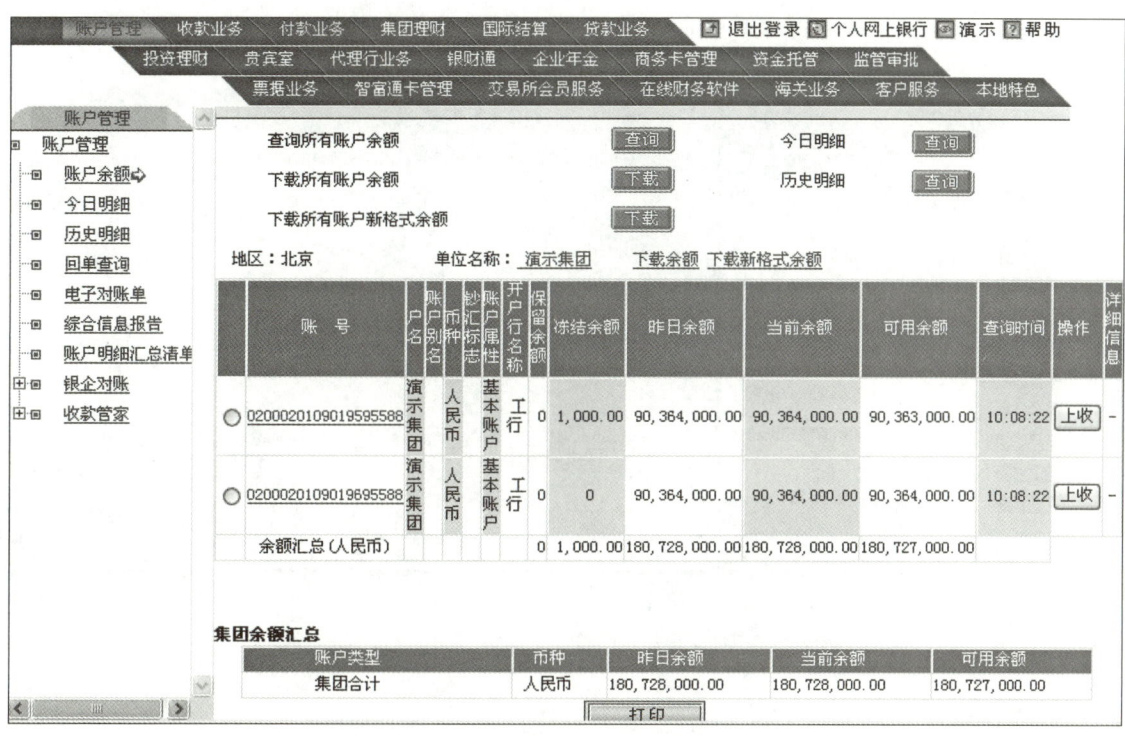

图 2-58　全部账户信息页面

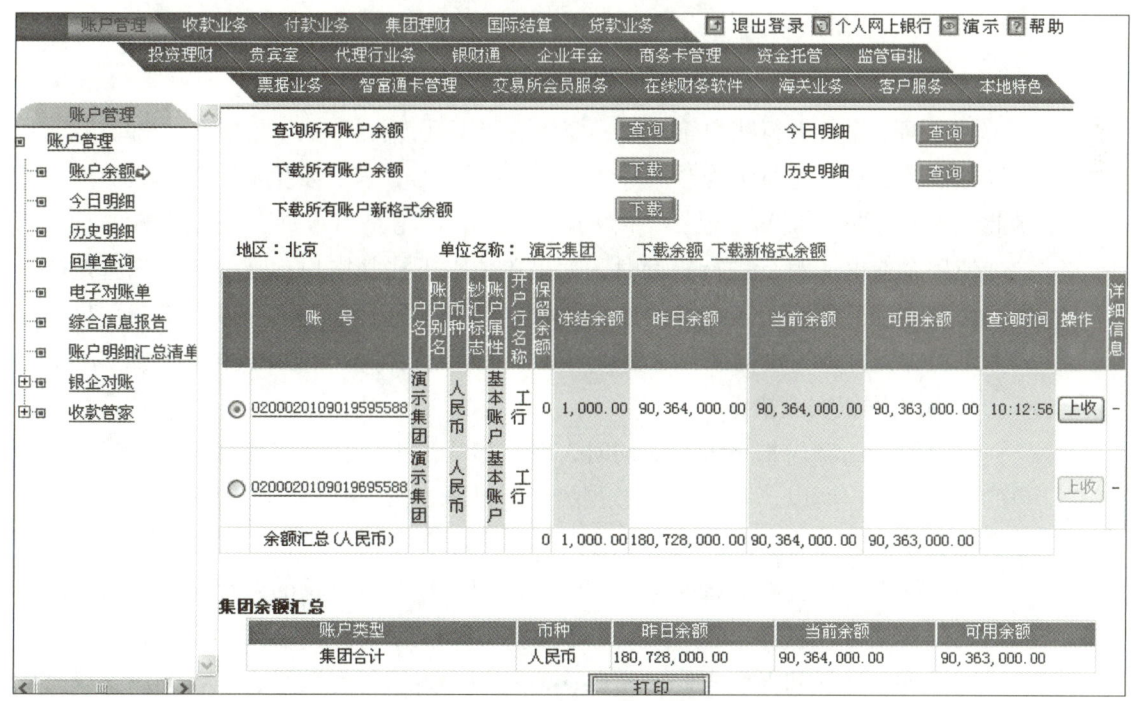

图 2-59　个别账户信息页面

（6）如果要下载账户余额，单击"下载"，弹出下载文件对话框，见图2-60。

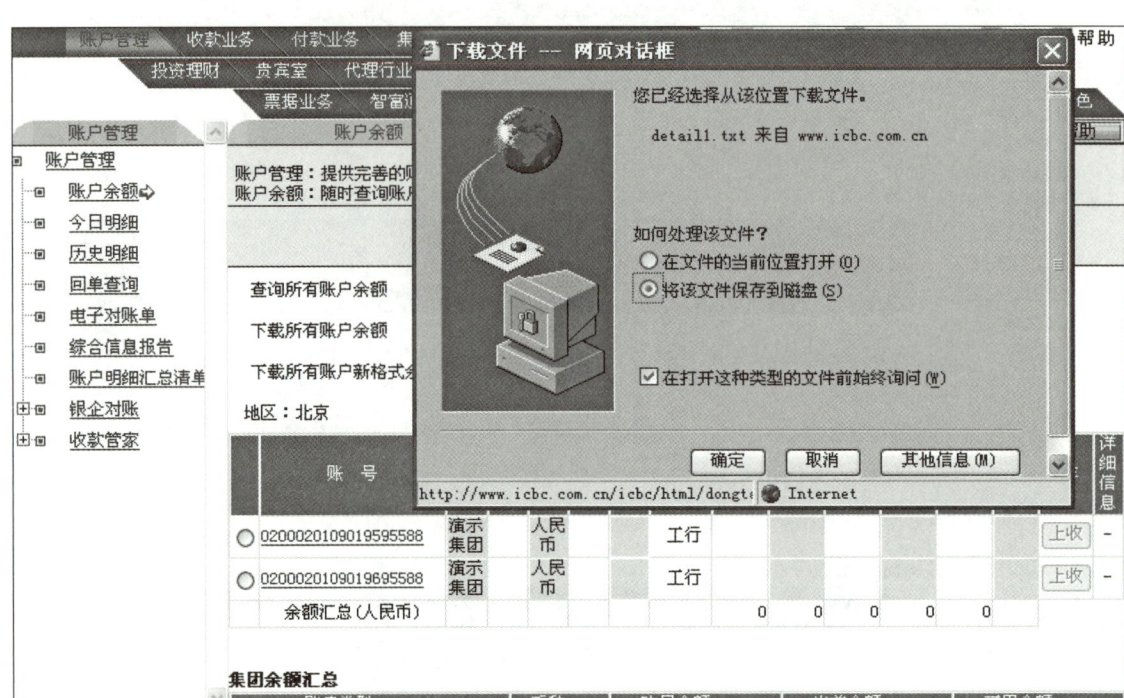

图2-60   "下载文件"窗口

（7）单击"确定"，即可下载，然后可保存、转发。

使用网上银行进行账户管理时，要注意以下几点：第一，使用网上查询功能时，若异地汇款借贷标志显示为"贷"，明细显示凭证号；若"发生额"显示为负值，表示此笔交易是冲正交易，根据"借/贷"标志，确定是借方冲正还是贷方冲正。第二，使用企业电话银行进行查询时，如果单位卡下挂基本户不唯一，系统会先播报人民币基本账户明细，若选择继续，则再播报其他下挂账户的明细；第三，集团客户如果想查询各分支机构账户的交易明细，必须先获得各分支机构的账户查询授权。

6. 使用网银安全措施

网上银行给客户带来方便的同时，在一定程度上也存在着安全隐患，威胁着客户的资金安全。所以，掌握一些必要的安全措施，对于确保网上银行正确使用和资金安全是非常重要的。

（1）核对网址。在登录网上银行时，应留意核对所登录的网址与协议书中的法定网址是否相符，谨防一些不法分子恶意模仿银行网站，骗取账户信息。

（2）妥善选择和保管密码。密码应避免与个人资料有关系，建议选用字母、数字混合的方式，以提高密码破解难度。密码应妥善保管，避免将密码写在纸上。尽量避免在不同的系统使用同一密码，否则一旦遗失密码，后果将不堪设想。

（3）做好交易记录。应对网上银行办理的转账和支付等业务做好记录，定期查看"历史交易明细"，定期打印网上银行业务对账单，如发现异常交易或账务差错，立即与银行联系，避免损失。

（4）管好数字证书。数字证书相当于网银用户网上交易的身份证，它是建立在密码保护之上的安全性更高的安全机制，当用户在使用数字证书进行交易时，系统会通过多重加密保障交易信息不被篡改、劫持，以保证用户交易的安全。网上银行用户应避免在公用的计算机上使用网上银行，以防数字证书等机密资料落入他人之手，从而使网上身份识别系统被攻破，网上账户遭盗用。

（5）对异常动态提高警惕。

（6）安装防毒软件。为计算机安装防火墙程序，防止黑客窃取账户信息。建议安装防病毒软件，并经常升级。

【职业素养提升】

出纳人员须知网银的那些事

企业网上银行通常使用网银 U 盾登录官网进行操作，同一银行账户可以有多个网银 U 盾，网银 U 盾通常分为三种角色：操作员、复核员和主管身份。企业同一银行账户至少 2 个网银 U 盾，一个操作员 U 盾、一个复核 U 盾。主管 U 盾通常在企业负责人处保管，部分企业不开通此角色 U 盾。

企业使用网银时需要非常小心，并且保持高度警觉，应该按照职责分离的原则对网银 U 盾进行妥善保管，需要对使用网银的人员进行授权以及控制网银的操作范围，以此来保障资金安全。制单 U 盾即操作员身份 U 盾通常由出纳人员保管，主要用于录入付款信息即提交付款申请和对账等操作，然后提交到复核 U 盾进行审核；复核 U 盾即审核员身份 U 盾在会计、主管、经理处保管，用于审批付款，通过复核 U 盾的审核后，可以直接进行出账操作。如需再次审核，则需要提交到主管 U 盾进行确认后才可以进行出账操作。

网银操作流程包括制单、一核、二核、查询、对账主要内容。其中，"制单"是填制正确付款单；一核是制单会计制单成功后退出切换复核员身份登录审核；二核是复核员审核成功后退出切换主管身份登录再次审核；查询是主管审核成功后查询款项是否付款成功；对账是月末账户余额进行对账处理。

如果不幸丢失了网盾，需要带上必要的资料到开户银行柜台进行补办；如果密码被锁定了，需要重置密码，也需要到开户银行柜台办理，并且带上相应的资料和网盾。如果用于企业账务管理的银行进行改制或者整合，企业还需要到新的开户银行重新注册和开通网银业务。

（7）堵住软件漏洞。为防止他人利用软件漏洞进入计算机窃取资料，应及时更新相关软件，下载补丁程序。

学习子情境六　委托收款结算业务办理

【情境引例】

2024 年 4 月 10 日，海蓝公司销售给保利公司培训桌 1 000 张，单价 50 元 / 张，增值税税率 13%，由于是异地销售，双方协议采用委托收款结算方式，由海蓝公司先发货，由保利公司验收货物后付款。海蓝公司如何办理有关手续？作为付款人保利公司如何办理付款业务？如果由于海蓝公司商品质量等问题保利公司需要拒付款项应该如何处理？

【工作过程与岗位对照图】

委托收款结算的银行存款收付款业务工作过程及岗位对照图如图 2-61、图 2-62 所示。

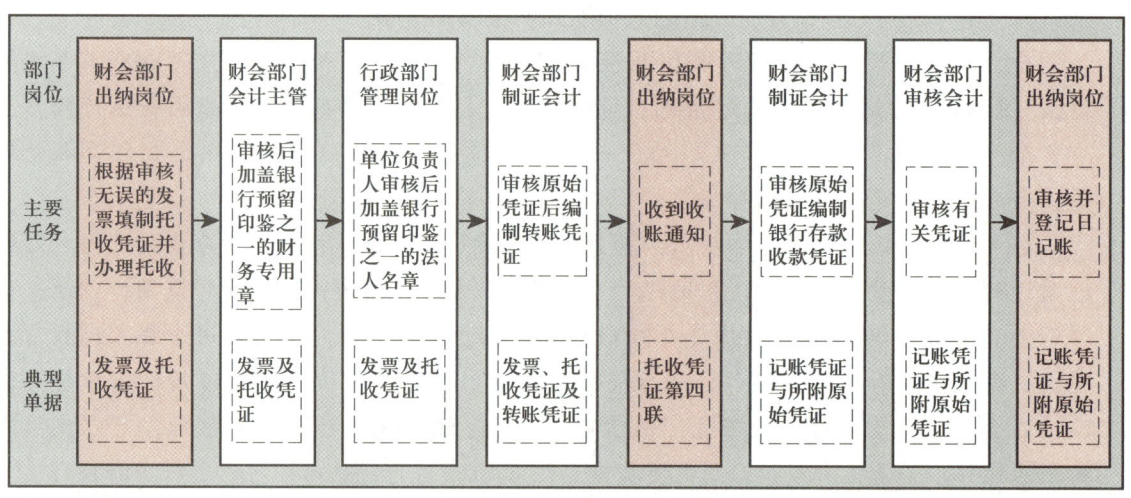

图 2-61　委托收款结算的银行存款收款业务工作过程及岗位对照图

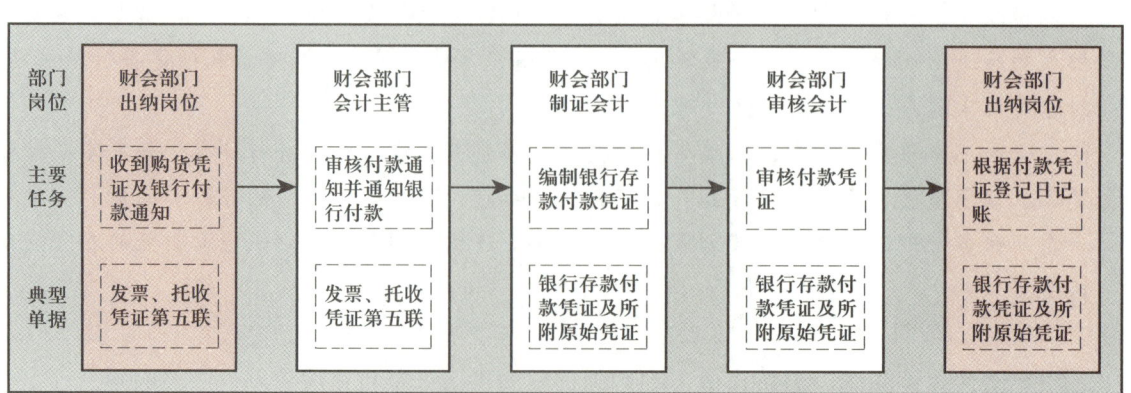

图 2-62　委托收款结算的银行存款付款业务工作过程及岗位对照图

【知识准备】

委托收款结算基本知识

一、委托收款结算方式概念及种类

委托收款结算是收款人向银行提供收款凭证，委托银行向付款人收取款项的结算方式。委托收款结算款项划拨方式可采用邮寄、电报两种，由收款人选用。委托收款结算办理以"托收凭证"作为银行结算与会计入账的依据，"托收凭证"的样式及联次用途见图 2-63～图 2-67。

托收凭证（受理回单）		1

委托日期　　年　月　日

业务类型		委托收款（□ 邮划、□ 电划）				托收承付（□ 邮划、□ 电划）			
付款人	全　称			收款人	全　称				
	账　号				账　号				
	地　址	省　市县　开户行			地　址	省　市县　开户行			

金额　人民币（大写）　　　亿 千 百 十 万 千 百 十 元 角 分

款项内容		托收凭据名　称		附寄单证张数	
商品发运情况			合同名称号码		

备注：　　　　　款项收妥日期　　　　　　　　收款人开户银行签章
　　　　　　　　　　　　　　年　月　日　　　　　　　　　年　月　日

复核　　　　　记账

此联作收款人开户银行给收款人的受理回单

图 2-63　托收凭证第一联

托收凭证（贷方凭证）		2

委托日期　　年　月　日

业务类型		委托收款（□ 邮划、□ 电划）				托收承付（□ 邮划、□ 电划）			
付款人	全　称			收款人	全　称				
	账　号				账　号				
	地　址	省　市县　开户行			地　址	省　市县　开户行			

金额　人民币（大写）　　　亿 千 百 十 万 千 百 十 元 角 分

款项内容		托收凭据名　称		附寄单证张数	
商品发运情况			合同名称号码		

备注：　　　　　　　　　上列款项随付有关债务证明，请予办理。
收款人开户银行收到日期：
　　年　月　日　　　　　收款人签章　　　复核　　记账

此联收款人开户银行作贷方凭证

图 2-64　托收凭证第二联

　　图 2-63 为托收凭证第一联"受理回单"，用途为收款单位开户银行同意办理托收的证明。办理托收时，收款单位开户银行在此联"收款人开户银行签章"处加盖"银行受理章"，表示同意办理。

　　图 2-64 为托收凭证第二联"贷方凭证"，用途为收款单位开户银行为收款人收到款时作增加银行存款的凭证。办理托收时，收款单位在"收款人签章"处加盖预留印鉴，即"财务专用章"和"法人名章"。

托收凭证（借方凭证）　3					
委托日期　年　月　日				付款期限　年　月　日	此联付款人开户银行作借方凭证
业务类型	委托收款（□ 邮划、□ 电划）		托收承付（□ 邮划、□ 电划）		
付款人	全　称		收款人	全　称	
	账　号			账　号	
	地　址　省　市县　开户行			地　址　省　市县　开户行	
金额	人民币（大写）		亿 千 百 十 万 千 百 十 元 角 分		
款项内容		托收凭据名　称		附寄单证张数	
商品发运情况			合同名称号码		
备注：		收款人开户银行签章			
付款人开户银行收到日期：　年　月　日			年　月　日　　复核　记账		

图 2-65　托收凭证第三联

托收凭证（收款通知）　4					
委托日期　年　月　日				付款期限　年　月　日	此联为收款人开户银行给收款人的收款通知
业务类型	委托收款（□ 邮划、□ 电划）		托收承付（□ 邮划、□ 电划）		
付款人	全　称		收款人	全　称	
	账　号			账　号	
	地　址　省　市县　开户行			地　址　省　市县　开户行	
金额	人民币（大写）		亿 千 百 十 万 千 百 十 元 角 分		
款项内容		托收凭据名　称		附寄单证张数	
商品发运情况			合同名称号码		
备注：		上列款项已划回收入方账户内			
复核　　　记账		收款人开户银行签章　年　月　日			

图 2-66　托收凭证第四联

　　图 2-65 为托收凭证第三联"借方凭证"，用途为付款单位开户银行为付款人付款后作银行存款减少的凭证。办理业务时，收款人开户银行在"收款人开户银行签章"处签章并交付款人开户银行。

　　图 2-66 为托收凭证第四联"收款通知"，用途为收到款时收款单位开户银行给收款单位的通知。托收款项收到时收款单位开户银行在"收款人开户银行签章"处加盖"转讫"章。

<table>
<tr><td colspan="5">托收凭证（付款通知）</td><td>5</td><td></td></tr>
<tr><td colspan="4">委托日期　　年　月　日</td><td colspan="2">付款期限　　年　月　日</td><td rowspan="12">此联为付款人开户银行给付款人的按期付款通知</td></tr>
<tr><td colspan="2">业务类型</td><td colspan="2">委托收款（□邮划、□电划）</td><td colspan="2">托收承付（□邮划、□电划）</td></tr>
<tr><td rowspan="3">付款人</td><td>全　称</td><td colspan="3"></td><td rowspan="3">收款人</td></tr>
<tr><td>账　号</td></tr>
<tr><td>地　址</td><td>省　　市县</td><td>开户行</td></tr>
</table>

<figure>
图 2-67　托收凭证第五联
</figure>

　　图 2-67 为托收凭证第五联"付款通知"，用途为付出款时付款单位开户银行给付款单位的通知。托收款项付出时付款单位开户银行在"付款人开户银行签章"处加盖"转讫"章。

二、委托收款结算方式适用范围

　　委托收款适用于同城和异地之间的款项结算。单位和个人销售商品、提供劳务，凭已承兑的商业汇票、债券、存单等付款人债务证明办理款项收取时，均可以采用委托收款结算。还可用于收取电费、电话费等付款人多但分散的公用事业费等有关款项的结算。

三、托收凭证记载事项

　　签发托收凭证时必须记载下列事项：

　　（1）表明"托收"的字样；

销售商品委
托收款业务
办理

（2）确定的金额；

（3）付款人名称；

（4）收款人名称；

（5）托收凭证名称及附寄单证张数；

（6）委托日期；

（7）收款人签章。

欠缺记载上述事项之一的，银行不予受理。

■ 【职业判断与业务操作】 ■

委托收款结算方式下基本业务工作过程

采用委托收款结算方式办理结算，收款人必须根据增值税专用发票或已承兑的商业汇票等凭证填制托收凭证，根据有关凭证一方面核算企业经营收入增加或结清的债权债务，另一方面办理银行存款的收取；对于付款方则根据有关凭证，一方面反映购入存货的增加或费用的增加，另一方面反映银行存款的减少。

一、委托收款结算银行存款的收款业务办理

下面以海蓝公司的业务为例介绍委托收款银行存款收款业务办理的工作过程。

【典型工作任务举例2-15】 销售商品委托收款业务

2024年4月10日，海蓝公司销售给保利公司培训桌1 000张，单价50元/张，增值税税率13%，双方协商以委托收款结算方式办理结算。

（1）销售商品。海蓝公司销售人员办理业务后，开出一式三联增值税发票，并将发票交销售部门负责人审核签章（见表2-78），产成品出库单见表2-79。

> **【想一想】**
>
> 增值税发票销售方留存第几联？销售方记账的依据是什么？异地购销业务还可以采用哪些结算方式结算？

（2）填制托收凭证。海蓝公司销售部门人员将发票交财务科审核，出纳人员（李红）根据审核后的增值税发票填制托收凭证办理收款业务。收款单位出纳人员（李红）填制托收凭证时，应按照规定逐项填明托收凭证的各项内容，保证凭证所需记载事项记载齐全，否则银行不予受理。（托收凭证一式五联，见表2-80～表2-84）

表 2-78

山西增值税专用发票

此联不作报销、扣税凭证使用

№ 00860788

开票日期：2024 年 4 月 10 日

购买方	名　称：保利公司 纳税人识别号：911401071991041738 地址、电话：长治解放路17号　6660555 开户行及账号：建行长治解放路支行　156-5647	密码区	（略）

货物或应税劳务、服务名称	规格型号	单位	数量	单价	金额	税率	税额
培训桌		张	1 000	50	50 000.00	13%	6 500.00
					¥50 000.00		¥6 500.00

价税合计（大写）	⊗ 伍万陆仟伍佰元整	（小写）　¥ 56 500.00

销售方	名　称：海蓝公司 纳税人识别号：911401098375652345 地址、电话：太原千峰路28号　6584848 开户行及账号：工行太原千峰路支行　164-7654	备注	海蓝公司 911401098375652345 发票专用章

收款人：李红　　　复核：　　　　开票人：王东　　　销售方：（章）

第一联：记账联　销售方记账凭证

表 2-79

产成品出库单

领用单位：销售科　　　　　2024 年 4 月 10 日　　　　　编号：

产品名称	规格型号	计量单位	出库数量	备注
培训桌		张	1 000	

主管：　　　　审核：　　　　保管：白慧　　　　经手人：王东

表 2-80

托收凭证（受理回单）

1

委托日期　2024 年 4 月 10 日

业务类型		委托收款（☑ 邮划、□ 电划）				托收承付（□ 邮划、□ 电划）												
付款人	全　称	保利公司				收款人	全　称	海蓝公司											
	账　号	156-5647					账　号	164-7654											
	地　址	山西省长治市	开户行	建行长治解放路支行			地　址	山西省太原市	开户行	工行太原千峰路支行									
金额		人民币（大写）伍万陆仟伍佰元整						亿	千	百	十	万	千	百	十	元	角	分
										¥	5	6	5	0	0	0	0
款项内容		货款		托收凭据名　称				附寄单证张数			2							
商品发运情况			已发运			合同名称号码												
备注：			款项收妥日期															
		复核：　　　记账						年　月　日										

中国工商银行股份有限公司
太原千峰路支行
2024 年 4 月 10 日
受理凭证

收款人开户银行签章　　2011 年 12 月 0 日

此联作收款人开户银行给收款人的受理回单

表 2-81

托收凭证（贷方凭证）

2

委托日期　2024 年 4 月 10 日

业务类型		委托收款（☑ 邮划、□ 电划）				托收承付（□ 邮划、□ 电划）												
付款人	全　称	保利公司				收款人	全　称	海蓝公司											
	账　号	156-5647					账　号	164-7654											
	地　址	山西省长治市	开户行	建行长治解放路支行			地　址	山西省太原市	开户行	工行太原千峰路支行									
金额		人民币（大写）伍万陆仟伍佰元整						亿	千	百	十	万	千	百	十	元	角	分
										¥	5	6	5	0	0	0	0
款项内容		货款		托收凭据名　称				附寄单证张数			2							
商品发运情况			已发运			合同名称号码												
备注：						上列款项随附有关债务证明请予办理收款												
		收款人开户银行收到日期：　　年　月　日						收款人签章			复核　记账							

此联收款人开户银行作贷方凭证

表 2-82

托收凭证（借方凭证）　　3

委托日期　2024 年 4 月 10 日　　　付款期限　　年　月　日

业务类型	委托收款（☑ 邮划、□ 电划）			托收承付（□ 邮划、□ 电划）		
付款人	全 称	保利公司		全 称	海蓝公司	
	账 号	156-5647		账 号	164-7654	
	地 址	山西省长治市	开户行 建行长治解放路支行	地 址	山西省太原市	开户行 工行太原千峰路支行

金额　人民币（大写）伍万陆仟伍佰元整　　¥ 5 6 5 0 0 0 0 0

款项内容	货款	托收凭据名称		附寄单证张数	2
商品发运情况	已发运	合同名称号码			
备注：					

付款人开户银行收到日期：　　年　月　日

收款人开户银行盖章　2024 年 4 月 10 日

复核　　记账

（盖章：中国工商银行股份有限公司 太原千峰路支行 2024 年 4 月 10 日 受理凭证章）

此联付款人开户银行作借方凭证

表 2-83

托收凭证（收款通知）　　4

委托日期　2024 年 4 月 10 日　　　付款期限　　年　月　日

业务类型	委托收款（☑ 邮划、□ 电划）			托收承付（□ 邮划、□ 电划）		
付款人	全 称	保利公司		全 称	海蓝公司	
	账 号	156-5647		账 号	164-7654	
	地 址	山西省长治市	开户行 建行长治解放路支行	地 址	山西省太原市	开户行 工行太原千峰路支行

金额　人民币（大写）伍万陆仟伍佰元整　　¥ 5 6 5 0 0 0 0 0

款项内容	货款	托收凭据名称		附寄单证张数	2
商品发运情况	已发运	合同名称号码			
备注：		上列款项已划回收入你账户内			

复核　　记账

收款人开户银行签章　2024 年 4 月 16 日

（盖章：中国工商银行股份有限公司 太原千峰路支行 2024年4月16日 转讫）

此联为收款人开户银行给收款人的收款通知

表 2-84

| 托收凭证（付款通知） | 5 | | | | | | | | | | | | | | |

<table>
<tr><td colspan="8" align="center">托收凭证（付款通知）</td><td colspan="2" align="center">5</td></tr>
<tr><td colspan="10" align="center">委托日期 　2024 年 4 月 10 日</td></tr>
</table>

业务类型	委托收款（☑ 邮划、□ 电划）	托收承付（□ 邮划、□ 电划）

	全 称	保利公司		全 称	海蓝公司
付款人	账 号	156-5647	收款人	账 号	164-7654
	地 址	山西省长治市　开户行　建行长治解放路支行		地 址	山西省太原市　开户行　工行太原千峰路支行

金额	人民币（大写） 伍万陆仟伍佰元整	亿 千 百 十 万 千 百 十 元 角 分 ¥ 5 6 5 0 0 0 0

款项内容	货款	托收凭据名称		附寄单证张数	2

商品发运情况	已发运	合同名称号码	

备注： 付款人开户银行收到日期： 　　　　　年　月　日 复核　　　记账	付款人开户银行盖章 2024 年 4 月 15 日	付款人注意： 1.应于见票当日通知开户银行划款。 2.如需拒付，应在规定期限内，将拒付理由书并附债务证明退交开户银行。

此联为付款人开户银行给付款人的按期付款通知

中国建设银行股份有限公司 长治解放路支行 2024年4月15日 转讫

【想一想】

填写托收凭证时，应记载项目分别反映什么内容？如果欠缺其中任何一项，按票据法规定该结算凭证是无效还是银行不予受理？

（3）审核签章。收款单位出纳人员（李红）将填制好的托收凭证交会计主管审核，会计主管审核无误后在第二联"收款人签章"处加盖"财务专用章"（见表 2-81）。

（4）审核签章。收款单位出纳人员（李红）将填制好的托收凭证交管理部门法人印鉴授权管理人员审核，管理人员审核无误后在第二联"收款人签章"处加盖"法人章"（见表 2-81）。

【想一想】

"法人名章"可不可以放在出纳处，以便于出纳签章？

（5）办理托收。出纳持运单、发票及托收凭证到开户银行办理委托收款。

收款单位开户银行收到收款单位送交的托收凭证和有关单证后，按照委托收款的有关规定和填写凭证的有关要求进行认真审查，审查无误后办理委托收款手续。开户银行在托收凭证第一联"收款人开户银行盖章"处盖章（见表 2-80），并退回托收凭证第一联回单联，同时按照规定收取一定的手续费和邮电费。并将第三联和第五联（见表 2-82、表 2-84）按规定交付款单位开户银行通知付款。

【想一想】

托收业务由销售方办理还是由购买方办理？办理时需向其开户银行提供什么凭证？开户银行对这种业务需要进行审核吗？如果需要，应审核哪些内容？

【相关知识】

阅读银行结算办法中关于"委托收款业务办理"的相关规定。

（6）编制记账凭证。海蓝公司财务科出纳人员（李红）将发票的"记账联"（见表 2-78）及托收凭证第一联"受理回单"（见表 2-80）交制证会计人员（张乐）编制转账凭证，核算销售收入（见表 2-85）。

表 2-85

摘要	总账科目	明细科目	借方金额 百十万千百十元角分	贷方金额 百十万千百十元角分	√
销售商品	应收账款	保利公司	5 6 5 0 0 0 0		
	主营业务收入			5 0 0 0 0 0 0	
	应交税费	应交增值税(销项税额)		6 5 0 0 0 0	
	合计		¥5 6 5 0 0 0 0	¥5 6 5 0 0 0 0	

转账凭证

2024 年 4 月 10 日

总字第　　号　　转字第 16 号

附单据贰张

会计主管：　　　复核：李清　　　记账：　　　制单：张乐

（7）收取款项。2024 年 4 月 16 日海蓝公司财务科出纳人员（李红）收到银行已签章的托收凭证第四联收款通知（见表 2-83），并交制证会计人员（张乐）编制收款凭证（见表 2-86）。

根据企业内部控制要求，出纳人员不能登记除日记账以外的其他账簿，不能编制收款凭证，因此，出纳人员收到有关收款的原始凭证时应交给制证会计人员编制收款记账凭证。

【想一想】

出纳为什么不能编制收款凭证？

表 2-86

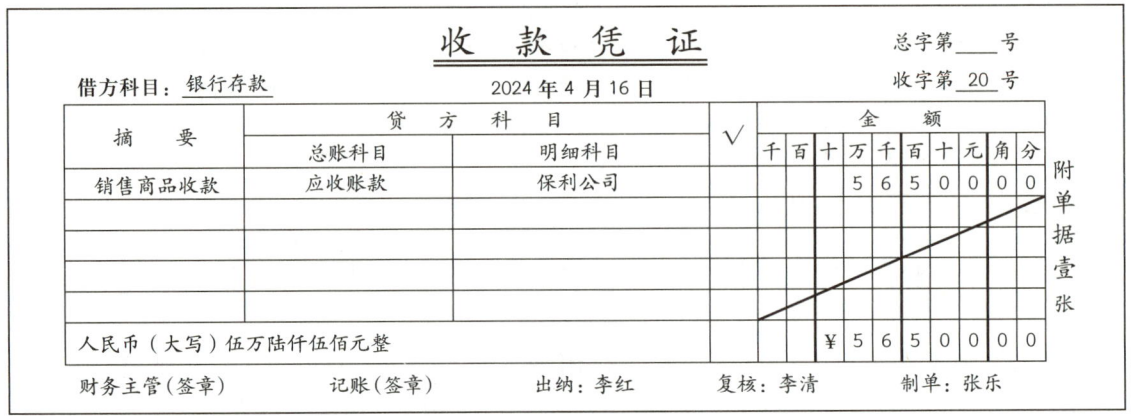

收 款 凭 证

借方科目：银行存款

2024 年 4 月 16 日

总字第＿＿＿号
收字第＿20＿号

摘　要	贷 方 科 目		√	金　额	附单据壹张
	总账科目	明细科目		千百十万千百十元角分	
销售商品收款	应收账款	保利公司		5 6 5 0 0 0 0 0	
人民币（大写）伍万陆仟伍佰元整				￥ 5 6 5 0 0 0 0 0	

财务主管（签章）　　　记账（签章）　　　出纳：李红　　　复核：李清　　　制单：张乐

■ 【相关知识】 ■

查阅《企业内部控制应用指引第 6 号——资金活动》。

（8）审核记账凭证。海蓝公司财务科审核会计审核收款凭证。

根据企业内部控制要求，记账凭证必须经有关人员审核。因此，制证会计人员（张乐）编制收款凭证后必须经除出纳以外的其他人审核。

（9）登记日记账并签名。出纳人员（李红）根据收款凭证登记银行存款日记账（见表 2-87）；并在上述收款凭证签名或盖章（见表 2-86）。

表 2-87

银 行 存 款 日 记 账　　　　85

开户行名称：工行太原千峰路支行　　　　　　　　　　　　　　　　　银行账号：164-7654

2024 年		凭证编号		摘　要	结算凭证		借方	√	贷方	√	余额
月	日	类	号		类	号	百十万千百十元角分		百十万千百十元角分		百十万千百十元角分
4	15			承上页			1 1 6 7 8 9 0 0		9 7 6 9 5 0 0		1 9 0 9 4 0 0
4	16	收	20	收到销货款	托收凭证		5 6 5 0 0 0 0				7 5 5 9 4 0 0

二、委托收款结算银行存款的付款业务办理

下面以海蓝公司的业务为例介绍委托收款结算银行存款付款业务办理的工作过程。

▌【典型工作任务举例2-16】▌　委托收款购进商品的付款业务办理

委托收款购进商品的付款业务办理

2024年4月15日，海蓝公司从惠丰公司购入木料1 000立方米，单价每立方米500元，买价500 000元，增值税65 000元，价税共计565 000元，购货时购销双方约定以委托收款方式结算。

（1）收到付款通知。海蓝公司出纳人员（李红）收到惠丰公司开具的购货发票（见表2-88）及托收凭证第五联"付款通知"联（托收凭证第五联参照表2-84）。

表 2-88

山西增值税专用发票									
							No　6700085150		
							开票日期：2024年4月15日		
购买方	名　　　称：海蓝公司 纳税人识别号：911401098375652345 地址、电话：太原市千峰路28号　6584848 开户行及账号：工行太原千峰路支行　164-7654						密码区	（略）		第三联：发票联　购买方记账凭证
货物或应税劳务、服务名称	规格型号	单位	数量	单价	金额		税率	税额	
木料		立方米	1 000	500	500 000		13%	65 000	
					¥ 500 000			¥ 65 000	
价税合计（大写）　⊗伍拾陆万伍仟元整							（小写）¥ 565 000.00		
销售方	名　　　称：惠丰公司 纳税人识别号：913567982300727898 地址、电话：广州市南京路35号　3778233 开户行及账号：工行广州南京路支行　128-6543279887			付讫			备注	惠丰公司 913567982300727898 发票专用章		
收款人：　　　复核：　　　开票人：赵丽　　　销售方：（章）									

【想一想】

通常情况下，购买方取得增值税发票的第几联？每一联次的用途是什么？购买方记账的依据是第几联？

电子发票和纸质发票的区别是什么？电子发票为什么没有联次之分？

（2）审核并通知付款。海蓝公司会计主管审核有关凭证并通知开户银行付款。

付款人开户银行接到收款人开户银行寄来的托收凭证及债务证明，审查无误，应及时通知付款人办理付款。付款人接到通知和有关附件后，应认真审核。

付款人审核内容：

① 托收凭证是否应由本单位受理。

② 凭证内容和所附的有关单证填写是否齐全、正确。

③ 委托收款金额和实际应付金额是否一致，承付期限是否到期。

付款人审查无误后，应于接到通知的当日书面通知银行付款；付款人未在接到通知日的次日起 3 日内通知银行付款的，视同付款人同意付款，银行应于付款人接到通知日的次日起第 4 日上午开始营业时，将款项划给收款人。

若付款人开户银行在办理划款时，付款人存款账户不足支付的，应通过被委托银行向收款人发出未付款项通知书，收款单位收到开户银行转来的托收凭证及有关单证后，应立即与付款单位取得联系，协商解决办法。

【想一想】

付款人付款时需审查哪些内容？付款人能否拒付？付款人账户余额不足支付时其开户银行应如何处理？

【相关知识】

参照银行结算办法中有关委托收款结算方面的规定。

（3）编制记账凭证。海蓝公司出纳人员（李红）将购货发票（见表 2-88）及托收凭证第五联交制证会计编制付款记账凭证（见表 2-89）。

表 2-89

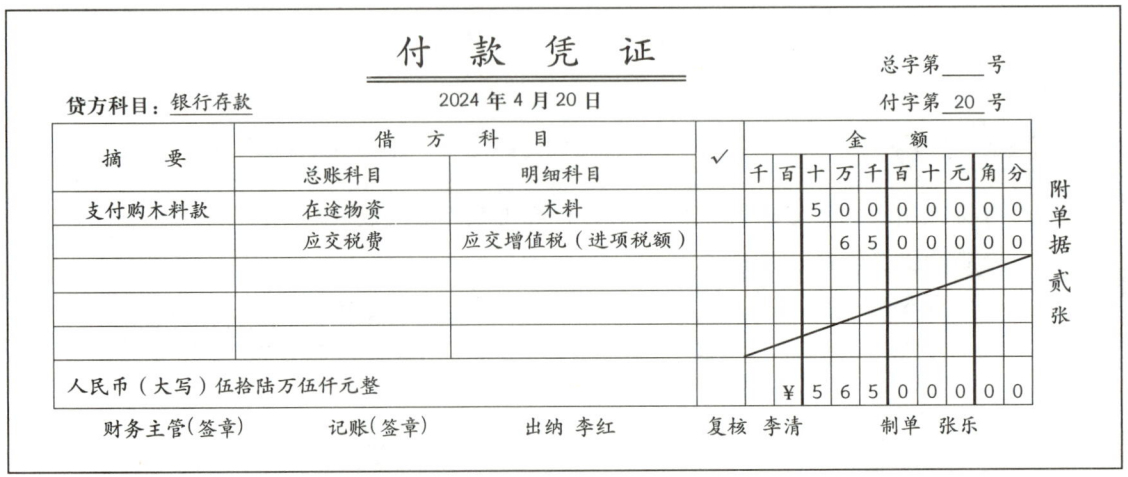

摘　要	借　方　科　目		✓	金　额										
	总账科目	明细科目		千	百	十	万	千	百	十	元	角	分
支付购木料款	在途物资	木料			5	0	0	0	0	0	0	0	0
	应交税费	应交增值税（进项税额）				6	5	0	0	0	0	0	0
人民币（大写）伍拾陆万伍仟元整					¥	5	6	5	0	0	0	0	0

付 款 凭 证

2024 年 4 月 20 日

贷方科目：银行存款

总字第＿＿号　付字第 20 号

附单据贰张

财务主管（签章）　　记账（签章）　　出纳 李红　　复核 李清　　制单 张乐

【想一想】

根据之前学习的内容，我们知道出纳人员不能编制收款凭证，那么出纳人员可不可以填制付款凭证呢？

■ 【相关知识】 ■

查阅《企业内部控制应用指引第 6 号——资金活动》。

（4）审核记账凭证。海蓝公司审核会计审核上述付款凭证并签章（见表 2-89）。

（5）登记日记账并签名。出纳人员（李红）根据托收凭证及上述付款凭证登记银行存款日记账（见表 2-90）；出纳人员（李红）登账后在付款凭证上签名（见表 2-89）；并在发票上加盖"付讫"章。

表 2-90

银行存款日记账												87	
开户行名称：工行太原千峰路支行										银行账号：164-7654			
2024 年		凭证编号		摘　　要	结算凭证		借方	√	贷方	√	余额		
月	日	类	号		类	号	百十万千百十元角分		百十万千百十元角分		百十万千百十元角分		
4	14			承上页			7 1 6 7 8 9 0 0		9 7 6 9 5 5 0		6 1 9 0 9 3 5 0		
4	20	付	20	支付购货款	托收凭证				5 6 5 0 0 0 0 0		5 4 0 9 3 5 0		

【想一想】

出纳人员以外的会计人员能不能登记银行存款日记账？出纳人员必须定期将企业银行存款日记账与开户银行的对账单进行核对吗？

三、委托收款拒付业务办理

（一）拒付理由及拒付凭证

付款单位审查有关单证后，如果所发货物的品种、规格、质量等与双方签订的合同不符，或者因其他原因对收款单位委托收取的款项需要全部或部分拒绝付款

的，应在付款期内出具"托收承付（委托收款）结算全部（部分）拒绝付款理由
书"（简称"拒付理由书"），连同开户银行转来的有关单证送开户银行办理拒付手
续。"拒付理由书"一式四联，第一联（回单或付款通知）作付款单位的回单或付
款通知；第二联（借方凭证）作银行付出传票或存查；第三联（贷方凭证）作银行
收入传票或存查；第四联（代通知或收账通知）作收款单位收账通知或全部（部分）
拒付通知书。"拒付理由书"的基本样式如表 2-91 所示（以下提供拒付理由书第一
联，其余联次略）。

表 2-91

（二）拒付业务办理

1. 出纳人员填写"拒付理由书"

付款单位出纳人员在填写"拒付理由书"时，应认真填写收款单位的名称、账
号、开户银行，付款单位的名称、账号、开户银行，托收金额，附寄单证张数等。

对于金额填写，若全部拒付的，"拒付金额"栏填写托收金额，"部分付款金
额"栏的大小写都为零，并具体说明全部拒绝付款的理由；若部分拒付的，"拒付
金额"栏填写实际拒绝付款金额，"部分付款金额"栏填写托收金额减去拒绝付款
金额后的余额，即付款单位实际支付的款项金额，说明部分拒付的理由，并出具拒

绝付款部分商品清单。填完后加盖本单位公章，并注明拒付日期。

2. 开户银行核对"拒付理由书"

按照规定，银行对收到的付款单位的"拒付理由书"连同托收凭证第五联"付款通知"联及所附有关单证不进行审查，只对有关内容进行核对，核对无误即办理有关手续，对于部分拒付的，将部分付款款项划给收款单位，在"拒付理由书"第一联上加盖业务专用章退还给付款单位，将"拒付理由书"第四联寄给收款单位开户银行由其转交收款单位。

3. 拒付业务会计处理

付款单位收到银行盖章退回的"拒付理由书"第一联后，全部拒绝付款的，由于未引起资金增减变动，因而不必编制会计凭证和登记账簿，只需将"拒付理由书"妥善保管以备查，并在"委托收款登记簿"上登记全部拒付的情况。如果拒绝付款时，对方发出的货物已经收到，则应在"代管物资登记簿"中详细登记拒绝付款物资的有关情况。

对于部分拒绝付款的，应当根据银行盖章退回的"拒付理由书"第一联，按照实际部分付款金额编制银行存款付款凭证，其会计分录和全部付款会计分录相同。

例如：海蓝公司收到其开户银行转来的鸿宇公司的托收凭证及其他有关单证后，经过审查只承付其中的 113 000 元，对其余的 56 500 元拒绝付款，按规定填写"拒付理由书"并送银行办理有关手续后，根据银行盖章退回的"拒付理由书"第一联编制付款凭证，其会计分录为：

借：原材料　　　　　　　　　　　　　　　　100 000
　　应交税费——应交增值税（进项税额）　　 13 000
　　贷：银行存款　　　　　　　　　　　　　　 113 000

收款单位收到开户银行转来的付款单位的托收凭证第四联和"拒付理由书"第四联（如部分拒付的还附有拒付部分商品清单及有关单证），应立即与付款单位取得联系，协商解决方法，对于全部拒付的，如果由付款方退回所购货物，收款单位应编制转账凭证，冲减原有销售收入，其会计分录为：

借：主营业务收入等
　　应交税费——应交增值税（销项税额）
　　贷：应收账款

如果经过协商由收款单位用其他产品或商品替换原产品或商品，或者给予对方一定的销售折扣，则收款单位重新办理委托收款手续，可以冲减原有销售收入，然后按照新的托收凭证重新进行会计处理，也可以在原有销售收入基础上进行会计处理。比如经过协商，收款方同意给予对方额外的销售折扣，则收款方重新办理委托收款手续，收款方可以冲销原有销售收入，然后按照新的委托收款金额编制转账凭证，确定销售收入。

学习子情境七　托收承付结算业务办理

【情境引例】

　　2024 年 4 月 6 日，海蓝公司销售给保利公司办公椅 600 把，单价 200 元 / 把，增值税税率为 13%，双方签订了规范的购销合同，协商以托收承付结算方式进行货款结算，海蓝公司会计人员该如何办理该项业务？保利公司应如何办理该事项？采用托收承付结算方式与采用委托收款结算方式进行结算有何异同？

【工作过程与岗位对照图】

　　托收承付结算的银行存款收付款业务工作过程及岗位对照图如图 2-68、图 2-69 所示。

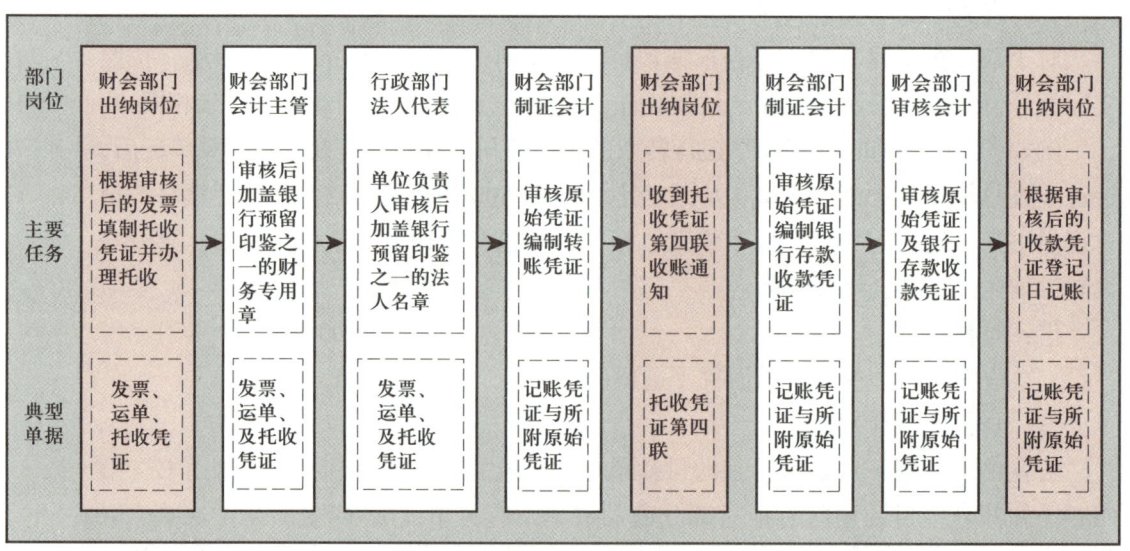

图 2-68　托收承付结算的银行存款收款业务工作过程及岗位对照图

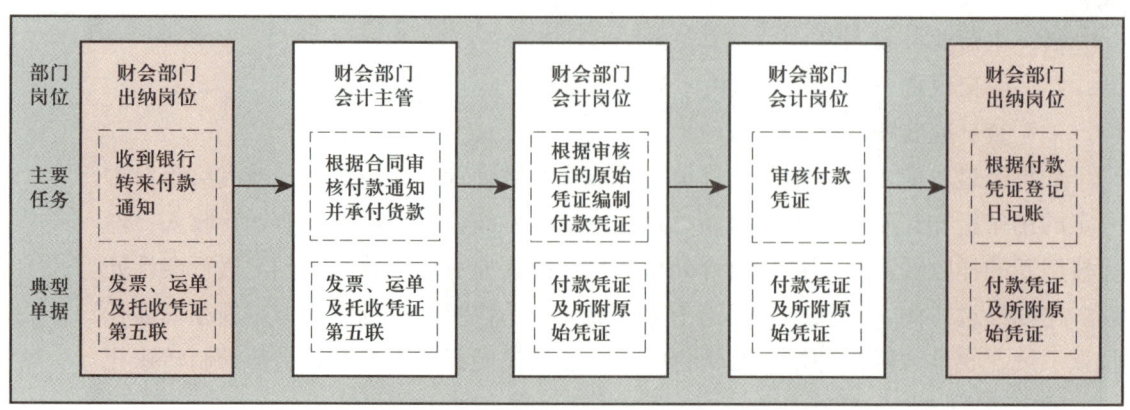

图 2-69　托收承付结算的银行存款付款业务工作过程及岗位对照图

◥【知识准备】◢

托收承付结算基本知识

一、托收承付结算的概念

托收承付是根据购销合同由收款人发货后委托银行向异地付款人收取款项，由付款人向银行承认付款的结算方式。托收承付结算款项的划回方法，分邮寄和电报两种，由收款人选用。单位办理托收承付结算须填制"托收凭证"，其格式见图2-63~图2-67。

二、托收承付结算的适用范围

托收承付结算方式适用范围较窄，一般适用于异地购销结算业务，与委托收款结算方式相比，托收承付结算方式必须满足下列条件：第一，使用托收承付结算方式的收款单位和付款单位，必须是异地国有企业、供销合作社以及经营管理较好，并经开户银行审查同意的城乡集体所有制工业企业。第二，收付双方使用托收承付结算必须签有符合《中华人民共和国合同法》的购销合同，并在合同上订明使用托收承付结算方式。第三，办理托收承付结算的款项，必须是商品交易以及因商品交易而产生的劳务供应的款项。代销、寄销、赊销商品的款项不得办理托收承付结算。第四，托收承付结算每笔的金额起点为10 000元。

◥【职业判断与业务操作】◢

托收承付结算方式下基本业务工作过程

企业异地进行的购销，符合托收承付结算方式要求的，可以采用托收承付结算。采用托收承付结算方式办理结算，必须根据经济合同、发票和运输部门的运输单据签发托收承付凭证，一方面核算单位的经营收入，另一方面办理银行存款的收取。

一、托收承付结算的银行存款收款业务办理

托收承付结算业务托收办理与委托收款业务托收办理基本相同，不同之处是，托收承付结算业务托收办理必须具有商品已发运的证件，即铁路、航运、公路等运输部门签发运单、运单副本和邮局包裹回执等凭证。

下面以海蓝公司的业务为例介绍托收承付银行存款收款业务办理的工作过程。

◥【典型工作任务举例2-17】◢　托收承付销售商品结算业务

2024年4月6日，海蓝公司销售给保利公司办公椅600把，单价200元/把，增值税税率为13%，双方签订购销合同，协商以托收承付结算方式进行货款结算，海蓝公司销售部门人员已从仓库提货，并已办妥托运手续。运费为3 000元（运费由购买方负担）。

（1）发货并办理托运。海蓝公司销售部门人员办理业务后，开出一式三联增

值税发票提货、办理托运并将购货发票及运费发票、产品出库单交财务科审核（发票、出库单见表 2-92~表 2-94）。

表 2-92

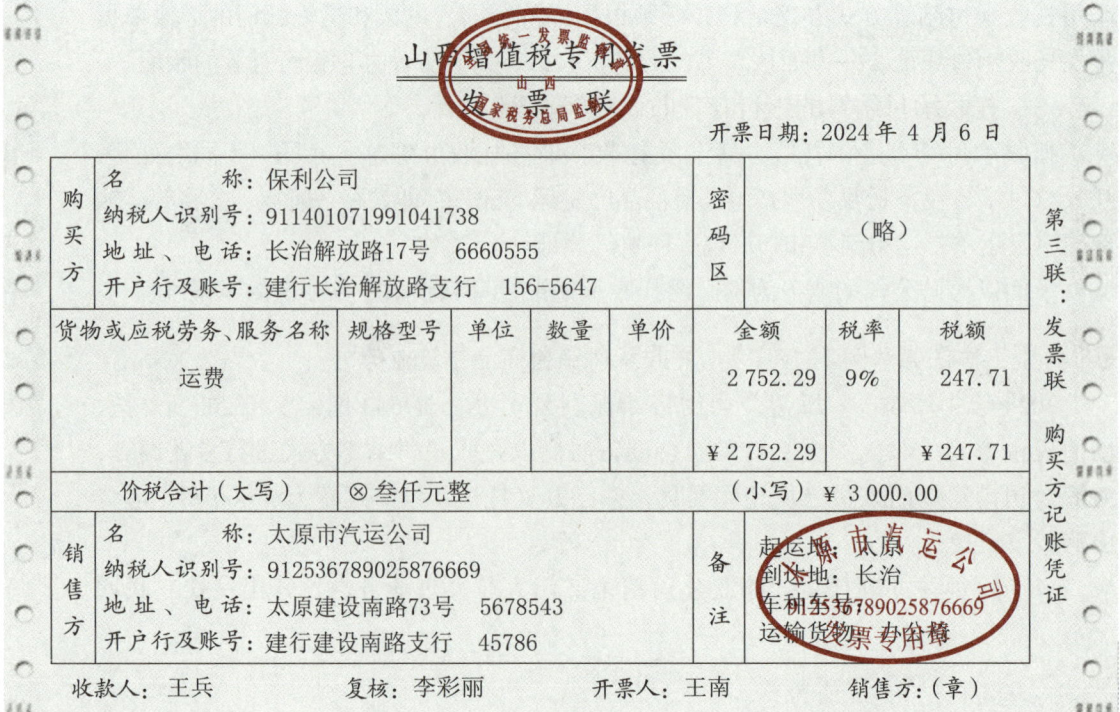

山西增值税专用发票

此联不作报销、扣税凭证使用

№ 00860788

开票日期：2024 年 4 月 6 日

第一联：记账联 销售方记账凭证

购买方	名　　称：保利公司 纳税人识别号：911401071991041738 地址、电话：长治解放路17号　6660555 开户行及账号：建行长治解放路支行　156-5647		密码区	（略）		
货物或应税劳务、服务名称	规格型号	单位	数量	单价	金额	税率	税额

货物或应税劳务、服务名称	规格型号	单位	数量	单价	金额	税率	税额
办公椅		把	600	200	120 000	13%	15 600
					¥ 120 000		¥ 15 600

价税合计（大写）	⊗ 壹拾叁万伍仟陆佰元整　　　（小写）¥ 135 600.00

销售方	名　　称：海蓝公司 纳税人识别号：911401098375652345 地址、电话：太原千峰路28号　6584848 开户行及账号：工行太原千峰路支行　164-7654	备注	海蓝公司 911401098375652345 发票专用章

收款人：　　　　复核：王伟　　　　开票人：王东　　　　销售方：（章）

表 2-93

山西增值税专用发票

发票联

开票日期：2024 年 4 月 6 日

第三联：发票联 购买方记账凭证

购买方	名　　称：保利公司 纳税人识别号：911401071991041738 地址、电话：长治解放路17号　6660555 开户行及账号：建行长治解放路支行　156-5647		密码区	（略）		
货物或应税劳务、服务名称	规格型号	单位	数量	单价	金额	税率	税额

货物或应税劳务、服务名称	规格型号	单位	数量	单价	金额	税率	税额
运费					2 752.29	9%	247.71
					¥ 2 752.29		¥ 247.71

价税合计（大写）	⊗ 叁仟元整　　　　（小写）¥ 3 000.00

销售方	名　　称：太原市汽运公司 纳税人识别号：912536789025876669 地址、电话：太原建设南路73号　5678543 开户行及账号：建行建设南路支行　45786	备注	起运地：太原 到达地：长治 车种车号： 运输货物信息 太原市汽运公司 912536789025876669 运输货物发票专用章

收款人：王兵　　　　复核：李彩丽　　　　开票人：王南　　　　销售方：（章）

表 2-94

产成品出库单

领用单位：销售科　　　　　　　2024 年 4 月 6 日　　　　　　　　编号：

产品名称	规格型号	计量单位	出库数量	备注
办公椅		把	600	

主管：　　　　　　审核：　　　　　　　保管：白慧　　　　　　经手人：王东

第三联　交财务

【想一想】

出库单一般一式几联？各联用途是什么？

（2）填制托收凭证。出纳人员（李红）根据发票填制托收凭证办理托收（见表 2-95，这里提供托收凭证第二联，其余联次参照委托收款即可。）

表 2-95

托收凭证（贷方凭证）　　2

委托日期　　2024 年 4 月 6 日

业务类型	委托收款（□ 邮划、□ 电划）			托收承付（☑ 邮划、□ 电划）		
付款人	全　称	保利公司		收款人	全　称	海蓝公司
	账　号	156-5647			账　号	164-7654
	地　址	山西省长治市	开户行　建行长治解放路支行		地　址	山西省太原市　开户行　工行太原千峰路支行

金额	人民币（大写）　壹拾叁万捌仟陆佰元整	亿 千 百 十 万 千 百 十 元 角 分
		¥ 1 3 8 6 0 0 0 0

款项内容	货款	托收凭据名称		附寄单证张数	3

商品发运情况	已发货		合同名称号码	

备注：	上列款项随附有关债务证明请予办理收款	
收款人开户银行收到日期：　年　月　日	收款人签章	复核　　　记账

此联收款人开户银行作贷方凭证

托收凭证填写规范：收款单位按合同要求发货后，应填制托收承付结算凭证，签发托收凭证必须记载下列事项：表明"托收"的字样，确定的金额，付款人名称及账号，收款人名称及账号，付款人开户银行名称，收款人开户银行名称，托收附寄单证张数或册数，合同名称、号码，委托日期，收款人签章。欠缺记载上述事项之一的，银行不予办理。出纳人员填制托收凭证后要将填制好的托收凭证交会计主管加盖"财务专用章"；交法人名章授权管理人加盖"法人名章"等预留印鉴，方可持托收凭证至开户银行办理托收。

（3）送交托收凭证，办理托收手续。收款人应将托收凭证并附货物发运证件或其他符合托收承付结算的有关证明和交易单证送交银行。收款人开户银行接到托收凭证及其附件后，应当按照托收的范围、条件和托收凭证记载的要求进行审查，必要时，还应查验付款人签订的购销合同。凡不符合要求或违反购销合同发货的，不能办理。银行审核后同意办理，将托收凭证第一联加盖开户银行公章交收款单位（见表2-96）。其余联次按规定交付款单位开户银行通知付款。托收承付结算凭证的联次、用途、填制与委托收款方式相同，这里仅提供第一联，其余参照委托收款即可。

表 2-96

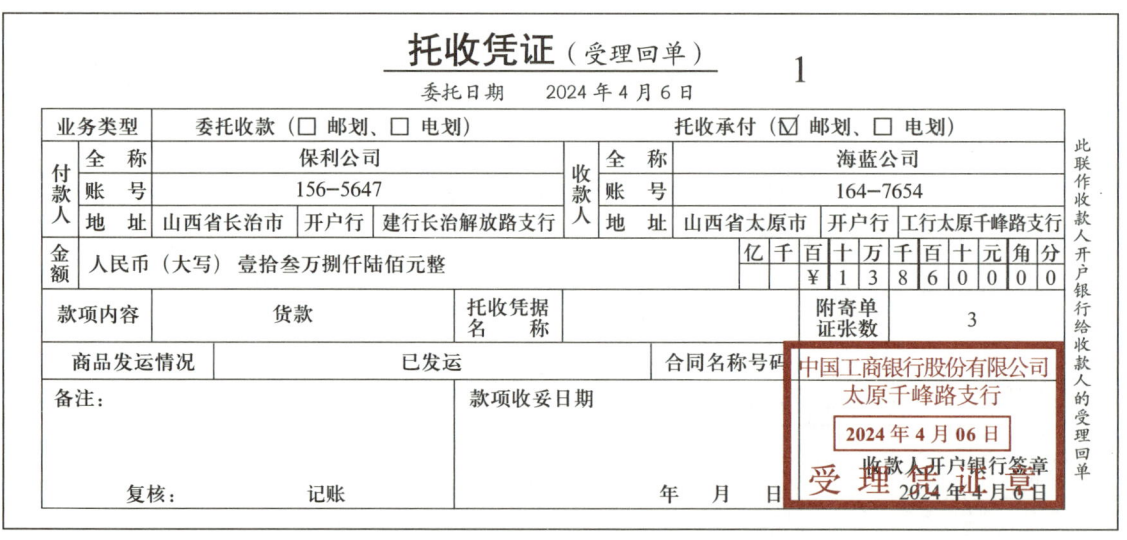

【想一想】

　　企业委托银行办理委托收款结算和托收承付结算时，需要提供的凭证是否相同？

（4）编制记账凭证。会计人员（张乐）根据"托收凭证"第一联"受理回单"和发票的"记账联"编制转账凭证和付款凭证（见表2-97、表2-98），转账凭证用来反映销售收入的实现情况，付款凭证用来反映代垫运费的发生情况。

表 2-97

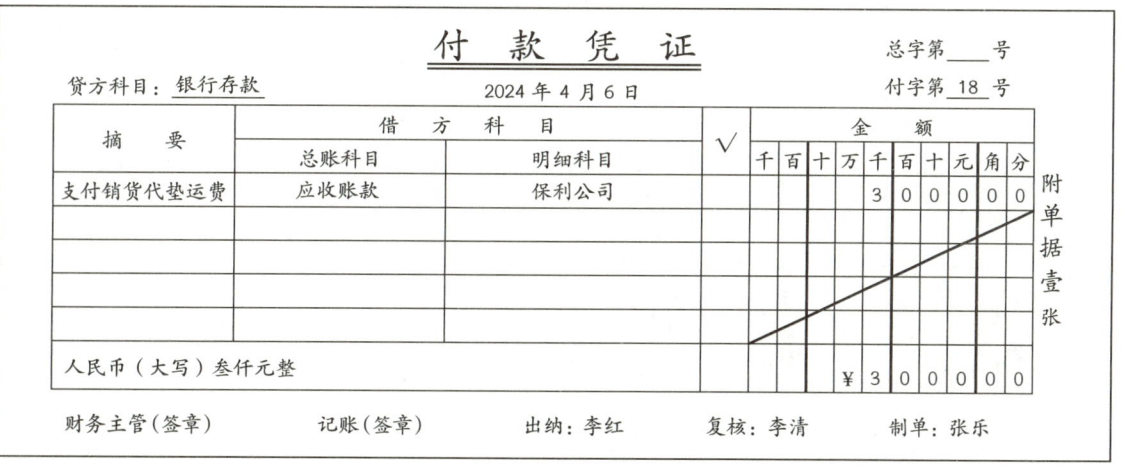

转 账 凭 证

2024 年 4 月 6 日

总字第 ＿＿＿ 号

转字第 17 号

摘 要	总账科目	明细科目	借 方 金 额										贷 方 金 额										√
			百	十	万	千	百	十	元	角	分	百	十	万	千	百	十	元	角	分	
销售商品	应收账款	保利公司		1	3	5	6	0	0	0	0										
	主营业务收入												1	2	0	0	0	0	0	0	
	应交税费	应交增值税(销项税额)												1	5	6	0	0	0	0	
合　计			¥	1	3	5	6	0	0	0	0	¥	1	3	5	6	0	0	0	0	

附单据贰张

会计主管：　　　记账：　　　复核：李清　　　制单：张乐

表 2-98

付 款 凭 证

贷方科目：银行存款

2024 年 4 月 6 日

总字第 ＿＿＿ 号

付字第 18 号

摘 要	借 方 科 目		√	金 额							
	总账科目	明细科目		千	百	十	万	千	百	十	元	角	分
支付销货代垫运费	应收账款	保利公司						3	0	0	0	0	0
人民币（大写）叁仟元整								¥	3	0	0	0	0	0

附单据壹张

财务主管（签章）　　　记账（签章）　　　出纳：李红　　　复核：李清　　　制单：张乐

■ 【相关知识】 ■

参照企业《内部会计控制规范——货币资金（试行）》。

（5）审核记账凭证。审核会计审核上述转账凭证及付款凭证并签章，将付款凭证交出纳人员（李红）登记银行存款日记账（见表 2-101）。

（6）收取款项。4 月 15 日，出纳人员（李红）收到托收凭证第四联收款通知并交制证会计人员（张乐）编制收款凭证（见表 2-99、表 2-100）。

表 2-99

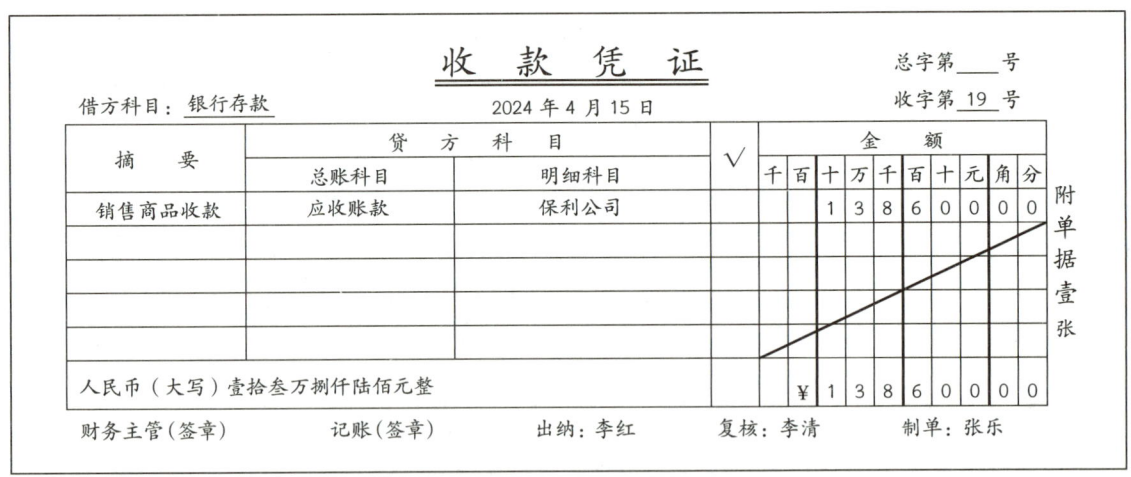

托收凭证（收款通知）

4

委托日期　　2024 年 4 月 6 日

业务类型		委托收款（□ 邮划、□ 电划）		托收承付（☑ 邮划、□ 电划）														
付款人	全　称	保利公司		收款人	全　称	海蓝公司												
	账　号	156-5647			账　号	164-7654												
	地址	山西省长治市	开户行　建行长治解放路支行		地址	山西省太原市	开户行　工行太原千峰路支行											
金额		人民币（大写）壹拾叁万捌仟陆佰元整					亿	千	百	十	万	千	百	十	元	角	分
									¥	1	3	8	6	0	0	0	0
款项内容		货款	托收凭据名			附寄单证张数			3									
商品发运情况		已发运		合同名称号码														
备注：			上列款项已划回收方账户内														
复核　　　　记账			收款人开户银行签章 2024 年 4 月 15 日														

（印章：中国工商银行股份有限公司 太原千峰路支行 2024年4月15日 特讫）

此联为收款人开户银行给收款人的收款通知

表 2-100

收　款　凭　证

总字第____号

收字第 19 号

借方科目：银行存款　　　　　　　　2024 年 4 月 15 日

摘　要	贷　方　科　目		√	金　额									
	总账科目	明细科目		千	百	十	万	千	百	十	元	角	分
销售商品收款	应收账款	保利公司			1	3	8	6	0	0	0	0	0
人民币（大写）壹拾叁万捌仟陆佰元整					¥	1	3	8	6	0	0	0	0

附单据壹张

财务主管（签章）　　　记账（签章）　　　出纳：李红　　　复核：李清　　　制单：张乐

（7）审核记账凭证。审核会计审核上述收款凭证并签字，交出纳人员（李红）登记银行存款日记账。

（8）登记日记账并签名。出纳人员（李红）根据审核后的收款凭证登记银行存款日记账（见表 2-101）；并在收款凭证签名或盖章（见表 2-100）。

表 2-101

| 银 行 存 款 日 记 账 | | | | | | | | | 10 |

开户行名称：工行太原千峰路支行　　　　　　　　　　　　　　　银行账号：164-7654

2024 年		凭证编号		摘　　要	结算凭证		借方	√	贷方	√	余额
月	日	类	号		类	号	百十万千百十元角分		百十万千百十元角分		百十万千百十元角分
4	5			承上页			2 5 6 7 8 9 0 0		6 7 6 9 5 0 0		1 8 9 0 9 4 0 0
	6	付	18	支付代垫运费					3 0 0 0 0 0		1 8 6 0 9 4 0 0
	15	收	19	收到销货款	托收		1 3 8 6 0 0 0 0				3 2 4 6 9 4 0 0

【想一想】

银行存款日记账的登账依据是什么？银行存款日记账是否需要"日清月结"？

二、托收承付结算的付款业务办理

托收承付结算业务付款业务办理与委托收款银行存款付款业务办理程序相同。

下面以海蓝公司的业务为例，介绍托收承付银行存款付款业务办理的工作过程。

【典型工作任务举例2-18】　托收承付购货付款业务

2024 年 4 月 9 日，海蓝公司从华润集团公司购入油漆 100 桶，每桶单价为 450 元，增值税税率为 13%，双方签订规范的购销合同，协商采用托收承付结算方式结算货款，并且海蓝公司承付方式为验单承付。

（1）收到付款通知。4 月 15 日，海蓝公司出纳人员（李红）收到购货发票、运费发票及托收凭证第五联"付款通知"（见表 2-102~表 2-104）。

托收承付购
货付款业务

表 2-102

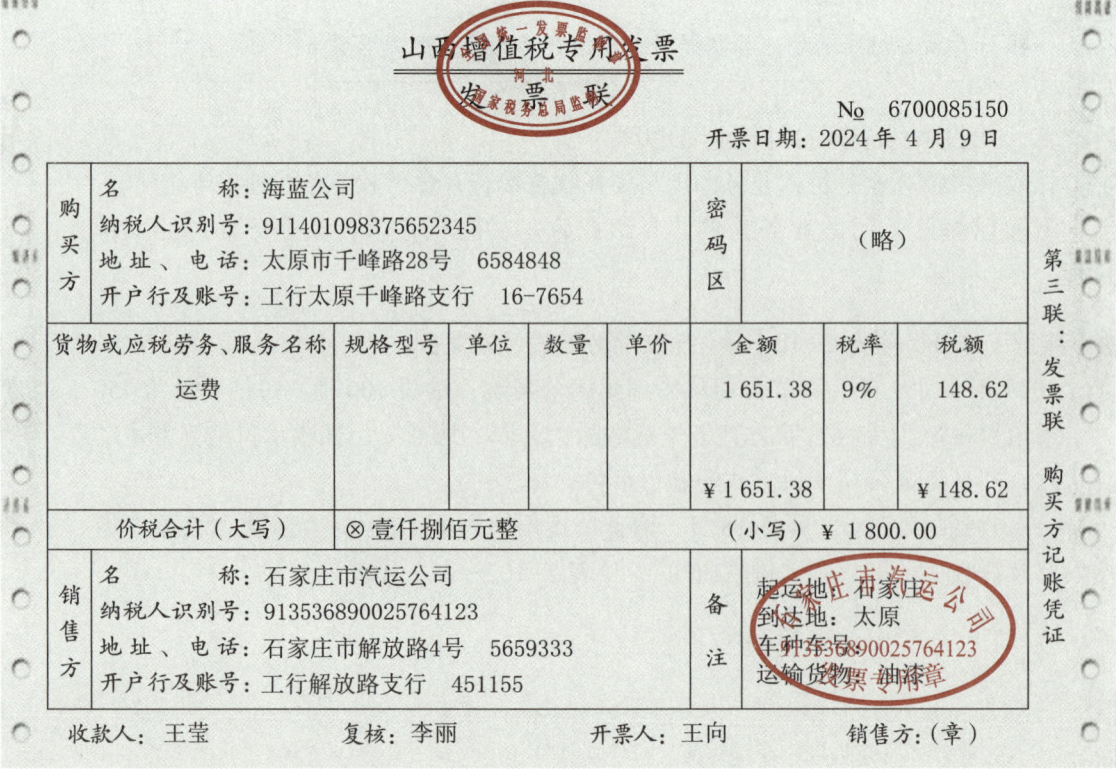

山西增值税专用发票
发票联

No 2500086190

开票日期：2024 年 4 月 9 日

| 购买方 | 名　　称：海蓝公司
纳税人识别号：911401098375652345
地址、电话：太原市千峰路28号　6584848
开户行及账号：工行太原千峰路支行　164-7654 | | | | | 密码区 | （略） | | |

货物或应税劳务、服务名称	规格型号	单位	数量	单价	金额	税率	税额
油漆		桶	100	450	45 000.00	13%	5 850.00
					¥ 45 000.00		¥ 5 850.00

价税合计（大写）	⊗ 伍万零捌佰伍拾元整	（小写） ¥ 50 850.00

| 销售方 | 名　　称：华润集团公司
纳税人识别号：916608930008593656
地址、电话：石家庄市五一路25号　6525264
开户行及账号：工行石家庄五一路支行　258-9936006543 | 付讫 | 备注 | （华润集团公司 发票专用章 916608930008593656） |

收款人：　　　复核：张晓强　　　开票人：王国维　　　销售方：（章）

第三联：发票联　购买方记账凭证

表 2-103

山西增值税专用发票
发票联

No 6700085150

开票日期：2024 年 4 月 9 日

| 购买方 | 名　　称：海蓝公司
纳税人识别号：911401098375652345
地址、电话：太原市千峰路28号　6584848
开户行及账号：工行太原千峰路支行　16-7654 | | | | | 密码区 | （略） | | |

货物或应税劳务、服务名称	规格型号	单位	数量	单价	金额	税率	税额
运费					1 651.38	9%	148.62
					¥ 1 651.38		¥ 148.62

价税合计（大写）	⊗ 壹仟捌佰元整	（小写） ¥ 1 800.00

| 销售方 | 名　　称：石家庄市汽运公司
纳税人识别号：913536890025764123
地址、电话：石家庄市解放路4号　5659333
开户行及账号：工行解放路支行　451155 | 备注 | 起运地：石家庄
到达地：太原
车种车号：
运输货物：油漆
（石家庄市汽运公司 发票专用章 913536890025764123） |

收款人：王莹　　　复核：李丽　　　开票人：王向　　　销售方：（章）

第三联：发票联　购买方记账凭证

表 2-104

托收凭证（付款通知）																
委托日期　　2024 年 4 月 9 日				5　付款期限　　年　月　日												

| 业务类型 | | 委托收款（□ 邮划、□ 电划） | | | 托收承付（□ 邮划、☑ 电划） | | | | | | | | | | | |

付款人	全　　称	海蓝公司	收款人	全　　称	华润集团公司
	账　　号	164-7654		账　　号	258-9936006543
	地　　址	山西省太原市	开户行	工行太原千峰路支行	地　　址	河北省石家庄市	开户行	工行石家庄五一路支行

金额	人民币（大写）　伍万贰仟陆佰伍拾元整	亿 千 百 十 万 千 百 十 元 角 分
		¥ 5 2 6 5 0 0 0

款项内容	货款	托收凭据名称		附寄单证张数	
商品发运情况	已发运		合同名称号码	

| 备注：
付款人开户银行收到日期：
　　　　　年　月　日
复核　　　记账 | 中国工商银行股份有限公司
太原千峰路支行
2024 年 4 月 15 日
转讫
付款人开户银行盖章
2024 年 4 月 15 日 | 付款人注意：
1. 应于见票当日通知开户银行划款。
2. 如需拒付，应在规定期限内，将拒付理由书并附债务证明退交开户银行。 |

此联为付款人开户银行给付款人的按期付款通知

【想一想】

采用托收承付有哪些要求？目前这种结算方式适用范围广泛吗？为什么？

（2）审核并通知付款。出纳人员将上述凭证交会计主管审核并承付货款。

付款人开户银行收到托收凭证及其附件后，应当及时通知付款人。付款人应在承付期内审查核对，安排资金。

验单付款与验货付款的办理：

付款单位承付货款分为验单付款和验货付款两种，由收付双方商量选用，并在合同中明确规定。

① 验单付款的承付期为 3 天，从付款人开户银行发出承付通知的次日算起（承付期内遇法定休假日顺延）。付款人在承付期内，未向银行表示拒绝付款，银行即视作承付，并在承付期满的次日（法定休假日顺延）上午银行开始营业时，将款项主动从付款人的账户内付出，按照收款人指定的划款方式，划给收款人。

验货付款的承付期为 10 天，从运输部门向付款人发出提货通知的次日算起。对收付双方在合同中明确规定，并在托收凭证上注明验货付款期限的，银行从其规定。付款人收到提货通知后，应即向银行交验提货通知。付款人在银行发出承付通知的次日起 10 天内，未收到提货通知的，应在第 10 天将货物尚未到达的情况通知银行。在第 10 天付款人没有通知银行的，银行即视作已经验货，于 10 天期满的次日上午银行开始营业时，将款项划给收款人；在第 10 天付款人通知银行货物未到，而以后收到提货通知没有及时送交银行的，银行仍按 10 天期满的次日作为划款日期，并按超过的天数，计扣逾期付款赔偿金。

② 采用验货付款的，收款人必须在托收凭证上加盖明显的"验货付款"字样戳记。托收凭证未注明验货付款，经付款人提出合同证明是验货付款的，银行可按验货付款处理。

不论是验单付款还是验货付款，付款人都可以在承付期内提前向银行表示承付，并通知银行提前付款，银行应立即办理划款；因商品的价格、数量或金额变动，付款人应多承付款项的，须在承付期内向银行提出书面通知，银行据以随同当次托收款项划给收款人。付款人不得在承付货款中，扣抵其他款项或以前托收的货款。

③ 逾期付款。付款人在承付期满日银行营业终了时，如无足够资金支付，其不足部分，即为逾期未付款项，按逾期付款处理。付款人开户银行对付款人逾期支付的款项，应当根据逾期付款金额和逾期天数，按每天万分之五计算逾期付款赔偿金。

> **【想一想】**
>
> 验单付款和验货付款分别审核哪些内容？企业逾期不能付款时，其开户银行如何处理？

（3）编制记账凭证。4 月 15 日，制证会计根据购货发票、运费发票及托收承付凭证第五联编制付款凭证（见表 2-105）。

表 2-105

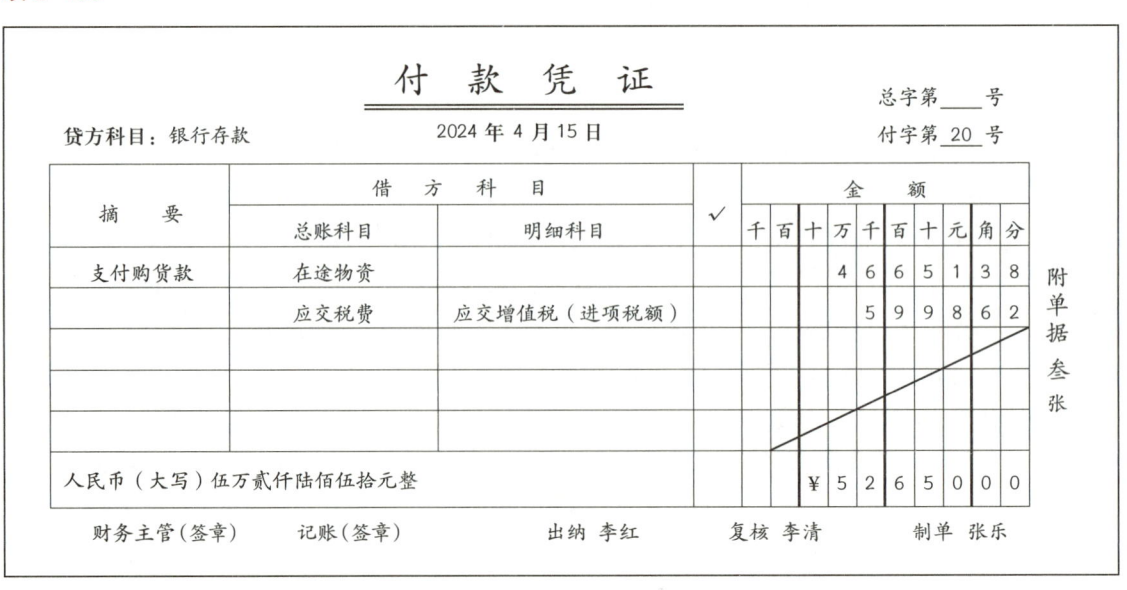

		付　款　凭　证								总字第＿＿号				
贷方科目：银行存款		2024 年 4 月 15 日								付字第 20 号				
摘　要	**借　方　科　目**		✓	**金　额**										
	总账科目	明细科目		千	百	十	万	千	百	十	元	角	分
支付购货款	在途物资					4	6	6	5	1	3	8
	应交税费	应交增值税（进项税额）					5	9	9	8	6	2
人民币（大写）伍万贰仟陆佰伍拾元整				¥	5	2	6	5	0	0	0	0

财务主管（签章）　　记账（签章）　　出纳 李红　　复核 李清　　制单 张乐

附单据叁张

（4）审核记账凭证。审核会计审核上述付款凭证并签名后交出纳人员登记银行存款日记账。

（5）登记日记账并签名。出纳人员根据审核后的付款凭证登记银行存款日记账（见表 2-106）；在购货发票上加盖"付讫"章（见表 2-102）；并在付款凭证上签名或盖章（见表 2-105）。

表 2-106

银行存款日记账										12			

开户行名称：工行千峰路支行　　　　　　　　　　　　　　　　　　　银行账号：164-7654

2024 年		凭证编号		摘 要	结算凭证		借方	√	贷方	√	余额
月	日	类	号		类	号	百十万千百十元角分		百十万千百十元角分		百十万千百十元角分
4	15			承上页			1390000 00		450000 00		940000 00
4	15	付	20	支付货款	托收凭证				526500 00		413500 00

三、托收承付结算拒付业务办理

1. 拒付理由

在承付期内如出现以下情况，付款人可向银行提出全部或部分拒绝付款：

（1）没有签订购销合同或购销合同未订明托收承付结算方式的款项。

（2）未经双方事先达成协议，收款人提前交货或因逾期交货付款人不再需要该项货物的款项。

（3）未按合同规定的到货地址发货的款项。

（4）代销、寄销、赊销商品的款项。

（5）验单付款，发现所列货物的品种、规格、数量、价格与合同规定不符，或货物已到，经查验货物与合同规定或发货清单不符的款项。

（6）验货付款，经查验货物与合同规定或与发货清单不符的款项。

（7）货款已经支付或计算有错误的款项。

不属于上述情况的，付款人不得向银行提出拒绝付款。

2. 拒付业务办理

付款人对以上情况提出拒绝付款时，必须填写"拒付理由书"并签章（拒付理由书格式同委托收款拒付理由书），注明拒绝付款理由，涉及合同的应引证合同上的有关条款。属于商品质量问题，需要提出商品检验部门的检验证明；属于商品数量问题，需要提出数量问题的证明及其有关数量的记录；开户银行必须认真审查拒绝付款理由，查验合同。对于付款人提出拒绝付款的手续不全、依据不足、理由不符合规定和不属于上述七种拒绝付款情况的，以及超过承付期拒付和应当部分拒付提为全部拒付的，银行均不得受理，应实行强制扣款。银行同意部分或全部拒绝付款的，应在拒付理由书上签注意见。部分拒绝付款的，除办理部分付款外，还应将拒付理由书连同拒付证明和拒付商品清单邮寄收款人开户银行转交收款人。全部拒绝付款的，应将拒付理由书连同拒付证明和有关单证邮寄收款人开户银行转交收款人。

▓▓▓学习子情境八　商业汇票结算业务办理

▓【情境引例】▓

　　2024年2月5日，海蓝公司销售给学大培训学校课桌100张，每张90元，椅子100把，每把50元，增值税税率为13%，双方协商采用商业承兑汇票办理结算。海蓝公司应如何办理？

◥【工作过程与岗位对照图】◢

　　商业汇票收付款结算业务工作过程及岗位对照图如图2-70、图2-71所示。

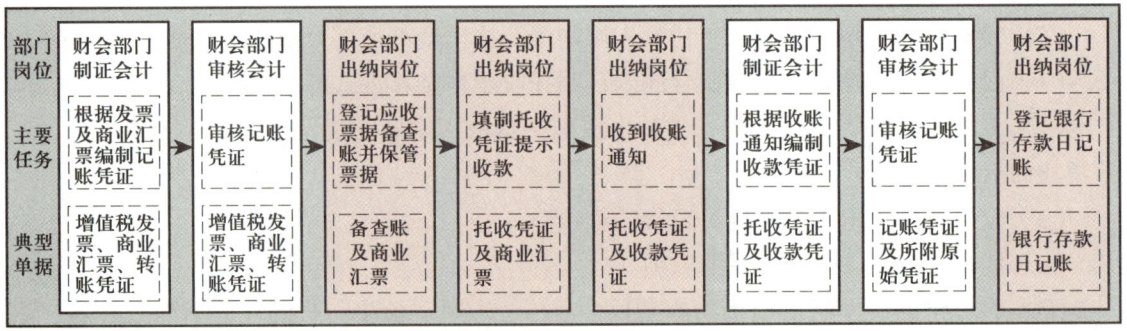

图2-70　商业汇票收款结算业务工作过程及岗位对照图

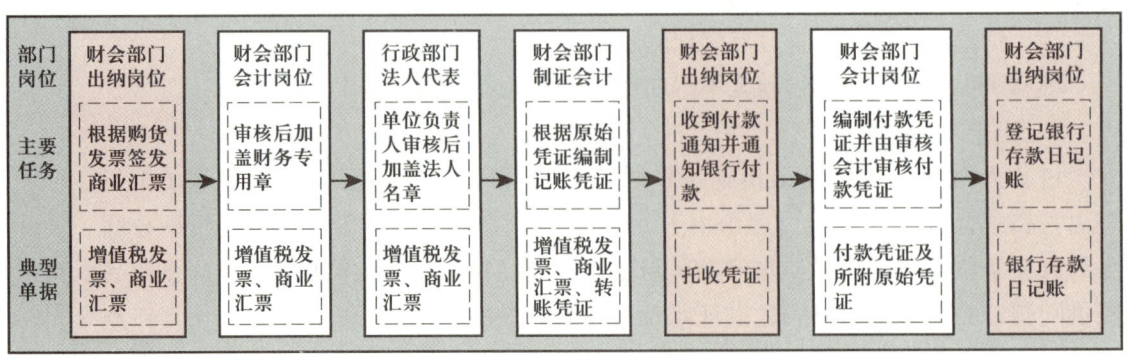

图2-71　商业汇票付款结算业务工作过程及岗位对照图

【知识准备】

商业汇票基本知识

一、商业汇票

（一）纸质商业汇票

商业汇票是出票人签发的，委托付款人在指定日期无条件支付确定的金额给收款人或者持票人的票据。

商业汇票的付款期限由交易双方共同商定，但最长不得超过 6 个月。属于分期付款的，应一次签发若干张不同期限的商业汇票。

商业汇票可以背书转让，也可以向银行申请贴现。

（二）电子商业汇票

1. 电子商业汇票的概念及意义

为便于企业支付和融资，支持商业银行票据业务发展和创新，各大商业银行都已使用电子商业汇票。

电子商业汇票是指出票人依托电子商业汇票系统，以数据电文形式制作的，由承兑人承兑后在指定日期无条件支付确定金额给收款人或持票人的票据。

与纸质汇票相比，电子商业汇票能保证唯一性、完整性、安全性，规避假票和克隆票风险；电票足不出户就可交易，方便、回款速度快，收票、托收实现零在途。电子商业汇票较之纸质商业汇票更为可靠，流通范围广；可借助票据网快速贴现，既减少了企业的资金占用，又节省了资金使用成本；可以轻易实现票据电子化管理，准确查询到每一笔票据对应的票面信息及资金流向，管理成本低。

2. 办理电子商业汇票的条件

企业使用电子商业汇票必须具备以下条件：一是必须具有中华人民共和国组织机构代码，并在商业银行开立人民币银行结算账户。二是必须开通商业银行企业网银业务中电子票据功能并与银行签订"银行电子商业汇票服务协议"，方可办理电子商业汇票。

电子票据一切活动均在电子商业汇票系统（ECDS）上记载生成，ECDS 是由中国人民银行牵头建设的全国性金融业务运行系统，该系统具备金融级的系统安全，杜绝了纸质票据流通过程中的一切风险。与纸质商业汇票一样，企业使用电子商业汇票，必须遵守《中华人民共和国票据法》等相关法律规定，遵循诚实信用的原则，具有真实的交易背景和债权债务关系。

电子票据的核心就是将实物票据电子化，电子票据可以如同实物票据一样进行出票、承兑、查询、转让、贴现、质押、托收等行为。传统票据业务中的各项票据业务的流程均没有改变，只是每一个环节都加载了电子化处理手段，使业务操作的手段和对象发生了根本的改变。

二、商业汇票的种类

商业汇票由出票人签发，由承兑人承兑，承兑人负有到期无条件支付票款的责任，纸质商业汇票按承兑人的不同可分为商业承兑汇票和银行承兑汇票。同样，电子商业汇票也可分为电子银行承兑汇票和电子商业承兑汇票，电子银行承兑汇票由银行业金融机构、财务公司承兑，电子商业承兑汇票由金融机构以外的法人或其他组织承兑。承兑是指汇票付款人承诺在汇票到期日支付汇票金额的票据行为。商业汇票的付款人为承兑人。

三、商业承兑汇票

（一）纸质商业承兑汇票

商业承兑汇票是指由销售方签发，经购买方承兑，或由购买方签发并承兑的商业汇票。

商业承兑汇票一般一式三联，票样及各联次用途见图 2-72～图 2-75。

图 2-72 为商业承兑汇票第一联"卡片"，由承兑人留查。办理结算时，出票人在该联"出票人签章"处加盖预留印鉴。

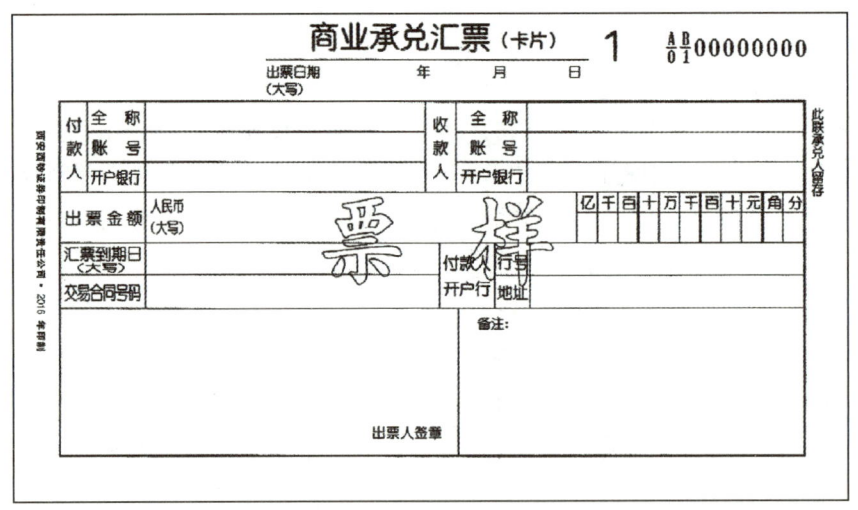

图 2-72   商业承兑汇票第一联

图 2-73 为商业承兑汇票第二联"借方凭证"，是收款人或持票人委托银行收款的凭证，汇票到期日由收款人或持票人随托收凭证寄付款行，作为付款人开户银行反映银行存款减少的凭证。办理业务时，承兑人即付款人在承兑人签章处加盖预留印鉴。

图 2-74 为商业承兑汇票第二联的背面，商业承兑汇票背书转让时，在其背面加盖"背书人"的"财务专用章"和"法人章"。

图 2-75 为商业承兑汇票第三联"存根"，由出票人存查。

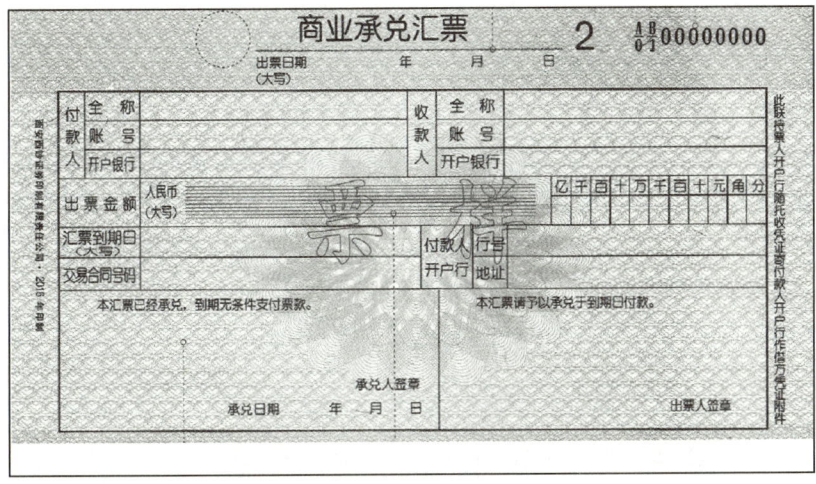

图 2-73　商业承兑汇票第二联正面

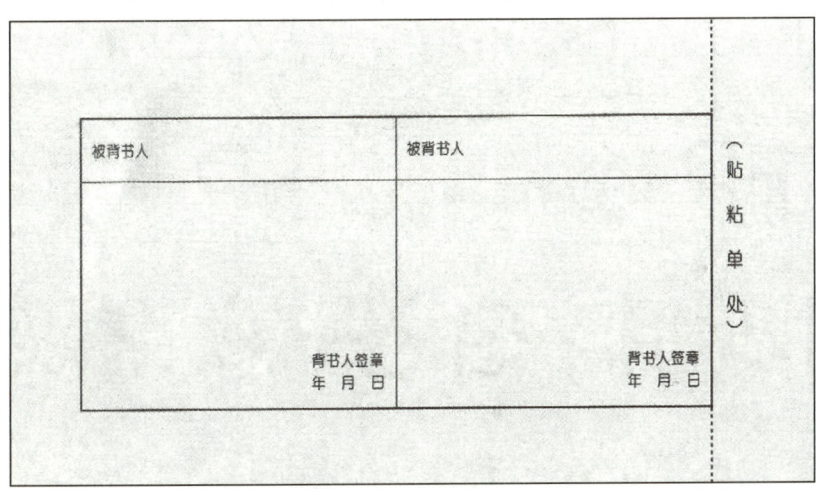

图 2-74　商业承兑汇票第二联背面

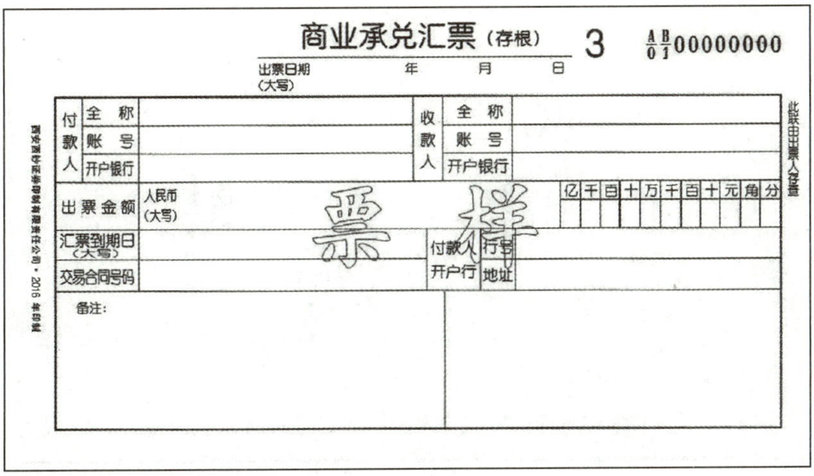

图 2-75　商业承兑汇票第三联

（二）电子商业承兑汇票

1. 电子商业承兑汇票的概念

电子商业承兑汇票是指出票人依托电子商业汇票系统，以数据电文形式制作的，由债务人承兑后在指定日期无条件支付确定金额给收款人或持票人的票据。与电子银行承兑汇票不同，电子商业承兑汇票由金融机构以外的法人或其他组织承兑；而电子银行承兑汇票由银行业金融机构、财务公司（统称金融机构）承兑。

电子商业承兑汇票票样如图 2-76 所示。

电子商业承兑汇票

出票日期　　　　　　　　　　票据状态
汇票到期日　　　　　　　　　票据号码

<table>
<tr><td rowspan="3">出票人</td><td>全　称</td><td colspan="2"></td><td rowspan="3">收票人</td><td>全　称</td><td></td></tr>
<tr><td>账　号</td><td colspan="2"></td><td>账　号</td><td></td></tr>
<tr><td>开户银行</td><td colspan="2"></td><td>开户银行</td><td></td></tr>
<tr><td colspan="2">出票保证信息</td><td colspan="5">保证人名称：　　　　保证人地址：　　　　保证日期：</td></tr>
<tr><td colspan="2">票据金额</td><td colspan="5">人民币（大写）　　　十 亿 千 百 十 万 千 百 十 元 角 分</td></tr>
<tr><td colspan="2" rowspan="2">承兑人信息</td><td>全　称</td><td></td><td colspan="2">开户行行号</td><td></td></tr>
<tr><td>账　号</td><td></td><td colspan="2">开户行名称</td><td></td></tr>
<tr><td colspan="2">交易合同号</td><td colspan="2"></td><td rowspan="2">承兑信息</td><td colspan="2">出票人承诺：本汇票请予以承兑，到期无条件付款</td></tr>
<tr><td colspan="2">能否转让</td><td colspan="2"></td><td colspan="2">承兑人承诺：本汇票已经承兑，到期无条件付款
承兑日期</td></tr>
<tr><td colspan="2">承兑保证信息</td><td colspan="5">保证人名称：　　　　保证人地址：　　　　保证日期：</td></tr>
<tr><td colspan="2" rowspan="2">评级信息（由出票人、承兑人自己记载，仅供参考）</td><td>出票人</td><td colspan="4">评级主体：　　　　信用等级：　　　　评级到期日：</td></tr>
<tr><td>承兑人</td><td colspan="4">评级主体：　　　　信用等级：　　　　评级到期日：</td></tr>
</table>

图 2-76　电子商业承兑汇票

2. 电子商业承兑汇票办理

电子商业承兑汇票办理是指客户通过电子方式办理网上出票、承兑、贴现、背书转让及到期托收等一系列与电子商业承兑汇票相关业务的操作。实际工作中，不同银行电子商业承兑汇票相关业务办理的要求和规定不完全相同，业务办理操作程序也有一些差别，所以，下面以某银行网上电子商业承兑汇票出票过程为例说明电子商业承兑汇票的业务办理程序。

（1）出纳人员在计算机上插入经办行网银 USBkey，登录企业网银客户端，单击登录，输入登录密码，进入首页页面。企业网银登录页面如图 2-77 所示。

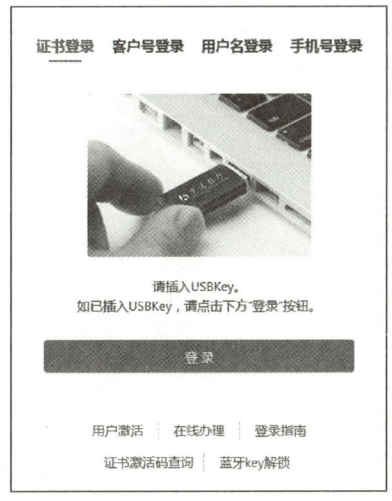

图 2-77　企业网银登录页面

（2）进入企业网银首页页面，如图 2-78 所示。

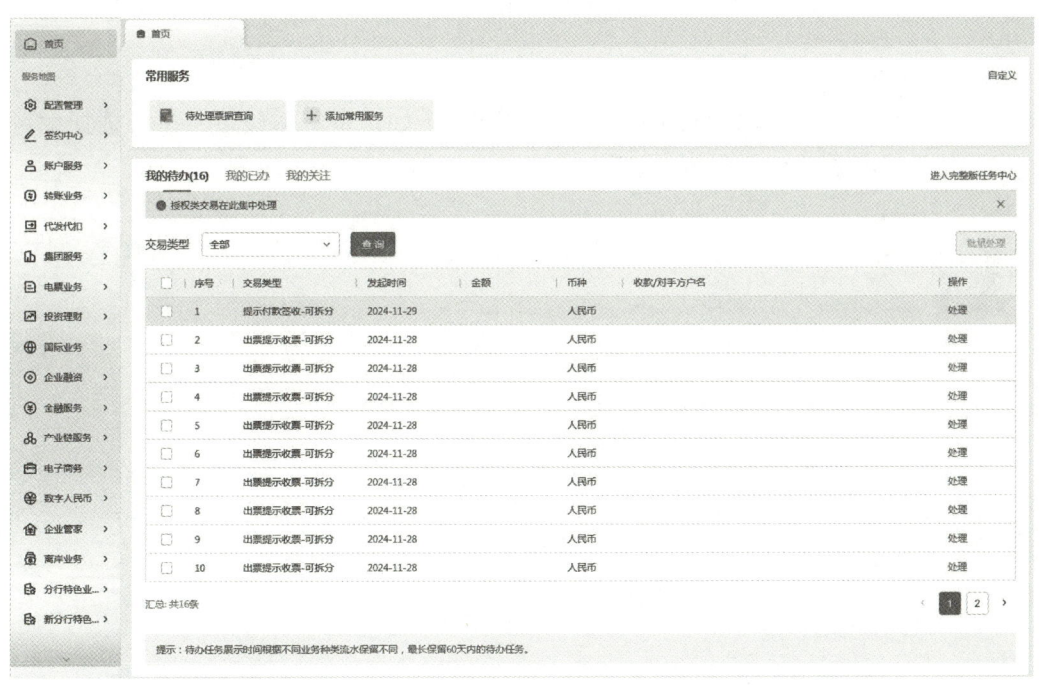

图 2-78　企业网银首页

（3）出纳人员在页面左面的功能区选择电票业务【出票经办】。出票页面如图 2-79 所示。

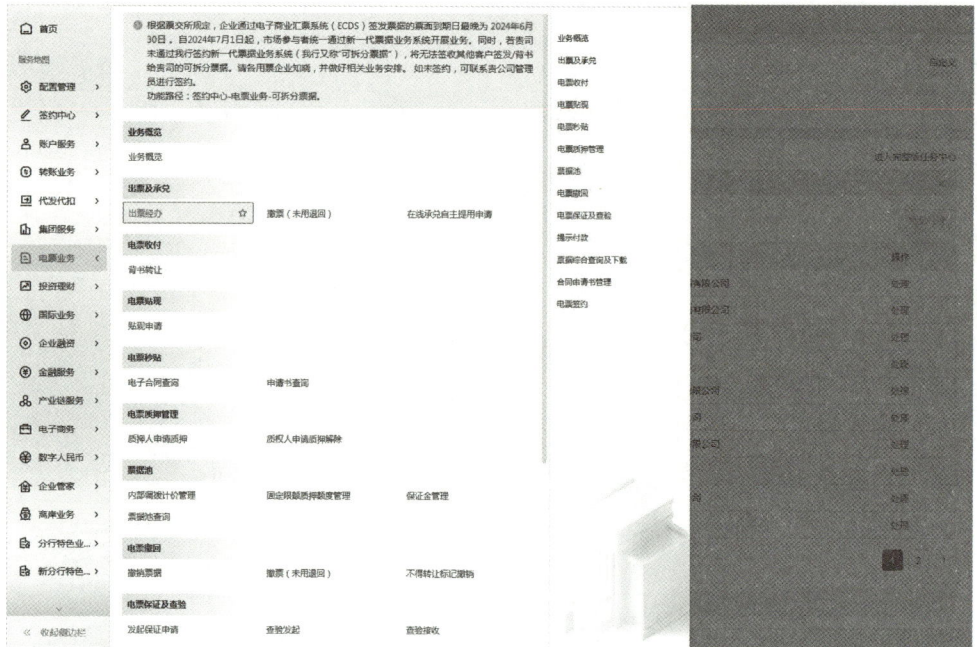

图 2-79　出票页面

　　（4）出纳人员在出票页面选择【单笔出票】（如出票笔数较多，也可选择批量出票）。单笔出票页面如图 2-80 所示。

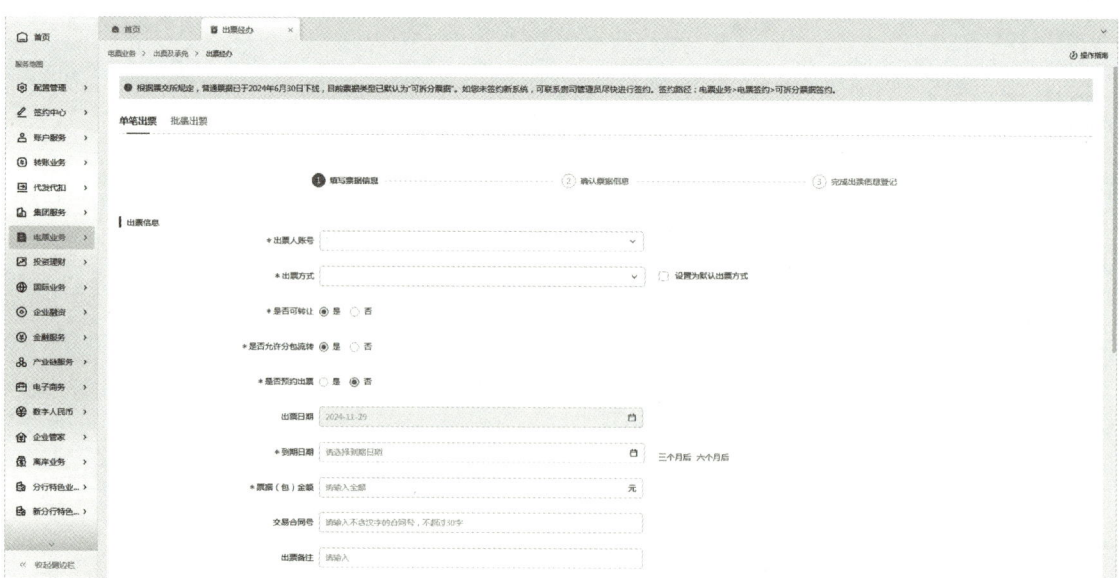

图 2-80　单笔出票页面

（5）出纳人员填写出票信息。包括出票人账号、出票方式、是否转让、出票日期、到期日期及票据金额等，如图 2-81 所示。

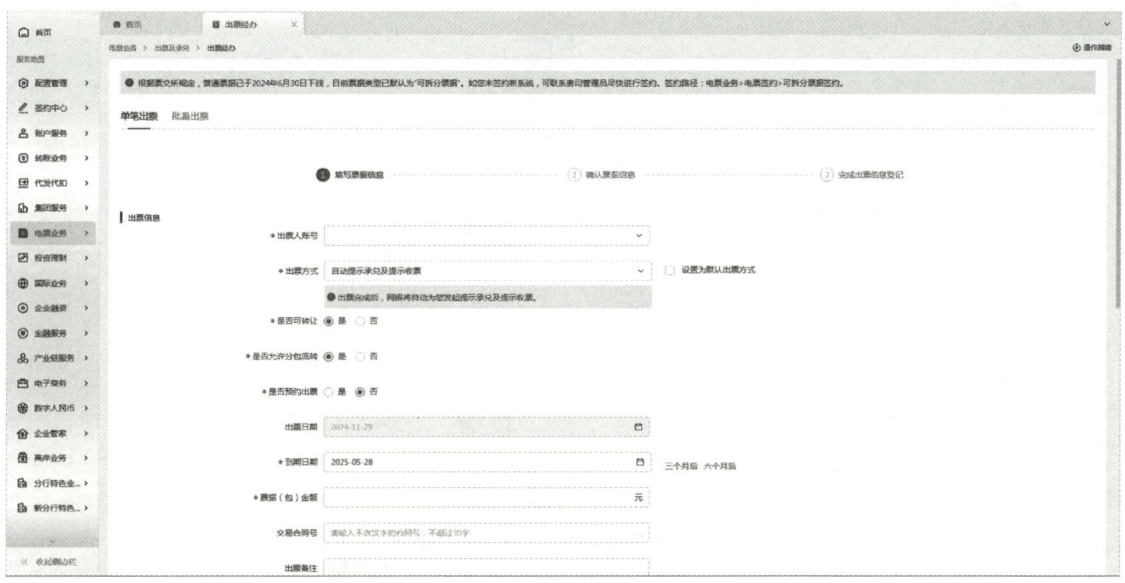

图 2-81　填写出票信息

（6）出纳人员填写收款人和承兑人信息。包括收款人账号、名称、开户银行和承兑人账号、名称等，如图 2-82 所示。

图 2-82　填写收款人和承兑人信息

（7）出纳人员确认票据信息是否填写正确，如图 2-83 所示。

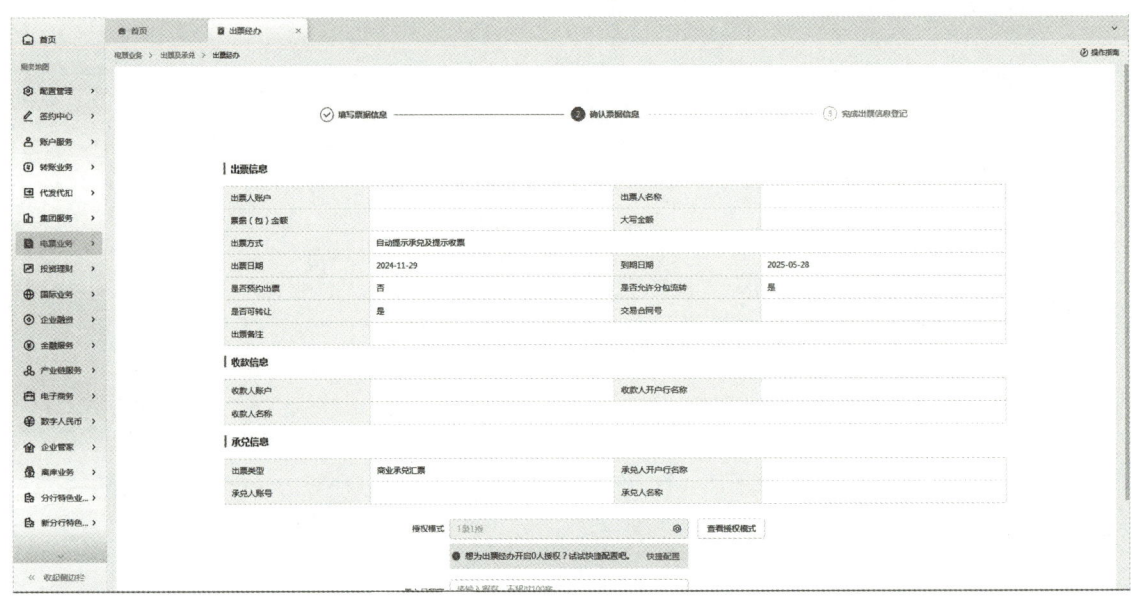

图 2-83　确认信息

（8）确认信息正确后系统提示出票经办申请成功，如图 2-84 所示。

图 2-84　出票经办申请成功页面

（9）出纳人员申请授权。出纳人员用网银 U 盾登录，在首页【我的待办】，单击授权，申请财务负责人授权。如图 2-85 所示。

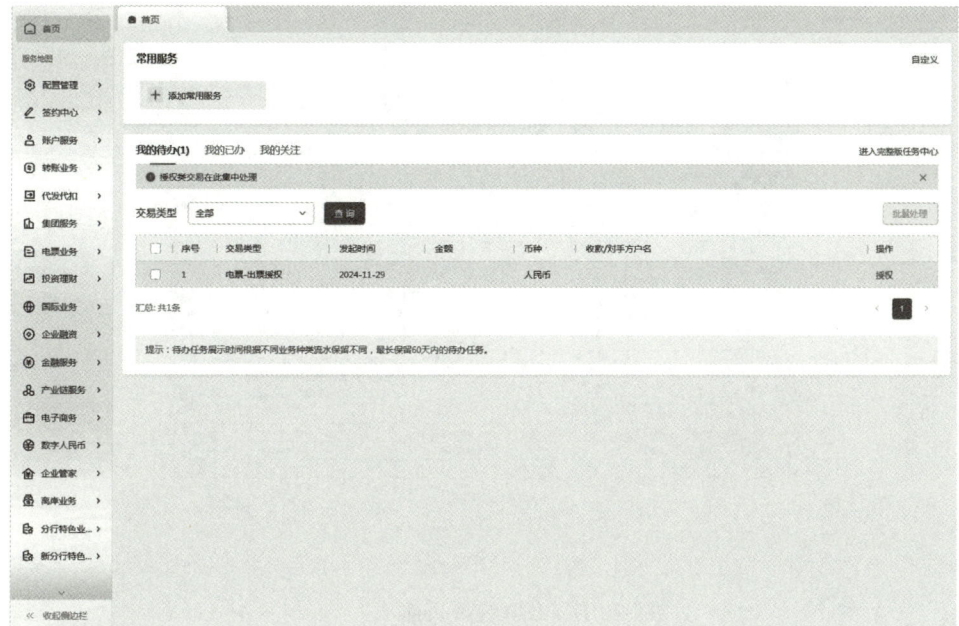

图 2-85　出纳人员申请授权页面

（10）系统显示授权成功，如图 2-86 所示。

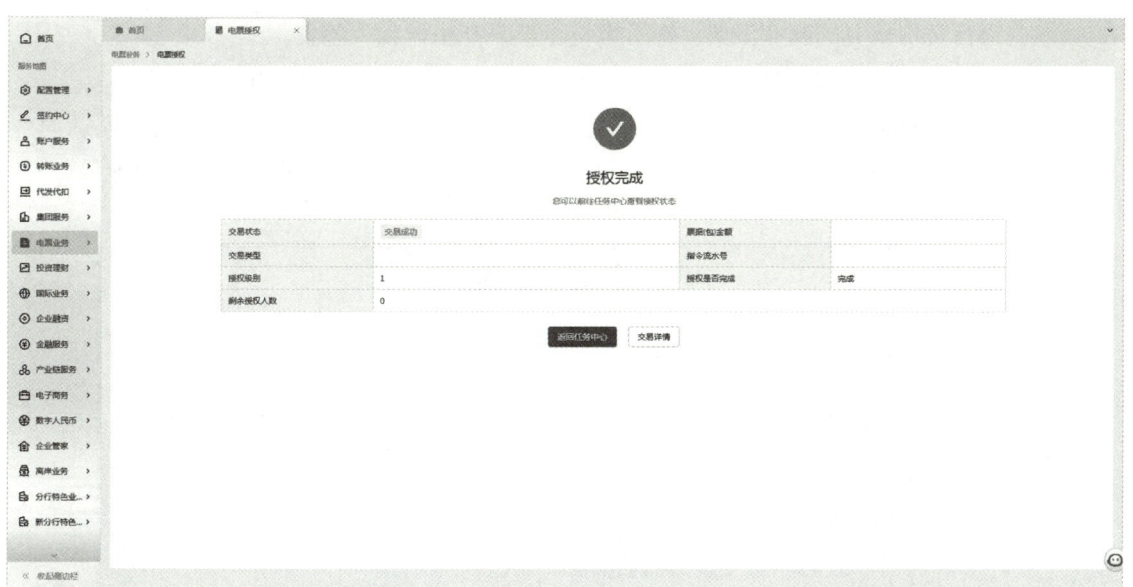

图 2-86　授权成功页面

（11）出票完成。单击【电票业务】—【交易明细查询】—【查看票据信息】，并提示收款人收票，如图 2-87 所示。

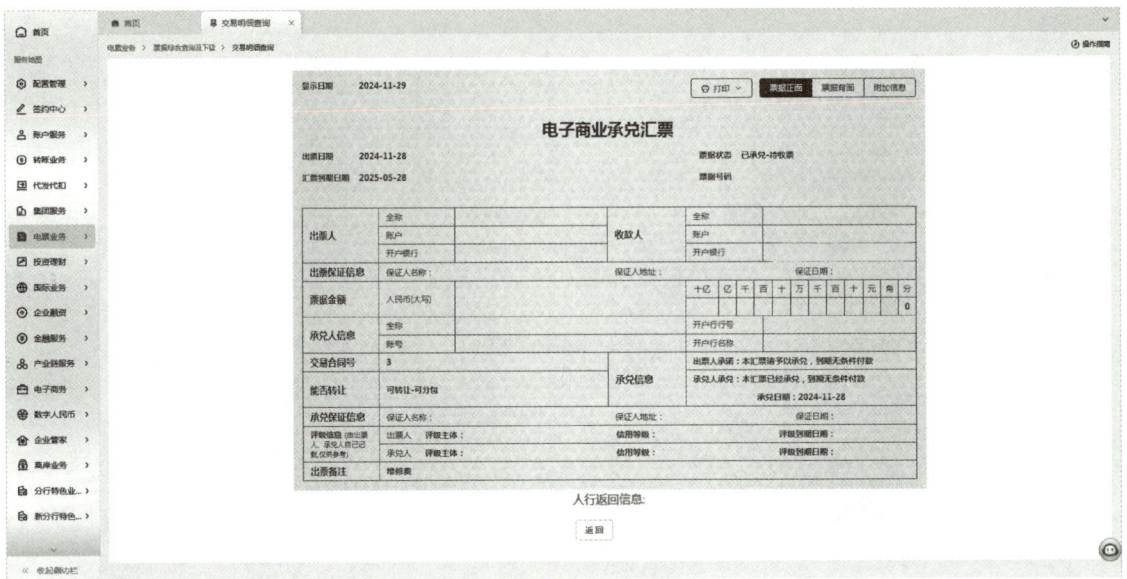

图 2-87　出票完成页面

四、银行承兑汇票

（一）纸质银行承兑汇票

银行承兑汇票是由在承兑银行开立存款账户的存款人（即付款人）签发的，由承兑银行负责承兑的商业汇票。银行承兑汇票只能由付款人签发。

银行承兑汇票一般一式三联，票样及各联次用途见图 2-88～图 2-91。

图 2-88 为银行承兑汇票第一联"卡片"，由承兑银行留查。到期支付票款时作借方凭证附件。办理结算时，出票人在该联"出票人签章"处加盖预留印鉴。

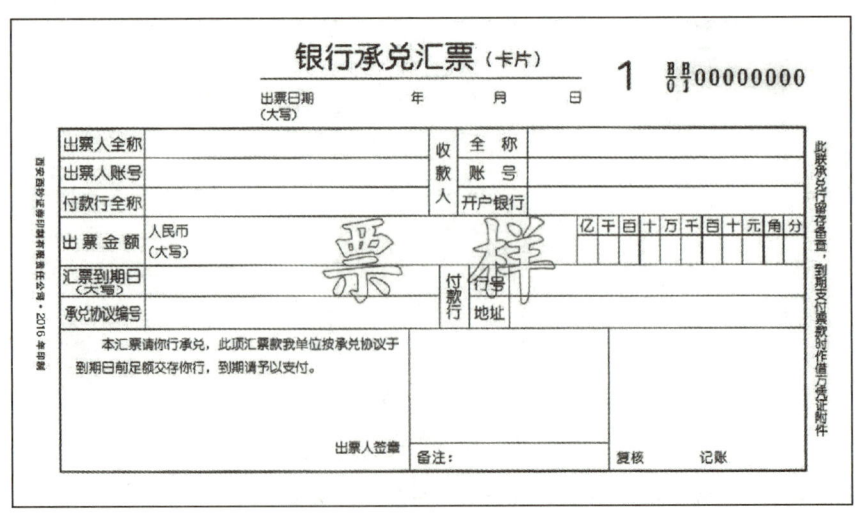

图 2-88　银行承兑汇票第一联

　　图 2-89 为银行承兑汇票第二联，为收款人开户银行随托收凭证寄付款行作借方凭证附件。办理业务时，承兑行和出票人在相应位置分别签章。

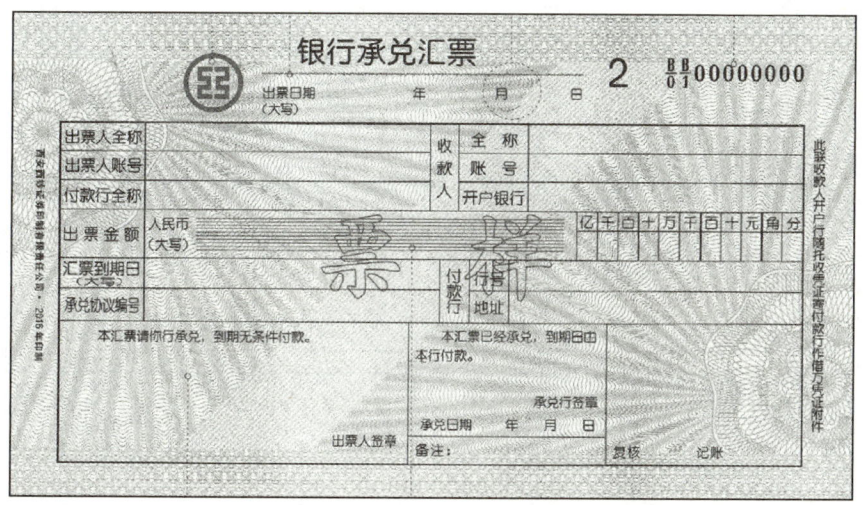

图 2-89　银行承兑汇票第二联正面

　　图 2-90 为银行承兑汇票第二联的背面，银行承兑汇票背书转让时，在其背面加盖"背书人"的"财务专用章"和"法人章"。

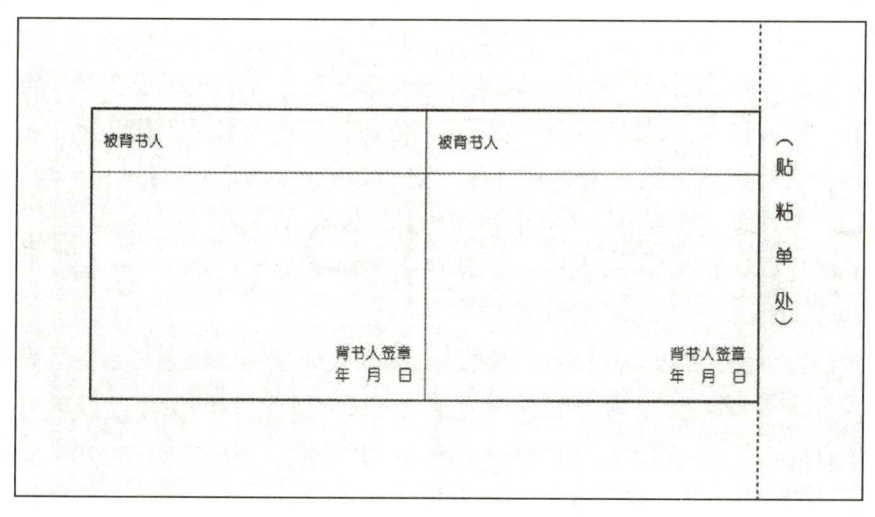

图 2-90　银行承兑汇票第二联背面

　　图 2-91 为银行承兑汇票第三联"存根"，由出票人存查。

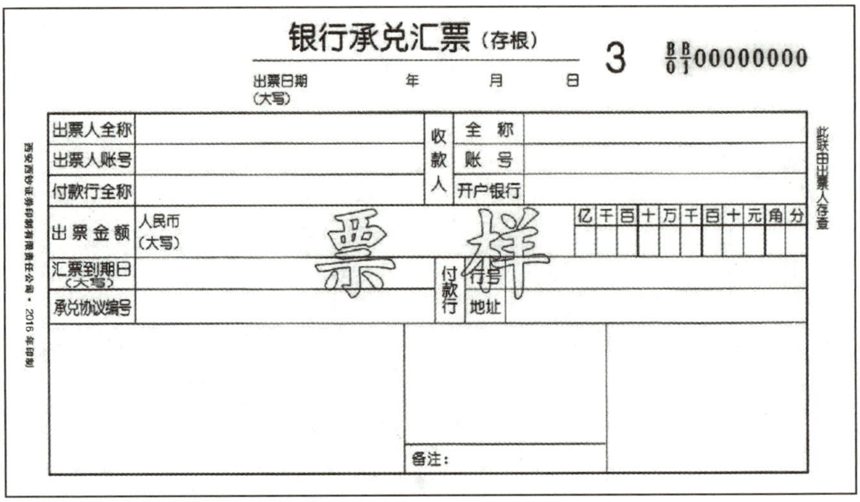

银行承兑汇票（存根） 3 BB 01 00000000

出票日期（大写） 年 月 日

出票人全称		收款人	全称	
出票人账号			账号	
付款行全称			开户银行	
出票金额	人民币（大写）			亿 千 百 十 万 千 百 十 元 角 分
汇票到期日（大写）		付款行	行号	
承兑协议编号			地址	

备注：

此联由出票人存查

西安西钞证券印制有限责任公司·2016年印制

票样

图 2-91 银行承兑汇票第三联

（二）电子银行承兑汇票

1. 电子银行承兑汇票的概念

电子银行承兑汇票是指在出票人（即承兑申请人）以数据电文形式向开户银行提出申请，经承兑银行审批并同意承兑后，保证承兑申请人在指定日期无条件支付确定金额给收款人或持票人的票据。电子银行承兑汇票是纸质银行承兑汇票的继承和发展，电子银行承兑汇票所体现的票据权利义务关系与纸质银行承兑汇票没有区别，不同之处是电子银行承兑汇票以数据电文形式替代原有的纸质实物票据，以电子签名取代实体签章，以网络传输取代人工传递，以计算机录入代替手工书写，实现了出票、流转、兑付等票据业务过程的完全电子化。电子银行承兑汇票在流传、集约化管理等方面与纸质银行承兑汇票相比具有较大优势。

电子银行承兑汇票票样如图 2-92 所示。

2. 电子银行承兑汇票的出票流程

电子银行承兑汇票办理是指客户通过电子方式办理网上出票、承兑、贴现、背书转让及到期托收等一系列与电子银行承兑汇票相关业务的操作。办理电子银行承兑汇票首先由客户在银行申请开户，并与承兑行签订“电子商业汇票业务服务协议”，然后申请开办电子票据业务。办理具体业务时，由客户通过企业网银系统输入票面信息、收款人信息和承兑行信息等，并提出承兑申请由开户行承兑后提示收款方收票，电子银行承兑汇票出票过程完成。

电子银行承兑汇票

出票日期　　　　　　　　　　　　　　　票据状态

汇票到期日　　　　　　　　　　　　　　票　　号

<table>
<tr><td rowspan="3">出票人</td><td>全　称</td><td></td><td rowspan="3">收票人</td><td>全　称</td><td></td></tr>
<tr><td>账　号</td><td></td><td>账　号</td><td></td></tr>
<tr><td>开户银行</td><td></td><td>开户银行</td><td></td></tr>
<tr><td colspan="2">出票保证信息</td><td colspan="4">保证人名称：　　　　保证人地址：　　　　保证日期：</td></tr>
<tr><td colspan="2">票据金额</td><td colspan="3">人民币
（大写）</td><td>十 亿 千 百 十 万 千 百 十 元 角 分</td></tr>
<tr><td colspan="2" rowspan="2">承兑人信息</td><td>全　称</td><td></td><td>开户行行号</td><td></td></tr>
<tr><td>账　号</td><td></td><td>开户行名称</td><td></td></tr>
<tr><td colspan="2">交易合同号</td><td colspan="2"></td><td rowspan="2">承兑信息</td><td>出票人承诺：本汇票请予以承兑，到期无条件付款</td></tr>
<tr><td colspan="2">能否转让</td><td colspan="2"></td><td>承兑人承诺：本汇票已经承兑，到期无条件付款
承兑日期</td></tr>
<tr><td colspan="2">承兑保证信息</td><td colspan="4">保证人名称：　　　　保证人地址：　　　　保证日期：</td></tr>
<tr><td rowspan="2">评级信息（由出票、承兑人自己记载，仅供参考）</td><td>出票人</td><td colspan="4">评级主体：　　　　信用等级：　　　　评级到期日：</td></tr>
<tr><td>承兑人</td><td colspan="4">评级主体：　　　　信用等级：　　　　评级到期日：</td></tr>
</table>

图 2-92　电子银行承兑汇票

五、商业汇票结算的适用范围

商业汇票只适用于在银行开立存款账户的法人以及其他组织之间，且必须具有真实的交易关系或债权债务关系，才能使用商业汇票。同城结算和异地结算均可使用，没有结算起点的限制。

【职业判断与业务操作】

商业汇票结算方式下基本业务工作过程

企业销售商品或结算债务时，可以采用商业汇票进行结算。采用商业汇票结算方式办理结算，若为购买商品结算货款，则应根据增值税专用发票签发商业汇票，一方面核算单位采购业务发生情况，另一方面核算货款结算情况；若为结清债权债务，则根据以前应收款的发生填制商业汇票，将未结清的应收款转为应收票据。

一、商业承兑汇票付款业务办理

商业承兑汇票是指由收款人签发，经付款人承兑，或由付款人签发并承兑的商业汇票。商业承兑汇票的出票人，为在银行开立存款账户的法人以及其他组织，与付款人具有真实的委托付款关系，具有支付汇票金额的可靠资金来源。付款人承兑商业汇票，应当在汇票正面记载"承兑"字样和承兑日期并签章。付款人承兑商业汇票，不得附有条件；承兑附有条件的，视为拒绝承兑。

下面以海蓝公司的业务为例介绍商业承兑汇票付款业务办理的工作过程。

【典型工作任务举例2-19】 商业承兑汇票购货付款业务

2024年5月8日，海蓝公司从晋西集团公司购入合页50箱，每箱单价为900元，增值税税率为13%，双方协商以期限为2个月、面值为50 850元的商业承兑汇票结算货款。

（1）签发商业承兑汇票。海蓝公司出纳人员根据审核无误的增值税发票签发商业承兑汇票（商业承兑汇票一式三联，发票及汇票见表2-107～表2-110）。若已使用电子商业承兑汇票，则由操作员按企业网银流程签发票据。操作要求如下：

① 填写项目完整。出票单位出纳人员应按照规定逐项填明商业汇票的各项内容，包括：表明"商业承兑汇票"字样、无条件支付的委托、确定的金额、付款人名称、收款人名称、出票日期、出票人签章。欠缺记载上述项目之一的，商业汇票无效。

表2-107

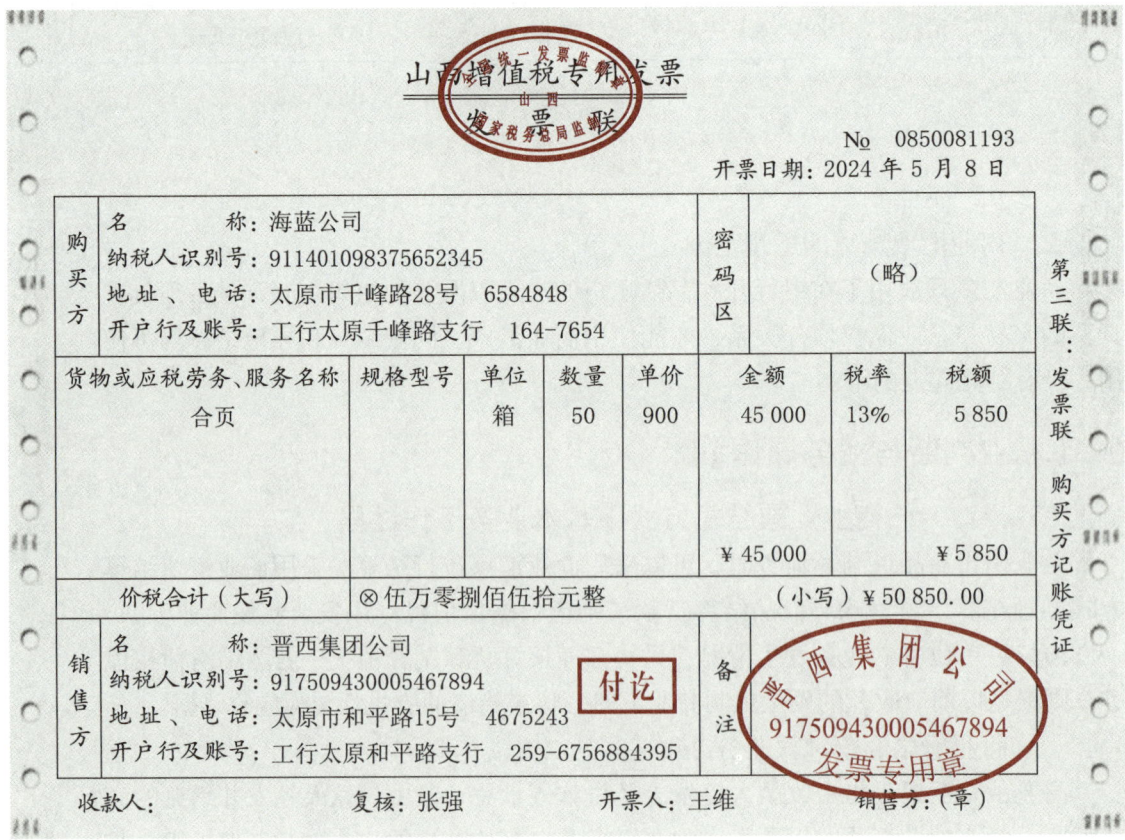

② 正确计算到期日。商业汇票的付款期可以按月计算，也可以按日计算。按月计算时，到期日期为到期月的对日，如出票日为 2024 年 1 月 31 日、期限为一个月的商业汇票，到期日为 2024 年 2 月 28 日，即月末签发的票据不论大小月均以到期月的月末为到期日；按日计算时，应按实际经历的天数计算，且算头不算尾，或算尾不算头，如出票日为 2024 年 1 月 31 日、期限为 30 天的票据，到期日为 2024 年 3 月 2 日。

表 2-108

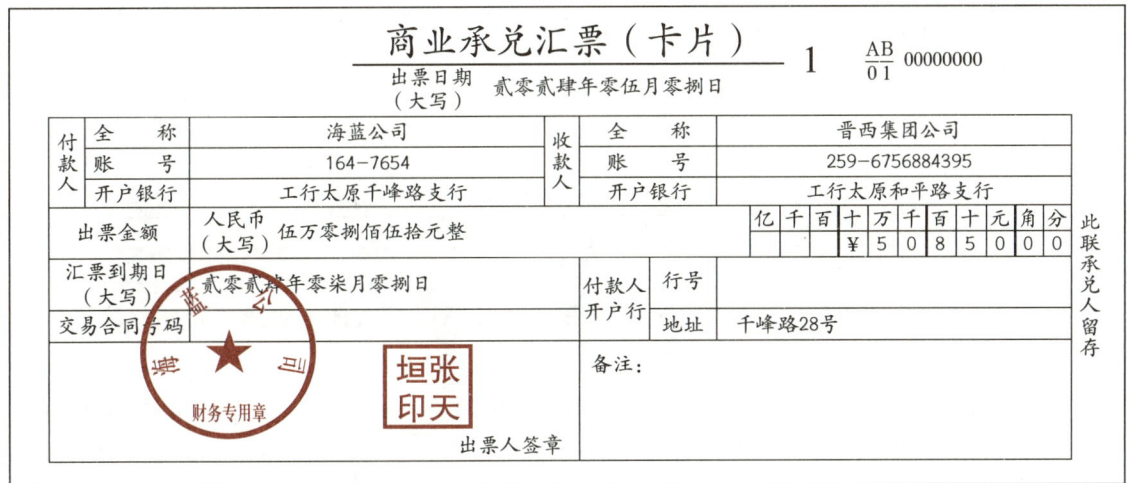

表 2-109

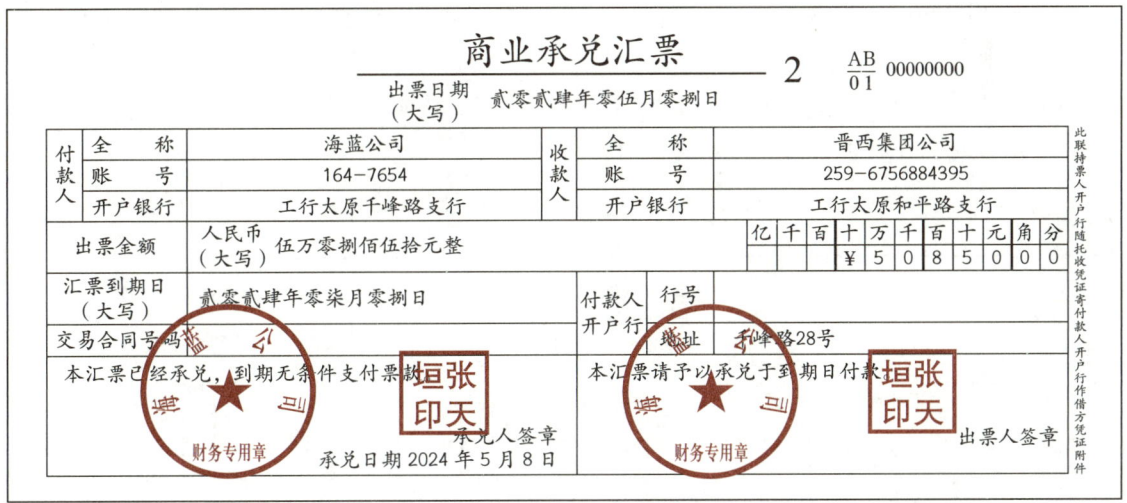

【想一想】

商业承兑汇票由谁填制？由谁承兑？为什么上述项目必须填写齐全才会有效？商业汇票在有效期内可以背书几次？背书次数增加会增加商业汇票的风险吗？

表 2-110

商业承兑汇票（存根）							3	$\frac{AB}{01}$ 00000000													

出票日期（大写）　贰零贰肆年零伍月零捌日

付款人	全　称	海蓝公司		收款人	全　称	晋西集团公司											
	账　号	164-7654			账　号	259-6756884395											
	开户银行	工行太原千峰路支行			开户银行	工行太原和平路支行											

出票金额	人民币（大写）伍万零捌佰伍拾元整	亿	千	百	十	万	千	百	十	元	角	分
				¥	5	0	8	5	0	0	0	0

汇票到期日（大写）	贰零贰肆年零柒月零捌日	付款人开户行	行号	
交易合同号码			地址	千峰路28号
备注：				

此联由出票人存查

（2）承兑商业承兑汇票。海蓝公司会计主管及法人印鉴管理人员审核商业汇票并承兑商业汇票。

商业承兑汇票由付款人承兑。付款单位承兑时，由会计主管及法人印鉴管理人员审核商业汇票后，在商业承兑汇票第二联"承兑人签章"处加盖预留银行印鉴（见表 2-109）。承兑后的商业汇票交收款单位。

（3）编制记账凭证。海蓝公司制证会计根据发票、商业承兑汇票编制购买材料的转账凭证（见表 2-111）。海蓝公司采用实际成本核算，假定购入材料正在运输途中。

（4）审核并通知付款。2024 年 7 月 10 日，海蓝公司出纳人员收到付款通知并及时通知开户银行付款（见表 2-112）。

表 2-111

转　账　凭　证												总字第 ____ 号									

2024 年 5 月 8 日　　　　　　　　　　　　转字第 18 号

摘要	总账科目	明细科目	借 方 金 额									贷 方 金 额									√
			百	十	万	千	百	十	元	角	分	百	十	万	千	百	十	元	角	分	
购买材料	在途物资				4	5	0	0	0	0	0										
	应交税费	应交增值税(进项税额)				5	8	5	0	0	0										
	应付票据	晋西集团公司											5	0	8	5	0	0	0	0	
合　计			¥	5	0	8	5	0	0	0	0	¥	5	0	8	5	0	0	0	0	

会计主管：　　　复核：李清　　　记账：　　　制单：张乐

附单据贰张

表 2-112

托收凭证（付款通知）　　5																	
委托日期　　2024 年 7 月 9 日					付款期限　　年　月　日												
业务类型	委托收款（□ 邮划、□ 电划）				托收承付（☑ 邮划、□ 电划）												
付款人	全　称	海蓝公司			收款人	全　称	晋西集团公司										
	账　号	164-7654				账　号	259-6756884395										
	地　址	山西省太原市	开户行	工行太原千峰路支行		地　址	山西省太原市	开户行	工行太原和平路支行								
金额	人民币（大写）　伍万零捌佰伍拾元整						亿	千	百	十	万	千	百	十	元	角	分
										¥	5	0	8	5	0	0	0
款项内容	货款		托收凭据名称			附寄单证张数											
商品发运情况		已发运			合同名称号码												
备注 付款人开户银行收到日期：　年　月　日 复核　　　记账				付款人开户银行盖章 2024 年 7 月 10 日		付款人注意： 1.应于见票当日通知开户银行划款。 2.如需拒付，应在规定期限内，将拒付理由书并附债务证明退交开户银行。										

（右侧竖排）此联为付款人开户银行给付款人的按期付款通知

（印章）中国工商银行股份有限公司　太原千峰路支行　2024年7月10日　转讫

商业承兑汇票的付款人开户银行收到收款人或持票人委托其开户银行寄来的商业承兑汇票及托收凭证，付款人开户银行将商业承兑汇票留存，并及时通知付款人。付款人收到开户银行的付款通知，应在当日通知银行付款。付款人在接到通知日的次日起 3 日内（遇法定休假日顺延，下同）未通知银行付款的，视同付款人承诺付款，银行应于付款人接到通知日的次日起第 4 日（法定休假日顺延，下同）上午开始营业时，将票款划给持票人。银行在办理划款时，付款人存款账户不足支付的，应填制付款人未付票款通知书，连同商业承兑汇票邮寄持票人开户银行转交持票人。

付款人存在合法抗辩事由拒绝支付的，应自接到通知日的次日起 3 日内，将拒绝付款证明送交开户银行，银行将拒绝付款证明和商业承兑汇票邮寄持票人开户银行转交持票人。

【想一想】

商业汇票到期付款时，若付款人账户不足支付时，其开户银行应该如何处理？

（5）编制记账凭证。海蓝公司会计人员（张乐）根据托收凭证第五联编制付款凭证并交有关人员审核（见表 2-113）。

（6）登记日记账并签名。出纳人员（李红）根据审核后记账凭证及原始凭证登记银行存款日记账（见表 2-114）；在购货发票上加盖"付讫"章（见表 2-107）；并在付款凭证上签名或盖章（见表 2-113）。

表 2-113

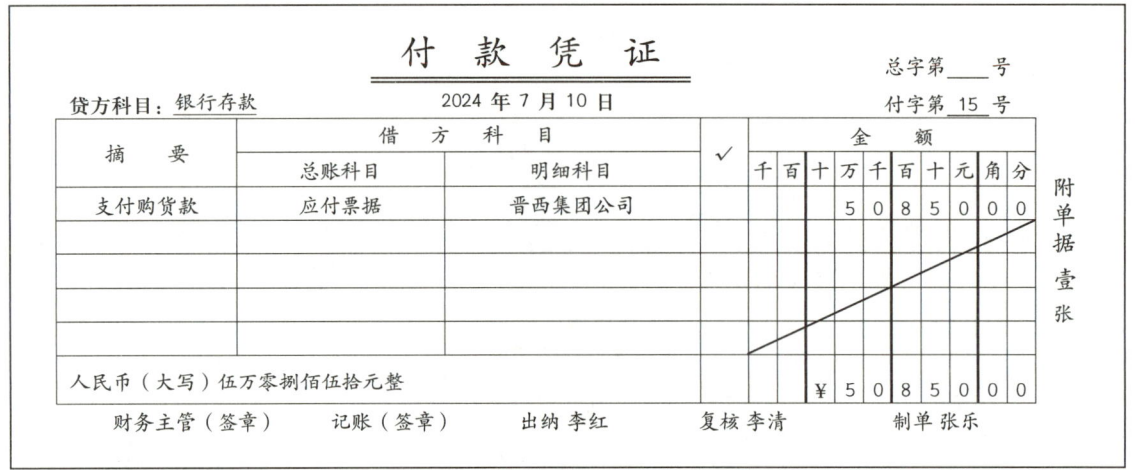

付 款 凭 证

2024 年 7 月 10 日

总字第＿＿号

付字第 15 号

贷方科目：银行存款

摘　要	借 方 科 目		√	金　额									
	总账科目	明细科目		千	百	十	万	千	百	十	元	角	分
支付购货款	应付票据	晋西集团公司				5	0	8	5	0	0	0	0
人民币（大写）伍万零捌佰伍拾元整						¥	5	0	8	5	0	0	0	0

附单据壹张

财务主管（签章）　　记账（签章）　　出纳 李红　　复核 李清　　制单 张乐

表 2-114

银 行 存 款 日 记 账

45

开户行名称：工行太原千峰路支行

银行账号：164-7654

2024 年		凭证编号		摘　要	结算凭证		借方									√	贷方									√	余额								
月	日	类	号		类	号	百	十	万	千	百	十	元	角	分		百	十	万	千	百	十	元	角	分		百	十	万	千	百	十	元	角	分
7	10			承上页					7	6	7	8	9	0	0				7	6	9	5	0	0				6	9	0	9	4	0	0
7	10	付	15	支付货款	商业汇票														5	0	8	5	0	0	0				1	8	2	4	4	0	0

二、银行承兑汇票付款业务办理

银行承兑汇票是由在承兑银行开立存款账户的存款人签发的，由承兑银行负责承兑的商业汇票。银行承兑汇票的出票人必须具备下列条件：在承兑银行开立存款账户的法人以及其他组织；与承兑银行具有真实的委托付款关系；资信状况良好，具有支付汇票金额的可靠资金来源。

银行承兑汇票付款业务办理程序与商业承兑汇票基本相同，其不同之处在于：第一，银行承兑汇票的出票人只能是交易中的购买方，商业承兑汇票的出票人可以是交易中的购买方或销售方；第二，银行承兑汇票的出票人签发银行承兑汇票时必须向银行申请承兑，填制银行承兑协议，商业承兑汇票则由收付款双方协商即可；第三，银行承兑汇票由银行承兑，商业承兑汇票由付款人承兑；第四，银行承兑汇票的出票人收到付款通知时应及时将票款送存银行，以便到期向收款单位支付款项，若付款单位没有及时存入款项或无力支付，银行承兑汇票则由承兑银行支付票款，并在支付款项后，将全部款项转为付款人的贷款，若商业承兑汇票付款人不能及时付款时，商业承兑汇票则被银行退回由双方协商解决；第五，银行承兑汇票的承兑银行，应按票面金额向出票人收取万分之五的手续费。银行承兑汇票签发业务工作过程及岗位对照如图 2-93 所示。由于银行承兑汇票的承兑人是承兑银行，对于收款人来说风险较小，因此，实际中较为常见的商业汇票是银行承兑汇票。

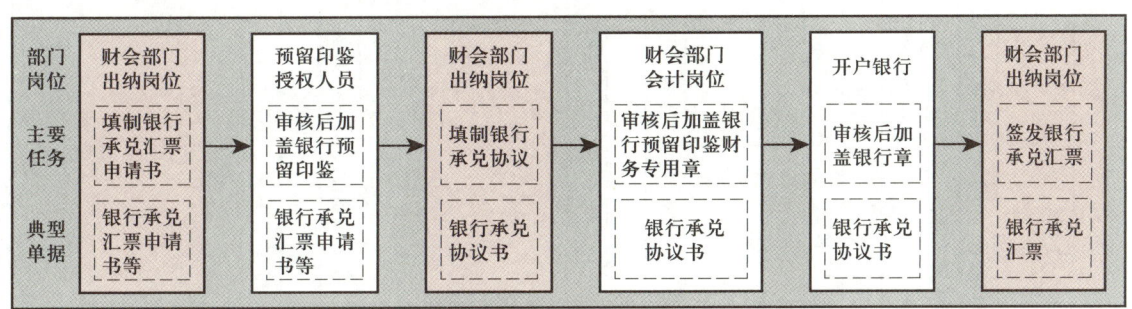

图 2-93　银行承兑汇票签发业务工作过程及岗位对照

■【典型工作任务举例 2-20】■　银行承兑汇票购货付款业务

以【典型工作任务举例 2-19】为例，假定购销双方当事人不变，购买数量为 100 箱则购货款为 90 000 元，税金为 11 700 元，双方协商以银行承兑汇票办理货款结算，银行承兑汇票付款业务办理如下：（若已使用电子商业汇票则由操作员按企业网银流程在网银系统出票。）

1. 填写银行承兑汇票申请书

（1）海蓝公司出纳人员（李红）根据购销合同填制"银行承兑汇票申请书"（见表 2-115）。

【想一想】

银行承兑汇票的出票人必须具备什么样的条件？银行承兑后对于银行来说有风险吗？银行承兑汇票和商业承兑汇票相比，哪一种信用较好？

（2）审核签章。海蓝公司出纳人员（李红）将填制好的银行承兑汇票申请书交会计主管审核，审核无误后加盖"财务专用章"（见表 2-115）。

（3）审核签章。海蓝公司出纳人员（李红）将填制好的银行承兑汇票申请书交法人印鉴授权管理部门审核，审核无误后加盖"法人名章"（见表 2-115）。

表 2-115

银行承兑汇票申请书

金额单位：元　　　　编号：

申请人名称	海蓝公司		在承兑行结算户账号	259-675884395	申请开票的原因：
申请承兑汇票	收款人	晋西集团公司	开户行	工行太原和平路支行	存款账号	164-7654	购货，支付货款
	金额				金额（小写）	¥101 700.00	
	到期日	2024 年 7 月 8 日			交易合同号码	2024-35	

我单位于 2024 年 5 月 8 日与山西省（区）太原市（县）的晋西集团公司已签订购入合页合同，金额 101 700 元，双方商定期 2 月后付款，采用银行承兑汇票方式结算，期限 2 个月，特向你行申请承兑，届时我单位保证按期付款，资金支付方式为：

承兑人以海蓝公司出纳根据审核无误的增值税发票签发银行承兑汇票（可以申请人签发票据），并交会计审核银行承兑后交付款单位。

中国工商银行太原千峰路支行

申请人（公章）　法人代表（签字）

财务（公章）

年　月　日

承兑直接用途	进货名称	合　页	数量	50 箱	进货名称	数量	金额
填表日止未到期银行承兑汇票情况记录	到期年月						
	金　额						
本年内银行贷款到期情况	到期年月						
	金　额						

填表日止已逾期贷款　　　　　　欠交银行利息

申请人财务数据	项　目	上月止累计	上年同期	项　目	上月止累计	上年同期
	工业总产值			产品销售成本		
	（商品）购进总额			销售税金		
	销售收入			利润总额		

本笔承兑汇票申请采用的担保方式（保证人名称）：

注：此表为申请人填写，并随本表向银行报送下列材料：
1. 购销合同
2. 承兑协议书
3. 有关担保材料
4. 开户行要求报送的其他资料

2. 填写银行承兑协议

海蓝公司出纳人员（李红）填制"银行承兑协议"（见表 2-116），并由承兑银行和出票人在银行承兑协议上盖章。银行承兑协议一式二联，内容主要包括汇票的基本内容、承兑申请人应遵守的基本条款等。

表 2-116

银行承兑协议

编号：_____2024-35_____

银行承兑汇票的内容：

出票人全称　__海蓝公司__　　　收款人全称　__晋西集团公司__

开户银行　__工行太原千峰路支行__　　开户银行　__工行太原和平路支行__

账　　号　__164-7654__　　　账　　号　__259-6756884395__

汇票号码　__20246736__　　　汇票金额（大写）__壹拾万零壹仟柒佰元整__

出票日期 2024 年 5 月 8 日 到期日 2024 年 7 月 8 日

以上汇票经银行承兑，出票人愿意遵守《支付结算办法》的规定及下列条款：

一、出票人于汇票到期日前将应付票款足额交存承兑银行。

二、承兑手续费按票面金额千分之（　）计算，在银行承兑时一次付清。

三、出票人与持票人如发生任何交易纠纷，均由其双方自行处理，票款于到期前仍按第一条办理不误。

四、承兑汇票到期日，承兑银行无条件支付票款。如到期日之前出票人不能足额交付票款时，承兑银行对不足支付部分的票款转作出票申请人逾期贷款，并按照有关规定计收罚息。

五、承兑汇票款付清后，本协议自动失效。

承兑银行签章　　　　　　　　出票人签章

订立承兑协议日期 2024 年 5 月 8 日

【想一想】

银行承兑协议一式二联的用途是什么？银行承兑协议由谁出具？

3. 签发银行承兑汇票

（1）海蓝公司出纳人员（李红）根据购货发票、银行承兑协议书等签发"银行承兑汇票"（见表2-117~表2-119）。

表 2-117

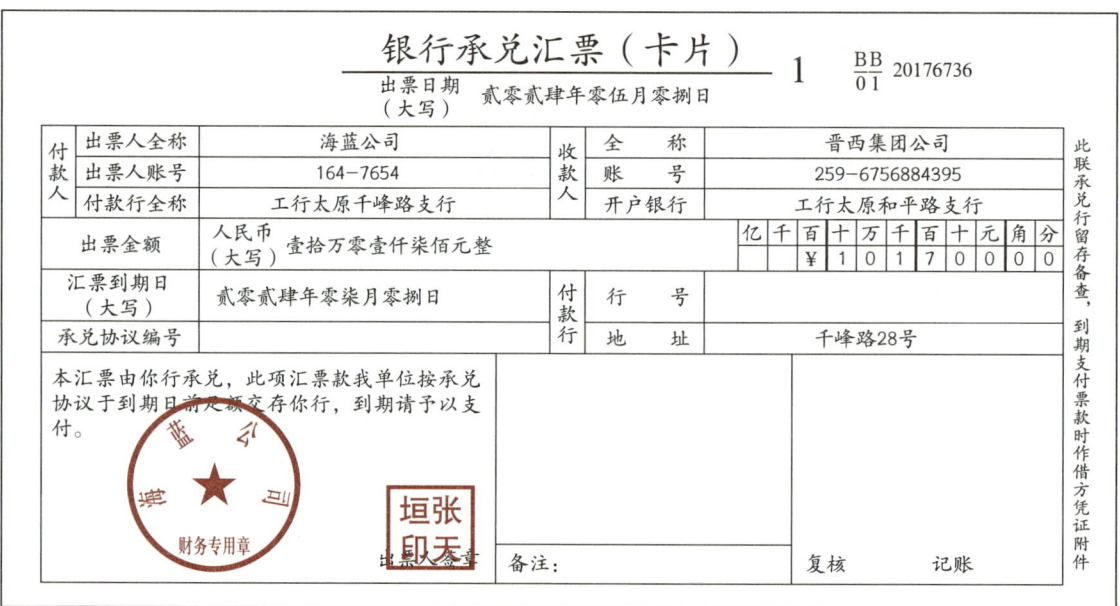

表 2-118

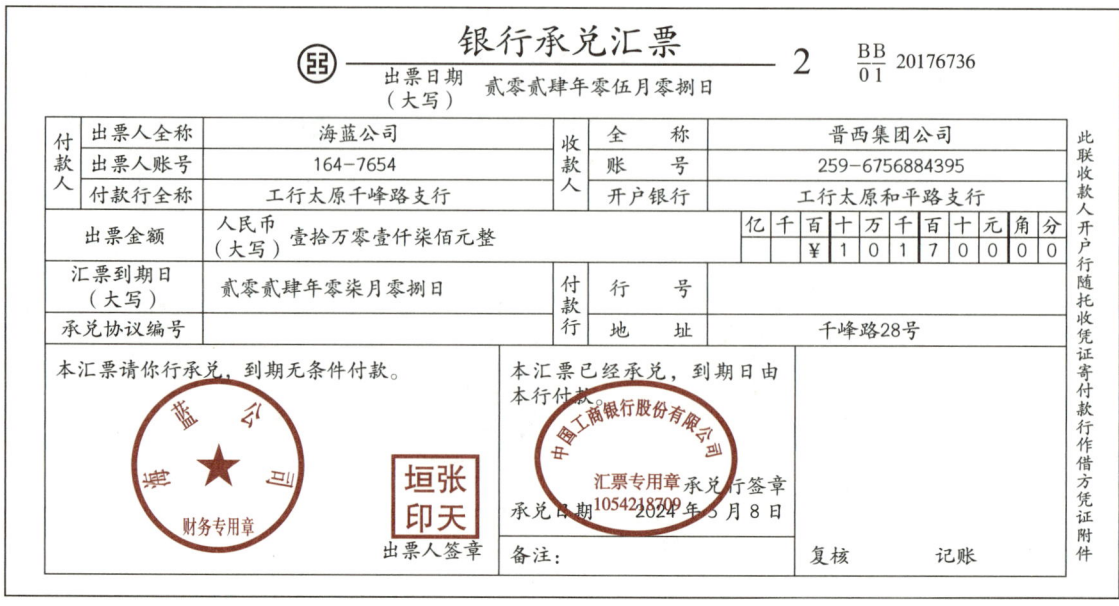

表 2-119

银行承兑汇票（存根）　3　BB/01　20176736

出票日期（大写）　贰零贰肆年零伍月零捌日

付款人	出票人全称	海蓝公司	收款人	全　称	晋西集团公司
	出票人账号	164-7654		账　号	259-6756884395
	付款行全称	工行太原千峰路支行		开户银行	工行太原和平路支行

出票金额	人民币（大写）壹拾万零壹仟柒佰元整	亿 千 百 十 万 千 百 十 元 角 分
		¥ 1 0 1 7 0 0 0 0

汇票到期日（大写）	贰零贰肆年零柒月零捌日	付款行	行　号	
承兑协议编号			地　址	千峰路28号

备注：

此联由出票人存查

银行承兑汇票的签发有手写和机打两种方式：手写银行承兑汇票，由付款单位出纳人员填写，由开户银行承兑；机打银行承兑汇票，则由开户银行出具，由开户银行承兑。无论是手写还是机打银行承兑汇票，均必须填列下列各项内容：表明"银行承兑汇票"的字样、无条件支付的委托、确定的金额、付款人名称、收款人名称、出票日期、出票人签章。欠缺记载上述项目之一的，商业汇票无效。

（2）审核签章。海蓝公司出纳人员（李红）将填制完整的银行承兑汇票交会计主管（李清）审核，会计主管（李清）审核后在银行承兑汇票第一联和第二联"出票人签章"处签章（见表 2-117、表 2-118）。

（3）审核签章。海蓝公司出纳人员（李红）将填制好的银行承兑汇票交管理部门审核，管理部门审核无误后加盖"法人名章"（见表 2-117、表 2-118）。

（4）开户银行承兑。海蓝公司出纳人员（李红）将填制好的银行承兑汇票交开户银行承兑，开户银行在银行承兑汇票第二联承兑银行盖章处签章（见表 2-118）。

4. 编制记账凭证

2024 年 5 月 8 日，海蓝公司制证会计人员（张乐）根据发票（见表 2-120）及汇票编制购买材料的转账凭证（见表 2-121）。

5. 审核并通知付款

2024 年 7 月 10 日，海蓝公司出纳人员（李红）收到付款通知并通知开户银行付款。

表 2-120

山西增值税专用发票

发票联

No 0850081193

开票日期：2024 年 5 月 8 日

购买方	名　　称：海蓝公司 纳税人识别号：911401098375652345 地址、电话：太原市千峰路28号　6584848 开户行及账号：工行太原千峰路支行　164-7654		密码区	（略）		

货物或应税劳务、服务名称	规格型号	单位	数量	单价	金额	税率	税额
合页		箱	100	900	90 000	13%	11 700
					￥90 000		￥11 700

价税合计（大写）	⊗壹拾万壹仟柒佰元整	（小写）￥101 700.00

销售方	名　　称：晋西集团公司 纳税人识别号：917509430005467894 地址、电话：太原市和平路15号 开户行及账号：工行太原和平路支行　259-6756884395	备注

收款人：　　　　　复核：张强　　　　　开票人：王维　　　　　销售方：（章）

第三联：发票联　购买方记账凭证

表 2-121

<table>
<tr><th colspan="11" style="text-align:center">转　账　凭　证</th></tr>
</table>

转 账 凭 证

总字第____号
转字第 20 号

2024 年 5 月 8 日

摘　要	总账科目	明细科目	√	借 方 金 额									贷 方 金 额								
				百	十	万	千	百	十	元	角	分	百	十	万	千	百	十	元	角	分
购买材料	原材料	原料及主要材料				9	0	0	0	0	0	0									
	应交税费	应交增值税(进项税额)				1	1	7	0	0	0	0									
	应付票据	晋西集团公司												1	0	1	7	0	0	0	0
合　　计				￥1	0	1	7	0	0	0	0		￥1	0	1	7	0	0	0	0	

会计主管：　　　　　记账：　　　　　复核：李清　　　　　制单：张乐

【想一想】

企业办理银行承兑汇票需要经过哪些程序？需要使用哪些凭证？需要在不同的凭证上加盖哪些印章方才有效？

银行承兑汇票的出票人应于汇票到期前将票款足额交存其开户银行。承兑银行应在汇票到期日或到期日后的见票当日支付票款。承兑银行存在合法抗辩事由拒绝支付的，应自接到汇票的次日起 3 日内，作成拒绝付款证明，连同银行承兑汇票邮寄持票人开户银行转交持票人。银行承兑汇票的出票人于汇票到期日未能足额交存票款时，承兑银行除凭票向持票人无条件付款外，对出票人尚未支付的汇票金额按照每天万分之五计收利息。

采用银行承兑汇票办理付款时编制付款凭证及出纳人员登记日记账程序与商业承兑汇票相同。

6. 编制记账凭证

2024 年 7 月 10 日，海蓝公司制证会计人员（张乐）根据托收凭证第五联（见表 2-122）编制付款凭证（见表 2-123）。

表 2-122

托收凭证（付款通知） 5

| 委托日期 | 2024 年 7 月 9 日 | | 付款期限 | 年 月 日 |

业务类型	委托收款（□ 邮划、□ 电划）		托收承付（□ 邮划、□ 电划）

付款人	全　称	海蓝公司	收款人	全　称	晋西集团公司
	账　号	164-7654		账　号	259-6756884395
	地址	山西省太原市	开户行	工行千峰路支行	地址	山西省太原市	开户行	工行和平路支行

| 金额 | 人民币（大写）壹拾万壹仟柒佰元整 | 亿 千 百 十 万 千 百 十 元 角 分
¥ 1 0 1 7 0 0 0 0 |

| 款项内容 | 货款 | 托收凭据名称 | | 附寄单证张数 | |

| 商品发运情况 | 已发运 | | 合同名称号码 | |

| 备注： | | 付款人开户银行盖章
2024 年 7 月 10 日 | 付款人注意：
1. 应于见票当日通知开户银行划款。
2. 如需拒付，应在规定期限内，将拒付理由书并附债务证明退交开户银行。 |

（中国工商银行股份有限公司 太原市千峰路支行 2024年7月10日 转讫）

此联为付款人开户银行给付款人的收款通知

表 2-123

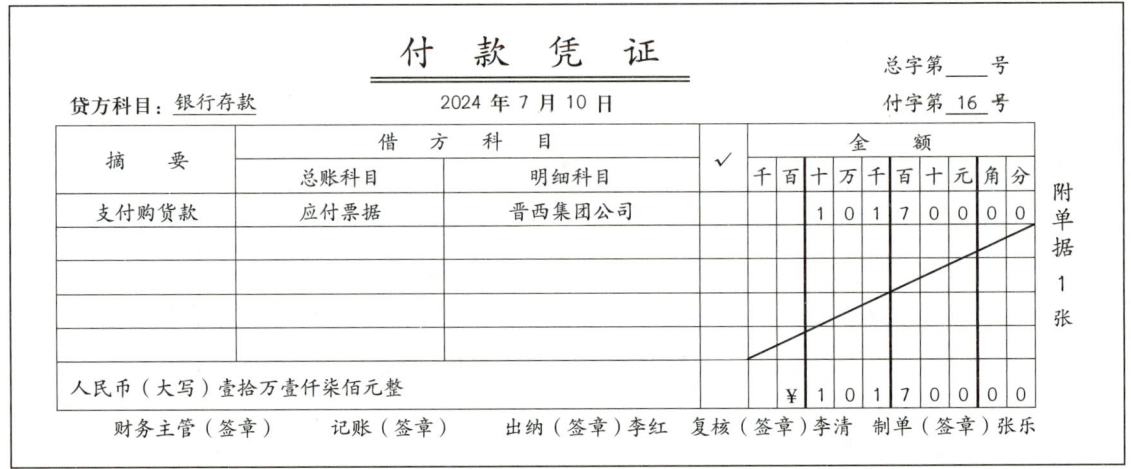

7. 登记银行存款日记账

2024 年 7 月 10 日，海蓝公司出纳人员（李红）根据付款凭证登记银行存款日记账（见表 2-124）。

表 2-124

银行存款日记账													45																					

开户行名称：工行千峰路支行　　　　　　　　　　　银行账号：164-7654

2024年		凭证编号		摘要	结算凭证		借方	√	贷方	√	余额
月	日	类	号		类	号	百十万千百十元角分		百十万千百十元角分		百十万千百十元角分
7	10			承前页							6 8 9 0 0 0 0 0
	10	付	16	支付购货款	托收凭证	略			1 0 1 7 0 0 0 0		

三、商业汇票收款业务办理

销售方在销售商品后，收到双方协商签发的具有一定期限的商业承兑汇票或银行承兑汇票，在汇票到期时可以向付款人收取款项。商业汇票收款的提示付款期限，自汇票到期日起 10 日。持票人应在提示付款期限内通过开户银行委托收款或直接向付款人提示付款。对异地委托收款的，持票人可匡算邮程，提前通过开户银行委托收款。持票人超过提示付款期限提示付款的，持票人开户银行不予受理。商业汇票提示付款时，应签发一式五联的托收凭证，将托收凭证及商业承兑汇票（或银行承兑汇票）第二联一并交开户银行办理托收，托收程序与委托收款结算程序相同。

　　下面以海蓝公司的业务为例介绍商业汇票收款业务办理的工作过程。

■【典型工作任务举例2-21】■　商业承兑汇票销售收款业务

商业承兑
汇票收款
业务办理

　　2024 年 12 月 5 日，海蓝公司销售给学大培训学校课桌 500 张，每张 200 元，椅子 500 把，每把 100 元，增值税税率为 13%，双方协商采用商业承兑汇票办理结算。海蓝公司销售人员（李强）已开出发票并已审核盖章。

　　（1）销售商品收到商业汇票。海蓝公司出纳人员（李红）收到销售部门填制的发票及由付款人签发并承兑的期限为 2 个月，面值为 169 500 元的商业承兑汇票（发票、商业承兑汇票见表 2-125、表 2-126）。

表 2-125

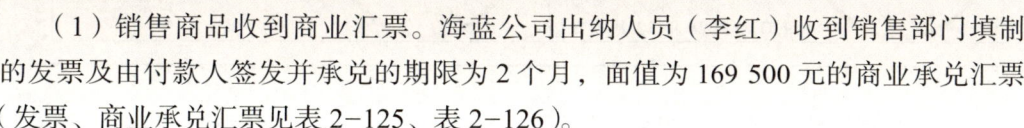

货物或应税劳务、服务名称	规格型号	单位	数量	单价	金额	税率	税额
课桌		张	500	200	100 000	13%	13 000
椅子		把	500	100	50 000	13%	6 500
					￥150 000		￥19 500

山西增值税专用发票

此联不作报销、扣税凭证使用

No 580086193

开票日期：2024 年 12 月 5 日

购买方
名　称：学大培训学校
纳税人识别号：912401021989456717
地址、电话：太原漪汾街3号　4082111
开户行及账号：工行太原漪汾街支行　125-5798430069

密码区　（略）

价税合计（大写）　⊗ 壹拾陆万玖仟伍佰元整　（小写）　￥169 500.00

销售方
名　称：海蓝公司
纳税人识别号：911401098375652345
地址、电话：太原市千峰路28号　6584848
开户行及账号：工行太原千峰路支行　164-7654

备注

海蓝公司
911401098375652345
发票专用章

第一联：记账联　销售方记账凭证

收款人：马丽　　　复核：张强　　　开票人：王东　　　销售方：（章）

表 2-126

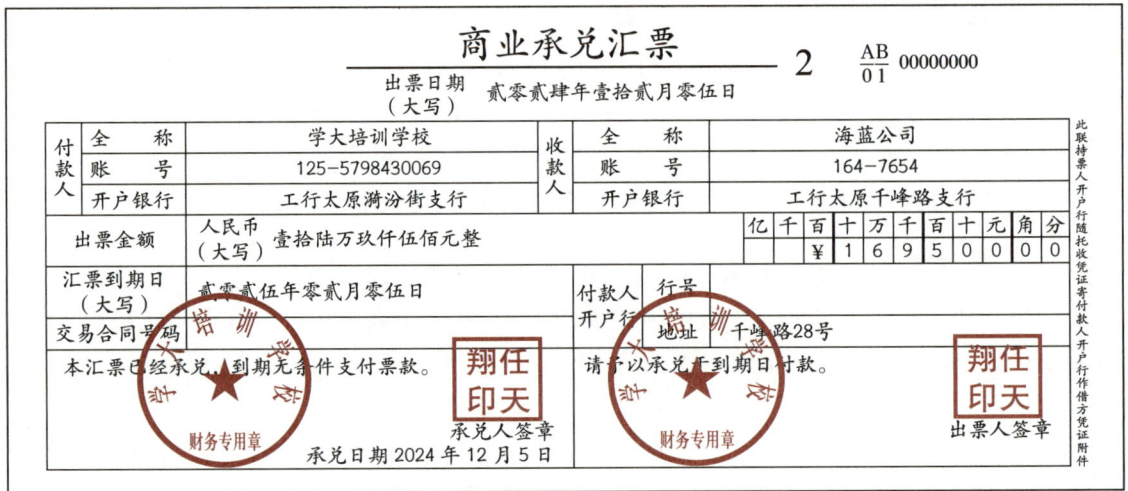

（2）编制记账凭证。海蓝公司制证会计人员（张乐）根据发票、商业汇票编制转账凭证（转账凭证略）。

（3）汇票到期，办理托收。2025 年 2 月 5 日，汇票到期，出纳人员（李红）根据商业汇票填写托收凭证办理商业汇票到期收款（见表 2-127）。

表 2-127

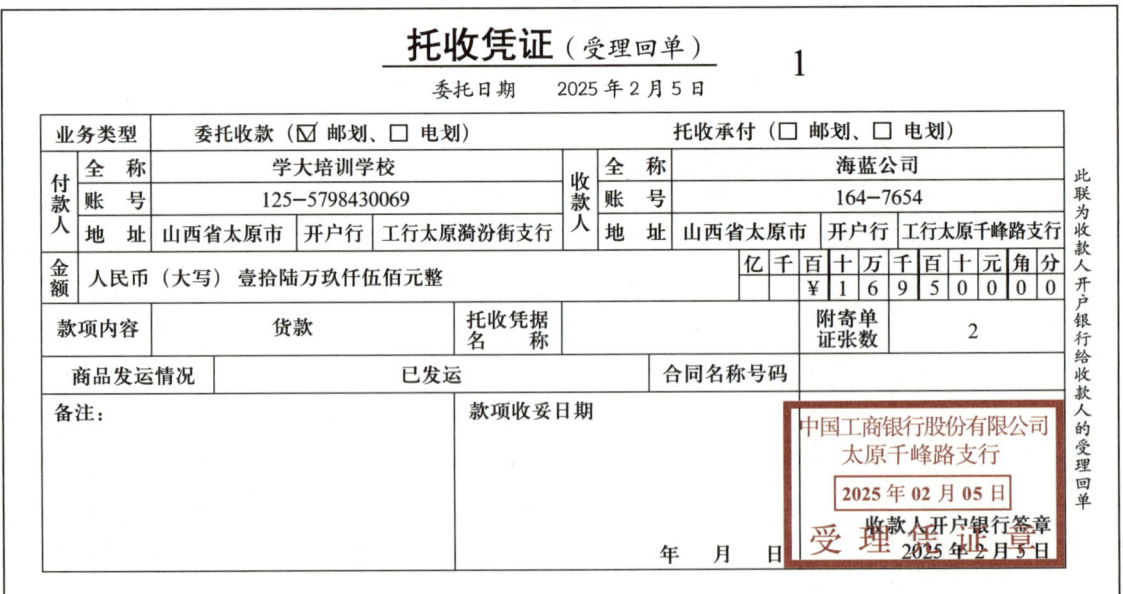

【想一想】

商业汇票到期时，收款人应该以什么凭证为依据委托开户银行办理收款？如何办理？

（4）收取款项。2025 年 2 月 10 日出纳人员（李红）收到托收凭证第四联收款通知联，并交制证会计人员（张乐）编制收款凭证（见表 2-128、表 2-129）。

（5）审核记账凭证。审核会计审核上述收款凭证并签名，交给出纳人员（李红）登记银行存款日记账。

（6）登记日记账并签名。出纳人员（李红）根据收款凭证登记银行存款日记账（见表 2-130）；并在上述收款凭证上签名（见表 2-129）。

表 2-128

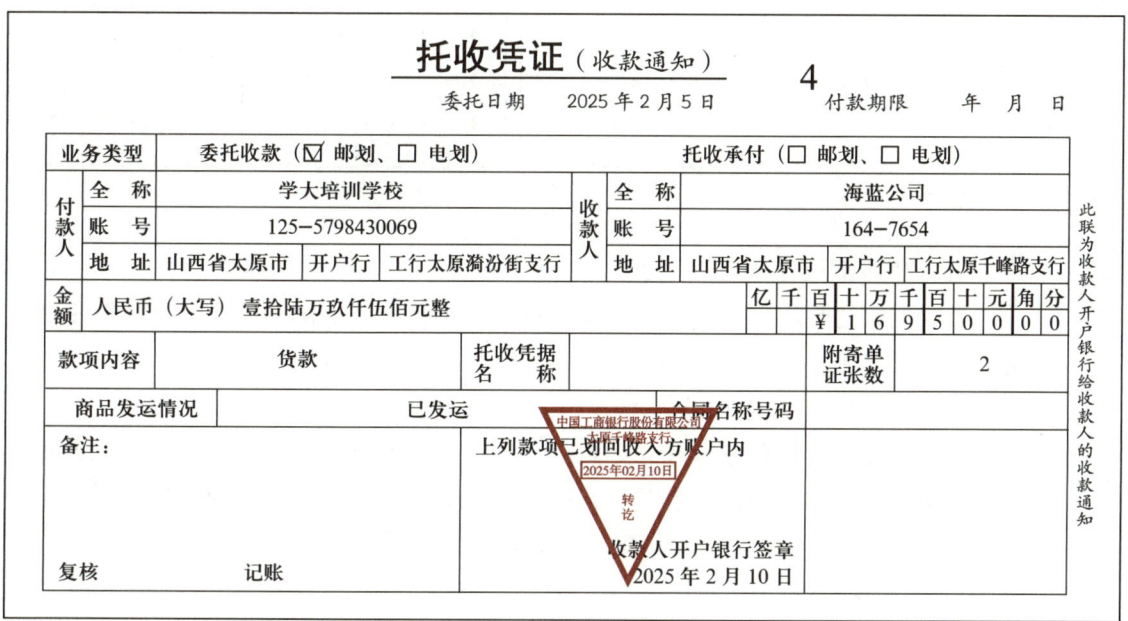

表 2-129

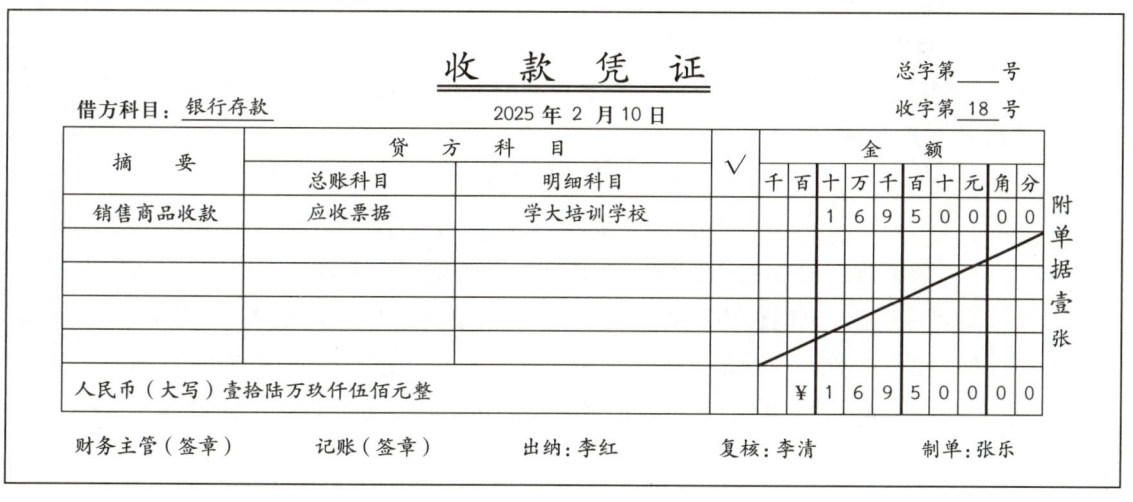

表 2-130

银 行 存 款 日 记 账								8

开户行名称：工行千峰路支行　　　　　　　　　　　　　　　　　　　　　　银行账号：164-7654

2025 年		凭证编号		摘　要	结算凭证		借方	√	贷方	√	余额
月	日	类	号		类	号	百十万千百十元角分		百十万千百十元角分		百十万千百十元角分
2	9			承上页			6 5 0 0 0 0 0		3 4 5 0 0 0 0		3 0 5 0 0 0 0
2	10	收	18	收回货款	商业汇票		1 6 9 5 0 0 0 0				2 0 0 0 0 0 0 0

四、商业汇票贴现业务办理

商业汇票的收款人或持票人若急需资金，可持未到期的商业汇票连同贴现凭证向银行申请贴现。

（一）商业汇票的贴现条件

贴现条件包括：在银行开立存款账户的法人以及其他组织；与出票人或者直接前手之间具有真实的商品交易关系，提供与其直接前手之间的增值税发票和商品发运单据复印件；在银行开立结算账户；非汇票的出票人；其他条件。

（二）贴现所得

收款人或持票人的贴现所得为银行按照票据到期值扣除自贴现日到汇票到期日期间的利息后的余额。对于一些外地票据，或者汇票到期日不是法定工作日的票据，银行会根据实际设定调整天数，例如：异地票据（不是同一个城市的），到期天数在原来基础上（票据到期日－贴现日）再加 3 天，因为异地票据需要办理时间。同样如果到期日是法定节假日，汇票到期当天也是无法承兑的，这个时候银行会根据需要再顺延调整贴现天数。

贴现所得 = 票据到期值 – 贴现利息

贴现利息 = 票据到期值 × 贴现率 × 贴现期

票据到期值 = 票据面值 + 票据利息（若票据为无息票据则等于面值）

汇票持有人向银行申请贴现时，应由汇票持有单位出纳人员填制一式五联的"贴现凭证"办理。商业汇票贴现业务工作过程及岗位对照图如图 2-94 所示。

下面以海蓝公司的业务为例介绍商业汇票贴现业务办理的工作过程。

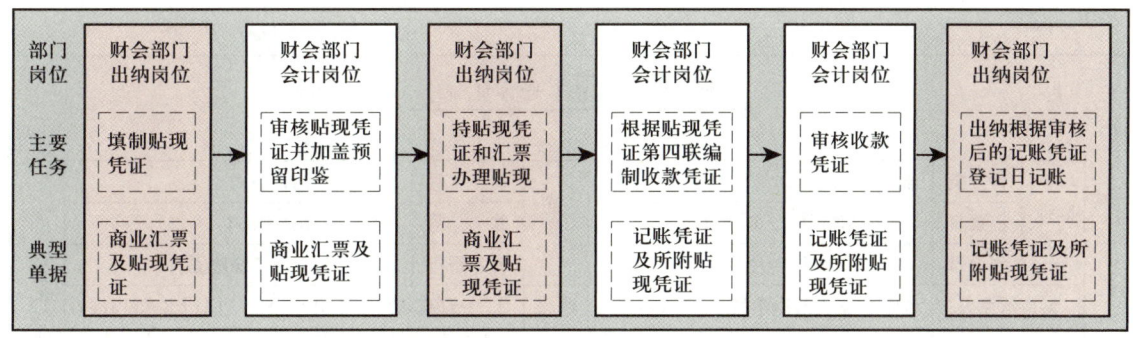

图 2-94 商业汇票贴现业务工作过程及岗位对照图

【典型工作任务举例2-22】 商业承兑汇票贴现业务

承上述举例2-21，2025年1月5日，海蓝公司将其持有的2024年12月5日签发、期限为2个月、面值为169 500元的商业承兑汇票向银行申请贴现，银行贴现率为6%。

（1）填制贴现凭证，申请贴现。汇票持有人向银行申请贴现时，应由其出纳人员（李红）填制贴现凭证（见表2-131～表2-135）。出纳人员（李红）根据要求逐项填写贴现申请人的名称、账号、开户银行，贴现汇票的种类、到票日和汇票号码，汇票承兑人名称、账号和开户银行，以及汇票金额。

表 2-131

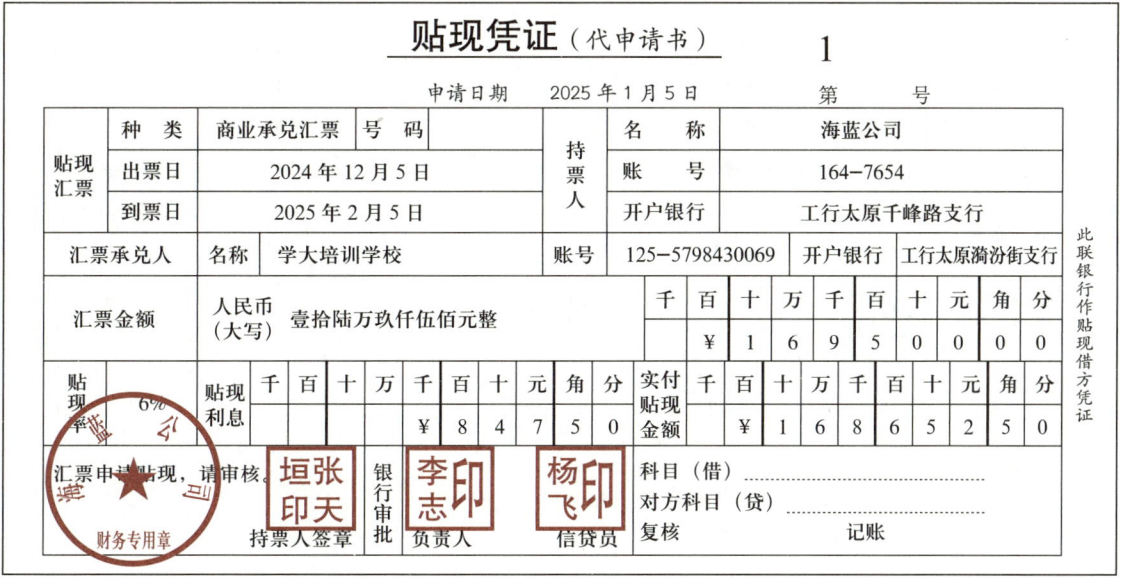

表 2-132

贴现凭证（贷方凭证）　　2

| 申请日期 | | | 2025 年 1 月 5 日 | | | | | 第　号 | | | | | | | | | |

	种　类	商业承兑汇票	号　码				持票人	名　称			海蓝公司						
贴现汇票	出票日	2024 年 12 月 5 日						账　号			164-7654						
	到票日	2025 年 2 月 5 日						开户银行			工行太原千峰路支行						

汇票承兑人	名称	学大培训学校		账号	125-5798430069	开户银行	工行太原漪汾街支行

汇票金额	人民币（大写）　壹拾陆万玖仟伍佰元整	千	百	十	万	千	百	十	元	角	分
			¥	1	6	9	5	0	0	0	0

贴现率	6%	贴现利息	千	百	十	万	千	百	十	元	角	分	实付贴现金额	千	百	十	万	千	百	十	元	角	分
								¥	8	4	7	5	0		¥	1	6	8	6	5	2	5	0

备注：

科目（借）...........................
对方科目（贷）...........................
复核　　　　　记账

（此联银行作持票人账户贷方凭证）

表 2-133

贴现凭证（贷方凭证）　　3

| 申请日期 | | | 2025 年 1 月 5 日 | | | | | 第　号 | | | | | | | | | |

	种　类	商业承兑汇票	号　码				持票人	名　称			海蓝公司						
贴现汇票	出票日	2024 年 12 月 5 日						账　号			164-7654						
	到票日	2025 年 2 月 5 日						开户银行			工行太原千峰路支行						

汇票承兑人	名称	学大培训学校		账号	125-5798430069	开户银行	工行太原漪汾街支行

汇票金额	人民币（大写）　壹拾陆万玖仟伍佰元整	千	百	十	万	千	百	十	元	角	分
			¥	1	6	9	5	0	0	0	0

贴现率	6%	贴现利息	千	百	十	万	千	百	十	元	角	分	实付贴现金额	千	百	十	万	千	百	十	元	角	分
								¥	8	4	7	5	0		¥	1	6	8	6	5	2	5	0

备注：

科目（借）...........................
对方科目（贷）...........................
复核　　　　　记账

（此联银行作贴现利息贷方凭证）

表 2-134

贴现凭证（收账通知）　4

申请日期　　2025 年 1 月 5 日　　　　第　　号

贴现汇票	种类	商业承兑汇票	号码		持票人	名称		海蓝公司							
	出票日	2024 年 12 月 5 日				账号		164-7654							
	到票日	2025 年 2 月 5 日				开户银行		工行太原千峰路支行							

汇票承兑人	名称	学大培训学校	账号	125-5798430069	开户银行	工行太原漪汾街支行

汇票金额	人民币（大写）	壹拾陆万玖仟伍佰元整	千	百	十	万	千	百	十	元	角	分
				¥	1	6	9	5	0	0	0	0

贴现率	6%	贴现利息	千	百	十	万	千	百	十	元	角	分	实付贴现金额	千	百	十	万	千	百	十	元	角	分
								8	4	7	5	0			¥	1	6	8	6	5	2	5	0

贴现款项已入你单位账户。

银行盖章
2025 年 1 月 5 日

备注：

此联银行给持票人的收账通知

表 2-135

贴现凭证（到期卡）　5

申请日期　　2025 年 1 月 5 日　　　　第　　号

贴现汇票	种类	商业承兑汇票	号码		持票人	名称		海蓝公司							
	出票日	2024 年 12 月 5 日				账号		164-7654							
	到票日	2025 年 2 月 5 日				开户银行		工行太原千峰路支行							

汇票承兑人	名称	学大培训学校	账号	125-5798430069	开户银行	工行太原漪汾街支行

汇票金额	人民币（大写）	壹拾陆万玖仟伍佰元整	千	百	十	万	千	百	十	元	角	分
				¥	1	6	9	5	0	0	0	0

贴现率	6%	贴现利息	千	百	十	万	千	百	十	元	角	分	实付贴现金额	千	百	十	万	千	百	十	元	角	分
								¥	8	4	7	5	0			¥	1	6	8	6	5	2	5	0

备注：	科目（借）＿＿＿＿＿＿＿＿＿＿＿
	对方科目（贷）＿＿＿＿＿＿＿＿＿
	复核　　　　　　记账

此联会计部门按到期日排列保管，到期日作贴现贷方凭证

（2）审核贴现凭证。出纳人员（李红）填写贴现凭证后，交会计主管审核，会计主管审核无误后，在贴现凭证第一联"持票人签章"处加盖预留银行印鉴（见表2-131）。然后由出纳人员（李红）将一式五联凭证交开户银行信贷部门申请贴现。

（3）开户银行审批。开户银行审查贴现凭证和汇票，审查内容主要包括：审查申请人持有汇票是否合法、是否在本行开户、汇票联次是否完整、背书是否连续、贴现凭证的填写是否正确、汇票是否在有效期内、承兑银行是否已通知不应贴现等。审核无误后，在贴现凭证第一联"银行审批"栏签字并签章（见表2-131）。

（4）办理贴现。开户银行审核无误后，按规定计算贴现利息和实付金额。在贴现凭证上填写贴现率、贴现利息、实付贴现金额等。

（5）编制记账凭证。汇票持有单位出纳人员（李红）收到贴现凭证第四联（见表2-134）收账通知，交本单位制证会计人员（张乐）编制收款凭证及转账凭证（见表2-136、表2-137）。

表 2-136

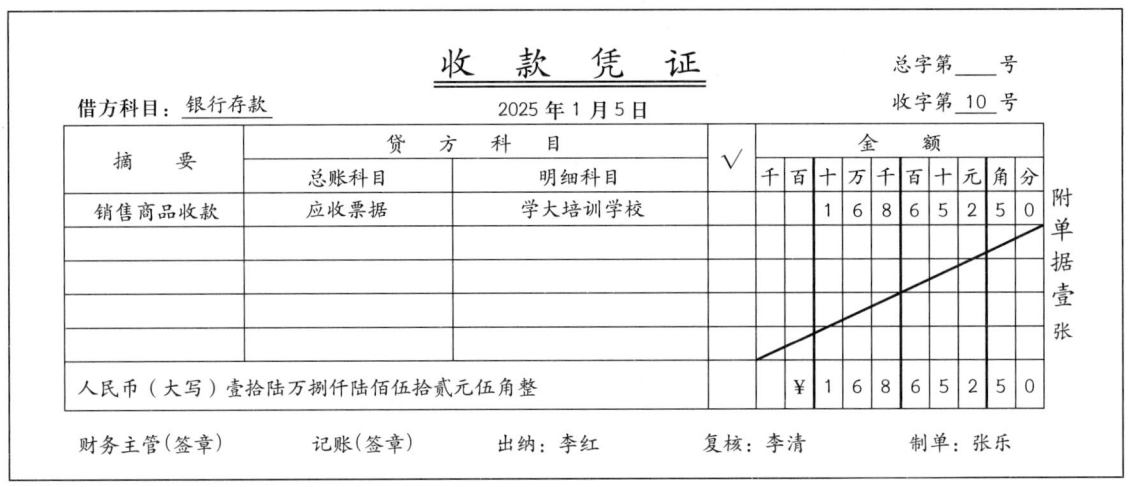

表 2-137

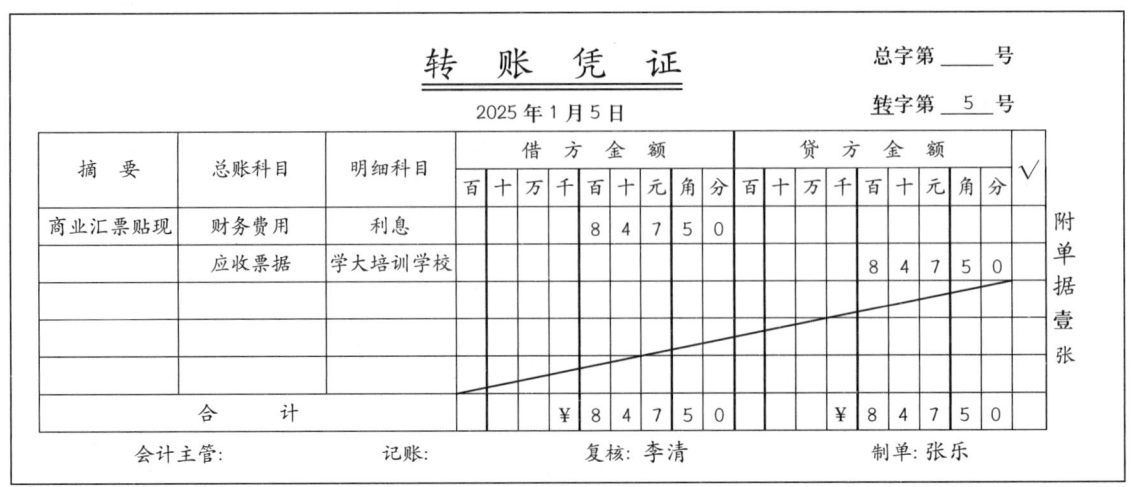

（6）审核记账凭证。

（7）登记日记账并签名。出纳人员（李红）根据审核无误的收款凭证登记银行存款日记账并在收款凭证上签名（银行存款日记账略）。

【想一想】

企业办理贴现有哪些程序？办理贴现需要填制哪些凭证？贴现银行是收款人开户银行还是付款人开户银行？给予贴现后银行有风险吗？

【职业素养提升】

出纳人员办理商业汇票应具备的数据素养

出纳人员办理商业汇票时应具备的数据素养主要有以下五点：

（1）掌握商业汇票的基本知识与流程：出纳人员需要深入理解商业汇票的定义、种类、特点、操作流程以及相关的法规和政策，了解商业汇票的出票、背书、承兑、贴现、到期兑付等各个环节的具体操作要求。

（2）准确的数据处理能力：在处理商业汇票时，出纳人员需要准确无误地录入、核对和处理各种数据，包括汇票金额、出票日期、到期日期、付款人、收款人、背书人等信息。任何数据的错误都可能导致汇票无法正常流转或产生法律纠纷。

（3）熟练的处理电子商业汇票系统：随着科技的发展，商业汇票业务主要是通过电子化的方式进行。出纳人员需要熟悉并掌握电子商业汇票系统的操作，包括汇票的出票、电子签章、电子背书、电子承兑等操作，以确保汇票业务的顺利进行。

（4）良好的风险意识与防范能力：商业汇票业务涉及资金的安全与风险，出纳人员需要具备高度的风险意识，能够识别并防范各种潜在的风险，如欺诈、伪造、变造汇票等。同时，还需要建立完善的内控机制，确保汇票业务的安全性和合规性。

（5）较强的保密意识：商业汇票业务涉及大量的敏感信息，如出票人、收款人、金额等。出纳人员需要严格遵守保密规定，确保这些信息不会被泄露给无关人员或机构。

总之，以上这些数据素养将有助于出纳人员更好地完成商业汇票业务，确保公司的资金安全和合规经营。

【情境小结】

银行存款结算业务办理
- 知识准备
  - 银行结算账户基本知识
  - 支票基本知识
  - 支票背书业务办理
  - 支票退票业务办理
  - 支票遗失的处理
  - 银行汇票基本知识
  - 银行本票基本知识
  - 汇兑结算基本知识
  - 委托收款结算基本知识
  - 托收承付结算基本知识
  - 商业汇票基本知识
- 技能准备
  - 支票打印机应用技能
- 职业判断与业务操作
  - 银行结算账户开户工作过程
  - 转账支票收、付款业务工作过程
  - 支票背书转让工作过程
  - 支票退票工作过程
  - 支票遗失处理工作过程
  - 银行汇票收、付款业务工作过程
  - 银行本票收、付款业务工作过程
  - 信、电汇结算方式下基本业务工作过程
  - 委托收款结算方式下基本业务工作过程
  - 托收承付结算方式下基本业务工作过程
  - 商业汇票结算方式下基本业务工作过程

▮▮▮ 能力训练与素质拓展

第一部分　知识回顾与思考

1. 简述支票的种类及其各自的用途。

2. 按照《中华人民共和国票据法》的规定，导致支票无效的情形有哪些？

3. 何为支票背书？办理支票背书应注意哪些事项？

4. 单位签发的支票，在哪些情况下会发生退票？支票被退回后，签发人会受到怎样的处罚？

5. 支票遗失后有哪些补救措施？如何操作？

6. 汇款人签发汇兑凭证时，必须记载的事项有哪些？

7. 对收到的汇兑凭证，汇出行需要审核哪些内容？

8. 收款单位的出纳人员，收到汇入行转来的"汇兑凭证"，应如何进行审核？

9. 在哪些情况下汇入行应主动退汇？

10. 简述汇款人对汇出银行已经汇出的款项申请退汇的处理手续。

11. 简述网络银行及其特征。

12. 列举使用网银采取的安全措施。

13. A 公司与 B 公司签订了一份购销合同，A 公司为销售方，合同金额 800 000 元，合同注明双方以银行承兑汇票办理货款结算。请问：

（1）A 公司与 B 公司办理结算时，能否使用商业承兑汇票？使用商业承兑汇票与银行承兑汇票有哪些不同？A 公司为什么要用银行承兑汇票？

（2）使用商业承兑汇票需向银行提供什么凭证？使用银行承兑汇票需向银行提供什么凭证？

（3）汇票到期，A 公司持什么凭证办理收款？如何办理？

（4）汇票到期前，A 公司若急需资金，可以向银行办理贴现吗？如可以，应如何办理？

（5）汇票到期前，A 公司如购买材料，可以将汇票背书转让吗？如可以，应如何办理？

（6）写出以上业务 A 公司与 B 公司的会计处理。

14. 甲单位是某市一家电力公司，每月要向其供电单位及个人收取电费。请问：

（1）该单位能否使用委托收款结算方式办理电费的收取？

（2）收取电费一般是应采取预收的办法，还是应先提供供电服务，再收取费用？

（3）该单位采用托收凭证结算时需要向银行提供什么凭证？

（4）出纳人员在收到相应的收款凭证时根据及时性的要求首先登记银行存款日记账，然后将有关收款凭证交会计编制记账凭证。出纳人员这样做对吗？

（5）出纳人员办理托收时，银行在第几联签章表示其同意为企业办理托收？

（6）该电力公司收到托收凭证第几联证明款项已经收到？如何进行会计处理？

（7）付款单位收到托收凭证第几联表示款项已经支付？如何进行会计处理？

15. A公司向异地某国有控股公司出售产品一批，双方签订了正规的购销合同，购销货款额为 150 000 元。请问：

（1）A单位能否使用托收承付结算方式办理货款的收取？

（2）A单位采用托收承付结算时需要向银行提供什么凭证？提供的凭证和委托收款结算有什么不同？

（3）托收凭证一式几联，每联用途是什么？

（4）出纳人员办理托收时，银行在第几联签章表示其同意为企业办理托收？

（5）该单位收到托收凭证第几联证明款项已经收到？如何进行会计处理？

（6）付款单位收到托收凭证第几联表示款项已经支付？如何进行会计处理？

（7）付款单位采取验单承付，其承付期为多少天？若采用验货承付，其承付期为多少天？

（8）付款单位付款时，具备哪些条件才可以拒付？拒付后如何进行会计处理？银行审查其拒付理由吗？

16. 利清公司 202× 年 6 月 21 日银行存款账户余额 50 000 元。21 日，一材料供应商上门催要金额为 154 390 元的材料货款。利清公司为了尽快将供应商"打发走"，就向材料供应商开出了一张 154 390 元的转账支票。请问：

（1）出纳人员应如何填写支票上的日期及金额？支票上加盖的印章是什么？

（2）利清公司开出的这张转账支票属于什么性质的支票？

（3）银行是否可以对利清公司进行罚款？罚款金额是多少？

（4）材料供应商是否有权要求利清公司对其进行赔偿？赔偿金额是多少？

（5）如果利清公司屡次发生这种行为，银行应如何处理？

第二部分　职业判断能力训练

一、单项选择题（下列答案中仅有一项是正确的，请将正确答案前的英文字母填入括号内）

1. 下列可用于支付工资及奖金的账户是（　　）。

    A. 基本存款账户　　　　　　　　B. 一般存款账户

    C. 临时存款账户　　　　　　　　D. 专用存款账户

2. 一般存款账户可以进行的结算内容不包括（　　）。

    A. 借款转存　　B. 借款归还　　C. 现金缴存　　D. 现金支取

3. 下列存款人中，不可以申请开立基本存款账户的是（　　）。

    A. 多人合伙设立的高科技产品经营部

    B. 某市财政局

C. 个体工商户李某经营的水果零售部

D. 某中学在校内设立的非独立核算的小卖部

4. 下列各项中，不具备开立基本存款账户资格的存款人是（　　）。

　　A. 企业法人

　　B. 社会委员会

　　C. 个体工商户

　　D. 单位设立的非独立核算的附属机构

5. 存款人依法对有特定用途的资金进行专项管理和使用而开立的银行结算账户是（　　）。

　　A. 基本存款账户　　　　　　　　B. 一般存款账户

　　C. 专用存款账户　　　　　　　　D. 临时存款账户

6. 下列不属于单位、个人和银行办理支付结算必须遵守的原则是（　　）。

　　A. 不得出租或出借银行账户　　　B. 谁的钱进谁的账，由谁支配

　　C. 银行不垫款　　　　　　　　　D. 恪守信用，履约付款

7. （　　）负责制定统一的支付结算法律制度。

　　A. 中国人民银行总行　　　　　　B. 中国银行总行

　　C. 国家政策性银行　　　　　　　D. 商业银行总行

8. （　　）负责制定统一的支付结算制度。

　　A. 中国人民银行总行　　　　　　B. 国务院财政部门

　　C. 中国银行　　　　　　　　　　D. 银保监会

9. 支付结算的基本原则中的（　　）是"诚实信用"原则在支付结算中的具体表现。

　　A. 恪守信用履约付款的原则　　　B. 谁的钱进谁的账由谁支配原则

　　C. 银行不垫款原则　　　　　　　D. 诚实守信原则

10. 单位、个人和银行办理支付结算必须使用（　　）。

　　A. 各开户银行印制的票据和结算凭证

　　B. 按财政部统一规定印制的票据和结算凭证

　　C. 按中国人民银行统一规定印制的票据和结算凭证

　　D. 按国家税务部门统一规定印制的票据和结算凭证

11. 根据《人民币银行结算账户管理办法》的规定，一般企事业单位只能选择一家银行的一个营业机构开立一个（　　）。

　　A. 专用存款账户　　　　　　　　B. 临时存款账户

　　C. 一般存款账户　　　　　　　　D. 基本存款账户

12. 开户单位之间的经济往来，除按规定的范围可以使用现金外，应当通过（　　）进行转账结算。

A. 人民银行　　　B. 开户银行　　　C. 财务公司　　　D. 政策性银行

13. 存款人更改名称，但不改变开户银行及账号的，应于（　　　）个工作日内向开户银行提出银行结算账户的变更申请。

A. 2　　　　　　　B. 5　　　　　　　C. 10　　　　　　D. 15

14. 临时存款账户有效期最长不得超过（　　　）。

A. 6 个月　　　　B. 1 年　　　　　C. 2 年　　　　　D. 3 年

15. 下列各项不属于银行结算账户的特点是（　　　）。

A. 办理人民币业务　　　　　　　　B. 办理资金结算业务

C. 定期存款账户　　　　　　　　　D. 活期存款账户

16. 悦达公司基本存款账户开在建设银行 A 市支行，现因经营需要向工商银行 B 市支行申请贷款 1 000 万元，经审查同意贷款，其应在 B 市支行开设（　　　）。

A. 专用存款账户　　　　　　　　　B. 临时存款账户

C. 一般存款账户　　　　　　　　　D. 基本存款账户

17. 当单位发生（　　　）事项应在规定的时间内办理撤销银行结算账户手续。

A. 因迁址需改变开户银行　　　　　B. 存款人改变名称

C. 存款人住址发生变更　　　　　　D. 单位法定代表人变更

18. 票据的基本当事人为（　　　）。

A. 出票人　　　B. 承兑人　　　C. 背书人　　　D. 保证人

19. 根据《人民币银行结算账户管理办法》规定，存款人可以申请开立（　　　）一般存款账户。

A. 1 个　　　　　B. 2 个　　　　　C. 3 个　　　　　D. 没有数量限制

20. 下列各项中，不符合票据和结算凭证填写要求的是（　　　）。

A. 中文大写金额数字到"角"为止的，在"角"之后写"整"字

B. 票据的出票日期用阿拉伯数字填写

C. 阿拉伯小写金额数字前填写人民币符号

D. "1 月 15 日"出票的票据，票据的出票日期填写为"零壹月壹拾伍日"

21.《中华人民共和国票据法》规定的票据行为不包括（　　　）。

A. 出票　　　　　B. 付款　　　　　C. 承兑　　　　　D. 背书

22. 下列各项中，不属于票据行为的是（　　　）。

A. 出票人签发票据并将其交付给收款人的行为

B. 票据遗失向银行挂失止付的行为

C. 汇票付款人承诺在汇票到期日支付汇票金额并签章的行为

D. 票据债务人以外的人在票据上记载有关事项并签章的行为

23. 下列各项中，不能行使票据追索权的是（　　　）。

A. 承兑人　　　B. 收款人　　　C. 保证人　　　D. 背书人

24. 下列有关票据的表述中，不正确的是（　　　）。

　　A. 票据是由出票人依法签发的有价证券

　　B. 票据所记载的金额由出票人自行支付或委托付款人支付

　　C. 任何票据均可以用于办理结算或提取现金

　　D. 票据均有付款提示期限

25. 下列关于支票的表述中，不正确的是（　　　）。

　　A. 单位和个人在同一票据交换区域的各种款项结算均可使用支票

　　B. 转账支票在票据交换区域可以背书转让

　　C. 支票的金额和收款人名称未补记前不得提示付款

　　D. 转账支票主要办理转账，特殊情况下也可支取现金

26. 在我国，票据金额以中文大写和数码小写同时记载，若两者不一致，则（　　　）。

　　A. 票据无效　　　　　　　　　　B. 票据行为无效

　　C. 以中文大写为准　　　　　　　D. 以数码小写为准

27. 银行审核支票付款的依据是支票出票人的（　　　）。

　　A. 电话号码　　　　　　　　　　B. 预留银行签章

　　C. 支票存根　　　　　　　　　　D. 身份证

28. 某企业在其银行存款不足 10 000 元的情况下，向业务单位开出一张 15 000 元的转账支票，银行可对其处以（　　　）元的罚款。

　　A. 1 000　　　　B. 300　　　　C. 750　　　　D. 500

29. 下列关于填写票据和结算凭证的表述不正确的是（　　　）。

　　A. 票据和结算凭证中文大写金额数字应用正楷或行书填写，用繁体字，也应受理

　　B. 阿拉伯小写金额数字前面，均应填写人民币符号"¥"

　　C. 少数民族地区和外国驻华使领馆根据实际需要，金额大写可以使用少数民族文字或外国文字

　　D. 票据的出票日期必须使用中文大写，使用小写的银行不予受理

30. 下列说法错误的是（　　　）。

　　A. 中文大写数字写到"角"为止的，在"角"之后应写"整"字

　　B. 中文大写数字金额前应标明"人民币"

　　C. 中文大写金额数字应用正楷或行书填写

　　D. 阿拉伯小写金额数字要认真填写，不得连写分辨不清

31. 下列选项属于有效票据的是（　　　）。

　　A. 更改签发日期的票据

　　B. 更改收款单位名称的票据

C. 中文大写金额和阿拉伯数金额不一致的票据

D. 出票日期使用中文大写，但未按要求规范填写的票据

32. 在填写票据的出票日期时，下列各项中，将"2月12日"填写正确的是（   ）。

A. 贰月拾贰日　　　　　　　　　　B. 贰月壹拾贰日

C. 零贰月拾贰日　　　　　　　　　D. 零贰月壹拾贰日

33. 根据《支付结算办法》的规定，签发票据时，可以更改的项目是（   ）。

A. 出票日期　　　　　　　　　　　B. 收款人名称

C. 票据金额　　　　　　　　　　　D. 用途

34. 根据《支付结算办法》的规定，有金额起点限制的结算方式是（   ）。

A. 汇兑　　　　B. 托收承付　　　C. 商业汇票　　　D. 银行汇票

35. 下列不符合支票管理规定的是（   ）。

A. 现金支票既可以提取现金，也可以办理转账

B. 转账支票只能用于转账，不能支取现金

C. 不得出租、出借支票

D. 支票金额必须在付款单位的存款余额内

36. 从银行提取现金备发工资的业务，应填制的记账凭证是（   ）。

A. 收款凭证　　　　　　　　　　　B. 付款凭证

C. 转账凭证　　　　　　　　　　　D. 收款和付款凭证

37. 用转账支票支付前欠货款，应填制（   ）。

A. 转账凭证　　　B. 付款凭证　　　C. 收款凭证　　　D. 原始凭证

38. 既可以支取现金，又可以转账的支票是（   ）。

A. 现金支票　　　B. 转账支票　　　C. 普通支票　　　D. 划线支票

39. 下列票据无效的是（   ）。

A. 更改票据的用途　　　　　　　　B. 更改出票人

C. 更改付款人　　　　　　　　　　D. 票据大小写金额不一致

40. 单位在票据上的签章行为是（   ）。

A. 签名　　　　B. 盖章　　　C. 签名或盖章　　D. 签名加盖章

41. 下列不属于支票必须记载的事项是（   ）。

A. 出票人签章　　B. 出票日期　　　C. 付款人名称　　D. 收款人

42. 下列选项中不属于支票基本当事人的是（   ）。

A. 付款人　　　　B. 背书人　　　　C. 出票人　　　　D. 收款人

43. 票据的金额和收款人名称可由出票人授权补记的为（   ）。

A. 银行汇票　　　B. 商业汇票　　　C. 银行本票　　　D. 支票

44. 支票的提示付款期限为自出票日起（   ）。

A. 3 天　　　　　B. 10 天　　　　　C. 1 个月　　　　D. 2 个月

45. 根据《中华人民共和国票据法》的规定，现金支票与转账支票的关系是
（　　）。

    A. 现金支票可以转账，转账支票不能支取现金

    B. 现金支票只能支取现金，转账支票只能用于转账

    C. 现金支票在特殊情况下可以转账

    D. 转账支票可以支取现金，现金支票不能转账

46. 甲公司 3 月 15 日银行存款账户余额为 20 万元。3 月 16 日，一材料供应
商上门到甲公司催要金额为 50 万元的材料款。财务人员为了将其"打发走"，就向
该供应商开出了一张 50 万元的转账支票。根据规定，甲公司开出的这张转账支票
属于（　　）。

    A. 空头支票　　　B. 远期支票　　　C. 伪造支票　　　D. 编造支票

47. 银行汇票的付款人为（　　）。

    A. 银行汇票的申请人　　　　　　B. 出票银行

    C. 代理付款银行　　　　　　　　D. 申请人的开户银行

48. 银行汇票持票人向银行提示付款时，必须同时提交银行汇票和（　　）。

    A. 解讫通知　　　B. 进账单　　　C. 个人身份证　　　D. 支款凭证

49. 银行汇票的提示付款期限为自出票日起（　　）。

    A. 10 天　　　　　B. 1 个月　　　　C. 2 个月　　　　D. 6 个月

50. 下列票据可以背书转让的为（　　）。

    A. 银行汇票

    B. 注明"现金"字样的银行汇票

    C. 现金支票

    D. 注明"现金"字样的银行本票

51. 提示付款期限为自出票日起 10 日的票据是（　　）。

    A. 银行汇票　　　B. 支票　　　C. 银行本票　　　D. 商业承兑汇票

52. 汇票付款人承诺在汇票到期日支付汇票金额并盖章的行为被称为（　　）。

    A. 出票　　　　　B. 背书　　　　　C. 承兑　　　　　D. 保证

53. 出票银行签发的、由其在见票时按照实际结算金额无条件支付给收款人或
者持票人的票据是（　　）。

    A. 银行汇票　　　B. 银行本票　　　C. 支票　　　D. 商业汇票

54. 由出票人签发、委托付款人在指定日期无条件支付确定的金额给收款人或
者持票人的结算方式是（　　）。

    A. 银行汇票　　　B. 支票　　　C. 银行本票　　　D. 商业汇票

55. 银行本票的提示付款期限，自出票日起计算，最长不得超过（　　）。

A. 1 个月　　　　 B. 2 个月　　　　 C. 3 个月　　　　 D. 6 个月

56. 下列不属于银行本票必须记载的事项是（　　　）。

A. 出票人签章　 B. 出票日期　　 C. 付款人名称　　 D. 收款人

57. 商业汇票的付款期限，最长不得超过（　　　）。

A. 1 个月　　　　 B. 2 个月　　　　 C. 6 个月　　　　 D. 1 年

58. 企业申请使用银行承兑汇票时，应向其承兑银行按票面金额的（　　　）交纳手续费。

A. 万分之五　　 B. 万分之一　　 C. 千分之一　　 D. 千分之五

59. 汇兑结算方式适用于（　　　）之间的各种款项结算。

A. 同城

B. 同城、异地均可

C. 异地

D. 企业自主在同城、异地中选择一种

60. （　　　）可以办理现金汇兑。

A. 汇款人为单位　　　　　　　　 B. 收款人为单位

C. 汇款人和收款人均为单位　　　 D. 汇款人和收款人均为个人

61. 托收承付结算方式下，验货付款的承付期为（　　　）天。

A. 3　　　　　　 B. 10　　　　　 C. 5　　　　　　 D. 30

62. 下列各项必须有经济合同的结算方式是（　　　）。

A. 委托收款　　 B. 托收承付　　 C. 支票　　　　 D. 汇兑

63. 银行存款日记账的账簿形式应该是（　　　）。

A. 三栏式活页式账簿　　　　　　 B. 多栏式活页式账簿

C. 两栏式订本序时账簿　　　　　 D. 三栏式订本序时账簿

64. 银行存款日记账的登记方法是（　　　）。

A. 每日汇总登记　　　　　　　　 B. 定期汇总登记

C. 逐日逐笔登记　　　　　　　　 D. 月末一次登记

65. 从银行提现金或把现金存入银行的经济业务，一般是（　　　）。

A. 只填付款凭证，不填收款凭证

B. 只填收款凭证，不填付款凭证

C. 既填付款凭证，又填收款凭证

D. 填付款凭证或填收款凭证

66. 对银行存款进行清查时，应将（　　　）与银行编制的对账单进行逐笔核对。

A. 银行存款总账　　　　　　　　 B. 银行存款日记账

C. 银行存款结算单据　　　　　　 D. 支票簿

67. 某企业 202× 年 10 月 31 日银行存款日记账余额为 80 000 元，银行对账单余额为 83 000 元。经逐笔核查，发现有如下 2 笔未达账项：（1）10 月 15 日，外地某购货单位汇来一笔预付货款 2 000 元，银行已收妥入账，而企业尚未记账；（2）10 月 29 日，企业开出现金支票一张计 1 000 元，但持票人尚未到银行提现。编制"银行存款余额调节表"调节后的银行存款余额应为（　　　）元。

    A. 79 000　　　　B. 82 000　　　　C. 84 000　　　　D. 86 000

68. 存款人因办理日常转账结算和现金收付的银行账户属于（　　　）。

    A. 基本账户　　　B. 专用账户　　　C. 一般账户　　　D. 临时账户

69. 持票人持现金支票向出票人开户银行提示付款的（　　　）。

    A. 不需要作委托收款背书，须在收款人签章处签章

    B. 需要作委托收款背书，须在收款人签章处签章

    C. 不需要作委托收款背书，不须在收款人签章处签章

    D. 需要作委托收款背书，不须在收款人签章处签章

70. 托收承付结算方式中，验货付款的承付期（　　　）。

    A. 从运输部门向收款人发出提货通知的次日算起

    B. 从运输部门向付款人发出提货通知的次日算起

    C. 从付款人开户银行向付款人发出付款通知的次日算起

    D. 从付款人开户银行发出承付通知的次日算起

71. 托收承付验单付款的承付期为（　　　），从付款人开户银行发出承付通知的次日算起。

    A. 3 天　　　　　B. 7 天　　　　　C. 10 天　　　　D. 1 个月

72. 托收承付逾期付款天数从承付期满日算起，每日按逾期付款金额的（　　　）计算逾期付款赔偿金。

    A. 1%　　　　　B. 5%　　　　　C. 5‰　　　　　D. 0.5‰

73. 银行本票适用于（　　　）范围内各种款项的支付。

    A. 同城本系统　　　　　　　　B. 同一票据交换区域

    C. 异地　　　　　　　　　　　D. 同城和异地

74. 银行可为（　　　）签发现金银行汇票。

    A. 申请人为个人的

    B. 收款人为个人的

    C. 申请人为个人，收款人为单位的

    D. 申请人为个人，收款人为个人的

75. 银行汇票的背书转让（　　　）。

    A. 以出票金额为准

    B. 以不超过出票金额为准

    C. 以实际结算金额为准

D. 以不超过出票金额的实际结算金额为准

76. 银行承兑汇票的付款期限最长不得超过（　　　）。

    A. 1 个月　　　　B. 3 个月　　　　C. 6 个月　　　　D. 9 个月

77. 商业承兑汇票的出票人为（　　　）。

    A. 付款人　　　　B. 收款人　　　　C. 承兑人　　　　D. 付款人或收款人

78. 商业承兑汇票的付款人开户银行办理付款时，如付款人账户余额不足支付的，应向持票人开户银行寄交（　　　）和有关单证。

    A. 退票理由书　　　　　　　　　　B. 未付票款通知书

    C. 支付结算通知查询查复书　　　　D. 拒绝付款理由书

79. 银行承兑汇票到期，承兑申请人账户无款或不足支付承兑汇票金额部分，应转入该承兑申请人的逾期贷款户，每日按（　　　）计收利息。

    A. 2%　　　　　B. 5%　　　　　C. 1%　　　　　D. 0.5‰

80. 以下可以办理贴现的票据是（　　　）。

    A. 银行汇票　　　B. 商业汇票　　　C. 银行本票　　　D. 支票

81. 以下（　　　）可办理托收承付结算。

    A. 商品交易以及因商品交易而产生的劳务供应的款项

    B. 赊销商品的款项

    C. 寄销商品的款项

    D. 代销商品的款项

82. 付款人在承付期内，对于（　　　），不可以向银行提出全部或部分拒绝付款。

    A. 未签订购销合同的款项

    B. 验单付款时，发现所列货物品种与合同不符

    C. 货款已支付的款项或计算有误的款项

    D. 无足够资金支付的款项

83. 由出票人签发的，委托办理支票存款业务的银行在见票时无条件支付确定的金额给收款人或者持票人的票据是（　　　）。

    A. 银行汇票　　　B. 银行本票　　　C. 支票　　　　D. 汇票

84. 下列关于商业汇票的说法中，正确的是（　　　）。

    A. 商业汇票的付款人只可以为承兑人

    B. 商业汇票的出票人为付款人

    C. 商业汇票提示付款期限为自汇票到期日起 10 日

    D. 商业汇票提示付款期限为自汇票到期日起 6 个月

85. 以下只能用于同城结算的是（　　　）。

    A. 汇兑结算　　　　　　　　　　B. 银行汇票结算

    C. 银行本票结算　　　　　　　　D. 商业汇票结算

86. 一张支票的票面金额为 15 万元，5 月 10 日到期。持票人向银行提示付款时，发现付款人的银行账户余额为 10 万元。根据《支付结算办法》的有关规定，银行对付款人应处以的罚款金额为（　　　）元。

    A. 10 500　　　　B. 7 500　　　　C. 1 050　　　　D. 1 000

二、多项选择题（下列答案中有多项是正确的，请将正确答案前的英文字母填入括号内）

1. 支付结算是指单位和个人在社会经济活动中使用（　　　）等方式进行货币给付及资金清算的行为。

    A. 票据　　　　B. 现金　　　　C. 汇兑　　　　D. 托收承付

2. 下列关于办理支付结算的表述中，符合有关法律规定的有（　　　）。

    A. 未使用按中国人民银行统一规定印制的票据，票据无效

    B. 票据和结算凭证上的签章和其他记载的事项应当真实

    C. 单位和银行签发票据时，名称应当记载全称，使用简称的，银行不予受理

    D. 填写票据和结算凭证应当规范

3. 根据《支付结算办法》的规定，（　　　）是支付结算和资金清算的中介机构。

    A. 银行　　　　　　　　　　B. 城市信用合作社

    C. 农村信用合作社　　　　　D. 保险公司

4. 下列单位中，可以开立基本存款账户的有（　　　）。

    A. 企业法人　　　　　　　　B. 武警部队

    C. 企业非独立核算的附属机构　　D. 外国驻华机构

5. 根据《人民币银行结算账户管理办法》的规定，下列事项中存款人应向开户银行申请撤销银行结算账户的有（　　　）。

    A. 尚未清偿其开户银行债务的

    B. 存款人因迁址需要变更开户银行的

    C. 存款人因迁址但不变更开户银行的

    D. 注销、被吊销营业执照

6. 在填写票据出票日期时，下列选项中应在日期前加"零"的有（　　　）。

    A. 壹月　　　　B. 拾壹日　　　　C. 壹拾日　　　　D. 贰月

7. 根据支付结算法律制度的规定，一般存款账户的存款人可以办理（　　　）。

    A. 现金缴存　　B. 现金支取　　C. 借款转存　　D. 借款归还

8. 下列各项中，符合《支付结算办法》规定的有（　　　）。

    A. 用繁体字书写中文大写金额数字

    B. 中文大写金额数字的"角"之后不写"整"（或"正"）字

  C. 阿拉伯小写金额数字前面应填写人民币符号"￥"

  D. 用阿拉伯数字填写票据出票日期

9. 下列关于背书的表述中，符合《支付结算办法》规定的有（　　　）。

  A. 背书不得附有条件

  B. 背书可以附有条件且所附条件具有票据效力

  C. 未注明"现金"字样的支票仅限于其交换区域内背书

  D. 票据背书人背书后不再承担票据责任

10. 单位和个人都可以采用的结算方式有（　　　）。

  A. 支票   B. 银行本票   C. 银行汇票   D. 商业汇票

11. 下列关于办理支付结算的表述中，符合有关法律规定的为（　　　）。

  A. 未使用按中国人民银行统一规定印制的票据，票据无效

  B. 票据上存在变造签章的则票据无效

  C. 单位和银行签发票据时，名称应当记载全称，使用简称的，银行不予受理

  D. 填写票据和结算凭证应当规范

12. 下列银行账户中，可以办理现金支付的有（　　　）。

  A. 一般存款账户   B. 临时存款账户

  C. 基本存款账户   D. 专用存款账户

13. 下列各项中，属于存款人申请开立一般存款账户证明文件的有（　　　）。

  A. 承包双方签订的承包协议

  B. 当地工商行政管理机关核发的营业执照正本

  C. 借款合同或借据

  D. 个人的居民身份证和户口簿

14. 存款人有下列资金可以申请开立专用存款账户的有（　　　）。

  A. 财政预算外资金   B. 住房基金

  C. 证券交易保证金   D. 社会保障基金

15. 下列情形，存款人可以申请开立临时存款账户的有（　　　）。

  A. 设立临时机构   B. 异地建筑施工

  C. 注册验资   D. 证券交易结算

16. 根据票据法规定，下列属于无效票据的有（　　　）。

  A. 更改签发日期的票据

  B. 更改收款单位名称的票据

  C. 更改中文大写金额的票据

  D. 出票日期使用中文大写，但未按要求规范填写的票据

17. 支付结算的法律特征包括（　　　）。

A. 支付结算是一种要式行为

B. 支付结算实行分级管理的原则

C. 支付结算必须依法进行

D. 支付结算的发生取决于委托人的意志

18. 单位、个人和银行办理支付结算必须遵守的原则有（　　　　　）。

A. 恪守信用，履行付款　　　　　　B. 谁的钱进谁的账，由谁支配

C. 银行不垫款　　　　　　　　　　D. 一个基本账户原则

19. 关于银行汇票结算方式，下列说法正确的有（　　　　　）。

A. 银行汇票的提示付款期限是自出票日起 2 个月

B. 单位和个人的各种款项结算，均可使用银行汇票

C. 银行汇票未填明实际结算金额和多余金额的，银行不受理

D. 实际结算金额超过出票金额的银行汇票不得背书转让

20. 按照《中华人民共和国会计法》的规定，某单位发生下列事项，应当办理会计手续，进行会计核算的有（　　　　　）。

A. 向银行借入 3 个月期的短期借款

B. 收到某单位投入的一项无形资产

C. 向工人发放工资

D. 签订了一笔 1 万元货款的销售合同

21. 根据《中华人民共和国票据法》规定，下列有关银行汇票的表述中，正确的有（　　　　　）。

A. 填明"现金"字样的银行汇票可以提取现金

B. 填明"现金"字样的银行汇票可以背书转让

C. 填明"现金"字样的银行汇票不得背书转让

D. 填明"现金"字样和代理付款人的银行汇票丢失可以挂失止付

22. 根据《中华人民共和国票据法》的规定，本票必须记载的事项有（　　　　　）。

A. 付款人名称　　　　　　　　　　B. 收款人名称

C. 出票日期　　　　　　　　　　　D. 无条件支付的委托

23. 有关银行汇票的程序描述不正确的有（　　　　　）。

A. 银行汇票限于开立基本户的单位使用

B. 银行汇票的实际结算金额可以更改

C. 只要收款人和申请人中有一个是个人就可以申请开具现金银行汇票

D. 超过提示付款期限的银行汇票的代理付款人不受理，但持票人可以向出
　　票银行请求付款

24. 出票人签发下列支票，银行应予以退票并按票面金额处以 5% 但不低于
1 000 元罚款的情形有（　　　　　）。

A. 空头支票

B. 支付密码错误的支票

C. 出票日期未使用中文大写规范填写的支票

D. 签章与预留银行签章不符的支票

25. 下列说法错误的有（　　　　　）。

A. 票据的金额可以更改　　　　　　　B. 票据的金额不得更改

B. 票据的出票日期不得更改　　　　　D. 票据的收款人名称可以背书更改

（注：C 项原文标为 "B." 应为 "C."）

26. 票据丧失后，可以采用的补救措施有（　　　　　）。

A. 挂失止付　　　　B. 公示催告　　　　C. 普通诉讼　　　　D. 民事诉讼

27. 根据《中华人民共和国票据法》的规定，支票必须记载的事项有（　　　　　）。

A. 付款人名称　　　　　　　　　　B. 收款人名称

C. 出票日期　　　　　　　　　　　D. 无条件支付的委托

28. 不允许挂失止付的票据有（　　　　　）。

A. 现金支票

B. 转账支票

C. 银行汇票

D. 注明 "现金" 字样和 "代理付款人" 的银行汇票

29. 《中华人民共和国票据法》所指的票据包括（　　　　　）。

A. 商业汇票　　　　B. 股票　　　　C. 支票　　　　D. 银行汇票

30. 票据的基本当事人包括（　　　　　）。

A. 出票人　　　　B. 收款人　　　　C. 承兑人　　　　D. 付款人

31. 票据的行为包括（　　　　　）。

A. 背书　　　　B. 出票　　　　C. 抵押　　　　D. 保证

32. 下列各项表述中，正确的有（　　　　　）。

A. 票据是出票人依法签发的有价证券

B. 票据所记载的金额由出票人自己支付或委托付款人支付

C. 票据行为包括出票、背书和承兑三种

D. 票据签章是票据行为生效的重要条件

33. 既可以用于转账，又可用于支取现金的票据有（　　　　　）。

A. 银行本票　　　　B. 银行汇票　　　　C. 商业汇票　　　　D. 支票

34. 商业承兑汇票的签发人可以是（　　　　　）。

A. 银行　　　　　　　　　　　　B. 付款人

C. 收款人　　　　　　　　　　　D. 代理付款银行

35. 商业汇票付款期的确定方法有（　　　　　）。

A. 定日付款　　　　　　　　　　B. 出票后定期付款

C. 见票后定期付款　　　　　　D. 见票即付

36. 银行本票的定额本票面额有（　　　　）元。

    A. 1 000　　　　B. 5 000　　　　C. 10 000　　　　D. 50 000

37. 可以使用托收承付结算方式的企业包括（　　　　）。

    A. 国有企业

    B. 中外合资企业

    C. 供销合作社

    D. 经开户银行审查同意的城乡集体所有制工业企业

38. 可支取现金的支票有（　　　　）。

    A. 现金支票　　B. 转账支票　　C. 普通支票　　D. 划线支票

39. 不受结算起点金额限制的结算方式有（　　　　）。

    A. 银行汇票　　B. 银行本票　　C. 托收承付　　D. 委托收款

40. 下列符合支票管理规定的有（　　　　）。

    A. 现金支票既可以提取现金，也可以办理转账

    B. 支票金额必须在付款单位的存款余额内

    C. 不得出租、出借支票

    D. 可以签发空头支票

41. 下列关于支票的表述中，正确的有（　　　　）。

    A. 单位和个人在同一票据交换区域的各种款项结算均可使用支票

    B. 支票的金额和收款人名称未补记前不得提示付款

    C. 普通支票既可以提取现金，也可以办理转账

    D. 转账支票在票据交换区域可以背书转让

42. 涉及现金与银行存款之间的划款业务时，可以编制的记账凭证有（　　　　）。

    A. 银行存款收款凭证　　　　　　B. 银行存款付款凭证

    C. 现金收款凭证　　　　　　　　D. 现金付款凭证

43. 银行存款日记账是根据（　　　　）逐日逐笔登记的。

    A. 现金收款凭证　　　　　　　　B. 现金付款凭证

    C. 银行存款收款凭证　　　　　　D. 银行存款付款凭证

44. 结账时，正确的做法有（　　　　）。

    A. 结出当月发生额的，在"本月合计"下面通栏划单红线

    B. 结出本年累计发生额的，在"本年累计"下面通栏划单红线

    C. 12 月月末，结出全年累计发生额的，在下面通栏划单红线

    D. 12 月月末，结出全年累计发生额的，在下面通栏划双红线

45. 企业银行存款日记账余额大于银行对账单余额主要是因为存在（　　　　）。

    A. 企业已入账，但银行尚未入账的收入款项

B. 企业已入账，但银行尚未入账的支出款项

C. 银行已入账，但企业尚未入账的收入款项

D. 银行已入账，但企业尚未入账的支出款项

46. 下列关于原始凭证错误更正的做法正确的有（　　　　　）。

A. 只要是错误的凭证一律要求重开

B. 金额错误的要求出具单位重开

C. 非金额部分错误可以由出具单位更正加盖更正人员名章

D. 非金额部分错误可以由出具单位更正加盖出具单位印章

47. W 单位的出纳会计李华签发现金支票 2 000 元到银行提取现金，在该现金支票上的签章为（　　　　　）。

A. 预留银行的该单位财务专用章

B. 经授权的出纳人员李华的印章

C. 该单位会计机构负责人的印章

D. 预留银行该单位法定代表人的印章

48. 下列结算方式中，同城异地均可使用的有（　　　　　）。

A. 银行本票　　　　B. 支票　　　　　C. 银行汇票　　　　D. 商业汇票

49. 下列各项票据中，银行不予受理的有（　　　　　）。

A. 更改收款单位名称的票据

B. 更改签发日期的票据

C. 填写票据使用自造简化字

D. 中文大写金额和小写金额不一致的票据

50. 单位有（　　　　　）情况的，应于 5 日内向开户银行提出销户申请。

A. 开立　　　　　　B. 撤并　　　　　C. 解散　　　　　D. 宣告破产

51. （　　　　　）的管理与使用，可以申请开设专用存款账户。

A. 基本建设资金　　　　　　　　B. 粮棉油收购资金

C. 更新改造资金　　　　　　　　D. 证券交易结算资金

52. 支票必须记载（　　　　　）。

A. 出票人签章　　　　　　　　　B. 付款人名称

C. 确定的金额　　　　　　　　　D. 出票日期

53. 支票的（　　　　　）不得更改，更改的支票无效。

A. 日期　　　　　　　　　　　　B. 金额

C. 付款人名称　　　　　　　　　D. 收款人名称

54. 出票人不得签发（　　　　　）。

A. 转账支票　　　　　　　　　　B. 空头支票

C. 支付密码错误的支票　　　　　D. 与其预留银行印鉴不符的支票

55. 下列适用于委托收款结算方式的有（　　　　　）。

    A. 存单　　　　　　　　　　　B. 已承兑的银行承兑汇票

    C. 已承兑的商业承兑汇票　　　D. 债券

56. 委托收款凭证必须记载（　　　　　）。

    A. 付款人名称　　　　　　　　B. 收款人名称

    C. 金额　　　　　　　　　　　D. 委托日期

57. 委托收款结算中的收款人可以是（　　　　　）。

    A. 在银行开立存款账户的单位　　B. 在银行开立存款账户的个人

    C. 未在银行开立存款账户的个人　　D. 贴现银行

58. 填写委托收款凭证时（　　　　　）。

    A. 付款人为单位的，必须记载付款人开户银行名称

    B. 收款人为单位或在银行开立存款账户的个人，必须记载收款人开户银行名称

    C. 收款人为未在银行开立存款账户的个人，必须记载被委托银行名称

    D. 单位委托银行收取商业汇票款项的，付款人名称栏应填写商业汇票承兑人名称，收款人名称栏应填写持票人或收款人名称

59. 收款人开户银行受理委托收款凭证时，应将委托收款凭证（　　　　　）连同有关债务证明一并寄交付款人开户银行。

    A. 第二联　　　B. 第三联　　　C. 第四联　　　D. 第五联

60. 下列可采用同城特约委托收款方式收费的有（　　　　　）。

    A. 水、电费

    B. 国务院规定可采用该结算方式收取的特定款项

    C. 邮电费

    D. 中国人民银行明确可采用该结算方式收取的款项

61. 下列可办理托收承付结算的款项有（　　　　　）。

    A. 商品交易款项

    B. 因商品交易而产生的劳务供应的款项

    C. 代销商品的款项

    D. 寄销商品的款项

62. 托收承付凭证必须记载的事项包括（　　　　　）。

    A. 付款人名称及账号　　　　　B. 收款人名称及账号

    C. 委托日期　　　　　　　　　D. 合同名称号码

63. 托收承付的付款人因（　　　　　），可提出拒绝付款。

    A. 没有签订购销合同或购销合同未订明托收承付结算方式的款项

    B. 未经双方事先达成协议，收款人提前交货或因逾期交货，付款人不再需

要该项货物的款项

C. 未按合同规定的地址发货的款项

D. 代销、寄销、赊销商品的款项

64. 托收承付的付款人提出拒绝付款时，银行不得受理的情况有（   ）。

A. 不属于托收承付结算规定的拒绝付款情况的

B. 超过承付期拒付的

C. 应当部分拒付而提出全部拒付的

D. 拒绝付款的手续不全

65. 本票必须记载（   ）。

A. 确定的金额   B. 出票人签章

C. 收款人名称   D. 出票日期

66. 银行本票分为（   ）。

A. 转账本票   B. 现金本票

C. 定额本票   D. 不定额本票

67. 银行汇票必须记载的事项有（   ）。

A. 表明"银行汇票"的字样   B. 无条件支付的承诺

C. 出票金额   D. 交易事项

68. 下列银行汇票应拒绝付款的有（   ）。

A. 已挂失止付的银行汇票

B. 缺汇票联或解讫通知联

C. 残损、污染严重无法辨认

D. 汇票联与解讫通知联上下不一致的银行汇票

69. 下列关于商业汇票的说法中，正确的有（   ）。

A. 商业汇票的付款人为承兑人

B. 商业汇票的出票人可以为付款人，也可以为收款人

C. 商业汇票的提示付款期限为自汇票到期日起 10 日

D. 商业汇票的提示付款期限为自汇票到期日起 6 个月

70. 票据当事人参与电子商业汇票业务活动所需条件包括（   ）。

A. 在接入机构开立账户并开通电子商业汇票活动

B. 拥有中华人民共和国组织机构代码

C. 具有健全的电子商业汇票系统相关内部管理制度

D. 使用电子签名

71. 推出电子商业汇票的必要性包括（   ）。

A. 建设电子票据系统是技术进步以及电子商务、金融电子化日益发展的必
然要求

B. 建设电子票据系统是票据市场持续高速发展对基础设施建设的客观要求

C. 电子票据的市场需求与供给正在逐渐形成并日益增长

D. 电子票据系统的建设，是满足多元化社会支付需求、提高中央银行支付结算管理和服务水平的客观要求

72. 关于电子商业汇票的付款期限的说法错误的有（　　　　）。

A. 自出票日起、至到期日止，最长不得超过 3 个月

B. 自出票日起、至到期日止，最长不得超过 6 个月

C. 自出票日起、至到期日止，最长不得超过 1 年

D. 自出票日起、至到期日止，最长不得超过 2 年

73. 电子商业汇票适用的法律法规包括（　　　　）。

A.《中华人民共和国票据法》　　B.《中华人民共和国电子签名法》

C.《票据管理实施办法》　　　　D.《电子商业汇票业务管理办法》

74. 电子商业汇票系统的主要功能包括（　　　　）。

A. 票据托管　　　　　　　　　B. 票据信息接收和存储

C. 转发电子商业汇票信息　　　D. 更新电子商业汇票信息

75. 与纸制商业汇票相比，电子商业汇票具有（　　　　）的特点。

A. 以数据电文形式代替实物票据　　B. 以电子签名取代实体签章

C. 以网络传输代替人工传递　　　　D. 以计算机录入代替手工书写

三、判断题（正确的在括号内打"√"，错误的打"×"）

1. 存款人为注册资金验资而开设的临时存款账户，在验资期间只收不付。（　　）

2. 基本存款账户和一般存款账户均可以存入现金，但单位信用卡不得存入现金也不得支取现金。（　　）

3. 企业及企业的附属单位均可以开立基本存款账户。（　　）

4. 存款人因异地临时经营活动需要可以申请开立一般存款账户。（　　）

5. 存款人的工资、奖金等现金的支取，只能通过一般存款账户办理。（　　）

6. 以收款人姓名开立的临时存款账户，只付不收，付完清户，不计付利息。（　　）

7.《支付结算办法》规定，单位、个人和银行办理支付结算未使用中国人民银行统一规定印制的票据，则票据无效。（　　）

8. 为了便于结算，一个单位可以同时在几家金融机构开立银行基本存款账户。（　　）

9. 票据和结算凭证的金额必须以中文大写和阿拉伯数字同时记载，二者必须一致，否则以中文大写为准。（　　）

10. 票据和结算凭证金额以中文大写和阿拉伯数字同时记载，二者必须一

致，二者不一致的票据无效；二者不一致的结算凭证，银行不予受理。（　　　）

11. 票据的出票日期必须使用中文大写，如果大写日期未按要求规范书写的，银行不予受理。（　　　）

12. 票据出票日期使用小写的，开户银行可予受理，但由此造成的损失由出票人自行承担。（　　　）

13. 根据支付结算办法的规定，票据和结算凭证上的所有记载事项，任何人不得更改。（　　　）

14. 单位开设的各种专用存款账户应经中国人民银行当地分行核准才能开户，该账户可以存入现金也可以支取现金。（　　　）

15. 持票人对票据的出票人和承兑人的权利，自票据到期日起 2 年。（　　　）

16. 无论企业或个人在银行是否开立存款账户，均可通过银行办理支付结算。（　　　）

17. 开立基本存款账户的存款人都可以开立一般存款账户，且没有数量限制，但在基本存款账户的开户银行只能开立一个一般存款账户。（　　　）

18. 因注册验资在银行开设临时存款账户的单位，若未获得工商行政管理部门核准登记的，在验资期满后，应向银行申请撤销该账户，其账户资金应退还给原汇款人账户。（　　　）

19. 银行应当依法为存款人保密，不得代任何单位和个人查询、冻结、扣划存款人账户内的存款。（　　　）

20. 没有开立存款账户的个人向银行交付款项后，也可以通过银行办理支付结算。（　　　）

21. 票据上有变造签章的则票据无效，如有其他事项变造的票据有效，银行应予受理。（　　　）

22. 支票的提示付款期限为自出票日起 1 个月。（　　　）

23. 未填明实际结算金额和多余金额或实际结算金额超过票面金额的，银行不予受理。（　　　）

24. 支票出票人所签发的支票金额不得超过其付款时在付款人处实有的存款金额。（　　　）

25. 根据《中华人民共和国票据法》的规定，付款人承兑汇票不得附有条件，承兑附有条件的，所附条件不具备票据上的效力。（　　　）

26. 没有开立银行存款账户的个人不能通过银行办理支付结算。（　　　）

27. 为了便于结算，一个单位可以同时在几家不同的金融机构开立银行一般存款账户。（　　　）

28. 支票结算方式是指由银行签发支票从付款人账户中支付款项给收款人的一种结算方式。（　　　）

29. 企业用转账支票支付前欠供货单位的货款。对于该项经济业务，如果企业采用专用记账凭证，应当填制转账凭证。（　　　）

30. 现金支票只能用于支取现金，不能办理转账结算。（　　　）

31. 支票的持票人超过提示付款期限提示付款的，持票人开户银行不予受理，持票人进行相应说明后，付款人仍应付款。（　　　）

32. 出票人签发空头支票，银行应予以退票，并按票面金额处以 5% 但不低于1 000 元的罚款。（　　　）

33. 普通支票只能转账不能提现。（　　　）

34. 支票的金额、收款人名称，可以由出票人授权补记。（　　　）

35. 支票在其票据交换区域内可以背书转让，但用于支取现金的支票不能背书转让。（　　　）

36. 支票在同城或异地的商品交易、劳务供应及其他款项结算中均可使用，它具有方便、灵活等特点，是一种应用范围较广的结算方式。（　　　）

37. 支票是由银行签发的，由存款人委托办理支票存款业务的银行在见票时无条件支付确定的金额给收款人或者持票人的票据。（　　　）

38. 银行本票可以用于转账，也可以用于支取现金。（　　　）

39. 银行本票的提示付款期为 1 个月。（　　　）

40. 银行本票上必须注明收款人。（　　　）

41. 申请人或收款人为单位的，银行不得为其签发"现金"银行本票。（　　　）

42. 银行汇票和不定额银行本票的出票金额可以手写，也可以用压数机压印。（　　　）

43. 单位和个人在异地的各种款项结算只能采用银行汇票结算方式。（　　　）

44. 收款人和付款人及无条件委托是银行汇票特有的必须记载事项。（　　　）

45. 我国银行汇票为定日支付票据，其提示付款期限为 2 个月。（　　　）

46. 银行汇票未填明实际结算金额和多余金额或实际结算金额超出出票金额的，银行不予受理。银行汇票的实际结算金额不得更改，更改实际结算金额的银行汇票无效。（　　　）

47. 所有银行汇票既可以转账，也可以用于支取现金。（　　　）

48. 不论单位还是个人，支票的金额都不能超过签发时银行存款的余额。（　　　）

49. 申请人和收款人只要有一个为个人的，银行也可以为其签发"现金"银行汇票。（　　　）

50. 银行汇票的持票人超过提示付款期限未向代理付款银行提示付款，则出票银行不予付款。（　　　）

51. 企业用银行汇票支付购货款时，应通过"应付票据"账户核算。（　　　）

52. 根据《中华人民共和国票据法》的规定，银行本票的出票银行为银行本票的付款人。（　　）

53. 根据《支付结算办法》的规定，银行汇票的提示付款期限是自出票日起 3 个月。（　　）

54. 填明"现金"字样的银行汇票不得背书转让。（　　）

55. 申请人和收款人均为个人的，出票银行才可以为其签发"现金"银行汇票。（　　）

56. 银行汇票的实际结算金额不得更改，更改实际结算金额的银行汇票无效。（　　）

57. 银行汇票是汇款人将款项存入当地银行，由汇款人签发，持往异地支取库存现金或办理转账结算的票据。（　　）

58. 银行承兑汇票应由在承兑银行开立存款账户的存款人签发。（　　）

59. 某企业 4 月 1 日签发的 90 天商业汇票，其到期日为 7 月 1 日。（　　）

60. 商业汇票的实付贴现金额按票面金额扣除贴现日至汇票到期日的利息计算。（　　）

61. 承兑人在异地的，贴现期的计算应另加 3 天的划款日期。（　　）

62. 商业汇票的提示付款期限为自汇票出票日起 10 日。（　　）

63. 票据的签发、取得和转让，必须具有真实的交易关系和债权债务关系。（　　）

64. 在银行开立存款账户的法人以及其他组织之间，必须具有真实的交易关系或债权债务关系，才能使用商业汇票。（　　）

65. 银行承兑汇票既可以由付款人签发，也可以由收款人签发，但商业承兑汇票只能由付款人签发。（　　）

66. 托收承付结算方式的金额起点是 10 000 元，新华书店是 1 000 元。（　　）

67. 委托收款不存在金额起点，且同城托收时多用于公用事业费用。（　　）

68. 对金额、出票日期、收款人名称进行更改的票据，为无效票据。（　　）

69. 挂失止付不是票据丧失后采取的必需措施，最终要通过申请公告或提起普通诉讼。（　　）

70. 单位存款人只能选择一家商业银行的一个营业机构开立一个基本存款账户，用于各种转账结算和现金收付。（　　）

71. 存款人在同一营业机构已有定期存款账户并预留印鉴卡的，新开立的定期存款账户与其共用一套预留印鉴，可不用签订共用一套印鉴协议。（　　）

72. 临时存款账户、专用存款账户、一般存款账户如需支取现金，应符合现金管理的有关规定，经人民银行当地分支机构核发"开户许可证"后可办理现金支取。（　　）

73. 支票分为转账支票、现金支票和普通支票。(   )

74. 签发支票只能使用碳素墨水填写。(   )

75. 持票人委托开户银行收款的，应在支票背面作成委托收款背书。(   )

76. 支票超过提示付款期限提示付款的，持票人开户银行不予受理，持票人可向付款人请求付款。(   )

77. 委托收款是付款人委托银行将款项支付给收款人的结算方式。(   )

78. 以银行承兑汇票办理委托收款的，委托收款凭证的付款人名称栏均应填写承兑银行名称。(   )

79. 委托收款只能办理全部付款或全部拒绝付款，不得办理部分付款。(   )

80. 使用同城特约委托收款收取公用事业费的，收付双方必须事先签订经济合同或协议，并报经中国人民银行当地分支机构批准方可使用，无须由付款人向开户银行授权。(   )

81. 付款人开户银行收到委托收款凭证和已承兑的商业承兑汇票，按有关规定审查后，应将委托收款凭证第五联和商业承兑汇票一并交付款人，并由付款人签收。(   )

82. 委托收款的付款人在接到开户银行通知日的次日起 3 日内未通知开户银行的，视同付款人同意付款。(   )

83. 使用同城特约委托收款结算的单位，必须是依法取得行业资格，或依法行使行政管理的有关部门。(   )

84. 收款人使用同城特约委托收款方式办理结算，必须按规定支付结算凭证工本费、手续费和邮电费。(   )

85. 使用同城特约委托收款方式办理结算的，必须由付款人向其开户银行提供对同城特约委托收款方式予以付款的书面授权。(   )

86. 收款人使用同城特约委托收款方式收款时，可以根据款项的特点使用自定的结算凭证，但必须在中国人民银行规定的印制厂家印制。(   )

87. 托收承付是根据经济合同由收款人发货后委托银行向异地付款人收取款项，由付款人向银行承认付款的结算方式。(   )

88. 托收承付结算方式每笔金额起点为 1 万元；新华书店系统每笔金额起点为1 千元。(   )

89. 托收承付结算方式分为验单付款和验货付款两种承付货款方式。(   )

90. 托收承付验单付款承付期为 3 天，验货付款承付期为 7 天。(   )

91. 使用托收承付结算方式的收、付款单位，必须是国有企业、供销合作社以及经营管理较好，经开户银行审查同意的城乡集体所有制工业企业。(   )

92. 外贸部门托收进口商品的款项，在承付期内，订货部门除因商品质量问题可以提出拒绝付款，其他情况均不得提出拒付。(   )

93. 托收承付结算方式中，付款人提出拒绝付款，银行按有关规定审查无法判明的，由收付双方自行协商处理，或向仲裁机关、人民法院申请调解或裁决。（　　）

94. 付款人开户银行对逾期未付的托收款项，负责进行扣款的期限为 6 个月。（　　）

95. 对托收承付逾期未付的款项，银行负责进行扣款的期限为从承付期满次日起 3 个月。（　　）

96. 出票人记载"不得转让"字样的本票不得转让，但可办理质押。（　　）

97. 转账银行本票只能在同一票据交换区域内背书转让。（　　）

98. 银行汇票是出票银行签发的，由其在见票时按实际结算金额无条件支付给收款人或持票人的票据。适用于单位和个人各种款项的结算。（　　）

99. 汇票分为银行汇票和银行承兑汇票。（　　）

100. 银行汇票背书转让时，以出票金额为准。（　　）

101. 商业汇票按出票人的不同分为银行承兑汇票和商业承兑汇票。（　　）

102. 商业汇票的付款人为承兑银行。（　　）

103. 商业汇票的单笔金额不得超过 1 万元。（　　）

104. 银行承兑汇票由在银行开立账户的存款人签发，付款人为承兑银行。（　　）

105. 商业承兑汇票可以在签发时向付款人提示承兑后使用，也可以在出票后先使用再向付款人提示承兑。（　　）

106. 商业汇票贴现是指商业汇票的持票人将未到期的商业汇票转让给银行，银行将票面金额支付给持票人的一种融通资金行为。（　　）

107. 贴现、再贴现到期未获得付款的，贴现、再贴现银行可直接从申请人的存款账户收取票款。（　　）

108. 贴现银行可以持未到期的商业汇票向人民银行申请转贴现。（　　）

109. 使用同城特约委托收款方式收取款项的，收付双方必须签订经济合同或协议。（　　）

四、案例分析题

[案例一]

202× 年 6 月 5 日，某县建筑工程公司在某县建设银行营业部申请开立基本存款账户，同时交现金 10 000 元入账。

要求：请简要说出该公司需要提交哪些相关资料。

[案例二]

202× 年 3 月 25 日，甲公司获准从建设银行乙支行取得贷款 50 万元，财务部在乙支行开设了一般存款账户。3 月 26 日财务部开出转账支票从该账户支付 3 万元给 C 公司，用于归还所欠 C 公司货款，当天，会计人员持票向乙支行办理转账手续时被退票。

要求：乙支行对甲公司 3 月 26 日开出的转账支票进行退票是否符合规定？说明理由。

[案例三]

（1）长江公司于 202× 年 5 月 18 日向 A 厂购买一批原材料，财务部向丙银行提出申请并由丙银行为其签发了一张价值 60 万元、收款人为 A 厂的银行汇票。由于物价上涨等因素，该批原材料实际结算金额为 62 万元，A 厂按实填写了实际结算金额并在汇票上签章。A 厂在 6 月 10 日向丙银行提示付款，被拒绝受理。

（2）长江公司开出转账支票从一般存款账户上支付职工工资 20 万元。

（3）公司财会部门于 6 月 10 日开出一张面额为 18 000 元的转账支票，用于支付给 A 厂购买材料款，6 月 18 日 A 厂向银行提示付款，银行发现该企业银行存款余额只有 12 000 元，于是便退票，并对该企业处以 1 000 元的罚款。

要求：

（1）丙银行拒绝受理 A 厂的提示付款请求是否符合规定？ A 厂是否可以向出票银行要求付款？说明理由。

（2）公司能否实现发放工资？说明理由。

（3）该公司开出的这张转账支票属于什么性质的支票？银行对该公司的处罚是否符合规定？为什么？

[案例四]

海河公司出纳人员潘江于 2025 年 3 月 10 日签发了一张现金支票，现金支票上日期填写为"贰零贰伍年叁月拾日"，其余事项填写均正确。公司财会部门于 9 月 10 日签发一张转账支票，付款人为基本存款账户开户银行丙，该支票未填写收款人名称和出票金额，该公司办公室人员张军持该支票向 A 购物中心购买办公用品，张军在转账支票上补记了收款人为 A 购物中心、金额为 6 000 元，并将转账支票交给了 A 购物中心。A 购物中心于 9 月 21 日持该转账支票向丙银行提示付款，被拒绝付款。

要求：

（1）现金支票日期填写是否正确？银行对该支票是否予以受理？

（2）该公司财务科签发的未填写收款人名称和出票金额的转账支票是否有效？说明理由。

（3）丙银行拒绝 A 购物中心的付款请求是否符合规定？说明理由。

[案例五]

（1）A 公司销售给 B 公司一批货物，A 公司按合同约定按期交货，B 公司签发一张金额为 20 万元的转账支票，交给 A 公司。A 公司到银行提示付款时，发现该支票是空头支票。A 公司认为，中国人民银行有权对 B 公司处以罚款，并有权要求 B 公司给予经济赔偿。

（2）A公司采购人员马虎持由该厂开户银行签发的、不能用于支取现金的银行本票，前往乙公司购置一批价值10万元的物资。由于该采购人保管不慎，在途中将装有银行本票的提包丢失。随后，A公司根据该采购人员的报告，将银行本票遗失情况通知该银行本票的付款银行，要求挂失止付，但该银行对上述情况进行审查后拒绝办理挂失止付。

要求：

（1）A公司提出对B公司的处罚是否正确？请详述具体规定，并计算出金额。

（2）A公司开户银行拒绝挂失止付是否正确，为什么？

（3）A公司在被银行拒绝挂失止付后，可以采取哪些措施维护自己的权益？

第三部分　职业实践能力训练

实训练习一

[实训目的] 练习阿拉伯数字大小写的书写（见表2-138）。

表2-138

题号	大写金额	小写金额
1	伍拾叁元零肆分	
2	陆佰陆拾陆元肆角整	
3	叁拾捌万伍仟零壹拾贰元整	
4	肆亿伍仟陆佰万零叁拾元贰角柒分	
5	壹万陆仟零伍元陆角整	
6		￥19.08
7		￥100 000.00
8		￥23 105 000.00
9		￥300 005.14
10		￥6 703.50

[实训要求]

正确读出表中各数，并用大、小写数字表示出来，要求按会计书写要求标出分节号。

实训练习二

[实训目的] 掌握原始凭证的审核与记账凭证的填制。

[实训资料]

天和工业公司主要生产 A 种型号的机床，简称 A 产品。该企业被主管税务机关核准为一般纳税人。2024 年 8 月发生如下经济业务（见表 2-139～表 2-154）：

表 2-139

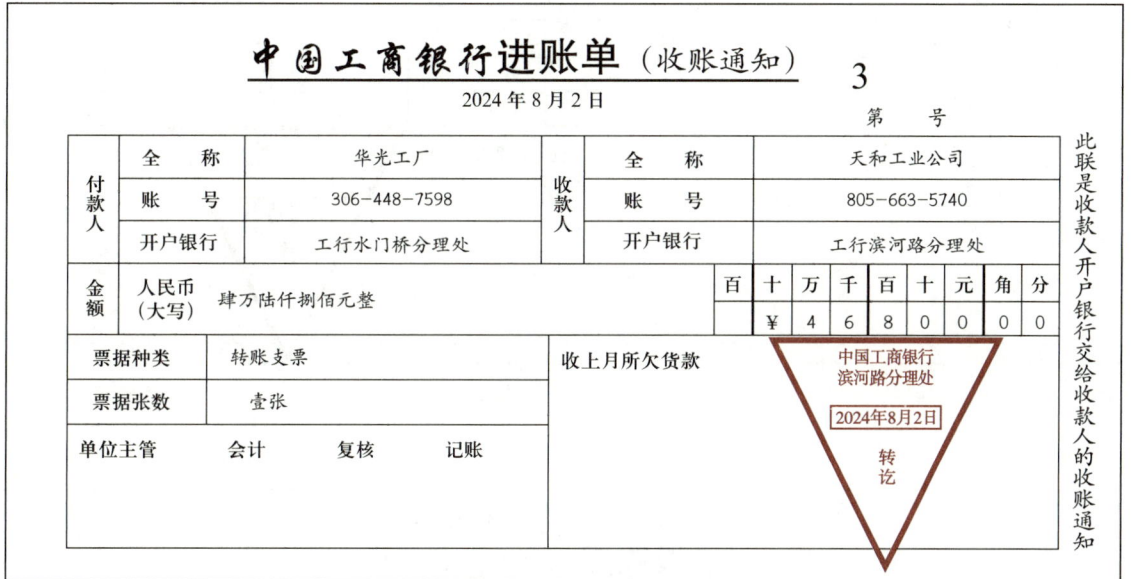

表 2-140

借　款　单			
资金性质：			2024 年 8 月 8 日
部门：	采供部	借款人：	张明
借款理由：	采购原材料		
金额：	大写：人民币叁仟元整	小写：¥ 3 000.00	
领导批示：	王鑫	财务主管：	李悦
部门主管：冯浩　　　　　　出纳：张小敏　　　　　　　　领款人签收：张明			

表 2-141

中国工商银行进账单（收账通知）

3

2024 年 8 月 8 日　　　　第　号

付款人	全　称	市物资回收公司	收款人	全　称	天和工业公司
	账　号	805-311-426		账　号	805-663-5740
	开户银行	工行延安路分理处		开户银行	工行滨河路分理处

金额	人民币（大写）	贰仟捌佰元整	万	千	百	十	元	角	分
		¥		2	8	0	0	0	0

票据种类	转账支票	注：出售报废周转材料款
票据张数	壹张	中国工商银行 滨河路分理处 2024年8月8日 转讫
单位主管　　会计　　复核　　记账		

此联是收款人开户银行交给收款人的收账通知

表 2-142

中华人民共和国
增值税税收缴款书

隶属关系：　　　　　　　　　　　　　　　　　　　　　　　　经济性质：

收入机关：　　　　　　填发日期：2024 年 8 月 15 日　　　　国字第　号

缴款单位	代码		预算科目	款	
	全称	天和工业公司		项	
	开户银行	工行滨河路分理处		级次	
	账户	805-663-5740	收款国库		

税款所属时期：2024 年 7 月　日　　　　　税款限缴时期：　年　月　日

品目名称	课税数量	计税金额或销售收入	税率或单位税额	实缴税额
增值税				32 500
合计（小写）				32 500
金额合计	人民币（大写）　零佰零拾叁万贰仟伍佰零拾零元零角零分			

缴款单位（人）（盖章） 经办人（章） 财务专用章	税务机关（盖章） 填票人（章）	上列款项已受收讫，并划转收款单位账户 国库（银行）盖章 2024 年 8 月 15 日	备注

表 2-143

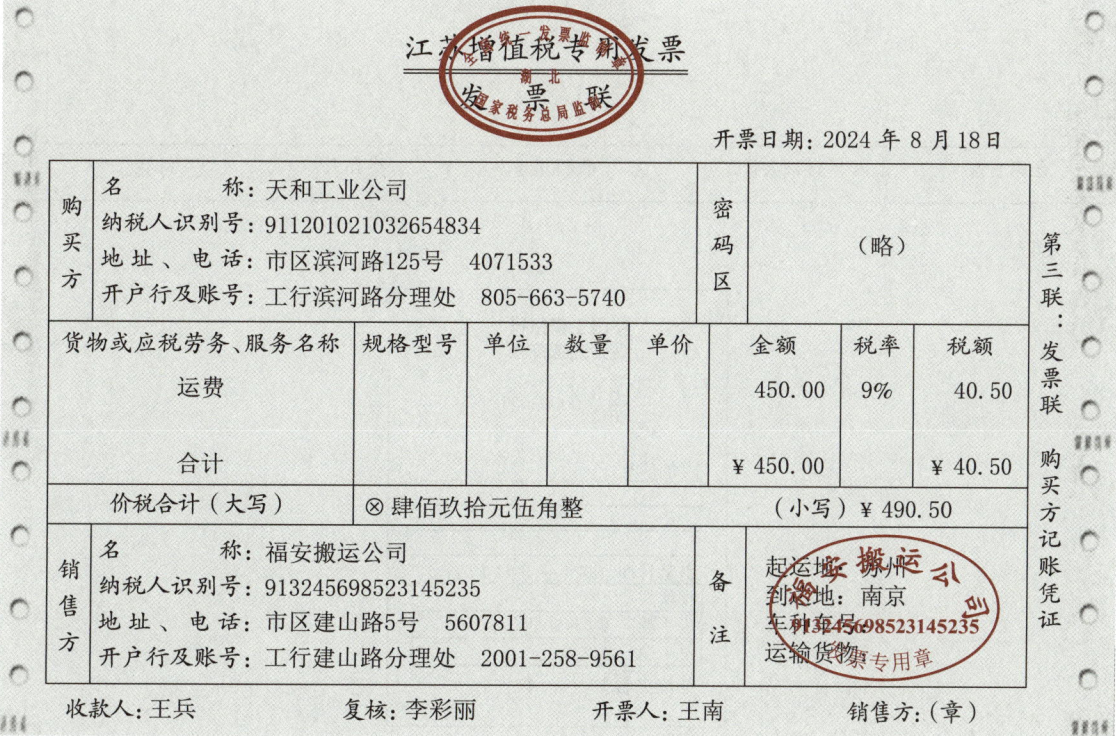

表 2-144

表 2-145

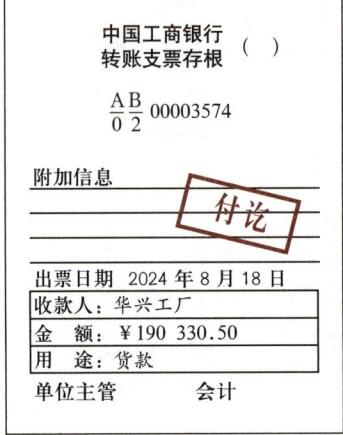

中国工商银行　　（　）
转账支票存根

$\dfrac{A}{0}\dfrac{B}{2}$ 00003574

附加信息

_____
_____
_____

出票日期 2024 年 8 月 18 日

| 收款人：华兴工厂 |
| 金　额：¥190 330.50 |
| 用　途：货款 |

单位主管　　会计

表 2-146

收　料　单

供应单位：天和工业公司
发　票　号：No.00123

2024 年 8 月 18 日

编号：20021

类别	材料名称	规格材质	单位	数量		实际成本			
				应收	实收	单价	发票价格	运杂费	合计
	甲		千克	30 000	30 000	5.60	168 000.00	450.00	168 450.00

备注：

仓库主管　　　　　　材料会计　　　　　　收料员　　　　　　经办人　　　　　　制单

表 2-147

中国工商银行　　（　）
现金支票存根

$\dfrac{B}{0}\dfrac{B}{2}$ 00003621

附加信息

_____
_____
_____

出票日期 2024 年 8 月 19 日

| 收款人：天和工业公司 |
| 金　额：¥1 000.00 |
| 用　途：备用金 |

单位主管　　会计

表 2-148

江苏增值税专用发票						发票代码： 发票号码：635955241 开票日期：2024 年 8 月 19 日 校验码：		

购买方	名　　称：天和工业公司 纳税人识别号：911201021032654834 地址、电话：市区滨河路125号　4071533 开户行及账号：工行滨河路分理处　805-663-5740					密码区	（略）	
货物或应税劳务、服务名称	规格型号	单位	数量	单价	金额	税率	税额	
广告费				3 500.00	3 500.00	6%	210.00	
合　计					¥ 3 500.00		¥ 210.00	
价税合计（大写）		⊗ 叁仟柒佰壹拾元整				（小写）¥ 3 710.00		
销售方	名　　称：创新广告公司 纳税人识别号：91142365332163525 地址、电话：市广发路365号　533621 开户行及账号：工行广发路支行　6352412658522					备注		
收款人：		复核：		开票人：			销售方：（章）	

第三联：发票联　购买方记账凭证

表 2-149

中国工商银行
转账支票存根　（　）

$\dfrac{A\ B}{0\ 2}$ 00002486

附加信息
_____
_____
_____

出票日期 2024 年 8 月 19 日

收款人：	创新广告公司
金　额：	¥ 3 710.00
用　途：	广告费

单位主管　　　　会计

表 2-150

委托银行收款结算凭证（回单）

委托日期　2024 年 8 月 24 日

委 邮				

收款单位	全　称	市供电局	付款单位	全　称	天和工业公司
	账　号	203-554-716		账　号	805-663-5740
	开户银行	工行开发区支行		开户银行	工行滨河路分理处

委收金额	人民币（大写）　壹拾陆万玖仟伍佰元整	千	百	十	万	千	百	十	元	角	分
			¥	1	6	9	5	0	0	0	0

款项内容	电费	委托收款凭据名称		附寄单证张数	

备注	付款单位注意： 1. 根据结算方式规定，上列委托收款，在付款期限内未拒付时，即视同全部同意付款，以此联代支款通知。 2. 如需提前付款或多付少付款时，应另写书面通知送银行办理。 3. 如系全部或部分拒付，应在付款期限内另填拒绝付款理由书送银行办理

中国工商银行
滨河路分理处
2024年08月24日

单位主管	会计	复核	记账	汇款单位开户行盖章	月　日

表 2-151

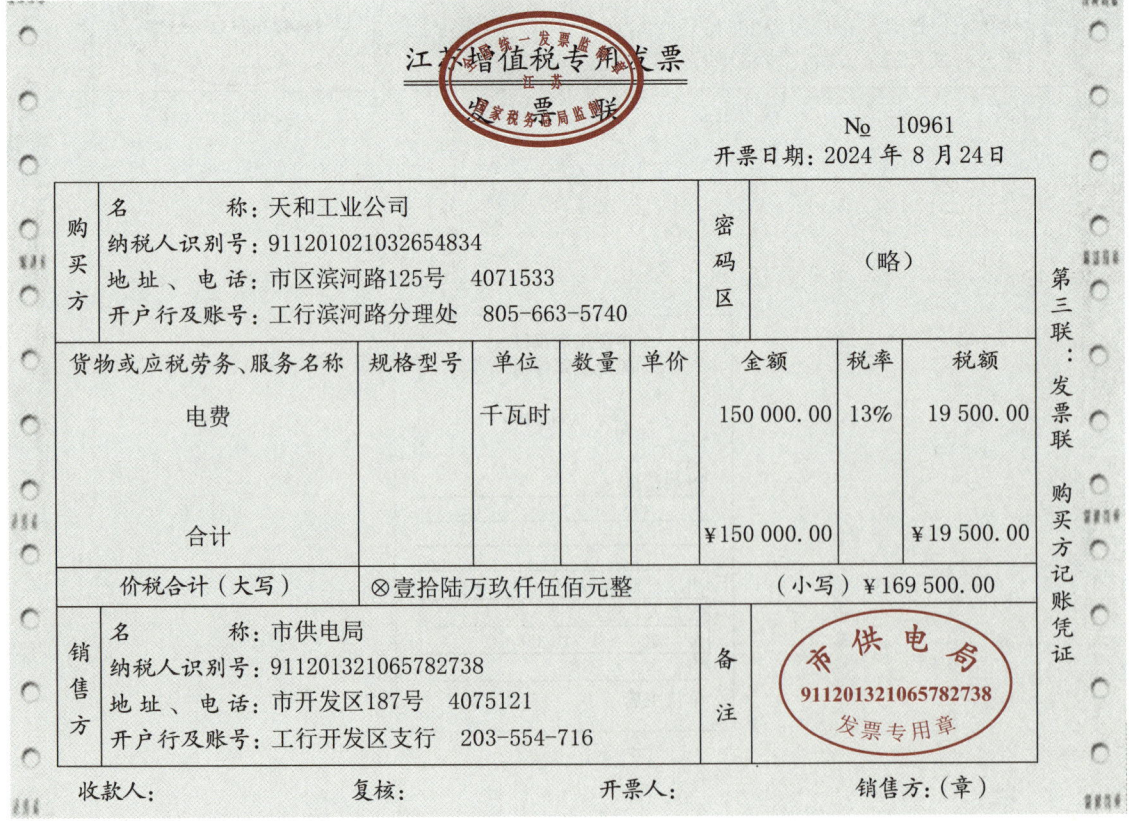

江苏增值税专用发票

江苏　省家税务局监制

No 10961

开票日期：2024 年 8 月 24 日

购买方	名　　称：天和工业公司 纳税人识别号：911201021032654834 地　址、电话：市区滨河路125号　4071533 开户行及账号：工行滨河路分理处　805-663-5740	密码区	（略）

货物或应税劳务、服务名称	规格型号	单位	数量	单价	金额	税率	税额
电费		千瓦时			150 000.00	13%	19 500.00
合计					¥150 000.00		¥19 500.00

价税合计（大写）	⊗壹拾陆万玖仟伍佰元整	（小写）¥169 500.00

销售方	名　　称：市供电局 纳税人识别号：911201321065782738 地　址、电话：市开发区187号　4075121 开户行及账号：工行开发区支行　203-554-716	备注	市供电局 911201321065782738 发票专用章

第三联：发票联　购买方记账凭证

收款人：	复核：	开票人：	销售方：（章）

表 2-152

托收凭证（受理回单）

1

委托日期　　2024 年 8 月 24 日

业务类型	委托收款（□ 邮划、□ 电划）			托收承付（☑ 邮划、□ 电划）			
付款人	全　称	华兴工厂		收款人	全　称	天和工业公司	
	账　号	180-231-4675			账　号	805-663-5740	
	地　址	山西省太原市　开户行　工行人民南路分理处			地　址	山西省太原市　开户行　工行滨河路分理处	

金额	人民币（大写）　壹拾贰万陆仟伍佰陆拾元整	亿 千 百 十 万 千 百 十 元 角 分
		¥ 1 2 6 5 6 0 0 0

款项内容		托收凭据名　称		附寄单证张数	
商品发运情况			合同名称号码	中国工商银行 滨河路分理处 **2024 年 8 月 24 日** 受 理 凭 证 章	
备注：		款项收妥日期		收款人开户银行签章	
		年　　月　　日		年　　月　　日	

此联作收款人开户银行给收款人的受理回单

表 2-153

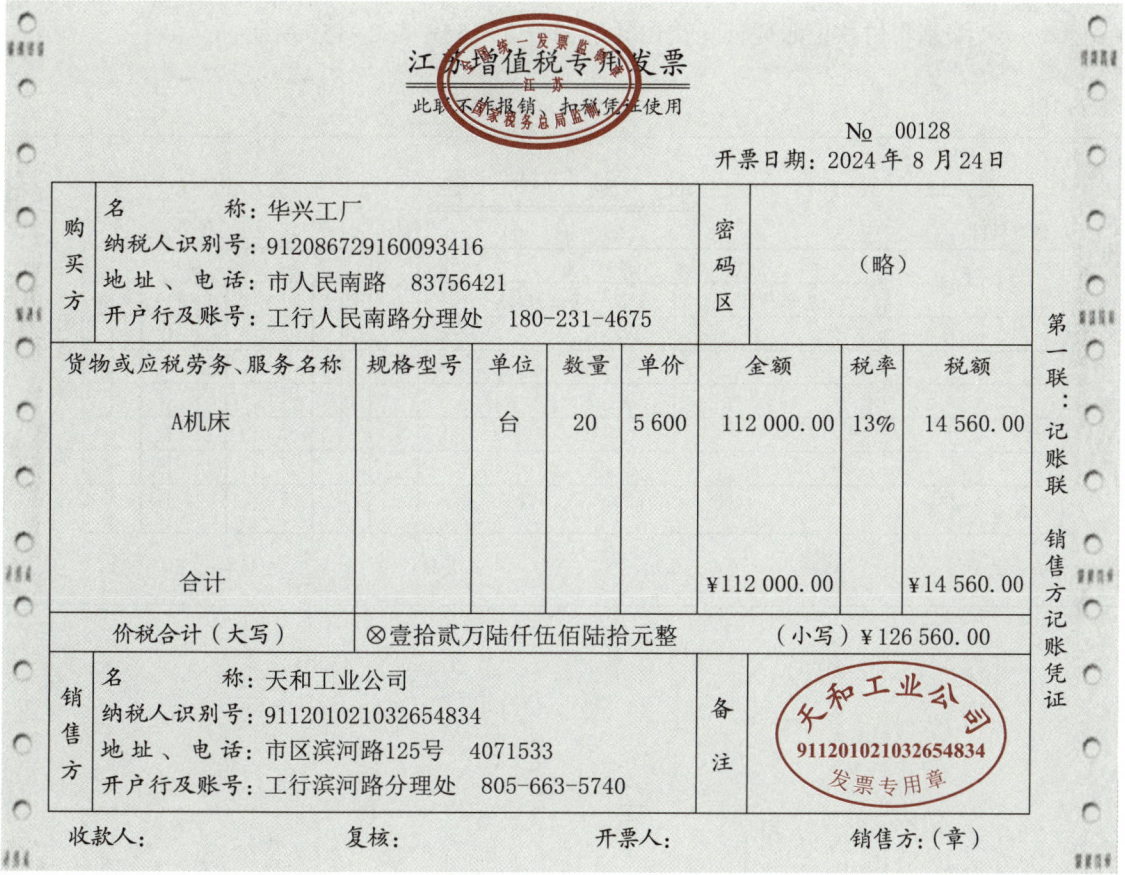

	江苏增值税专用发票	
	此联不作报销、扣税凭证使用	

№ 00128

开票日期：2024 年 8 月 24 日

购买方	名　　称：华兴工厂 纳税人识别号：9120867291600934116 地址、电话：市人民南路　83756421 开户行及账号：工行人民南路分理处　180-231-4675	密码区	（略）

货物或应税劳务、服务名称	规格型号	单位	数量	单价	金额	税率	税额
A机床		台	20	5 600	112 000.00	13%	14 560.00
合计					￥112 000.00		￥14 560.00

价税合计（大写）	⊗壹拾贰万陆仟伍佰陆拾元整	（小写）￥126 560.00

销售方	名　　称：天和工业公司 纳税人识别号：911201021032654834 地址、电话：市区滨河路125号　4071533 开户行及账号：工行滨河路分理处　805-663-5740	备注	天和工业公司 911201021032654834 发票专用章

收款人：	复核：	开票人：	销售方：（章）

第一联：记账联　销售方记账凭证

表 2-154

托收凭证（收款通知）

4

委托日期　2024 年 8 月 24 日　　　付款期限　2024 年 8 月 31 日

业务类型		委托收款（□ 邮划、□ 电划）				托收承付（☑ 邮划、□ 电划）													
付款人	全　称	华兴工厂				收款人	全　称	天和工业公司											
	账　号	180-231-4675					账　号	805-663-5740											
	地　址	山西省长治市	开户行	工行人民南路分理处			地　址	山西省太原市	开户行	工行滨河路分理处									
金额		人民币（大写）壹拾贰万陆仟伍佰陆拾元整						亿	千	百	十	万	千	百	十	元	角	分	
											¥ 1	2	6	5	6	0	0	0	0
款项内容		货款		托收凭据名称															
商品发运情况							合同名称号码											
备注		上列款项已划回收入方账户																

款项内容：货款　托收凭据名称　　中国工商银行 滨河路分理处　附寄单证张数

合同名称号码　2024年8月31日　转讫 收讫

收款人开户银行签章
年　月　日

复核　　　记账

此联为收款人开户银行给收款人的收款通知

[实训要求]

编制收付款记账凭证。空白凭证如表 2-155～表 2-157 所示。

表 2-155

收 款 凭 证

总字第____号

____字第____号

借方科目：_____　　　年 月 日

摘　要	贷 方 科 目		√	金 额										
	总账科目	明细科目		千	百	十	万	千	百	十	元	角	分
人民币（大写）													

附单据 张

会计主管：　　　记账：　　　出纳：　　　复核：　　　制单：

表 2-156

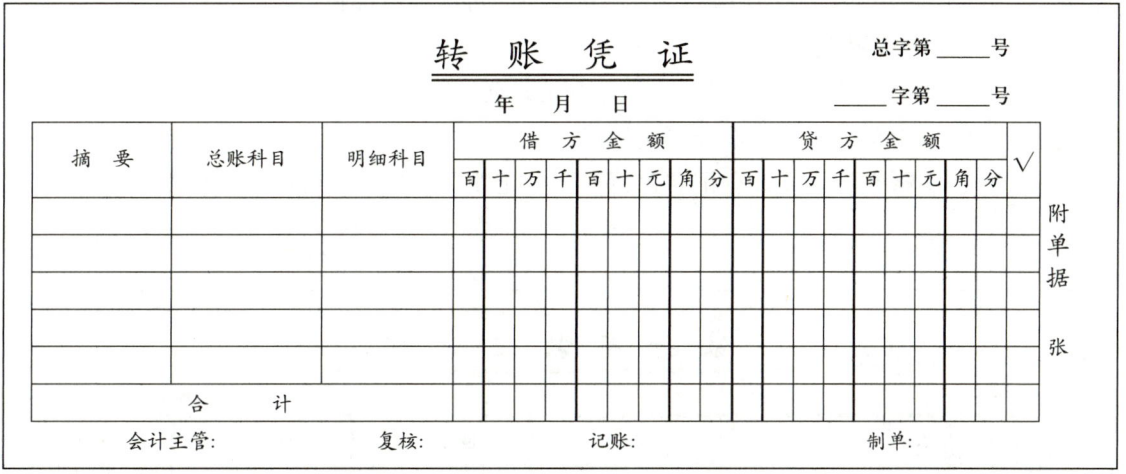

付 款 凭 证

贷方科目：_____

总字第____号
____字第____号

年 月 日

摘　要	借 方 科 目		√	金　额										附单据
	总账科目	明细科目		千	百	十	万	千	百	十	元	角	分	
														张

人民币（大写）

会计主管：　　　　记账：　　　　出纳：　　　　复核：　　　　制单：

表 2-157

转 账 凭 证

总字第____号
____字第____号

年 月 日

摘　要	总账科目	明细科目	借 方 金 额									贷 方 金 额									√	附单据
			百	十	万	千	百	十	元	角	分	百	十	万	千	百	十	元	角	分		
																						张
合　　计																						

会计主管：　　　　复核：　　　　记账：　　　　制单：

实训练习三

[实训目的] 掌握企业银行存款的核算、银行存款日记账的登记。

[实训资料]

敏捷公司本月"银行存款"账户的月初余额：800 000 元。

（1）1 日，投资人按投资合同送来一张金额为 250 000 元的转账支票，公司会计人员填制进账单一式三联后将之一并送存银行。

（2）3 日，填制还款凭据 183421# 用银行存款 100 000 元归还为期 9 个月现已到期的银行贷款。

（3）6 日，公司会计开出转账支票 8976541# 用以偿付上月的购料货款 120 000 元，已收到对方开来的收款收据。

（4）8日，开出现金支票0265401#，从银行提取现金2 000元备用。

（5）10日，公司经理出差预借1 500元差旅费，公司开出现金支票0265402#付出。

（6）12日，收到AQ公司支付上月的购货款50 000元的转账支票一张，公司会计人员填制进账单33215#一式三联后将之一并送存银行。

（7）15日，凭电信话费收据开出转账支票8976542#支付本月公司机关的电话费1 600元。

（8）17日，用银行电汇支付前欠某市钢材公司的货款40 000元，电汇报销凭证123654#。

（9）20日，收到MB公司送来的支付本月劳务款51 750元的转账支票一张，公司将之送存银行，进账单33216#。

（10）24日，开出转账支票8976543#付公司产品宣传广告费4 100元。

（11）25日，通过银行转账缴纳税金3 500元，税务收据号码1935624#。

（12）30日，开出转账支票50 000元支付汽车修理费。

[实训要求]

（1）开设"银行存款日记账"，登记月初余额。

（2）根据本月经济业务编制记账凭证。

（3）根据记账凭证登记"银行存款日记账"（见表2-158），并结账。

表2-158

银行存款日记账												1																								

开户行名称：　　　　　　　　　　　　　　　　　　　　　　　　　　　　　　　　　　　银行账号：

年		凭证编号		摘要	结算凭证		借方									√	贷方									√	余额									
月	日	类	号		类	号	百	十	万	千	百	十	元	角	分		百	十	万	千	百	十	元	角	分		百	十	万	千	百	十	元	角	分

第四部分　职业拓展能力训练

拓展训练一　利用学习资源查阅支付结算的基本要求，同时说明银行账户的种类和用途。

拓展训练二　利用学习资源查阅收款人受理银行汇票时应审查哪些事项，什么是商业汇票以及其适用范围如何规定。

第五部分　考核评价表

学习情境序号	结果考核（70%）						过程考核（30%）										总分
	考核主体	职业判断能力训练	职业实践能力训练	职业拓展能力训练	合计	考核主体	方案设计	过程实施	职业态度	团队合作	资源利用	组织纪律	小计	折合分值	合计		
学习情境2	教师					教师（70%）											
						小组（30%）											
教师评价						自我评价											

考核评价时间：　　　　　　　　　　　　　　　　教师签字：

　　高翠莲，国家首批"万人计划"教学名师，山西省财政税务专科学校会计学院院长、二级教授、太原理工大学硕士生导师，拥有会计师、注册会计师、注册税务师专业技术资格，从事会计教学、理论与实践研究近40年。全国先进会计工作者，山西省"三晋英才"高端领军人才；国家特色高水平高职学校重点专业群建设项目负责人，财税大数据应用专业国家级职业教育教师教学创新团队负责人，国家黄大年式教师团队负责人，国家优秀教学团队负责人，全国教育系统先进集体带头人，全国高职会计职业技能大赛设计者和专家组组长，国家  职业教育大数据与会计（会计）专业教学资源库项目主要负责人。兼任中国商业会计学会职业教育分会副会长、全国会计教育专家委员会委员、全国财经职业教育集团副理事长等职务。

　　曾获教育部"先进工作者"、山西省五一劳动奖章，并获山西省教学名师，山西省"双师型教学名师""青年科技奖""教育专家奖""精神文明奖""巾帼建功标兵"等荣誉称号。获国家教学成果一等奖一项、二等奖一项；山西省教学成果特等奖一项、一等奖三项，荣立山西省劳动竞赛委员会一等功一次、三等功一次。主持完成"企业经济业务核算"国家精品课程和国家精品资源共享课程；主持建设国家职业教育专业教学资源库课程"出纳业务操作"和职业教育国家在线精品课程"企业内部控制"。出版专著1部，主编教材40余部，其中首届全国教材建设奖全国优秀教材1部，国家级规划教材10部；主持制定全国高职大数据与会计专业和会计信息管理专业教学标准；组织制定全国高职会计专业实训教学条件建设标准；主持完成教育部"会计专业中高职衔接教学标准"课题1项；主持或参与完成省级科研课题25项；公开发表学术论文50余篇。

郑重声明

高等教育出版社依法对本书享有专有出版权。任何未经许可的复制、销售行为均违反《中华人民共和国著作权法》，其行为人将承担相应的民事责任和行政责任；构成犯罪的，将被依法追究刑事责任。为了维护市场秩序，保护读者的合法权益，避免读者误用盗版书造成不良后果，我社将配合行政执法部门和司法机关对违法犯罪的单位和个人进行严厉打击。社会各界人士如发现上述侵权行为，希望及时举报，我社将奖励举报有功人员。

反盗版举报电话 （010）58581999　58582371

反盗版举报邮箱　dd@hep.com.cn

通信地址　北京市西城区德外大街 4 号
　　　　　高等教育出版社知识产权与法律事务部

邮政编码　100120

读者意见反馈

为收集对教材的意见建议，进一步完善教材编写并做好服务工作，读者可将对本教材的意见建议通过如下渠道反馈至我社。

咨询电话　400-810-0598

反馈邮箱　gjdzfwb@pub.hep.cn

通信地址　北京市朝阳区惠新东街 4 号富盛大厦 1 座
　　　　　高等教育出版社总编辑办公室

邮政编码　100029

防伪查询说明

用户购书后刮开封底防伪涂层，使用手机微信等软件扫描二维码，会跳转至防伪查询网页，获得所购图书详细信息。

防伪客服电话 （010）58582300

网络增值服务使用说明

授课教师如需获取本书配套教辅资源，请登录"高等教育出版社产品信息检索系统"（xuanshu.hep.com.cn），搜索本书并下载资源。首次使用本系统的用户，请先注册并进行教师资格认证。

高教社高职会计教师交流及资源服务 QQ 群（在其中之一即可，请勿重复加入）：
QQ3 群：675544928　QQ2 群：708994051（已满）　QQ1 群：229393181（已满）